4

Infektionsschutz

Ein Handbuch für
Arbeits- und Umweltmediziner

P. Czeschinski

B. R. Eing

R. Gross

Deutscher Universitäts-Verlag

Die Deutsche Bibliothek – CIP-Einheitsaufnahme

Czeschinski, Peter:
Infektionsschutz: ein Handbuch für Arbeits- und Umweltmediziner /
Peter Czeschinski; Bodo R. Eing; Reinold Gross. - Wiesbaden: Dt. Univ.-Verl., 2000
(DUV Medizin)
ISBN 3-8244-2141-0

Autoren:
Dr. med. Peter Czeschinski
Facharzt für Arbeitsmedizin mit der Zusatzbezeichnung „Umweltmedizin", Ltd. Betriebsarzt
der Westfälischen Wilhelms-Universität in Münster und Lehrbeauftragter am dortigen Institut
für Arbeitsmedizin
(Direktorin: Univ.-Prof. Dr. med. Ute Witting)

Dr. med. Bodo R. Eing
Facharzt für Medizinische Mikrobiologie und Infektionsepidemiologie, Wissenschaftlicher
Mitarbeiter am Institut für Medizinische Mikrobiologie der Westfälischen Wilhelms-Universität
in Münster, Abteilung Virologie
(Direktor: Univ.-Prof. Dr. med. Georg Peters)

Dr. med. Reinold Gross
Facharzt für Medizinische Mikrobiologie und Infektionsepidemiologie, Wissenschaftlicher
Mitarbeiter und Oberarzt am Institut für Medizinische Mikrobiologie der Westfälischen Wilhelms-
Universität in Münster, Abteilung Bakteriologie

Alle Rechte vorbehalten.
© Deutscher Universitäts-Verlag GmbH, Wiesbaden, 2000

Der Deutsche Universitäts-Verlag ist ein Unternehmen der
Fachverlagsgruppe BertelsmannSpringer.

http://www.duv.de

Herstellung: Gütersloher Druckservice GmbH, Gütersloh
Gedruckt auf säurefreiem Papier
Printed in Germany
ISBN 3-8244-2141-0

Inhalt

Quellenhinweis:
Arbeitsmedizinische Maßnahmen nach BGI 504-42 (früher ZH1/600.42).
Abdruck mit freundlicher Genehmigung der Carl Heymanns Verlag KG,
Köln.

Vorwort

In der arbeitsmedizinischen Praxis hat der Schutz vor Infektionskrankheiten in den letzten Jahren erheblich an Bedeutung gewonnen. Während sich die arbeitsmedizinischen Anstrengungen zunächst auf die Verhütung von Hepatitis-B-Infektionen insbesondere im Gesundheitswesen konzentrierten, entstand zunehmender Handlungsbedarf bei beruflicher Exposition gegenüber biologischem Material mit einer Vielzahl möglicher Infektionsgefährdungen. Mit der „Verordnung über Sicherheit und Gesundheitsschutz bei Tätigkeiten mit biologischen Arbeitsstoffen" (Biostoffverordnung) wurde für die hier erforderliche arbeitsmedizinische Vorsorge die wesentliche Rechtsgrundlage geschaffen. Durch die Biostoffverordnung in Verbindung mit dem neu erarbeiteten Grundsatz für die spezielle arbeitsmedizinische Vorsorge, G 42 „Tätigkeit mit Infektionsgefährdung", wird der praktisch tätige Betriebsarzt nun mit der ganzen Breite des arbeitsmedizinischen Infektionsschutzes konfrontiert. Dadurch ist ein erheblicher Bedarf an Information entstanden, um die Anforderungen des Infektionsschutzes in den betriebsärztlichen Alltag umzusetzen.

Das vorliegende Buch enthält in kompakter und übersichtlicher Darstellung die wesentlichen Informationen zum arbeitsmedizinischen Infektionsschutz. Dabei ist es den Autoren gelungen, mikrobiologische und arbeitsmedizinische Aspekte in einer Form zu verbinden, die es auch dem infektiologisch weniger erfahrenen Arzt gestattet, sich schnell einen Überblick zu speziellen Fragestellungen aus der arbeitsmedizinischen, aber auch aus der umweltmedizinischen Praxis zu verschaffen.

Univ.-Prof. Dr. med. Ute Witting
Direktorin des Institutes für Arbeitsmedizin der
Westfälischen Wilhelms-Universität Münster

Einführung

Im Tätigkeitsfeld von Arbeits- und Umweltmedizinern nimmt der Schutz von Arbeitnehmern und Patienten vor Infektionskrankheiten einen immer breiteren Raum ein. Durch die Entwicklung sehr gut verträglicher und hochwirksamer Impfstoffe (z. B. gegen Hepatitis A und B) wurden die Grundlagen für effektive Strategien zur Prophylaxe von Infektionskrankheiten geschaffen. Dabei ist es neben allgemeinen Impfstrategien weiter notwendig, Hochrisikobereiche in Beruf und Umwelt zu erkennen und die betroffenen Personengruppen durch konsequente Maßnahmen zu schützen. Besonders für den praktisch tätigen Betriebsarzt ergibt sich nach Einführung der Biostoffverordnung und des berufsgenossenschaftlichen Grundsatzes für arbeitsmedizinische Versorgeuntersuchungen G 42 (Tätigkeiten mit Infektionsgefährdung) ein erheblicher Handlungsbedarf. Dabei finden sich die betroffenen Arbeitnehmer nicht mehr nur im Gesundheitswesen, sondern in verschiedensten Berufsgruppen, bei denen eine tätigkeitsbezogene Infektionsgefährdung angenommen werden muss.

Von dem Betriebsarzt wird neben der Beratung von Arbeitgebern und Arbeitnehmern zu Fragen der beruflichen Infektionsgefährdung, des allgemeinen Infektionsschutzes und zu Maßnahmen nach Exposition mit biologischen Gefahrstoffen die spezifische Diagnostik sowie die aktive Immunisierung gegen verschiedenste Infektionskrankheiten gefordert. Der Betriebsarzt im Krankenhaus ist daneben häufig Ansprechpartner für Fragen der Krankenhaushygiene.

In dem vorliegenden Buch wurden aus mikrobiologischer und arbeitsmedizinischer Sicht Grundlagen des arbeitsmedizinischen Infektionsschutzes dargestellt. 47 Erreger sind unter Berücksichtigung der Epidemiologie, der Erkrankung, der Diagnostik und Therapie beschrieben. Zu jedem Erreger finden sich weiter Angaben zur beruflichen Exposition, zu betroffenen Berufsgruppen sowie zu umwelt- und reisemedizinischen Aspekten. Arbeitsmedizinische Maßnahmen, insbesondere Maßnahmen zur Immunisierung, werden unter Berücksichtigung der BGI 504/ 42 und der Empfehlungen der Ständigen Impfkommission am Robert-Koch-Institut detailliert dargestellt. Weiter finden sich zu jedem Erreger Angaben zu Meldepflichten sowie zu krankenhaushygienischen Aspekten. In einem gesonderten Kapitel werden die rechtlichen Grundlagen arbeitsmedizinischer Infektionsprophylaxe behandelt.

Durch die erregerbezogene, systematische Darstellung soll der Leser in die Lage versetzt werden, sich einen schnellen Überblick zu infektiologischen Fragestellungen in der arbeitsmedizinischen Praxis zu verschaffen.

Dr. med. Peter A. Czeschinski

1. Einleitung / Grundlagen

1.1 Infektionserreger

1.1.1 Bakterien

Bakterien sind einzellige Mikroorganismen ohne echten Zellkern. Das genetische Material ist in Form eines Pronukleus organisiert, der nicht durch eine Zellmembran vom übrigen Zytoplasma getrennt ist (Prokaryonten). Bakterien sind vielgestaltig und kommen als Kokken/Kugeln (auch Haufen-, Doppel- und Kettenkokken), Stäbchen und Schrauben vor. Teilweise sind sie auch begeißelt oder gekapselt. Es gibt aerobe und anaerobe, autotrophe und heterotrophe Stoffwechselformen. Außerdem wird in Bakterien mit dünner Zellwand, Bakterien mit Kapsel, Bakterien ohne feste Zellwand und Bakterien mit defekter Zellwand unterschieden. Die Fortpflanzung erfolgt durch Querteilung, z.T. auch durch Sporenbildung.

Taxonomisch werden die Bakterien nach morphologischen, physiologischen und chemischen Merkmalen hierarchisch geordnet. Bakterien stellen neben den Viren die Hauptgruppe der Krankheitserreger.

1.1.2 Viren

Viren sind Krankheitserreger mit einer einfachen biologischen Struktur. Weil sie eine Erbinformation in Form von DNS (Desoxyribonukleinsäure) oder RNS (Ribonukleinsäure) enthalten, selbst aber nicht die Voraussetzungen für Wachstum und Teilung erfüllen, werden sie häufig als eine biologische Grenzstruktur zwischen lebendem Organismus und toter Materie gesehen.

Viren benötigen zur Vermehrung immer Wirtszellen, die sie für den Vermehrungsvorgang nutzen und dabei oft erheblich schädigen. So sind die bekannten Viren häufig Krankheitserreger. Aufgrund der einfachen Struktur und der im Vergleich zu anderen Krankheitserregern wie Bakterien nur geringen Größe ergeben sich besondere Probleme bei der Bekämpfung viraler Erkrankungen oder bei der Vorbeugung viraler Infektionen.

1.1.3   Pilze

Als Pilze bezeichnet man chlorophyllfreie Mikroorganismen mit Zellkernen (Eukaryonten). Nur etwa 100 der bekannten Pilzarten sind humanpathogen infektiös. Infektiologisch unterscheidet man Pilzerkrankungen (Mykosen), die durch bereits im Körper befindliche Erreger ausgelöst werden (endogen), und solche, die durch von außen eindringende Erreger entstehen (exogen). Häufigstes Beispiel für eine endogene Mykose ist der Soor, der durch Candida albicans ausgelöst wird. Arbeitsmedizinisch relevante Pilzerkrankungen werden ausschließlich durch exogene Erreger verursacht. Eine kurze Zusammenfassung ist in Kap. 5 dieses Buches zu finden. In diesem Zusammenhang muss darauf hingewiesen werden, dass arbeitsmedizinisch die allergisierende Wirkung von Pilzen von größerer Bedeutung ist als die Pilzinfektion. Beispielhaft sei hier die exogen-allergische Alveolitis genannt, die als Reaktion auf Aspergillus- und Penicillium-Arten entsteht (Farmerlunge, Käsewäscherlunge, Malzarbeiterlunge etc.).

1.1.4   Parasiten

Als Parasiten bezeichnet man Organismen, die zum Überleben einen Wirt (z.B. Menschen) benötigen und diesen schädigen. Wesentlich bei der Definition ist die Schädigung des Wirtes. Somit sind Organismen der Normalflora mit Beziehungen zum „Trägerorganismus" (Symbiose, Mutualismus, Kommensalismus) nicht als Parasiten zu bezeichnen.
Eine Besonderheit stellen die Saprophyten dar, die sich von totem organischem Material ernähren und damit nicht direkt auf einen Wirt angewiesen sind. Allerdings ist hier der Übergang zwischen Saprophytmus und Kommensalismus einerseits und Parasitismus andererseits fließend. So können Bakterien der normalen Darmflora in bestimmten Situationen (Schädigung des Darms, Immunsituation) ihr kommensales Verhalten (Ernährung von Darminhalt und anderen Darmbakterien) aufgeben und die Darmwand selbst schädigen.
Grundsätzlich ist zwischen fakultativen Parasiten, die saprophytär oder parasitär leben können, und obligaten Parasiten zu unterscheiden. Nach ihrem Angriffspunkt unterscheidet man weiterhin Endoparasiten (Schmarotzer im Innern eines Wirtsorganismus) und Ektoparasiten (Schmarotzer auf der Körperoberfläche).
Es sollen hier nur zwei parasitäre Erkrankungen von arbeitsmedizinischer Bedeutung behandelt werden: die Echinokokkose und die Malaria. Eine Darstellung der zahlreichen anderen Formen mit durchaus erheblicher umwelt- und (reise)-medizinischer Bedeutung würde den Rahmen des Buches sprengen.

1.1.5   Prionen

Bei Prionen handelt es sich um fehlgefaltete körpereigene Proteine (Prion-Protein, PrP), die vor allem in der Membran von Nervenzellen vorkommen. Diese fehlgefalteten Formen sind im intrazellulären Milieu unlöslich proteaseresistent und katalysieren die Fehlfaltung weiterer Moleküle der gleichen Art. Ist der Fehlfaltungsprozess erst einmal in Gang gesetzt, kommt es zu einer immer schneller verlaufenden intrazellulären Akkumulation der fehlgefalteten Form des PrP (sog. PrP^{Sc}), die zu einer nicht entzündlichen, schwammartigen Degeneration des Gewebes des ZNS führt. Dieser Prozess tritt mit einer bestimmten (niedrigen) Häufigkeit sporadisch auf (Creutzfeldt-Jakob-Erkrankung (CJD), je nach Studie und Region zwischen 0,09 und 2 pro Million Einwohner und Jahr). Bestimmte Mutationen im Gen des PrP können die Fehlfaltungswahrscheinlichkeit erhöhen; hieraus resultieren die familiär gehäuft auftretenden Formen der spongiformen Enzephalopathien.

1.2   Von der Infektion zur Erkrankung

1.2.1   Infektion - Erkrankung

Nicht jede Besiedelung eines Wirtes (z.B. Mensch) mit Mikroorganismen hat zwangsläufig eine schädigende Wirkung. Es gibt zahlreiche Mikroorganismen, deren physiologische Anwesenheit auf der Haut und auf Schleimhäuten ganz normal ist und die sich z.T. positiv auf den menschlichen Organismus auswirken. Als Beispiel sei hier nur der wichtige Vorgang einer physiologisch „normalen" Darmflora genannt.

Heftet sich ein Erreger an einen bisher unbesiedelten Wirt (z.B. Mensch), dringt in das Gewebe ein und vermehrt sich dort, wodurch er Immunreaktionen sowie lokale Gewebeschädigungen auslöst, bezeichnet man diesen Vorgang als Infektion. Das Eindringen von Erregern kann durch Mikrotraumen, aktives Durchdringen der Haut, Anhaftung an Schleimhäuten und über Vektoren erfolgen. Die Erreger einer solchen Infektionskrankheit sind entweder exogen (von außen kommend) oder endogen (hierbei entsteht die Erkrankung durch einen bereits im Körper befindlichen Erreger (s.o.), da die körpereigene Abwehr geschwächt ist). Eine Infektion führt nicht in jedem Falle zu einer Erkrankung mit klinischer Symptomatik. Der Verlauf einer Infektion kann asymptomatisch (ohne Krankheitszeichen), subklinisch (ohne wesentliche merkbare Krankheitszeichen) oder aber mit der Vollausprägung eines typischen Krankheitsbildes sein.

Je nach Ausbreitung des Erregers spricht man von einer Lokalinfektion (Erreger ist auf die Eintrittspforte und das umliegende Gewebe beschränkt) oder einer

Allgemeininfektion, wobei der Erreger in das lymphatische Gewebe eindringt, sich dort über eine gewisse Zeit vermehrt (Inkubationszeit), dann in die Blutbahn übertritt (Generalisation) und schließlich die Organe (Organmanifestation) befällt. Von einer Sepsis spricht man, wenn ein Erreger einer lokalen Infektion die Abwehrmechanismen des Körpers durchbricht und andauernd oder schubweise in die Blutbahn eintritt. Aufgrund der unvollständigen Elimination des Erregers entsteht immer ein schweres Krankheitsbild. Die Ausbildung von sekundären Infektionen (Tochterinfektionsherde) ist möglich.

Als Pathogenität bezeichnet man die Summe aller krank machenden Eigenschaften eines Erregers. Als Virulenz wird dagegen der Grad der Pathogenität verschiedener Erregerstämme einer Spezies bezeichnet.

1.2.2   Die menschliche Immunreaktion

Das menschliche Immunsystem ist in der Lage, gegen einzelne, vom Körper als fremd erkannte Substanzen mit einer spezifischen Immunantwort zu reagieren. Diese Substanzen (z.B. Bakterien, Viren) werden Antigene genannt. Die zentrale Rolle bei der Regulation der Immunantwort (Unterscheidung „selbst/fremd" und Ausbildung spezifischer Immunantworten) spielt der sog. zelluläre Arm des Immunsystems, wobei den Zellen der Makrophagen/Monozytenreihe (sog. mononukleäre Phagozyten) die Aufgabe der primären Antigenerkennung und -präsentation für die nachgeordneten Funktionseinheiten des Immunsystems zukommt. Für die Etablierung erregerspezifischer Immunreaktionen und die Ausbildung des sog. immunologischen Gedächtnisses sind die verschiedenen Vertreter der lymphozytären Zellreihe zuständig. Meist sind für die spezifische Reaktion des Immunsystems nur bestimmte Teile des Antigenmoleküls verantwortlich, die so genannten Determinanten. Bei der spezifischen Immunantwort bildet der Körper spezielle Proteine, die in der Lage sind, das eingedrungene Antigen zu neutralisieren: die Antikörper.

Bei der Antikörperbildung gibt es zwei unterschiedliche Reaktionen: die Primärantwort und die Sekundärantwort. Während bei Erstkontakt mit einem Antigen in der Regel nur relativ geringe Mengen einer Antikörperfraktion (IgG) gebildet werden (Primärantwort), kommt es beim zweiten Kontakt rasch zu einer erheblich stärkeren Antikörperbildung (ca. 100- bis 1000-fach). Verantwortlich dafür sind Memoryzellen, die im Rahmen der Primärantwort gebildet werden und bei jedem erneuten Kontakt mit dem Antigen die Antikörperreaktion verstärken. Jeder weitere Kontakt mit dem Antikörper kann diese Reaktion nochmals verstärken und damit die Immunabwehr verbessern (Boostereffekt). Auf diesen Immunreaktionen beruht das Prinzip der aktiven Impfung.

2. Arbeitsmedizinische Grundsätze der Infektionsprophylaxe

Tab. 1: Grundsätze der Infektionsprophylaxe

- Kontakt mit infektiösem Material vermeiden
- Vor Kontakt mit infektiösem Material Schutzmaßnahmen ergreifen
- Gegen die Infektion immunisieren

Die Infektionsprophylaxe basiert auf drei Grundsätzen: Kontakt mit infektiösen Materialien vermeiden, vor Kontakt mit infektiösen Materialien Schutzmaßnahmen ergreifen, gegen die Infektion immunisieren. In den folgenden Kapiteln werden diese Grundsätze konkretisiert.

2.1 Allgemeine Schutzmaßnahmen

Oberster Grundsatz aller allgemeinen Schutzmaßnahmen ist es, Kontakt mit potenziell infektiösem Material zu vermeiden.
Als potenziell infektiös sind grundsätzlich alle Körperflüssigkeiten und -ausscheidungen sowie Gewebsproben oder Organe und Organteile anzusehen. Auch alle Materialien, die mit Körperflüssigkeiten und Ausscheidungen kontaminiert sind, fallen darunter. Insbesondere bei den so genannten Kinderkrankheiten (Varizellen, Masern, Röteln) besteht neben dem direkten und indirekten Patientenkontakt bereits bei Aufenthalt in der Nähe des Erkrankten eine Infektionsgefahr durch Aerosole (Tröpfcheninfektion).
Die potenzielle Infektiosität von Blut, Körperflüssigkeiten und -geweben bezieht sich grundsätzlich auf alle parenteral übertragenen Erreger wie Hepatitis B, Hepatitis C, HIV etc., sodass alle allgemeinen Schutzmaßnahmen selbstverständlich auch nach erfolgter Schutzimpfung, z.B. gegen einzelne Erreger wie Hepatitis B, eingehalten werden sollten.
Für enteral übertragene Erreger wie z.B. bei Hepatitis A kommt als Infektions-

quelle im Wesentlichen nur der direkte oder indirekte Kontakt mit dem Stuhl erkrankter Personen infrage. Infektionen auf dem Blutwege sind extrem selten und bedürfen in der Regel einer großen Menge inokulierten Blutes (Übertragung von Blut oder Blutprodukten). Alle o.g. Materialien sind demnach als potenziell infektiös anzusehen und erfordern einen entsprechenden Umgang. Neben der Nutzung aller Möglichkeiten eines individuellen Körperschutzes, die im Einzelnen im Kapitel „Körperschutzmaßnahmen" (siehe 2.2) beschrieben werden, ist es von entscheidender Bedeutung, durch organisatorische Maßnahmen oder Änderungen von Arbeitstechniken und -abläufen jeden unnötigen Kontakt mit potenziell infektiösen Materialien auszuschließen. So sollten verspritztes Blut oder Sekrete, aber auch Stuhl unverzüglich mit zugelassenen Desinfektionsmitteln entfernt und die kontaminierten Flächen nach ausreichender Einwirkzeit gereinigt werden. Der Hygienegrundsatz „erst desinfizieren, dann reinigen" ist strikt zu beachten. Selbstverständlich ist auch nach jedem Hautkontakt mit potenziell infektiösem Material eine Desinfektion der Hände oder der betroffenen Hautstellen mit einem zugelassenen (meist alkoholischen) Desinfektionsmittel notwendig. Anschließend können die Hände normal gewaschen werden.

Bestimmte Arbeitstechniken, bei denen es gehäuft zu unerwünschtem Kontakt mit Blut oder anderen Körpersekreten kommt, sollten modifiziert oder nicht mehr angewendet werden. So kam es beispielsweise früher bei dem von vielen MTA praktizierten Pipettieren mit dem Mund immer wieder zum unbeabsichtigten Einsaugen von Blut in die Mundhöhle.

Besondere Vorsicht muss auch bei lebensrettenden Maßnahmen wie z.B. der Mund-zu-Mund- oder Mund-zu-Nase-Beatmung gelten. Hier sollte, wann immer möglich, Tubus und/oder Atemmaske genutzt werden, insbesondere bei sichtbaren Blutungen.

Für nicht medizinische Berufsgruppen, bei denen aber Erste-Hilfe-Maßnahmen häufiger zu erwarten sind (siehe Kap. 8), empfiehlt es sich Hygieneschutzmasken zu benutzen, wie sie beispielsweise vom ADAC für Autofahrer angeboten werden. Voraussetzung ist aber ein regelmäßiges Training im Rahmen von Erste-Hilfe-Kursen.

Besonders gefährdet sind Personen, die Hautverletzungen an den Händen haben oder bei denen die Hautbarriere durch Hauterkrankungen durchbrochen ist. Diese Personengruppen sollten durch geeignete Verbände und eine konsequente Nutzung von persönlichen Schutzausrüstungen wie Handschuhen jedes Eindringen von potenziell infektiösem Blut oder anderen Materialien in ihre Wunden verhindern.

Im Umgang mit kontaminierten Materialien sollten nach Möglichkeit alle Verletzungen, insbesondere die der Hände, verhindert werden.

Als typische Verletzungsart mit Blutkontakt gilt im Gesundheitswesen die

Nadelstichverletzung. Hierbei ist das Infektionsrisiko besonders hoch, da mit der Stichverletzung durch eine gebrauchte Kanüle das Patientenblut direkt bei dem verletzten Mitarbeiter inokuliert wird. Arbeitsvorgänge, die sich als besonders verletzungsträchtig herausgestellt haben, wie z.b. das Zurückstecken von gebrauchten Kanülen in die Schutzkappe, sollten in jedem Fall unterbleiben.

Beim Einsatz von Kanülen muss ein entsprechendes Entsorgungssystem aus durchstichsicherem Material vorhanden sein, in das die Kanülen sofort nach Gebrauch entsorgt werden können. In gleicher Weise ist mit anderen scharfen, stechenden oder schneidenden Gegenständen wie Skalpellen zu verfahren. Auch Braunülen und Butterflys sollten auf diesem Wege entsorgt werden. Werden Spritzen und Kanülen im Krankenzimmer benutzt, muss auf jedem Spritzentablett ein Entsorgungsbehälter stehen. Der unfallträchtige Transport von losen Spritzen und Kanülen zurück ins Schwesternzimmer kann so vermieden werden. Bei der Auswahl der Entsorgungsgefäße sollte auf gläserne Behälter verzichtet werden, da diese sowohl im Nutzungsbereich als auch nach der Entsorgung im Müllsack zerbrechen können und dann eine erhebliche Unfallgefahr darstellen. Will man nicht die handelsüblichen Entsorgungssysteme aus durchstichsicherem Kunststoff verwenden, können auch andere Kunststoffgefäße, die zuvor z.B. Chemikalien wie Reinigungsflüssigkeiten, Desinfektionsmittel etc. enthielten, gesammelt und zur Entsorgung von Spritzen und Kanülen genutzt werden.

Zu den allgemeinen Schutzmaßnahmen gehört auch die Warnung der Mitarbeiter vor infektiösem Material. Überall wo es der Datenschutz zulässt, sollten deshalb Blut, Körperflüssigkeiten oder auch Organproben, die gesichert infektiös sind, gekennzeichnet werden. Neben Blutproben, die ins Labor gegeben werden und bei denen eine solche Kennzeichnung in den meisten Fällen bereits funktioniert, muss auch eine Kennzeichnung der benutzten Operationsgeräte zum Schutze der Mitarbeiter in den Reinigungs- und Desinfektionszentralen erfolgen. Darüber hinaus sind alle Materialien, die nicht sofort als infektiös entsorgt werden, so zu kennzeichnen, dass die damit in Kontakt kommenden Personen entsprechende Schutzmaßnahmen treffen können.

Zum Abschluss dieses Kapitels sei noch einmal auf die besondere Problematik einer Infektionskrankheit in der Schwangerschaft verwiesen. In diesem Zusammenhang muss klar sein, dass schwangere Mitarbeiterinnen sowohl aufgrund der Bestimmung des Mutterschutzgesetzes als auch der Gefahrstoffverordnung nicht in Bereichen mit einer erhöhten Infektionsgefährdung arbeiten bzw. keine Tätigkeiten mit erhöhter Infektionsgefährdung ausüben sollten.

Damit der Schutz von schwangeren Mitarbeiterinnen durch Umsetzung an nicht infektionsgefährdende Arbeitsplätze realisiert werden kann, muss die Schwangerschaft unverzüglich dem Arbeitgeber gemeldet werden.

Tab. 2:   Allgemeine Schutzmaßnahmen in Stichworten

- Vermeidung jedes unnötigen Umganges mit Blut, Stuhl, Körperflüssigkeiten oder -geweben

- Vermeidung jedes unnötigen Umganges mit potenziell verseuchtem Material

- Änderung oder Abschaffung unfallgefährdender Arbeitsabläufe oder -techniken

- Hygienisch sicheres Desinfizieren und Reinigen kontaminierter Gegenstände und Flächen

- Sicheres Entsorgen aller potenziell infektiösen Materialien, insbesondere kontaminierter Gegenstände mit Verletzungsgefahr

- Kennzeichnung aller infektiösen Materialien, Anbringen von Warnhinweisen

- Ggf. Isolierung des erkrankten Patienten

2.2   Körperschutzmaßnahmen

Als wichtigste Körperschutzmaßnahme ist das Tragen von Schutzhandschuhen und Schutzkitteln zu nennen. Diese persönlichen Körperschutzmittel sind bei jeglichem Umgang mit Blut, Körpersekreten und -ausscheidungen unverzichtbar. Die verwendeten Schutzhandschuhe sollten zuverlässig vor dem Eindringen von Erregern schützen und den hygienischen Anforderungen entsprechen. Die im Gesundheitsdienst verwendeten dünnen Einmalschutzhandschuhe sind allerdings aufgrund der Tätigkeitsanforderungen in der Regel nicht durchstichsicher oder verletzungshemmend. In anderen Bereichen mit vorwiegend groberen manuellen Arbeiten und hoher Verletzungsgefahr der Hände, wie z.B. bei den Kanalarbeitern/innen, sollten Handschuhe getragen werden, die sowohl Verletzungs- als auch Nässeschutz bieten. Da es sich dabei meist um Mehrweghandschuhe handelt, müssen diese so beschaffen sein, dass eine regelmäßige Desinfektion und Reinigung möglich ist.
Kontaminierte Schutzhandschuhe, aber auch Schutzkittel müssen unverzüglich und sicher entsorgt werden. Es ist unbedingt zu vermeiden, mit verschmutzten Schutzhandschuhen andere Gegenstände anzufassen und sie so mit potenziell infektiösem Material zu kontaminieren. Dies gilt insbesondere für Türklinken, Schalter, Telefonhörer, aber auch für Kugelschreiber, Hausfunkgeräte etc.

In allen Bereichen, in denen damit zu rechnen ist, dass Aerosole aus Körperflüssigkeiten entstehen, oder bei denen die Gefahr von Spritzern besteht, sollten
auch Mundschutz und Schutzbrille getragen werden. Gerade Letzteres stößt im
Gesundheitswesen noch auf erhebliche Akzeptanzprobleme. Es häufen sich aber
die Berichte über Spritzer von kontaminierten Flüssigkeiten in die Augen. Eine
Infektion ist dann nicht auszuschließen. Mund- und Kopfschutz schützen außerdem vor Erkrankungen, die über Tröpfcheninfektion übertragen werden.
Bei der Aufzählung der persönlichen Schutzausrüstung sollten auch Schutz-
schuhe nicht fehlen. Die Gefahr von Durchtrittsverletzungen bei gleichzeitigem
Kontakt mit potenziell infektiösem Material (Abwasser, Klärschlamm, Müll) besteht hauptsächlich in den Ver- und Entsorgungsberufen.

2.3   Schutzimpfungen

Bei den Schutzimpfungen unterscheidet man grundsätzlich zwischen aktiven und
passiven Impfungen. Bei der aktiven Schutzimpfung wird der Körper (aktiv!)
angeregt, gegen bestimmte Krankheitserreger (Antigene) Antikörper zu bilden
und so eine Immunität aufzubauen. Idealziel der aktiven Schutzimpfung ist der
Aufbau einer möglichst lebenslangen Immunität mit nur einer Impfung. Dies gelingt aber nur selten, da im Laufe der Zeit viele Antikörper abgebaut werden und
damit der Immunschutz verloren geht. Es wird deshalb versucht, mit mehreren
Impfstoffgaben eine Grundimmunisierung mit hohen Antikörpertitern aufzubau-
en (Boosterprinzip), die dann über längere Zeit einen sicheren Schutz gewährleistet. In größeren Abständen ist eine Auffrischung für den Erhalt des Infektionsschutzes notwendig. Nach neueren Erkenntnissen schützt jedoch eine ausreichende Zahl von Antikörpern auch nicht sicher vor Erkrankung. Es muss zwischen
Infektionsschutz und Schutz vor Erkrankung und/oder chronischem Trägerstatus
unterschieden werden. Der Infektionsschutz hängt zwar im Wesentlichen von der
ausreichenden Höhe des spezifischen Antikörpertiters ab, doch haben Untersuchungen gezeigt, dass auch bei abgesunkenem oder nicht mehr vorhandenem
Antikörpertiter Infektionen auftraten, Erkrankungen aber nicht zum Ausbruch
kamen und kein chronischer Trägerstatus mehr auftrat. Dieses Phänomen wird
mit dem Bestehen eines zellgebundenen immunologischen Gedächtnisses erklärt, welches den Nachweis von Antikörpern im Blut über mehrere Jahre über-
dauert. Insbesondere bei der aktiven Hepatitis-B-Impfung haben diese Erkenntnisse zu einer Änderung der Empfehlungen über die Notwendigkeit von
Kontrolluntersuchungen oder Nachimpfungen geführt.
Die aktive Schutzimpfung kann sowohl durch abgeschwächte als auch durch
abgetötete Krankheitserreger oder auch nur durch Bruchstücke davon erfolgen. Eine Besonderheit der aktiven Schutzimpfung ist die Impfung mit abge-

schwächten Bakteriengiften, wodurch die Bildung von Antikörpern gegen diese Gifte erreicht werden soll.

Bei der passiven Impfung werden dem Körper direkt Antikörper gegen eine bestimmte Infektionskrankheit zugeführt. Diese Antikörper können entweder aus dem Serum aktiv immunisierter Tiere oder auch aus menschlichem Serum erkrankter Personen stammen.

Vorteile der aktiven Schutzimpfung sind die in der Regel bessere Verträglichkeit, die deutlich längere Dauer des Impfschutzes sowie ein meist günstigerer Preis.

Bei der passiven Schutzimpfung ist die Komplikationsrate aufgrund des direkten Kontaktes zu menschlichem oder tierischem Eiweiß erheblich höher. Der Impfschutz ist oft nur von kurzer Dauer, da die zugeführten Antikörper in relativ kurzer Zeit abgebaut werden. Die Kosten der passiven Schutzimpfung liegen in der Regel deutlich über der aktiven Impfung. Als Vorteil der passiven Impfung kann jedoch gesehen werden, dass der Impfschutz innerhalb kürzester Zeit nach Injektion der Antikörper eintritt.

2.4   Chemoprophylaxe

Eine prophylaktische Chemotherapie kann bei engem Kontakt zu infektiösen Personen sinnvoll sein. In Betracht kommen dabei Infektionen, gegen die keine ausreichende aktive oder passive Immunisierung möglich ist: z.B. die Meningokokken-Infektion oder der Keuchhusten, bei denen enge Kontaktpersonen bereits prophylaktisch behandelt werden sollten (siehe Kap. 3.5 und 3.9). Die Chemoprophylaxe erfolgt in der Regel mit Antibiotika, die auch zur Behandlung geeignet sind.

2.5   Postexpositionelle Prophylaxe

Unter postexpositioneller Prophylaxe versteht man Maßnahmen, die bei nicht immungeschützen Personen (Immunität nach Erkrankung oder aktiver Impfung) nach Exposition mit einem Erreger ergriffen werden, um eine Infektion, ggf. aber auch nur eine Erkrankung zu verhindern oder einen Erkrankungsverlauf abzumildern. Die postexpositionelle Prophylaxe kann mittels aktiver Impfung, passiver Immunisierung oder in Form einer prophylaktisch begonnenen Chemotherapie (siehe auch Kap. 3.5.9.3) sowie als Kombination der verschiedenen Möglichkeiten erfolgen.

Bei der aktiven Impfung nutzt man die Tatsache, dass aufgrund der Impfung schneller Antikörper gebildet werden als durch Vermehrung des „Wilderregers" in der Inkubationszeit. Es wird hier also nicht eine Infektion, sondern der Ausbruch einer Erkrankung vermieden. Besondere Bedeutung hat die postexpositionelle Prophylaxe durch aktive Impfung bei der Hepatitis A (siehe Kap. 4.5). Bei der passiven Immunisierung werden spezielle Immunglobuline (mit spezifischen Antikörpern) gegeben, die den eindringenden Erreger unmittelbar bekämpfen können.

Die postexpositionelle Prophylaxe mittels passiver Immunisierung wird in der Regel in Kombination mit einer aktiven Impfung durchgeführt. Bedeutung hat sie z.b. noch bei der Exposition ungeschützter Personen (sollte es im beruflichen Bereich durch konsequente aktive Impfung eigentlich nicht mehr geben!) gegenüber dem Hepatitis-B- oder bei Schwangeren gegenüber dem Röteln-Virus (siehe Kap. 4.6 und 4.21). Eine prophylaktische Behandlung kann dann notwendig sein, wenn keine aktive oder passive Immunisierung zur Verfügung steht (z. B. HIV) oder keine ausreichende Schutzwirkung angenommen werden kann (z.B. Meningokokken). Die postexpositionelle prophylaktische Therapie erfolgt in der Regel mittels wirksamer Antibiotika. Eine Besonderheit stellt die postexpositionelle Prophylaxe bei Exposition zu HIV dar. Hier werden abgestimmte Therapieschemata verwendet, die in der Behandlung der Infektion entwickelt wurden (siehe Kap. 4.1).

Bei jeder Form der postexpositionellen Prophylaxe ist es immens wichtig, dass die Maßnahmen möglichst bald nach Exposition erfolgen.

3. Erkrankungen durch Bakterien

3.1   Brucellose

3.1.1   Erreger und Epidemiologie

Bakterien der Gattung Brucella sind bei Tieren weit verbreitet und führen dort zu Fertilitätsstörungen oder Aborten. Die für den Menschen pathogenen Spezies *Brucella melitensis* (Hauptwirt Schafe und Ziegen/Maltafieber), *Brucella abortus* (Hauptwirt Rind/Bang-Krankheit), *Brucella suis* (Hauptwirt Schwein/ Schweinebrucellose) und *Brucella canis* (Hauptwirt Hund/Hundebrucellose) stellen sich mikroskopisch als gramnegative, kokkoide, sporenlose und unbewegliche Kurzstäbchen dar, die sich paarweise oder in kurzen Ketten zusammenlagern. Das Wachstum erfolgt unter aeroben Bedingungen, erfordert jedoch komplexe und mit Wuchsstoffen angereicherte Kulturmedien. Eine biochemische Identifizierung ist aufwendig und daher nur in entsprechend eingerichteten Laboratorien möglich.

Bei der Brucellose handelt es sich um eine Zoonose, die in Westeuropa und dort vor allem in mediterranen Ländern (Portugal, Spanien, Griechenland, Türkei, Malta) gehäuft vorkommt. Außerhalb Europas tritt die Erkrankung in Ländern Afrikas, Asiens, Lateinamerikas (Mexiko) und Südamerikas (Brasilien) auf.

3.1.2   Infektionsmodus

Auf den Menschen werden die Brucellosen durch direkten Kontakt mit infizierten Tieren und deren Ausscheidungen über kleinste Läsionen der Haut-/Schleimhaut und der Konjunktiva übertragen. Auch eine orale Aufnahme der Erreger über Aerosole oder tierische Produkte wie Rohmilch oder Rohmilcherzeugnisse (Käse/Quark etc.) ist möglich. Eine Vermehrung der Erreger findet zunächst in polymorphkernigen Leukozyten statt, mit denen sie sodann die regionären Lymphknoten erreichen. Eine weitere Vermehrung sowie die Ausschwemmung in die Blutbahn erfolgt in mononukleären Zellen. Die mit Fieber einhergehende Bakteriämie hat eine Absiedelung von Brucellen in weiteren Lymphknoten sowie in inneren Organen (Leber, Milz, Nieren), im Knochenmark, in ZNS und Gelenken und sogar auf den Herzklappen zur Folge. In den befallenen Organen entstehen typische kleine, nicht verkäsende Granulome, die Makrophagen und Lymphozyten enthalten. Bei Mischformen finden sich neben den Granulomen auch eitrige Herde. Charakteristisches Pathogenitätsmerkmal der Brucellen ist ihre Fähigkeit, sich in Immunzellen des retikuloendothelialen Systems zu vermehren und dort intrazellulär zu überleben.

3.1.3 Erkrankungen und Erkrankungsfolgen

Der Schweregrad der Brucellose ist abhängig von der Erregerspezies, wenngleich das klinische Erscheinungsbild in allen Fällen sehr ähnlich ist. Den schwersten Verlauf nimmt in der Regel eine Infektion mit *Brucella melitensis* (Malta- oder Mittelmeerfieber), gefolgt von Infektionen mit *Brucella suis* und *Brucella abortus* (Bang-Krankheit/Morbus Bang). *Brucella canis* hingegen ist nur mäßig pathogen. Bis zu 90 % aller Brucellosen verlaufen subklinisch. Sie werden häufig erst nach Abklingen der Symptome durch den Nachweis von Antikörpern diagnostiziert.

Neben den subklinisch verlaufenden Brucellosen unterscheidet man die akute bis subakute sowie die chronische Brucellose. Nach einer Inkubationszeit von 1 bis 3 Wochen, bei *Brucella melitensis* bis zu 3 Monaten, kommt es zu uncharakteristischen, oft nur gering ausgeprägten Prodromalerscheinungen wie Kopf-, Gelenk- und Muskelschmerzen, Appetitlosigkeit, Abgeschlagenheit, gastrointestinalen Beschwerden und subfebrilen Temperaturen. Geschwollene Lymphknoten sowie eine Hepatosplenomegalie treten nicht immer in Erscheinung.

Im sich anschließenden Generalisationsstadium tritt typischerweise hohes Fieber auf, das entweder als Fieberkontinua, häufiger jedoch in Form eines undulierenden Fiebers mit subfebrilen morgendlichen und sehr hohen abendlichen Temperaturen (bis 40° C) begleitet von Schüttelfrost besteht. Eine Fieberepisode von 7 bis 21 Tagen wird von einem fieberfreien Intervall von 2 bis 5 Tagen Dauer abgelöst (Febris undulans). Rückfälle sind bei etwa 5 % aller Brucellose-Patienten in einem Zeitraum von bis zu 2 Jahren nach der Erkrankung zu beobachten.

Das chronische Krankheitsstadium ist charakterisiert durch zahlreiche pathologische Veränderungen in den verschiedensten Organsystemen. So kann sich die Brucellose in Form einer Hepatitis, Hepatosplenomegalie, Lymphadenitis, Orchitis, Pyelonephritis, Arthritis, Spondylarthritis, chronischen Bronchopneumonie, Hämorrhagie, Endokarditis oder Meningoenzephalitis (Neurobrucellose) manifestieren.

3.1.4   Diagnostik

Anamnestische Angaben über den Kontakt zu landwirtschaftlichen Nutztieren, den Verzehr von roher Milch oder Milchprodukten, insbesondere im Rahmen eines Auslandsaufenthaltes, sind für die klinische Verdachtsdiagnose von erheblicher Bedeutung. Die Sicherung der Diagnose ist jedoch nur durch mikrobiologische Untersuchungen möglich.

Der direkte Erregernachweis aus Blut, Liquor, Urin, Gelenkspunktat, Sternalpunktat oder Gewebeproben (Lymphknoten-, Leber-, Milz- oder Knochenmarkbiopsie) gestaltet sich schwierig und gelingt nur selten. Für die Blutkulturdiagnostik werden abweichend von den sonst etablierten Verfahren spezielle biphasische Kulturmedien (Castaneda-Flaschen®) eingesetzt. Eine Anforderung bzw. Rücksprache mit dem jeweiligen mikrobiologisch tätigen Labor wäre sinnvoll. Die Blutentnahme erfolgt während eines Fieberanfalls oder in der Fieberperiode und muss auf jeden Fall mehrfach wiederholt werden.

In der Brucellen-Serologie werden mehrere Untersuchungsverfahren (Rose-Bengal, Coombs-Test, ELISA, EIA) eingesetzt. Die Bestimmung von IgG- und IgM-Antikörpern mittels ELISA-Verfahren erlaubt die Unterscheidung zwischen chronischer und akuter Infektion. Auch molekularbiologische Nachweismethoden (PCR) werden zukünftig die Brucellen-Diagnostik bereichern.

3.1.5   Besondere Hinweise

Meldepflicht nach **Bundesseuchengesetz:** bei **Verdacht, Erkrankung, Tod.** Meldepflicht nach **Tierseuchengesetz:** bei **Auftreten in Nutztierbeständen.** Meldepflicht nach dem **Infektionsschutzgesetz** (IfSG Entwurf Stand 17.08.1999): namentliche Meldung bei **direktem oder indirektem** Erregernachweis, soweit dieser auf eine akute Infektion hinweist.

3.1.6   Arbeitsmedizinische Bedeutung

Die arbeitsmedizinische Bedeutung der Brucellose hat in Deutschland stark abgenommen. Die deutschen Nutzviehbestände gelten nach den EG-Richtlinien (64/432/LWG) als brucellosefrei.

3.1.6.1   Berufliche Exposition

Die Gefährdung im Gesundheitswesen ist aufgrund der niedrigen Fallzahlen und der Tatsache, dass eine direkte Übertragung von Mensch zu Mensch nur äußerst selten ist, als sehr gering anzusehen. Laborpersonal kann im Umgang mit den Erregern auch aerogen gefährdet sein. Weiter gefährdet sind Personen, die im Rahmen von Auslandstätigkeiten in der Landwirtschaft, in der Fleisch- und/oder Milchproduktion und deren Verarbeitung oder in der Veterinärmedizin tätig sind. Infektionen mit Brucellose-Erregern sind bei Kontakt mit importierten Tieren, rohen oder unzureichend erhitzten Fleischprodukten und/oder Milch möglich.

3.1.6.2 Betroffene Berufsgruppen

Eine besondere Gefährdung der folgenden Berufsgruppen ist nur bei Auslands-tätigkeiten oder Kontakt mit importiertem Fleisch oder Milchprodukten anzu-nehmen. Auslandstätigkeiten führen aber auch allgemein zu einer potenziell hö-heren Gefährdung, die sich bei langen Aufenthaltszeiten und engem Kontakt zu der einheimischen Bevölkerung und zunehmendem Genuss einheimischer Lebensmittel verstärkt.

Landwirtschaft (Entwicklungshilfe)	(Veterinär-) Medizin	Fleisch- und Milchproduktion	Sonstige Arbeitsbereiche
Landwirte, Züchter, Tierpfleger, Schäfer, Melker, Desinfek-toren (Ställe)	Tierärzte, Laborpersonal	Schlachter, Metzger, Abdecker, Molkereiarbeiter	Jäger, med. Personal

3.1.7 Umwelt- und (reise-)medizinische Aspekte

Mit Zunahme des Fern- und Abenteuertourismus haben die umwelt- und reise-medizinischen Aspekte an Bedeutung gewonnen.

3.1.7.1 Umweltexposition

Von einer Umweltexposition kann insbesondere in den Mittelmeerländern, in Lateinamerika und Asien ausgegangen werden. Von entscheidender Bedeutung ist der enge Kontakt zu Haustieren, aber auch der Genuss von nicht ausreichend erhitzten Fleisch- oder Milchprodukten zu nennen.

3.1.7.2 Betroffene Bevölkerungsgruppen

Betroffene Bevölkerungsgruppen sind Fernreisende, Abenteuerreisende (Auslandsjäger), aber auch ausländische Arbeitnehmer bei Heimatbesuchen.

3.1.8 Krankenhaushygienische Aspekte

Eine Isolierung erkrankter Personen ist nicht erforderlich. Eine desinfizierende Reinigung sichtbarer Verunreinigungen mit Körperflüssigkeiten, Sekreten und Ausscheidungen sowie von Behandlungs-, Untersuchungs- und Pflegematerial ist erforderlich, ebenso eine patientenbezogene Schutzkleidung bei Kontakt mit Körperflüssigkeiten, Sekreten und Ausscheidungen. Es reicht die normale Reinigung von Flächen und Gegenständen sowie die normale Entsorgung von Wäsche und Speiseresten.

3.1.9 Prävention

3.1.9.1 Allgemeine Infektionsprophylaxe

Eine Erregerexposition sollte möglichst mit technischen Mitteln verhindert werden (Infektionsschutzwerkbänke im Labor). Spezielle Schutzausrüstung (auch Atemschutz) ist im Umgang mit Erregern oder bei Kontakt mit verseuchten Tierbeständen notwendig.

Arbeitsmedizinische Maßnahmen nach BGI 504-42 (früher ZH1/600.42) mit Anmerkungen des Autors
Infektionskrankheit Nr. 1 (Brucellose)

Arbeitsbereiche	Gefährdende Tätigkeiten	Arbeitsmedizinische Maßnahmen G42 Impfung Beratung
Arbeitsbereich (1): *Gesundheitsdienst*	Untersuchen, Behandeln, Pflegen	fakulta-tiv (**C**)
Stationäre und ambulante Einrichtungen der Veterinärmedizin (**C**)	Abnehmen von Körperflüssigkeiten, Ausscheidungen, Abstrichmaterial	fakulta-tiv (**C**)

Arbeitsbereiche	Gefährdende Tätigkeiten	Arbeitsmedizinische Maßnahmen G42 Impfung Beratung		
	Obduktion, Sektion weitere Tätigkeiten (Instandsetzung, Reinigung, Reparatur, Wartung, Transport, Entsorgung)	fakultativ (C)		
Arbeitsbereich (1): *Laboratorien und sonstige Bereiche* Laboratorien der Humanmedizin (A), Veterinärmedizin (C), Desinfektionseinrichtungen (K)	Auspacken, Aufbereiten, Entsorgen von erfahrungsgemäß infektiösem Probenmaterial; Fixieren, Einbetten, Entwässern, Färben von Blutausstrich sowie Kultur- und histologischen Präparaten; Herstellen von Organ-(Gefrier-) Schnittpräparaten; Anzüchten, Mikroskopieren, Kultivieren, Differenzieren von Erregern aus Materialproben; Bedienen von Untersuchungs- und Analyseautomaten mit infektiösen Proben; Umgang mit infektiösem Material, Gegenständen, Gerätschaften beim Bedienen von Desinfektionsapparaten oder Beschicken der sog. unreinen Seite in Desinfektionseinrichtungen; Halten, Pflegen von infizierten, infektiösen Versuchstieren; weitere Tätigkeiten (Instandsetzung, Reinigung, Reparatur, Wartung, Transport, Entsorgung, Fahrtätigkeiten)	fakultativ (C, K)		Angebot (A)
Arbeitsbereich (4): Anlagen der Tierproduktion, Bereiche mit lebenden Tieren, Tierhaltung, Tierhandel	Zucht, Pflege, Transport und Handel in der Landwirtschaft (A), Umgang mit Tieren in Lehr- und Versuchsanstalten sowie sonstigen Bereichen der Wissenschaft (B), Tierhaltung in Tierheimen, zoologischen Gärten, Tierparks, Freizeit- und Safariparks,			Angebot (A, B, E)

Arbeitsbereiche	Gefährdende Tätigkeiten	Arbeitsmedizinische Maßnahmen G42 Impfung Beratung
	Reiterhöfen, Zirkusunternehmen, Zoohandlungen (E)	

Anmerkung: Der irreführende Begriff der „gemeinnützigen Einrichtungen" (Zoohandlung!) unter E wurde gestrichen;
erhöhte Gefährdung bei Auslandstätigkeiten inbesondere zu Tätigkeitsgruppe A

Arbeitsbereiche	Gefährdende Tätigkeiten	Arbeitsmedizinische Maßnahmen
Arbeitsbereich (4): Bereiche mit tierischen, pflanzlichen Rohstoffen für „Non-Food-Produkte"	Verwerten, Beseitigen verendeter oder tot geborener Tiere aus gewerblichen Schlachtstätten (H)	Angebot (H)

Anmerkung: Erhöhte Gefährdung bei Auslandstätigkeiten

	Gewerbliches Schlachten, Zerlegen von Tieren einschließlich verarbeitende Geflügelindustrie (K)	Angebot (K)

Anmerkung: Erhöhte Gefährdung bei Auslandstätigkeiten

Arbeitsbereich (6): Landwirtschaft (ohne Tierproduktion), Jagd, Bodenbearbeitung (auch baulich)	Ausbringen von Stallabfällen: Gülle, Mist (B), Forst-, Holzwirtschaft, Jagd, Bodensanierung mit Zuschlagstoffen aus Abfällen: Zusetzen und Ausbringen von hygienisch bedenklichen Klärschlämmen, Rohkompost (G)	Angebot (B, G)

3.2   Chlamydien

3.2.1   *Erreger und Epidemiologie*

Chlamydien gelten als Bakterien, unterscheiden sich jedoch von diesen durch ihre obligat intrazelluläre Vermehrung und das Fehlen des typischen Peptidoglykangerüstes der bakteriellen Zellwand. Im Entwicklungszyklus kann man die infektiösen Elementarkörperchen (EB) von den vermehrungsfähigen Retikular-körperchen (RB) unterscheiden. Nachdem EB durch aktiven Transport in der Wirtszelle aufgenommen sind, wandeln sie sich vollständig in RB um. Nach 10 bis 12 Teilungszyklen werden in einer Phase der Kondensation die RB wiederum in EB überführt, die nach Eindringen in den extrazellulären Raum neue Zellen infizieren. Die vollständige Abhängigkeit der Erreger vom ATP der Wirtszelle bezeichnet man als Energieparasitismus. Nach den verschiedenen Wirtsorga-nismen sowie der Form und dem Glykogengehalt ihrer Einschlüsse unterscheidet man die drei Spezies *Chlamydia pneumoniae*, *Chlamydia trachomatis* und *Chlamydia psittaci*. Chlamydien sind weltweit verbreitet. Während für die bei-den erstgenannten Arten der Mensch als Erregerreservoir dient, handelt es sich bei *Chlamydia psittaci*, deren Reservoir Wild- und Nutzvögel sind, um eine Zoonose.

3.2.2 *Infektionsmodus*

In der nachstehenden Tabelle werden die Übertragungswege der Chlamydien-Infektionen je nach Erregerart und Erkrankung sowie das geeignete Unter-suchungsmaterial bei Infektionsverdacht gegenübergestellt:

Tab. 3: Übersicht: Erkrankung, Übertragung, Diagnostik der Chlamydien-Infektion

Spezies	Erkrankung	Übertragung	Untersuchungs-material für die Mikrobiologie
Chlamydia trachomatis Serovar A - C	Trachom	Schmierinfektion (infektiöses Sekret)	Bindehautabstrich
Serovar D - K	Einschluss-Konjunktivitis, Neugeborenen-Pneumonie	Neugeborene auf dem Geburtsweg, Wasser (Schwimm-bäder)	Bindehautabstrich
Serovar D - K	NGU, Urethral-Syndrom, Zervizitis, Salpingitis, Reiter-Syndrom	Sexuelle Kontakte	Genitalabstriche/ Zervixabstriche

Spezies	Erkrankung	Übertragung	Untersuchungs-material für die Mikrobiologie
Serovar L$_1$ – L$_3$	Lymphogranuloma venereum	Sexuelle Kontakte	Genitalabstriche/ Zervixabstriche/ Lymphknoteneiter
Chlamydia pneumoniae	Pharyngitis, Bronchitis, Pneumonie	Tröpfcheninfektion (von Mensch zu Mensch)	Trachealsekret für PCR, Serologie
Chlamydia psittaci	Ornithose (Psittakose)	Kot infizierter Vögel (Inhalation von Staub)	Serologie

Unterschiedliche Serovare der Spezies *Chlamydia trachomatis* führen zum Befall verschiedenster Wirtszellen. So werden durch die Serovare A – K ausschließlich Zylinderepithelzellen der Augen (Trachom) oder der Genitalschleimhäute (NGU) infiziert. Die Serovare L1 – L3 verfügen über eine größere Invasivität und sind für das Lymphogranuloma venereum verantwortlich. *Chlamydia pneumoniae* findet sich in den Epithelzellen des Respirationstraktes und *Chlamydia psittaci* kann in unterschiedlichste Zellen des Menschen eindringen.

Vor allem bei der Vermehrung und beim Austritt der EB kommt es zur Schädigung und Zerstörung der Wirtszellen, die ihrerseits Interferone, Tumor-Nekrose-Faktor und Interleukine produzieren. Zudem wird der Infektionsprozess durch humorale und zelluläre Reaktionen auf Chlamydien-Antigene und auf die infizierten Zellen beeinflusst.

3.2.3   Erkrankungen und Erkrankungsfolgen

Erkrankungen durch Chlamydia trachomatis

Trachom (Conjunctivitis trachomatosa, Körnerkrankheit), Serotyp A - C :
Die Übertragung kann sowohl durch Schmier- oder Tröpfcheninfektion als auch durch Bettwäsche, Handtücher oder Insekten (Fliegen) erfolgen.
Nach einer Inkubationszeit von 5 bis 14 Tagen kommt es zu einer akuten oder auch chronisch verlaufenden Infektion. Eine Stadieneinteilung nach WHO-Empfehlung unterscheidet zwischen beginnendem (I), manifestem (II), narbigem (III) und abgeheiltem (IV) Trachom.

Das klinische Bild ist geprägt von einer Keratokonjunktivitis mit typischer Follikelbildung und Papillenhypertrophie. Komplikationen der meist am Oberlid lokalisierten Infektion sind narbige Deformierungen, Vaskularisierung der Hornhaut, Bildung eines Pannus und Sekundärinfektionen. Zur Erblindung kommt es bei bis zu 15 % der Trachompatienten. Vor allem in Ländern Afrikas und Südostasiens mit niedrigem Hygienestandard zählt das Trachom zur häufigsten Ursache der vermeidbaren Erblindung. Zur Therapie kommen Makrolide (Azithromycin/Erythromycin) oder Tetrazykline in Betracht.

Einschluss-Konjunktivitis, Serotyp D - K
Bei der Einschluss-Konjunktivitis ist im Gegensatz zum Trachom zumeist das Unterlid betroffen. Die Symptomatik ist weniger heftig und chronische Verläufe sind selten. Neugeborene infizieren sich auf dem Geburtsweg und entwickeln etwa 7 bis 14 Tage nach der Geburt eine schleimig-eitrige Konjunktivitis, die nach einigen Wochen in der Regel von selbst abklingt. Die bei Erwachsenen aufgrund der Übertragung durch Wasser auch als „Schwimmbad-Konjunktivitis" bezeichnete Entzündung kann in eine follikuläre Konjunktivitis mit subepithelialer Infiltration der Kornea übergehen und schwerer verlaufen.

Genitalinfektionen (nicht gonorrhoische Urethritis, NGU), Serotyp D - K
Diese durch Geschlechtsverkehr übertragene und als nicht gonorrhoische oder postgonorrhoische Urethritis (**NGU / PGU**) bezeichnete Infektion tritt etwa 2 bis 6 Wochen nach dem Sexualkontakt mit Dysurie, Urethralbeschwerden und schleimigem, teils auch eitrigem Ausfluss in Erscheinung. Als Komplikation können zudem geschlechterspezifisch beim Mann Epididymitis, Prostatitis und Proktitis, bei der Frau Zervizitis, Endometritis, Salpingitis, Proktitis und selten eine Perihepatitis hinzukommen. Häufiger noch als bei Männern (ca. 30 %) verläuft die NGU durch *Chlamydia trachomatis* bei Frauen symptomlos (ca. 50 %). Nicht selten ist eine Gonorrhö bei Frauen mit einer Chlamydien-Infektion vergesellschaftet. Um Reinfektionen zu vermeiden, sollte beim Nachweis einer NGU/PGU der jeweilige Sexualpartner mitbehandelt werden.

Reaktive Arthritis (Reiter-Syndrom), Serotyp D - K
Reaktive Arthritiden hauptsächlich kleinerer, distaler Gelenke und kleiner Wirbelgelenke als Folge einer NGU verlaufen zumeist gutartig. Das Reiter-Syndrom (Trias aus Arthritis, Urethritis und Konjunktivitis) tritt vornehmlich bei Männern ca. vier Wochen nach durchgemachter NGU auf.

Neugeborenen-Pneumonie, Serotyp D - K
Die von der infizierten Mutter aquirierten Erreger können bei Säuglingen nach etwa 2- bis 4-wöchiger Inkubationszeit zu einer afebrilen Pneumonie führen.

Auffällig ist die Diskrepanz zwischen geringer klinischer Symptomatik und einer ausgedehnten, diffusen, feinfleckigen bis streifigen interstitiellen Zeichnungsvermehrung (atypische Pneumonie) im Röntgen-Thorax. In etwa der Hälfte der Fälle tritt eine Otitis media begleitend hinzu. Bei reifen Neugeborenen verläuft die Erkrankung meist gutartig und heilt nach einigen Wochen problemlos aus. Frühgeborene hingegen sind durch die Infektion akut gefährdet; Todesfälle sind beschrieben.

Lymphogranuloma venereum (LGV, Nicolas-Durant-Favre-Krankheit), Serotyp L_1 - L_3

Chlamydien der Serovare L_1 - L_3 haben ihren natürlichen Standort im Genitalbereich des Menschen. Daher wird auch diese Erkrankung fast ausschließlich durch sexuelle Kontakte übertragen. Die Erreger verfügen über eine höhere Invasivität und nach einer 3- bis 20-tägigen Inkubationszeit kommt es zunächst zur Ausbildung einer kleinen, nicht schmerzhaften, papulösen, vesikulösen oder ulzerösen Primärläsion. Extragenital kann sich die Primärläsion auch im Analbereich oder an den Fingern manifestieren. Nach Abheilung folgt ein bis zu acht Wochen andauerndes symptomfreies Intervall. In dieser Zeit gelangen die Erreger über die Lymphbahnen in die regionären Lymphknoten und verursachen dort eine eitrige Einschmelzung, Nekrose und granulomatöse Entzündung mit anschließender bindegewebiger Vernarbung. Klinisch treten unter einer rötlich-livide verfärbten Haut geschwollene, schmerzhafte abszedierende Lymphknoten in Erscheinung, die häufig nach außen durchbrechen und von denen kutane oder rektale Fisteln ausgehen können. Neben den Leistenlymphknoten können auch iliakale, femorale, perirektale, intraabdominelle und paraaortale Lymphknoten betroffen sein. Komplikationen der Erkrankung sind Strikturen des Rektums, Rektalfisteln, perirektale Abszesse, Elephantiasis von Skrotum, Penis oder Vulva, Arthritis und generalisierte Lymphadenopathie. Die Therapie kann mit Tetrazyklinen oder Makroliden erfolgen.

Erkrankungen durch Chlamydia pneumoniae

Chlamydia pneumoniae - Pneumonie

Chlamydia pneumoniae gehört zu den häufigsten Pneumonie-Erregern und kommt ausschließlich bei Menschen vor. Die Übertragung erfolgt durch Tröpfcheninfektion. Nach Befall der Epithelzellen des Respirationstraktes und einer Inkubationszeit von etwa drei Wochen treten oft zuerst persistierende Halsschmerzen und Heiserkeit in Erscheinung. Der Pharyngitis können eine Bronchitis und/oder eine Pneumonie folgen, die über Wochen bis Monate anhalten. Besonders immunsupprimierte Patienten sind gefährdet. Röntgenologisch zeigt sich das Bild einer interstitiellen (atypischen) Pneumonie. Die Diagnose erfolgt serologisch oder durch molekularbiologische Untersuchungen (PCR aus Trachealsekret). Zur Therapie werden Tetrazykline oder Makrolide eingesetzt. In den letzten Jahren wird vermehrt über einen ätiologischen Zusammenhang zwischen Infektionen mit *Chlamydia pneumoniae* und der Entstehung der Arteriosklerose diskutiert.

Erkrankungen durch Chlamydia psittaci

Ornithose (Psittakose)
Das natürliche Reservoir von *Chlamydia psittaci* sind Vögel und andere Tierarten (Zoonose). In Deutschland spielen vor allem papageienartige Vögel, die den hochinfektiösen Erreger über Kot und andere Exkremente ausscheiden, die entscheidende Rolle bei der Übertragung.
Die sehr umweltresistenten Chlamydien werden vom Menschen mit dem Staub eingeatmet und vermehren sich sodann im retikuloendothelialen System (RES). Vor allem die Lunge, aber auch andere Organe wie Leber, Milz, Meningen oder ZNS können betroffen sein. Mit Fieber, unproduktivem Husten und grippalen Symptomen (Schüttelfrost, Fieber, Kopfschmerzen, Myalgien) wird die Infektion nach einer Inkubationszeit von 1 bis 3 Wochen klinisch manifest. Im Röntgenbild der Lunge wird eine interstitielle (atypische) Pneumonie sichtbar. Der Schweregrad der Ornithose reicht von inapparenten bis hin zu tödlichen Verläufen. Die Therapie erfolgt über einen Zeitraum von mindestens 2 bis 3 Wochen mit Tetrazyklinen.

3.2.4   Diagnostik

Jeweils nach Lokalisation der Infektion werden unterschiedliche Materialien zur mikrobiologischen Diagnostik benötigt (siehe Tab. 3). Bei Abstrichen muss darauf geachtet werden, dass Epithelzellen gewonnen werden. Für besondere Untersuchungsanforderungen (z. B. Anlage von Zellkulturen) ist der Versand in speziellen Transportmedien und gekühlt erforderlich. Eine diesbezügliche Absprache mit dem mikrobiologischen Labor erscheint sinnvoll.
Durch das Fehlen der bakteriellen Peptidoglykanschicht lassen sich Chlamydien nicht nach Gram färben. Zur Anzucht werden **Zellkulturen** eingesetzt (obligat intrazelluläre Mikroorganismen), aus denen sie mittels direkter Immunfluoreszenz mikroskopisch sichtbar gemacht werden können. Die kulturelle Anzucht von *Chlamydia pneumoniae* gelingt nur selten und ist wegen methodischer Probleme Speziallaboratorien vorbehalten.

Ein **Antigennachweis** bei genitookularen Infektionen erfolgt mittels mono-klonaler Antikörper, die entweder fluoreszenz- oder enzymmarkiert sind und den Vorteil haben, dass neben lebenden auch bereits abgestorbene Chlamydien nach-gewiesen werden. Eine Speziesdifferenzierung ist mit dieser Methode jedoch nicht möglich. Unter den modernen Nachweisverfahren kommen molekularbio-logische Methoden wie **PCR** und **LCR** (Polymerase- bzw. Ligasekettenreaktion) gerade im Bereich der Chlamydien-Diagnostik aufgrund ihrer hohen Sensitivität und Spezifität vermehrt zum Einsatz.

Serologische Methoden sind umstritten, da ihr Resultat häufig schwierig zu in-terpretieren ist und Kreuzreaktionen mit anderen Bakterien oder Rheumafak-toren vorkommen (speziesunspezifische Antikörpertests wie KBR, Enzym-immuntest oder Immunfluoreszenz). Andere Mikroimmunfluoreszenztests (MIF) verfügen zwar über eine bessere Spezies-Spezifität, sind jedoch in ihrer Beurtei-lung noch aufwendiger.

3.2.5   Besondere Hinweise

Meldepflicht nach **Bundesseuchengesetz**: bei **Verdacht, Erkrankung, Tod** durch C.-psittaci-Infektion; bei **Erkrankung und Tod** durch C.-trachomatis-Infektion und Lymphogranuloma venereum.
Meldepflicht nach dem **Infektionsschutzgesetz** (lfSG Entwurf Stand 17.08.1999): namentliche Meldung bei **direktem oder indirektem** Erregernachweis von Chlamydia psittaci, soweit dieser auf eine akute Infektion hinweist.

3.2.6   Arbeitsmedizinische Bedeutung

Aufgrund der unterschiedlichen Verbreitung der Erregerspezies besteht eine brei-te Streuung von potenziell gefährdeten Berufsgruppen. Als Berufskrankheit wa-ren Erkrankungen durch Chlamydien allerdings bisher bedeutungslos.

3.2.6.1   Berufliche Exposition

Eine berufliche Exposition gegenüber *C. psittaci* ist bei beruflichem Kontakt mit Vögeln, insbesondere in der Geflügelproduktion und -verarbeitung, aber auch im Tierhandel möglich. Gegenüber *C. pneumoniae* kann von einer Gefährdung im Gesundheitsdienst (Kinderheilkunde) besonders auch bei Auslandstätigkei-ten ausgegangen werden. In der Frauen- und Augenheilkunde besteht ein po-tenzielles Infektionsrisiko gegenüber *C. trachomatis*.

3.2.6.2 Betroffene Berufsgruppen

Arbeitsbereiche mit Kontakt zu Geflügel/ Vögeln (*Chlamydia psittaci*)	Labortätigkeiten	Gesundheitswesen, Behandlung und Pflege Erkrankter
Geflügelzüchter und -halter, Tierpfleger, Zoohändler, Geflügelschlachter, Personal in der Geflügel verarbeitenden Industrie	technische Assistenten (MTA, BTA, PTA, CTA), sonstiges Personal in: med. und mikrobiologischen Laboratorien	Ärzte, Pflegepersonal, sonstiges med. Personal, insbesondere in: Gynäkologie, Augenheilkunde (*Chlamydia trachomatis*), Pädiatrie (*Chlamydia pneumoniae*)

3.2.7 Umwelt- und (reise-)medizinische Aspekte

3.2.7.1 Umweltexposition

Hauptübertragungsweg der *Chlamydia trachomatis* (D-K) ist der Sexualkontakt. Kontakte mit Nutz- und Ziervögeln beinhalten ein erhöhtes Risiko gegen *C. psittaci*. Eine besondere umweltmedizinische Gefährdung gegenüber *C. pneumoniae* kann nicht beschrieben werden.

3.2.7.2 Betroffene Bevölkerungsgruppen

Personen mit häufig wechselndem Geschlechtsverkehr unterliegen einer erhöhten Gefährdung durch *C. trachomatis*. Private Nutz- und Ziervögelhalter sind gegenüber *C. psittaci* gefährdet.

3.2.8 Krankenhaushygienische Aspekte

Eine Isolierung erkrankter Personen ist aus hygienischer Sicht nicht erforderlich. Sichtbare Verunreinigungen mit Körperflüssigkeiten, Sekreten und Ausscheidungen sowie von Behandlungs-, Untersuchungs- und Pflegematerial sind desinfizierend zu reinigen. Bei Kontakt mit Körperflüssigkeiten, Sekreten und Ausscheidungen ist Schutzkleidung zu tragen. Es reicht die normale Reinigung von Flächen und Gegenständen sowie die normale Entsorgung von Wäsche und Speiseresten.

3.2.9 Prävention

3.2.9.1 Allgemeine Infektionsprophylaxe

Die allgemeinen Hygieneregeln und Infektionsschutzmaßnahmen bei der Behandlung und Pflege erkrankter Personen (siehe Kap. 2.1 bis 2.2) sind einzuhalten. Bei Kontakt mit Geflügel/Vögeln ist Mundschutz zu tragen. Kein Geschlechtsverkehr ohne Kondome.

**Arbeitsmedizinische Maßnahmen nach BGI 504-42 (früher ZH1/600.42)
mit Anmerkungen des Autors
Infektionskrankheit Nr. 2 (Chlamydien-Infektion)**

Arbeitsbereiche	Gefährdende Tätigkeiten	Arbeitsmedizinische Maßnahmen G42	Impfung	Beratung
Arbeitsbereich (1): *Gesundheitsdienst* Stationäre und ambulante Einrichtungen der Humanmedizin **(A)**, der Veterinärmedizin **(C)**	Untersuchen, Behandeln, Pflegen Abnehmen von Körperflüssigkeiten, Ausscheidungen, Abstrichmaterial Obduktion, Sektion weitere Tätigkeiten (Instandsetzung, Reinigung, Reparatur, Wartung, Transport, Entsorgung)	fakultativ **(A, C)** fakultativ **(A, C)**		Angebot **(C)**
Arbeitsbereich (1): *Laboratorien und sonstige Bereiche* Laboratorien der Humanmedizin **(A)** Veterinärmedizin **(C)** Desinfektionseinrichtungen **(K)**	Auspacken, Aufbereiten, Entsorgen von erfahrungsgemäß infektiösem Probenmaterial, Fixieren, Einbetten, Entwässern, Färben von Blutausstrich- sowie Kultur- und histologischen Präparaten, Herstellen von Organ-(Gefrier-) Schnittpräparaten, Anzüchten, Mikroskopieren, Kultivieren, Differenzieren von Erregern aus Materialproben, Bedienen von Untersuchungs-, Analyseautomaten mit infektiösen Proben, Umgang mit infektiösem Material, Gegenständen, Gerät-	fakultativ **(A, C, K)**		

Arbeitsbereiche	Gefährdende Tätigkeiten	Arbeitsmedizinische Maßnahmen G42 Impfung Beratung
	schaften beim Bedienen von Desinfektionsapparaten oder Beschicken der sog. unreinen Seite in Desinfektionseinrichtungen, Halten, Pflege von infizierten, infektiösen Versuchstieren, weitere Tätigkeiten (Instandsetzung, Reinigung, Reparatur, Wartung, Transport, Entsorgung, Fahrtätigkeiten)	
Arbeitsbereich (4): Anlagen der Tierproduktion Bereiche mit lebenden Tieren Tierhaltung, Tierhandel	Umgang mit Tieren in Lehr- und Versuchsanstalten sowie sonstigen Bereichen der Wissenschaft **(B)**, Vogel- und Geflügelzucht (**C**), Zirkusunternehmen, Zoohandlungen **(E)**	Angebot **(B,C,E)**

Anmerkung: Der irreführende Begriff der „gemeinnützigen Einrichtungen" (Zoohandlung!) unter E wurde gestrichen

Arbeitsbereich (4): Tierische und pflanzliche Rohprodukte in der Lebensmittelproduktion	Gewerbliches Schlachten, Zerlegen von Tieren einschließlich verarbeitende Geflügelindustrie **(K)**	Angebot **(K)**
Arbeitsbereich (6): Jagd	Forst-, Holzwirtschaft, Jagd: Umgang mit möglicherweise infizierten Tieren (**C**)	Angebot (**C**)

35

3.3 Diphtherie

3.3.1 Erreger und Epidemiologie

Seit dem Altertum ist die Diphtherie als eine der großen Seuchen gefürchtet. Der Erreger, das *Corynebacterium diphtheriae*, ist der medizinisch bedeutsamste Vertreter aus der Gattung der Korynebakterien, die ihren Namen aufgrund einer meist endständigen Auftreibung der Zelle tragen (griech. Koryne = Keule). Das *Corynebacterium diphtheriae* muss von den zahlreichen apathogenen Korynebakterien, die zur physiologischen Flora des menschlichen Mund-/Rachenraumes und der Haut gehören, abgegrenzt werden. Die grampositiven, schlanken, unbeweglichen, oft leicht gekrümmten Stäbchen werden hierzu mit Spezialfärbungen (Neisserfärbung) dargestellt und auf Selektivmedien angezüchtet (Löffler-Serum/Clauberg-Nährboden). Eine Unterteilung in die drei Biovarietäten *gravis, mitis* und *intermedius*, die durch unterschiedliches Hämolyseverhalten und verschiedene Koloniemorphologien auf bluthaltigen Nährmedien vorgenommen wird, ist heute nur noch für epidemiologische Fragestellungen von Bedeutung.

Der wichtigste Pathogenitätsfaktor der Diphtherie-Bakterien ist die Fähigkeit zur Bildung eines Exotoxins. Vorbedingung zur Bildung dieses Toxins ist die vorherige temperente Infektion des Bakteriums mit einem Bakteriophagen, dessen

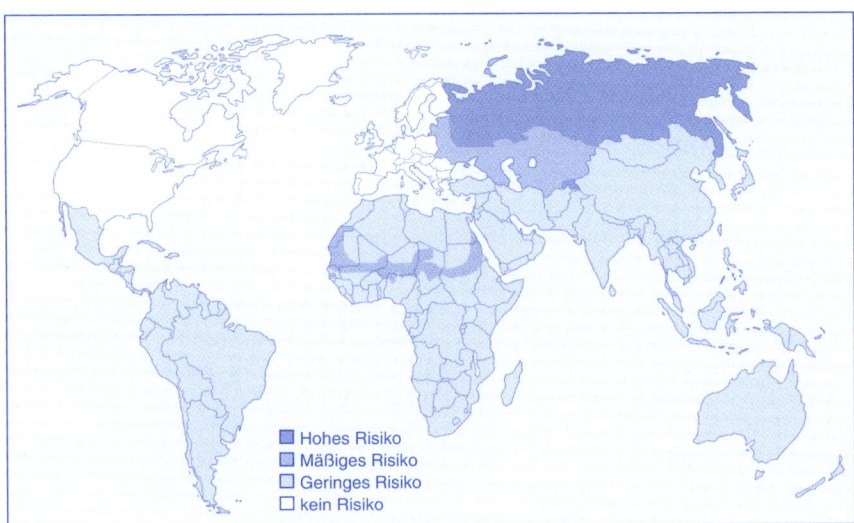

Abb. 1: Epidemiologische Karte „Diphterie" (nach SB-online)

36

Gen die Synthese des Toxins kodiert. Das Diphtherie-Toxin selbst blockiert die Proteinsynthese am Ribosom eukaryonter Zellen und führt somit zum Zelltod. Die Diphtherie ist weltweit verbreitet. Seit der Einführung der Schutzimpfung ist sie in Europa deutlich zurückgegangen. Dies wiederum führte zu einer erheblichen Vernachlässigung der notwendigen Auffrischimpfungen im Erwachsenenalter, sodass in Deutschland gegenwärtig erhebliche Immunitätslücken ab dem 25. Lebensjahr bestehen (ausreichend geschützt sind nur etwa 30 % der Erwachsenen).

3.3.2 Infektionsmodus

Die Übertragung der Diphtherie erfolgt in erster Linie durch Tröpfcheninfektion, kontaminierte Gegenstände spielen kaum eine Rolle. Das Erregerreservoir stellen asymptomatische Keimträger und erkrankte Personen. Die Infektiosität variiert individuell sehr stark. Eine lang anhaltende Immunität nach durchgemachter Infektion besteht nicht!
Die Inkubationszeit beträgt durchschnittlich 2 bis 5 Tage. Das Krankheitsbild wird bestimmt von lokaler Infektion und systemischer Intoxikation. Demnach lassen sich verschiedene Schweregrade unterscheiden (siehe Tab. 4, S. 38).
Lokal begrenzte Formen bleiben auf den Ort der Infektion beschränkt und sind von allgemeinen Krankheitssymptomen wie mäßigem Fieber, Schwellung regionärer Lymphknoten und Abgeschlagenheit gekennzeichnet. Maligne systemische Formen sind Folge der Toxinwirkung und können zusätzlich zur lokal begrenzten Form auftreten.

3.3.3 Erkrankungen und Erkrankungsfolgen

Die lokal begrenzte Diphtherie

Rachendiphtherie
In der Regel beginnt die Erkrankung als Infektion des Rachens mit anfänglich geröteten, geschwollenen Tonsillen und starkem Krankheitsgefühl. Stunden später bilden sich an gleicher Stelle grauweiße, fleckförmige, später konfluierende Beläge, die sich auf Rachen und Gaumen ausdehnen und bei Berührung schnell zu Schleimhautblutungen führen.
Diese als Pseudomembranen bezeichneten Beläge sind ebenso charakteristisch wie der süßlich faulige Mundgeruch der Patienten.
Nach 4 bis 5 Tagen erreicht die Rachendiphtherie ihren Höhepunkt. Entweder kommt es nun unter Abstoßung und Verflüssigung der Pseudomembranen zur

Tab. 4: Symptome der Diphtherie in den verschiedenen Schweregraden und toxische Spätfolgen

Lokal begrenzte Diphtherie	**Allgemeinsymptome :** erhöhte Temperatur, schweres Krankheitsgefühl, regionäre Lymphknotenschwellung **sowie :**
Rachendiphtherie	pseudomembranöse Beläge (weißlich fleckförmig, später bräunlich konfluierend, beim Versuch des Abstreichens stark blutend), süßlich fauliger Foetor ex ore
Nasendiphtherie	blutig seröser Schnupfen
Kehlkopfdiphtherie	Heiserkeit, Krupphusten, Atemnot, Unruhe
Augendiphtherie	blutig eitriger Ausfluss, Keratitis
Wund-/ Hautdiphtherie	schmierig gelbliche Beläge und wulstig aufgeworfene Wundränder
Progrediente Diphtherie	Fieber, schweres Krankheitsgefühl, deszendierender Krupp mit Stenosierung der Atemwege, beschleunigte Atmung, erschwertes Exspirium, Zyanose
Maligne Diphtherie (Diphtheria gravissima)	Fieber, schweres Erbrechen, extremes Krankheitsgefühl, toxisches Kreislaufversagen, Myokarditis, Nephropathie, Haut- und Schleimhautblutungen, Halsödem (Cäsarenhals)
Mögliche *toxische Spätfolgen* aller Diphtherie-Formen	Kreislaufinsuffizienz, Myokarditis, Nephropathie, Polyneuritis, Landry-Paralyse

Entfieberung und Abheilung oder die Erkrankung nimmt einen sekundär toxischen Verlauf mit Kreislaufkollaps, Herz- und Nierenschädigungen sowie Haut- und Schleimhautblutungen (siehe auch progrediente Diphtherie).

Nasendiphtherie

Diese vor allem bei Säuglingen und Kleinkindern vorkommende Form ist durch einen blutig eitrigen, serösen Schnupfen gekennzeichnet. Pseudomembranen bilden sich ebenfalls. Eine massive Toxinresorption über die Nasenschleimhäute ist möglich.

Kehlkopfdiphtherie

Heiserkeit bis hin zur Aphonie, bellender Krupphusten, deutlicher inspiratorischer Stridor, Zyanose, Unruhe und Ängstlichkeit sind führende Symptome dieser heute seltenen Lokalisation. Eine Verlegung des Kehlkopfes durch abgelöste Pseudomembranen bzw. eine Stenosierung der Atemwege führen schnell in lebensbedrohliche Situationen.

Augendiphtherie

Diese mit entzündlich ödematöser Schwellung der Konjunktiva, blutig eitriger Sekretion und Keratitis einhergehende Form der Diphtherie tritt sehr selten auf.

Haut-/Wunddiphtherie

Als Superinfektion eines Ulcus cruris, bei Impetigo, nach Verbrennungen und Verletzungen oder als Infektion der Nabelschnurwunde des Säuglings kann die Hautdiphtherie imponieren. Auch Fälle von Vaginal- oder Penisdiphtherie sind beschrieben. Es bilden sich gelbliche Beläge und schmutzig schmierige Ulzerationen mit wulstig aufgeworfenen Rändern.

Die progrediente Diphtherie

Die Übergänge von der lokalen zur progredienten Diphtherie sind oft fließend. Frühzeitig kommt es bereits zu einem Befall der tieferen Atemwege mit Ausbildung pseudomembranöser Beläge im Bereich von Kehlkopf, Trachea und Bronchien. Atemnot, erschwertes Exspirium und Zyanose sind die Folge extremer Stenosierungen. Der Erstickungstod war deshalb in früheren Zeiten die häufigste Todesursache der Diphtherie („Würgeengel"). Heute können Tracheotomie oder Intubation das Leben der Erkrankten retten.

Die maligne Diphtherie (Diphtheria gravissima)

Primär toxische Diphtherie

Innerhalb weniger Stunden kann es noch vor Ausbildung lokaler Entzündungs-
zeichen zu schwersten Allgemeinsymptomen kommen. Vasomotorischer
Schock, Myokarditis mit Arrhythmie und Stauungsleber, starke Blutungen der
Haut und Schleimhäute, Nierenbeteiligung mit Albuminurie und Ausscheidung
hyaliner Zylinder- und Tubulusepithelien sowie unstillbares Erbrechen kennzeichnen das toxische Geschehen. Charakteristisch ist ferner das in vielen Fällen
ausgeprägte, monströse periglanduläre Ödem mit teigiger Schwellung des Halses
und Ausdehnung bis zum Brustbein (Cäsarenhals/*Collum proconsulare*). Die
Letalität der primär toxischen Diphtherie durch Herztod oder andere Komplikationen ist sehr hoch.

Sekundär toxische Diphtherie

Im Verlauf aller Diphtherie-Erkrankungen, häufig aber erst nach Abklingen der
akuten Symptome, können toxische Wirkungen als Spätfolgen in Erscheinung
treten. An erster Stelle ist hier die Myokarditis zu nennen, die noch bis zu sechs
Wochen nach der Erkrankung in der Phase der Rekonvaleszenz zu Spättodes-
fällen führt. Die als Polyneuritis diphthericae beschriebene Schädigung des ZNS
zeichnet sich klinisch durch eine Parese des Gaumensegels und der Schlundmuskulatur aus. Näselnde Sprache, Schluckbeschwerden und Austritt von Flüs-
sigkeit aus der Nase beim Trinken sind die Folge. Des Weiteren treten Akko-
modationsstörungen, Fazialis- und Augenmuskelparesen hinzu. Die Landry-
Paralyse schließlich geht mit Parästhesien und schlaffen Lähmungen der Kör-
per- und Schluckmuskulatur sowie einer Zwerchfell-Lähmung einher. Nach
Wochen und Monaten können die Spätfolgen ausheilen. Die Prognose ist insgesamt günstig.

3.3.4 *Diagnostik und Therapie*

Die Diagnose der Diphtherie muss nach klinischen Kriterien rasch erfolgen, um
geeignete therapeutische Maßnahmen ergreifen zu können. Der mikrobiologische Nachweis von *Corynebacterium diphtheriae* aus geeigneten Untersuchungsmaterialien (Rachen-/Nasen-/Hautabstrich) erfolgt zur Bestätigung.
Die Spezialfärbung von kulturell angezüchteten Bakterien nach Neisser zur Darstellung metachromatischer Granula (Volutin-/Polkörnchen) ist dabei ebenso
zwingend erforderlich wie die Durchführung spezieller Methoden (z.B. Elek-
Ouchterlony-Test), um die Toxinbildung der kultivierten Stämme zu bestätigen.
Im konkreten Verdachtsfall muss nach Entnahme der Abstriche umgehend mit

einer antitoxischen Serumtherapie begonnen werden (je nach Schweregrad zwischen 250 und 2000 I.E./kg KG i.m.). Die zusätzliche antibakterielle Chemotherapie mit Penizillin G oder Erythromycin (bei Penizillinallergie) unterstützt die Eradikation der Erreger.
Strenge Bettruhe und die Vermeidung jeglicher Anstrengung gehören zu den pflegerischen Allgemeinmaßnahmen.

3.3.5   Besondere Hinweise

Meldepflicht nach **Bundesseuchengesetz:** bei **Erkrankung und Tod**.
Meldepflicht nach dem **Infektionsschutzgesetz** (lfSG Entwurf Stand 17.08.1999): namentliche Meldung bei Krankheitsverdacht, Erkrankung oder Tod. Namentliche Meldung bei **direktem oder indirektem** Erregernachweis, soweit dieser auf eine akute Infektion hinweist.

3.3.6   Arbeitsmedizinische Bedeutung

Insbesondere nach Öffnung der Ostgrenzen und der danach erheblichen Zunahme von Reisen z.B. aus und in die Länder der ehemaligen Sowjetunion, aber auch durch die Einwanderung großer Personenzahlen aus diesen Gebieten ist die Gefahr der Einschleppung von Diphtherie-Infektionen deutlich angestiegen. Eine zusätzliche arbeitsmedizinische Problematik entsteht in Deutschland durch den ungenügenden Immunschutz beruflich exponierter Personen.

3.3.6.1   Berufliche Exposition

Mögliche berufliche Expositionen gegenüber Diphtherie-Erregern bestehen bei der Diagnostik und Behandlung Erkrankter, bei häufigem und engem Kontakt mit wechselnden Personen (besonders Kindern) aus Endemiegebieten, aber auch bei Reisetätigkeiten oder beruflichem Auslandseinsatz in Endemiegebieten.

3.3.6.2   Betroffene Berufsgruppen

Betroffen sind in erster Linie Angehörige medizinischer Berufe mit Kontakt zu erkrankten Personen. Darunter fallen Ärzte und Pflegepersonal, aber auch sonstiges Personal von Infektionsabteilungen, HNO-Abteilungen, Aufnahmebereichen (-stationen), aber auch Kinderkliniken. Darüber hinaus ist das Personal von Einrichtungen zur Betreuung von Aussiedlern oder Asylbewerbern einem erhöhten Risiko ausgesetzt. Auslandstätigkeiten (Montage etc.) oder Reisetätigkeiten in Endemiegebieten führen zu einer potenziellen Gefährdung, die sich bei langen Aufenthaltszeiten und engem Kontakt zu der einheimischen Bevölkerung verstärkt. Auch Berufsgruppen mit häufigem oder ständigem Kontakt zu Reisenden aus Endemiegebieten können einer erhöhten Gefährdung unterliegen.

Gesundheitswesen, Behandlung und Pflege Erkrankter	Heime für Aussiedler und Asylanten, Erfassungsstellen etc.	Auslandstätigkeiten (in Endemiegebieten)	Sonstige Arbeitsbereiche (Kontakt mit Personen aus Endemiegebieten)
Ärzte, Pflegepersonal, sonstiges med. Personal, insbesondere in: Infektionsstationen, Aufnahmebereichen, Intensivstationen, HNO- und Kinderkliniken, Flughafen- und Hafenpraxen (Röntgenabteilungen, Labor, soweit für o.g. Bereiche tätig)	Sozialarbeiter, Verwaltungsangestellte, Reinigungspersonal	Montagearbeiter, Entwicklungshelfer, Personal in der Touristikbranche und/oder mit anderen Reisetätigkeiten, insbesondere mit engem Kontakt zur einheimischen Bevölkerung, längeren Aufenthaltszeiten und schlechtem Hygienestandard	Mitarbeiter von Zoll, Polizei und Grenzschutz, ggf. auch von privaten Wachdiensten, fliegendes Personal, Personal auf Flughäfen, Reisebegleiter, sonstiges (technisches) Personal

3.3.7   Umwelt- und (reise-)medizinische Aspekte

Durch den verstärkten Kontakt mit Personen aus Endemiegebieten muss auch eine höhere Gefährdung der Allgemeinbevölkerung in Deutschland angenommen werden. Die gesicherte Zahl von Erkrankungsfällen ist jedoch weiter niedrig.

3.3.7.1   Umweltexposition

Eine erhöhte Umweltexposition muss lediglich bei Reisen in Endemiegebiete sowie bei häufigem Kontakt mit Personen aus Endemiegebieten angenommen werden.

3.3.7.2   Betroffene Bevölkerungsgruppen

Eine erhöhte Gefährdung besteht im Urlaub (in Ländern mit niedrigem Hygiene-standard, Hochendemiegebieten) vor allem für Trekking-/Abenteuertouristen. Besonders betroffene Bevölkerungsgruppen können in Deutschland nicht be-nannt werden. Personen, die häufig privaten Kontakt zu Reisenden oder Besu-chern aus Endemiegebieten haben, sollten besonderen Wert auf einen ausrei-chenden Immunschutz legen.

3.3.8   Krankenhaushygienische Aspekte

Alle Personen mit Verdacht auf eine Diphtherie-Erkrankung müssen isoliert wer-den. Das behandelnde ärztliche und pflegerische Personal muss über einen aus-reichend dokumentierten Immunschutz verfügen. Dies gilt auch für extern Be-teiligte (z.B. im Labor). Bei Kontaktpersonen sollte ein unzureichender Impf-schutz ergänzt werden. Ferner müssen Kontaktpersonen zu nachgewiesenen Diphtherie-Fällen den Kontakt zu anderen Personen meiden (kein Schulbesuch etc.) und nach Entnahme von Kontrollabstrichen prophylaktisch mit Penizillin (1 x 1,2 Mega i.m.) oder Erythromycin (40 mg/kg KG/d oral für 7 Tage) behan-delt werden.

Wurde ein Keimträger ermittelt, so müssen drei Kontrollabstriche frei von Toxin bildendem *Corynebacterium diphtheriae* sein, um eine weitere Infektions-gefährdung ausschließen zu können.

Eine desinfizierende Reinigung sichtbarer Verunreinigungen mit Körperflüssig-keiten, Sekreten und Ausscheidungen sowie von Behandlungs-, Untersuchungs- und Pflegematerial ist erforderlich, ebenso eine patientenbezogene Schutzklei-dung mit Kopfbedeckung und Einmalhandschuhen. Jeglicher Abfall wird in Sonderbehältern für infektiösen Abfall entsorgt. Flächen und Gegenstände sind zu desinfizieren, ggf. ist eine Abschlussdesinfektion vorzunehmen, z.B. durch Verdampfen von Formalin (nur auf Anordnung des Gesundheitsamtes). Wäsche und Speisereste sind in Sonderbehältern für infektiösen Abfall zu entsorgen.

3.3.9   Prävention

3.3.9.1 Allgemeine Infektionsprophylaxe

Im Gesundheitsdienst sollten die allgemeinen Maßnahmen des Infektions-schutzes (siehe Kap. 2.1) beachtet werden. Bei Kontakt mit erkrankten Personen oder Erkrankungsverdacht darf nur Personal mit ausreichendem Immunschutz eingesetzt werden (wichtig auch für Mitarbeiter z.B. von Röntgenabteilungen, Labors etc.).

Arbeitsmedizinische Maßnahmen nach BGI 504-42 (früher ZH1/600.42) mit Anmerkungen des Autors Infektionskrankheit Nr. 3 (Diphtherie)

Arbeitsbereiche	Gefährdende Tätigkeiten	Arbeitsmedizinische Maßnahmen		
		G42	Impfung	Beratung
Arbeitsbereich (1): *Gesundheitsdienst*	Untersuchen, Behandeln, Pflegen	fakulta-tiv (A; B)	fakulta-tiv (A; B)	
Stationäre und ambulante Einrichtungen der Humanmedizin (**A**), der Zahnmedizin (**B**)	Abnehmen von Körperflüssig-keiten, Ausscheidungen, Abstrichmaterial Obduktion, Sektion weitere Tätigkeiten (Instandset-zung, Reinigung, Reparatur, Wartung, Transport, Entsorgung)	fakulta-tiv (A; B)	fakulta-tiv (A; B)	Angebot (A)
Arbeitsbereich (1): *Sozialdienste* Stationäre und ambulante Sozialeinrichtungen für Kinder und Jugendliche (ohne Schulen), Familien, Senioren und Behinderte (**D**) Gemeinschaftsein-richtungen und Werkstätten für Per-sonen in besonderen sozialen Lebensla-gen (Gefährdete, Behinderte) (**E**)	Betreuung, Pflege somatisch-psychisch Hilfsbedürftiger, Umgang mit Körperflüssigkeiten und Ausscheidungen, Umgang mit verletzungsauslösen-den Arbeitsmitteln, Umgang mit infektiöser Wäsche			Angebot (D, E)

Anmerkung: Impfung insbesondere bei regelmäßigem Kontakt zu Personen aus Endemiegebieten empfehlenswert (Aussiedler, Asylanten)

Arbeitsbereiche	Gefährdende Tätigkeiten	Arbeitsmedizinische Maßnahmen G42 Impfung Beratung		

Arbeitsbereiche	Gefährdende Tätigkeiten	Arbeitsmedizinische Maßnahmen G42	Impfung	Beratung
Arbeitsbereich (1): *Wohlfahrtspflege* Stationäre und ambulante Einrichtungen, Heime bzw. Tagesstätten für Altenpflege **(G)**, ambulante Pflegedienste **(H)**	Untersuchen, Behandeln, Pflegen, Umgang mit Körperflüssigkeiten und Ausscheidungen, Umgang mit verletzungsauslösenden Arbeitsmitteln und aggressiven Personen (Hausbesuche), Umgang mit infektiöser Wäsche, häusliche Krankenpflege, Altenpflege (Hauspflege), Familienpflege, Krankenpflege-Notfalldienst		Angebot **(G, H)**	
Arbeitsbereich (1): *Laboratorien und sonstige Bereiche* Laboratorien der Humanmedizin **(A)**	Auspacken, Aufbereiten, Entsorgen von erfahrungsgemäß infektiösem Probenmaterial, Fixieren, Einbetten, Entwässern, Färben von Blutausstrich- sowie Kultur- und histologischen Präparaten, Herstellen von Organ-(Gefrier-) Schnittpräparaten, Anzüchten, Mikroskopieren, Kultivieren, Differenzieren von Erregern aus Materialproben, Bedienen von Untersuchungs-, Analyseautomaten mit infektiösen Proben, Umgang mit infektiösem Material, Gegenständen, Gerätschaften beim Bedienen von Desinfektionsapparaten oder Beschicken der sog. unreinen Seite in Desinfektionseinrichtungen, Halten, Pflege von infizierten, infektiösen Versuchstieren, weitere Tätigkeiten (Instandsetzung, Reinigung, Reparatur, Wartung, Transport, Entsorgung, Fahrtätigkeiten)	fakultativ **(A)**	fakultativ **(A)**	

45

Arbeitsbereiche	Gefährdende Tätigkeiten	Arbeitsmedizinische Maßnahmen		
		G42	**Impfung**	**Beratung**
Arbeitsbereich (3): Anlagen der Abfallwirtschaft (Erfassung, Sortierung, Kompostierung), thermische Abfallverwertung, Deponierung	Abfallsammlung und Beförderung (**A**), mechanische Abfallaufbereitung (auch Zwischenlagerung und technisch-biologische Behandlungsverfahren; Rotte, Vergärung, Kompostierung (**B**), manuelle Sortierung (Störstoffauslese) und manuelle biologische Behandlungsverfahren: Rotte, Vergärung, Kompostierung (**C**)	fakultativ (**C**)	fakultativ (**C**)	Angebot (**A, B**)

3.3.9.2   Schutzimpfung

Gegen Diphtherie steht ein aktiver Impfstoff zur Verfügung. Die Impfung sollte entsprechend der STIKO-Empfehlung in Kombination mit der Impfung gegen Tetanus durchgeführt werden. Es ist zu beachten, dass ab dem 6. Lebensjahr nur noch TD-Impfstoff Verwendung finden sollte, da Diphtherie-Impfstoffe mit >30 IE ab dem 6. Lebensjahr eine verstärkte lokale oder Allgemeinsymptomatik auslösen. Die Impfung erfolgt tief intramuskulär.

3.3.9.4   STIKO-Empfehlungen

Impfempfehlungen der Ständigen Impfkommission am Robert-Koch-Institut (Stand Januar 2000)
[Epidemiologisches Bulletin 02/2000]

Impfung gegen	Kategorie	Indikation bzw. Reiseziel	Anwendungshinweise (Beipackzettel beachten)
Diphtherie	A	Alle Personen ohne ausreichenden Impfschutz bei fehlender oder unvollständiger Grundimmunisierung;	Die Impfung gegen Diphtherie sollte in der Regel in Kombination mit der Impfung gegen Tetanus durchgeführt werden.

Impfung gegen	Kategorie	Indikation bzw. Reiseziel	Anwendungshinweise (Beipackzettel beachten)
		wenn die letzte Impfung der Grundimmunisierung oder die letzte Auffrischimpfung länger als 10 Jahre zurückliegt	Nicht geimpfte oder Personen mit fehlendem Impfnachweis sollten 2 Impfungen im Abstand von 4 bis 8 Wochen und eine 3. Impfung 6 bis 12 Monate nach der 2. Impfung erhalten; die Reise sollte frühestens nach der 2. Impfung angetreten werden.
	I	Bei Diphtherie-Risiko (Gefahr der Einschleppung, Reisen in Infektionsgebiete) Überprüfung der Impfdokumentation; bei fehlendem Impfschutz ist die Impfung besonders angezeigt für *medizinisches Personal, das engen Kontakt zu Erkrankten haben kann; Personal in Laboratorien mit Diphtherie-Risiko, Personal in Einrichtungen mit umfangreichem Publikumsverkehr;* Aussiedler, Flüchtlinge und Asylbewerber aus Gebieten mit Diphtherie-Risiko, die in Gemeinschaftsunterkünften leben, sowie für das Personal dieser Einrichtungen (siehe entsprechende Impfempfehlungen); *Bedienstete des Bundesgrenzschutzes und der Zollverwaltung;* Reisende in Regionen mit Diphtherie-Risiko	Eine begonnene Grundimmunisierung wird vervollständigt, Auffrischimpfung in 10-jährigen Intervallen. Bei bestehender Diphtherie-Impfindikation und ausreichendem Tetanus-Impfschutz sollte monovalent gegen Diphtherie geimpft werden.
	A	Bei Epidemien oder regional erhöhter Morbidität	Entsprechend den Empfehlungen der Gesundheitsbehörden

Kategorien:

A - Impfung mit breiter Anwendung und erheblichem Wert für die Gesundheit der Bevölkerung

I - Indikationsimpfung bei erhöhter Gefährdung von Personen bzw. Angehörigen von Risikogruppen

47

3.4 Helicobacter pylori

3.4.1 Erreger und Epidemiologie

Helicobacter pylori ist ein mikroaerophil wachsendes, gramnegatives, spiralför-
miges Stäbchenbakterium mit starrer Zellwand. Ein auch diagnostisch verwend-
bares (s. u.) Spezifikum dieser früher zur Gattung Campylobacter gezählten Bakterien ist ihre ausgeprägte Ureaseaktivität. *H. pylori* kommt weltweit vor, der
einzige bekannte Wirt ist der Mensch. Die Durchseuchung mit *H. pylori* ist von
Populationsdichte, sozioökonomischem Status und Alter abhängig; in unseren
Breitengraden beträgt die Durchseuchung ca. 30% bei den unter 30-Jährigen
und 50 bis 60% bei den 50- bis 60-Jährigen. In Entwicklungsländern sind bereits
ca. 80% der Jugendlichen durchseucht.

3.4.2 Infektionsmodus

Der genaue Übertragungsweg von *H. pylori* ist nicht bekannt und die meisten
Erklärungsmodelle sind eher spekulativ, zumal bekannt ist, dass *H. pylori* trotz
seines natürlichen Habitats in der Magenschleimhaut schnell von Magensäure
abgetötet wird, wenn er frei darin vorliegt. Als mögliche Übertragungswege gelten die fäko-orale Schmierinfektion sowie die aerogene Tröpfcheninfektion. Der
Umgang mit entsprechenden klinischen Untersuchungsmaterialien (Magen-
biopsate, Magensaftaspirate) gelten als infektionsgefährdend, sodass der berufliche Umgang mit solchen Proben als besonderes berufliches Risiko eingestuft
wird (gefährdete Berufsgruppen s.u.).

3.4.3 Erkrankungen und Erkrankungsfolgen

H. pylori gilt als der Verursacher oder zumindest als ätiologischer Kofaktor von
ca. 75 bis 80% aller Magen- und 95% aller Duodenalulzera. Die genaue Inkubationszeit ist nicht bekannt. Die Mukosabesiedelung der Magenschleimhaut mit
H. pylori wird mit ca. 70 bis 90% aller Fälle von chronisch atrophischer
(Antrum-)Gastritis in Verbindung gebracht. Eine Assoziation mit dem niedrigen
malignen Magenlymphom (MALT-Lymphom) sowie mit dem Adenokarzinom
des Magens wird heutzutage als gesichert betrachtet.

3.4.4   Diagnostik

Zur Diagnostik der H.-pylori-Infektion steht eine breite Palette diagnostischer Möglichkeiten zur Verfügung, insbesondere a) die Infektionsserologie, b) der sog. H3-Atemtest, c) die Ureasetestung aus einem Biopsat nach Gastroskopie (CLO-Test), d) der Anzuchtversuch, e) die Histologie aus Magenbiopsat, f) die PCR aus Magenbiopsat oder vergleichbaren Proben. Von den genannten und routinemäßig eingeführten Techniken bietet keine eine ausreichende Sensitivität und Spezifität, um allein als verlässliches Diagnostikum eingesetzt werden zu können. Eine häufig verwendete Kombination ist der H3-Atemtest und die Infektionsserologie. In den meisten Fällen wird zusätzlich noch eine Gastroskopie mit Biopsieentnahme als notwendig erachtet („Erfolgskontrolle").

3.4.5   Besondere Hinweise

Eine Impfung gegen H.-pylori-Infektionen steht nicht zur Verfügung. Die Therapie von H.-pylori-assoziierten Ulcera besteht in einer Eradizierung des Keims mittels einer Antibiotikakombination plus Omeprazol. Aufgrund der Wiederbesiedelung der Magenschleimhaut kann es auch trotz Eradikationstherapie zu Rezidiven kommen, jedoch haben sich das rezidivfreie Intervall sowie die Rezidivhäufigkeit nach Eradikationstherapie gegenüber der früheren rein antazidischen Therapie wesentlich verbessert.
Meldepflicht nach **Bundesseuchengesetz:** keine Meldepflicht.
Meldepflicht nach dem **Infektionsschutzgesetz** (lfSG Entwurf Stand 17.08.1999): keine Meldepflicht.

3.4.6   Arbeitsmedizinische Bedeutung

Die arbeitsmedizinische Bedeutung der Helicobacter-pylori-Infektion ist nach wie vor unklar. Zwar zeigten verschiedene Studien erhöhte Prävalenzen bei medizinischem Personal in Endoskopieeinheiten, andere Arbeiten fanden jedoch keine signifikanten Unterschiede zur Durchseuchung der Normalbevölkerung. Nachgewiesen wurden einzelne Fälle der Übertragung im Laborbereich (Magensaftanalysen etc.).

3.4.6.1   Berufliche Exposition

Eine sichere Infektionsgefahr besteht bei Labortätigkeiten mit Erregerkontakt oder Kontakt zu erregerhaltigem Untersuchungsgut. Möglicherweise besteht auch eine berufliche Exposition bei der Durchführung und Assistenz endoskopischer Untersuchungen sowie Magensaftentnahmen etc. Eine Gefährdung durch zahnmedizinische Behandlung wird ebenfalls diskutiert. Inwieweit andere medizinische Verrichtungen (Ziehen oder Wechseln von Magensonden) zu einer Gefährdung führen ist unklar.

3.4.6.2 Betroffene Berufsgruppen

Behandlung und Pflege Erkrankter	Labortätigkeiten
Ärzte, Zahnärzte, Pflegepersonal, sonstiges med. Personal, insbesondere in: Endoskopie und gastroenterologischen Abteilungen	technische Assistenten (MTA, BTA, PTA, CTA), sonstiges Personal in: med. und mikrobiologischen Laboratorien bei der Magensaftanalyse

3.4.7 Umwelt- und (reise-)medizinische Aspekte

Eine besondere umwelt- und reisemedizinische Gefährdung für bestimmte Bevölkerungsgruppen durch eine Helicobacter-pylori-Infektion ist nicht ersichtlich.

3.4.8 Krankenhaushygienische Aspekte

Die allgemeinen Hygieneregeln sind einzuhalten. Dazu gehört u.a. die sorgfältige Desinfektion von Gastroskopen etc.

3.4.9 Prävention

3.4.9.1 Allgemeine Infektionsprophylaxe

Auf die Einhaltung der allgemeinen Hygieneregeln und Infektionsschutzmaßnahmen ist zu achten. Erforderlich sind Schutzhandschuhe, flüssigkeitsdichte Schutzkleidung und Mundschutz (Partikelfiltermaske FFP 2) (siehe 2.1 bis 2.2). Ansonsten sind keine speziellen Maßnahmen erforderlich.

Arbeitsmedizinische Maßnahmen nach BGI 504-42 (früher ZH1/600.42) mit Anmerkungen des Autors
Infektionskrankheit Nr. 8 (Helicobacter pylori)

Arbeitsbereiche	Gefährdende Tätigkeiten	Arbeitsmedizinische Maßnahmen G42 Impfung Beratung
Arbeitsbereich (1): *Gesundheitsdienst* Stationäre und ambulante Einrichtungen der Humanmedizin, nur in gastroenterologischen Abteilungen – Endoskopie **(A)**	Untersuchen, Behandeln, Pflegen Abnehmen von Körperflüssigkeiten (Magensaft)	Angebot (A)
Anmerkung: Fraglich und noch in der Diskussion ist eine mögliche Gefährdung von zahnärztlichem Personal (Aerosolbildung – siehe auch Arbeitsbereich 5).		
Arbeitsbereich (1): *Laboratorien und sonstige Bereiche* Laboratorien der Humanmedizin **(A)**	Auspacken, Aufbereiten, Entsorgen von erfahrungsgemäß infektiösem Probenmaterial, Fixieren, Einbetten, Entwässern, Färben von Blutausstrich- sowie Kultur- und histologischen Präparaten, Herstellen von Organ-(Gefrier-) Schnittpräparaten, Anzüchten, Mikroskopieren, Kultivieren, Differenzieren von Erregern aus Materialproben	Angebot (A)
	Bedienen von Untersuchungs-, Analyseautomaten mit infektiösen Proben, Umgang mit infektiösem Material, Gegenständen, Gerätschaften beim Bedienen von Desinfektionsapparaten oder Beschicken der sog. unreinen Seite in Desinfektionseinrichtungen,	Angebot (A)

Arbeitsbereiche	Gefährdende Tätigkeiten	Arbeitsmedizinische Maßnahmen G42 Impfung Beratung	
	Halten, Pflege von infizierten, infektiösen Versuchstieren, weitere Tätigkeiten (Instandsetzung, Reinigung, Reparatur, Wartung, Transport, Entsorgung, Fahrtätigkeiten)		
Arbeitsbereich (5): Wasserversorgungssysteme, Areale mit Aerosolbildung	Behandeln mit wassergekühlten Turbinenbohreinrichtungen, Wassersprühanlagen in Dentaleinheiten (**C**)	Angebot (**C**)	

3.5   Keuchhusten (Pertussis)

3.5.1   *Erreger und Epidemiologie*

Bordetellen sind eine Gattung gramnegativer Stäbchenbakterien aus der Familie der Alcaligenaceae. Die Stäbchen sind kurz, teils kokkoid und liegen häufig auch paarweise zusammen. Mit Hilfe von Fimbrien können sich Bordetellen an Schleimhautepithelzellen anheften.

Während *Bordetella bronchiseptica* und *avium* bei kleinen Tieren (Kaninchen, Hunde, Katze) verbreitet, Infektionen des Menschen aber extrem selten sind, ist für *Bordetella pertussis*, den Erreger des Keuchhustens, der menschliche Respirationstrakt der einzige natürliche Standort. In der Umwelt können die Erreger 3 bis 5 Tage ihre Infektiosität beibehalten. *Bordetella pertussis* verfügt über eine große Anzahl von Antigenen, Toxinen und weiteren Virulenzfaktoren, die auf die Pathogenese und den Krankheitsablauf großen Einfluss haben. Hierzu zählen die aus einer Schleimschicht bestehende Kapsel des Bakteriums, die auf der Oberfläche befindlichen Membranproteine (OMP = outer membrane proteins), die teils mit Fimbrien assoziierten K-Agglutinogene, ein Erythrozyten agglutinierendes filamentöses Hämagglutinin (FHA) und Pertactin, ein Protein der äußeren Zellmembran, das bei der Anheftung eine wichtige Rolle spielt. Ferner werden nach außen mehrere Toxine freigesetzt, die in der nachstehenden Tabelle aufgeführt sind.

Der Keuchhusten ist weltweit verbreitet. Waren Morbidität und Mortalität Anfang des 19. Jahrhunderts in Westeuropa noch sehr hoch, gingen mit Einführung der Schutzimpfung die Erkrankungszahlen zurück, dennoch treten sporadisch immer wieder Epidemien auf. Ein Erkrankungsgipfel ist jeweils zwischen Winter und Frühjahr festzustellen.

3.5.2   *Infektionsmodus*

Die Inkubationszeit beträgt 1 bis 2 Wochen. In erster Linie wird die Infektion durch Tröpfcheninfektion weitergegeben. Die Übertragung erfolgt zumeist in der frühen Erkrankungsphase, d.h., der Erkrankte zeigt zu diesem Zeitpunkt noch keine Symptome. Auch Personen mit subklinischen Verläufen sind an der Weitergabe der Erreger beteiligt und somit epidemiologisch bedeutsam. Die Kontagiosität in nicht geimpften Bevölkerungsgruppen ist hoch (25 bis 50 % in Schulen, 70 bis 100 % in Familien).

Bordetella pertussis vermehrt sich ausschließlich an den Zilien der respiratorischen Epithelzellen, ohne in das Gewebe oder die Blutbahn einzuwandern. Zilienfreie Zellen des Respirationstraktes bleiben unberührt. Dadurch verläuft die Kolonisierung relativ symptomarm. Die erheblichen klinischen Erscheinungen während der Konvulsivphase werden durch die verschiedenen Virulenzfaktoren ausgelöst und unterhalten. Ihre unterschiedliche Beteiligung an dem vielfältigen Bild der Pathogenese ist ebenso wie die genauen Mechanismen der Abwehrreaktion noch weitgehend ungeklärt.

Tab. 5:   Bekannte Bordetella-Spezies

Spezies	Erkrankungen	Beweglichkeit
Bordetella parapertussis	pertussiformes Krankheitsbild - milderer Verlauf	unbeweglich
Bordetella bronchiseptica	selten Erkrankungsfälle, in der Regel nur tierpathogen	beweglich (peritrich begeißelt)
Bordetella avium	nur tierpathogen	beweglich (peritrich begeißelt)

Tab. 6:   Toxine von Bordetella pertussis

Bezeichnung	Bestandteile/Wirkungen
Pertussis-Toxin (PT)	1. ADP-Ribosyl-Transferase mit einem A-Teil (enzymatische Aktivität in der Zielzelle) und einem B-Teil (Bindung an die Zielzelle) 2. LPF (lymphocytosis-promoting-factor) verantwortlich für eine Lymphozytose 3. HSF (histamine-sensitizing-factor) verstärkt die Empfindlichkeit gegenüber Histamin 4. AP (islet-activating-protein) verstärkt die Insulinsekretion und führt so zur Hypoglykämie
Adenylat-Zyklase-Toxin (ACT)	1. ACT steigert in Granulozyten, Lymphozyten und Monozyten die Bildung von cAMP 2. Die Phagozytose wird behindert und somit das Angehen und die Entwicklung des Infektionsprozesses begünstigt 3. ACT verfügt über hämolytische Aktivität
Dermonekrotisches Toxin	führt zur Kontraktion glatter Muskulatur mit nachfolgender ischämischer Nekrose (Mausinfektionsmodell)
Tracheales Zytotoxin (TCT)	induziert eine Ziliostase der Zilien von respiratorischen Epithelzellen und schädigt die Zilien tragenden Zellen

3.5.3   Erkrankungen und Erkrankungsfolgen

Der Keuchhusten verläuft typischerweise in folgenden Stadien :

Tab. 7:   Stadieneinteilung bei Pertussis

Inkubationszeit	7 – 14 Tage	
Stadium catarrhale	7 – 14 Tage	Prodromalstadium mit uncharakteristischen Symptomen (Schnupfen, Abgeschlagenheit, subfebrile Temperaturen, Husten)
Stadium convulsivum	4 – 8 (-20 Wochen)	Ausbruch der charakteristischen stakkatoartigen Hustenstöße
Stadium decrementi	3 – 6 Wochen	allmähliche Abnahme der Hustenanfälle

Die keuchhustentypischen Hustenattacken im Stadium convulsivum eskalieren bis hin zu einem apnoischen Intervall. Es folgt ein Hustenstillstand und eine hörbare Inspiration. Schon wenige Sekunden später beginnt ein weiterer Hustenanfall, der mit starkem Schleim und Speichelfluss oder sogar mit Erbrechen einhergeht. Das Blutbild zeigt in der frühen Phase des Stadium convulsivum eine deutliche Leukozytose und relative Lymphozytose. Die BSG ist normal oder nur leicht erhöht.

Die Keuchhustenattacken können sich täglich bis zu 50-mal wiederholen. Vor allem nachts treten sie häufiger und schwerer auf. Psychische Faktoren oder körperliche Anstrengung können einen Anfall auslösen.

Die häufigsten Komplikationen sind Sekundärinfektionen wie Pneumonie und Otitis media mit *Haemophilus influenzae, Streptococcus pneumoniae, Staphylococcus aureus* und anderen bakteriellen Erregern. Zerebrale Krampfanfälle sind bei 2 bis 4 % der Pertussisfälle zu beobachten. Eine gelegentlich auftretende Enzephalopathie (0,5 %) ist besonders gefürchtet, da sie häufig Dauerschäden hinterlässt und zudem mit einer hohen Letalität verbunden ist.

Eine Antibiotikatherapie ist nur in der Inkubationsphase, im Stadium catarrhale und im frühen Stadium convulsivum sinnvoll. Der Krankheitsverlauf kann dadurch verkürzt und gemildert werden. Als Mittel der Wahl gilt die hoch dosierte Gabe von Erythromycin (50 mg/kg) über mindestens 14 Tage. Auch andere Makrolid-Antibiotika wie Roxithromycin oder Clarithromycin kommen infrage. Bei Unverträglichkeit oder Allergie gegen Makrolide kann alternativ Co-

55

trimoxazol verabreicht werden. Bei Superinfektionen müssen unter Umständen andere Antibiotika zusätzlich kombiniert werden. Die Wirkung bereits gebildeter Toxine, vor allem im Stadium convulsivum, wird durch die Antibiotikagabe nicht beeinflusst.

3.5.4 Diagnostik

Der mikrobiologische Nachweis von *Bordetella pertussis* durch kulturelle Anzucht setzt eine exakte Materialgewinnung mittels spezieller Tupfer und einen raschen Transport in geeigneten Medien voraus. Ferner ist zu beachten, dass der Erreger in der Regel nur während des Stadium catarrhale angezüchtet werden kann. Der Untersucher benötigt einen **Kalziumalginattupfer** und gewinnt damit pernasal tiefes Nasopharyngealsekret. Dieser **Nasopharyngealabstrich** wird möglichst bald auf cephalexinhaltigem Kohle-Pferdeblut-Agar ausgestrichen bzw. in einem entsprechenden Transportmedium (nach Regan und Lowe) der bakteriologischen Diagnostik zugeführt. Die Anzucht von *Bordetella pertussis* beansprucht mindestens 3 Tage. Die Spezifität dieser Kulturmethode liegt bei 100 %, jedoch können Fehler bei der Probengewinnung und Unerfahrenheit ihre Sensitivität deutlich senken.

Noch nicht standardisiert, aber für die Zukunft sicherlich Erfolg versprechend sind molekularbiologische Nachweismethoden mittels Nukleinsäure-Amplifikationsverfahren (PCR: Polymerase-Kettenreaktion).

Die Aussagekraft serologischer Untersuchungen ist aufgrund der verzögerten Antikörpersynthese während einer Pertussis-Infektion nur von geringem Wert. Zudem bilden Säuglinge nur mäßig IgA-Antikörper. Die mittels ELISA bestimmten IgA-, IgM- und IgG-Antikörper können jedoch für epidemiologische Fragestellungen herangezogen werden. Um einen Titerverlauf zu erfassen, sollten Seren mit einem Abstand von mindestens 2 bis 3 Wochen untersucht werden. IgG und IgM können auch nach einer Schutzimpfung erhöht sein.

Differenzialdiagnostisch ist an Infektionen mit RS-Viren, Adenoviren, *Mycoplasma pneumoniae*, Chlamydien und *Branhamella catarrhalis* zu denken, Erreger, die ebenfalls ein keuchhustenähnliches Krankheitsbild hervorrufen können.

3.5.5 Besondere Hinweise

Meldepflicht nach **Bundesseuchengesetz**: bei **Tod**.
Meldepflicht nach dem **Infektionsschutzgesetz** (IfSG Entwurf Stand 17.08.1999): keine Meldepflicht.
Auch massenhaft auftretende Erkrankungen in öffentlichen Einrichtungen sind

zu melden. Vor einer Wiederzulassung zu einer Gemeinschaftseinrichtung sollte ohne antibiotische Therapie mindestens 3 Wochen gewartet werden.

Nach erfolgter Ansteckung von Kindern und Erwachsenen, die im gleichen Haushalt leben und noch keinen Keuchhusten hatten, empfiehlt sich eine Antibiotika-Prophylaxe. Hierzu eignet sich die Gabe von Clarithromycin (12 mg/kg/d) über 2 Wochen, bei anhaltendem Kontakt auch länger. Auch geimpfte Kontaktpersonen können vorübergehend mit *Bordetella pertussis* kolonisiert sein und somit als Infektionsquelle dienen. Eine Chemoprophylaxe ist für diesen Personenkreis angezeigt, wenn sich besonders gefährdete Säuglinge oder Kinder mit schweren kardialen oder pulmonalen Grundleiden in ihrer Umgebung befinden.

3.5.6   Arbeitsmedizinische Bedeutung

Die arbeitsmedizinische Bedeutung des Keuchhustens ist unklar, BK-Anzeigen sind bisher nicht erfolgt. Wie viele berufliche Infektionsfälle unerkannt blieben oder nicht gemeldet wurden, lässt sich nicht abschätzen.

3.5.6.1   Berufliche Exposition

Eine mögliche berufliche Infektionsgefährdung kann im Gesundheits- und Erziehungswesen bei der Behandlung und Betreuung von Kindern und Jugendlichen angenommen werden. Nach dem Grundsatz G 42 sind nur Gemeinschaftseinrichtungen für Kinder und Jugendliche ausdrücklich genannt, Schulen aber aus nicht ersichtlichen Gründen davon ausgenommen.

3.5.6.2   Betroffene Berufsgruppen

Gesundheitswesen, Behandlung und Pflege Erkrankter	Erziehung und Betreuung von Kindern und Jugendlichen
Ärzte, Pflegepersonal, sonstiges med. Personal, insbesondere in: Pädiatrie	Lehrer, Kindergärtner/pfleger, Sozialarbeiter, sonstiges Personal in: Kindergärten, Kindertagesstätten, Kinderheimen, Gemeinschaftseinrichtungen, Grundschulen

3.5.7 Umwelt- und (reise-)medizinische Aspekte

3.5.7.1 Umweltexposition

Eine erhöhte umweltmedizinische Gefährdung kann bei Reisen in Länder mit hoher Prävalenz (Schweden 3200/10000) aufgrund der hier in Deutschland niedrigen Durchimpfungsraten angenommen werden.

3.5.7.2 Betroffene Bevölkerungsgruppen

Eine erhöhte Gefährdung besteht für Reisende in Länder mit hoher Prävalenz, insbesondere für Kinder.

3.5.8 Krankenhaushygienische Aspekte

Die Isolierung von Patienten ist für 5 bis 7 Tage nach Beginn einer antibiotischen Behandlung sinnvoll.
Eine desinfizierende Reinigung sichtbarer Verunreinigungen mit Körperflüssigkeiten, Sekreten und Ausscheidungen sowie von Behandlungs-, Untersuchungs- und Pflegematerial ist erforderlich, ebenso eine patientenbezogene Schutzkleidung bei Kontakt mit Körperflüssigkeiten, Sekreten und Ausscheidungen. Es reicht die normale Reinigung von Flächen und Gegenständen sowie die normale Entsorgung von Wäsche und Speiseresten.

3.5.9 Prävention

3.5.9.1 Allgemeine Infektionsprophylaxe

Arbeitsmedizinische Maßnahmen nach BGI 504-42 (früher ZH1/600.42) Infektionskrankheit Nr. 17 (Keuchhusten - Pertussis)

Arbeitsbereiche	Gefährdende Tätigkeiten	Arbeitsmedizinische Maßnahmen G42	Impfung Beratung
Arbeitsbereich (1): *Gesundheitsdienst*	Untersuchen, Behandeln, Pflegen	fakultativ (A, B)	fakultativ (A, B)

Arbeitsbereiche	Gefährdende Tätigkeiten	Arbeitsmedizinische Maßnahmen G42	Impfung	Beratung
Stationäre und ambulante Einrichtungen der Humanmedizin **(A)**, der Zahnmedizin **(B)** * in pädiatrischen Abteilungen			*obligat (A)	*obligat (A)
Arbeitsbereich (1): *Sozialdienste* Stationäre und ambulante Sozialeinrichtungen für Kinder und Jugendliche (ohne Schulen*), Familien, Senioren und Behinderte **(D)**	Betreuung, Pflege somatisch-psychisch Hilfsbedürftiger, Umgang mit Körperflüssigkeiten und Ausscheidungen, Umgang mit verletzungsauslösenden Arbeitsmitteln, Umgang mit infektiöser Wäsche			Angebot (D)

3.5.9.2 Schutzimpfung

Für die aktive Immunisierung stehen sowohl Ganzkeimimpfstoffe als auch azelluläre Impfstoffe zur Verfügung. Die Ganzkeimimpfstoffe sind dabei schlechter verträglich und zeigen insbesondere eine höhere Rate von Lokal- und Allgemeinreaktionen. Die Pertussis-Impfung wird seit 1991 wieder öffentlich empfohlen. Die Impfung erfolgt in der Regel im 1. Lebensjahr in Kombination mit Diphtherie und Tetanus-Toxoid bzw. zusätzlich mit Haemophilus influencae Typ B. Die vollständig durchgeführte Pertussis-Impfung führt zu einem Infektionsschutz bei ca. 70 bis 90 % der Geimpften. Die Schutzwirkung hält zwischen 3 und 12 Jahren an. Anzustreben ist deshalb die regelmäßige Wiederimpfung von Erwachsenen alle 10 Jahre.
Eine passive Immunisierung mit dem früher im Handel befindlichen Pertussis-Hyperimmunglobulin hat sich als wenig wirkungsvoll erwiesen.

3.5.9.3 Chemoprophylaxe

Eine prophylaktische Behandlung mit Erythromycin (hoch dosiert nach Herstellerangaben) kann bei engem Kontakt nicht immungeschützter Personen mit noch ansteckungsfähigen Keuchhustenpatienten sinnvoll sein. Zu beachten ist, dass auch geimpfte Kontaktpersonen vorübergehend einen „Trägerstatus" erwerben können und damit zur Infektionsquelle für ihre Umgebung werden. Bei Kontakt mit besonders gefährdeten Gruppen (Säuglinge) sollten auch diese Personen prophylaktisch mit Erythromycin behandelt werden.

3.6   Legionellose

3.6.1   Erreger und Epidemiologie

Mit dem Begriff „Legionellen" werden im allgemeinen Sprachgebrauch Bakterien der Gattung Legionella aus der Familie der Legionellaceae bezeichnet. Die Gattung Legionella umfasst mehrere Dutzend Arten, die in einigen Fällen wiederum in mehrere Serogruppen eingeteilt werden können. Der humanmedizinisch bekannteste und häufigste Vertreter der Legionellen ist *Legionella pneumophila*.

Legionellen sind gramnegative, plumpe bis kokkoide (pleomorphe) Stäbchenbakterien. Ihr Vorkommen ist ubiquitär, wobei das natürliche Habitat Wasser und Feuchtbereiche sind. Eine herausragende Eigenschaft der Legionellen ist ihr hoher Eisenbedarf sowie ihre relativ gute Hitze- und Säureresistenz. Diese Eigenschaften prädestinieren sie dazu, in Warmwasserleitungssystemen, Befeuchtungs- und Klimaanlagen, Kühltürmen u.Ä. zu hohen Keimzahlen auszuwachsen. Die Legionellose als Erkrankung (s.u.) ist in Relation zum ubiquitären Vorkommen des Erregers eher selten (je nach Studie 3 bis 10% aller Pneumonien), da der Erreger über ein verhältnismäßig geringes pathogenes Potenzial verfügt. Epidemiologisch bedeutsam sind Legionellen immer dann, wenn sie in hohen Keimzahlen auf ein Kollektiv mit eingeschränktem Allgemeinzustand treffen (höhere Altersgruppen (>55 Jahre), pulmonale Vorbelastungen, Immunsuppression).

3.6.2   Infektionsmodus

Die einzige epidemiologisch relevante Übertragung erfolgt über die Inhalation von kontaminierten Aerosolen. Wichtige Vermehrungsorte sind hierbei z.B. Heißwasseranlagen, die mit niedrigen Vorlauftemperaturen arbeiten, Duschköpfe, Aerosole von Kühltürmen, Befeuchtungseinrichtungen in Klimaanlagen. Übertragungen von Mensch zu Mensch spielen epidemiologisch keine Rolle. Die zur Auslösung einer Erkrankung notwendigen Keimzahlen sind (natürlich in Abhängigkeit vom Immunstatus) relativ hoch.

3.6.3   Erkrankungen und Erkrankungsfolgen

Legionellen als Krankheitserreger wurden erstmals im Verlauf einer Pneumonie-Epidemie unter Teilnehmern eines Veteranentreffens mit 182 Erkrankungsfällen identifiziert (daher auch die Bezeichnung Legionärskrankheit). Die Legionärskrankheit bezeichnet den malignen Verlauf einer Legionellose mit schwerer atypischer Pneumonie, oft mit ZNS-, Leber- und anderer Organbeteiligung. Nach einem unspezifischen Prodromalstadium (häufig mit gastrointestinaler Symptomatik) tritt hohes, nicht remittierendes Fieber mit relativer Bradykardie auf; röntgenologisch finden sich häufig multilobuläre Infiltrate, der Husten ist meist unproduktiv. Die Letalität der Legionärskrankheit ist hoch (5 bis 15%). Der als grippaler Infekt imponierende benigne Verlauf wird auch als Pontiac-Fieber bezeichnet.

3.6.4   Diagnostik

Für die Schnelldiagnostik stehen Direktnachweise aus Proben des Respirationstraktes mittels direkter Immunfluoreszenz zur Verfügung (klinisch wichtigster Test). Aufgrund der antigenetischen Diversität der verschiedenen Legionellen können hierbei allerdings nur die am häufigsten vorkommenden Serovare erfasst werden, sodass ein Anzuchtversuch bei Verdacht immer indiziert ist. Die gängigen Anzüchtungsverfahren haben vor allem ihre Bedeutung bei Umgebungsuntersuchungen. Spezialisierte Labors führen auch PCR-Untersuchungen auf Legionellen durch.

3.6.5   Besondere Hinweise

Meldepflicht nach **Bundesseuchengesetz**: bei **Erkrankung, Tod**.
Meldepflicht nach dem **Infektionsschutzgesetz** (lfSG Entwurf Stand 17.08.1999): namentliche Meldung bei **direktem oder indirektem** Erregernachweis, soweit dieser auf eine akute Infektion hinweist.
Eine Impfung gegen Legionellen steht nicht zur Verfügung.

3.6.6   Arbeitsmedizinische Bedeutung

Die arbeitsmedizinische Bedeutung der Legionellen-Infektion ist als gering zu betrachten. Eine erhöhte Infektionsgefährdung ist lediglich für kleine Gruppen von Arbeitnehmern mit speziellen Tätigkeiten anzunehmen.

3.6.6.1 Berufliche Exposition

Eine berufliche Exposition gegenüber Legionellen kann bei Tätigkeiten an kontaminierten, meist älteren, raumlufttechnischen Anlagen (Wäschekammern) angenommen werden (keine Gefährdung bei Anlagen mit Dampfbefeuchtern). Weiter vorstellbar ist eine Gefährdung bei Tätigkeiten in Bereichen mit vermehrter Aerosolbildung. Voraussetzung ist allerdings die Kontamination des Aerosolwassers mit Legionellen (Niedrigtemperatur-Hauswassersysteme). Eine direkte Infektion (Mensch/Mensch) ist nicht möglich.

3.6.6.2 Betroffene Berufsgruppen

Tätigkeiten an raumlufttechnischen Anlagen (RTA)	Sonstige Tätigkeiten m. Aerosolbildung (nur geringe Gefährdung anzunehmen)
Installateure / Klimatechniker, Wartungspersonal	Kraftwerksarbeiter (Kühltürme), Pflegepersonal (häufiges Duschen von Patienten), Zahnärzte, Sauna-/ Bäderpersonal (Whirlpool)

3.6.7 Umwelt- und (reise-)medizinische Aspekte

Die umwelt- und reisemedizinische Bedeutung der Legionellose ist unklar. In den Sommermonaten ist ein Anstieg der Erkrankungsfälle zu beobachten, der mit Reisen in wärmere Länder (Mittelmeerländer, Tropen) in Zusammenhang gebracht werden kann.

3.6.7.1 Umweltexposition

Eine erhöhte Umweltexposition lässt sich nicht eindeutig nachweisen, besteht aber eventuell bei häufigem Aufenthalt in Gebäuden (Hotels) mit schlecht gewarteten RTA und/oder Wasserinstallationssystemen, z.B. bei Reisen in wärmere Regionen (Entwicklungsländer, Mittelmeerländer).

3.6.7.2 Betroffene Bevölkerungsgruppen

Besonders betroffen sind demnach Touristen (s.o.).

3.6.8 Krankenhaushygienische Aspekte

Die Isolierung erkrankter Personen ist nicht erforderlich.
Eine desinfizierende Reinigung sichtbarer Verunreinigungen mit Körperflüssigkeiten, Sekreten und Ausscheidungen sowie von Behandlungs-, Untersuchungs- und Pflegematerial ist erforderlich. Bei Kontakt mit Körperflüssigkeiten, Sekreten und Ausscheidungen ist Schutzkleidung zu tragen. Es reicht die normale Reinigung von Flächen und Gegenständen sowie die normale Entsorgung von Wäsche und Speiseresten.

3.6.9 Prävention

3.6.9.1 Allgemeine Infektionsprophylaxe

Die effektivste Infektionsprophylaxe besteht in der Sanierung, in der fachgerechten und regelmäßigen Kontrolle und Wartung sowie im sachgerechten Betrieb (Temperaturerhöhung) Aerosol produzierender Anlagen.

Arbeitsmedizinische Maßnahmen nach BGI 504-42 (früher ZH1/600.42)
mit Anmerkungen des Autors
Infektionskrankheit Nr. 18 (Legionellose)

Arbeitsbereiche	Gefährdende Tätigkeiten	Arbeitsmedizinische Maßnahmen G42 Impfung Beratung
Arbeitsbereich (1): *Gesundheitsdienst* Stationäre und ambulante Einrichtungen der Humanmedizin (**A**), der Zahnmedizin (**B**)	Untersuchen, Behandeln, Pflegen Abnehmen von Körperflüssigkeiten, Ausscheidungen, Abstrichmaterial, Obduktion, Sektion	Angebot (**A, B**)
	weitere Tätigkeiten (Instandsetzung, Reinigung, Reparatur, Wartung, Transport, Entsorgung)	Angebot (**A, B**)

Arbeitsbereiche	Gefährdende Tätigkeiten	Arbeitsmedizinische Maßnahmen G42 Impfung Beratung

Anmerkung: In der Pflege Gefährdung durch häufiges Duschen von Patienten, in der Zahnmedizin durch Aerosolbildung

| **Arbeitsbereich (1):**
Sozialdienste
Stationäre und ambulante Sozialeinrichtungen für Kinder und Jugendliche (ohne Schulen), Familien, Senioren und Behinderte **(D)**, Gemeinschaftseinrichtungen und Werkstätten für Personen in besonderen sozialen Lebenslagen (Gefährdete, Behinderte) **(E)** | Betreuung, Pflege somatisch-psychisch Hilfsbedürftiger | Angebot
(A, B) |

Anmerkung: In der Pflege Gefährdung durch häufiges Duschen von Patienten

| **Arbeitsbereich (1):**
Wohlfahrtspflege
Stationäre und ambulante Einrichtungen, Heime bzw. Tagesstätten für Altenpflege **(G)**, ambulante Pflegedienste **(H)** | Pflegen, häusliche Krankenpflege, Altenpflege (Hauspflege), Familienpflege, Krankenpflege-Notfalldienst | Angebot
(G, H) |

Anmerkung: In der Pflege Gefährdung durch häufiges Duschen von Patienten

| **Arbeitsbereich (5):**
Anlagen der Raumlufttechnik, Klima-, Luftbefeuchtungs-, Raum- und Luftkanalzerstäubungsanlagen | Warten, Instandsetzen, Reinigen von Luftwäschern, Wärmetauschern, Luftfiltereinrichtungen, Rohrleitungs-, Luftverteilungssystemen in Klima-, Luftbefeuchtungsanlagen **(A)**, Warten, Instandsetzen, Reinigen von motorbetriebenen Zerstäubern, Düsenzerstäubern (Kaltvernebler), Ultraschallzerstäubern, | Angebot
(A, B) |

Arbeitsbereiche	Gefährdende Tätigkeiten	Arbeitsmedizinische Maßnahmen G42 Impfung Beratung
	Dampfluftbefeuchtern in Raum-, Luftkanalzerstäubungsanlagen (**B**)	
Arbeitsbereich (5): Wasserversorgungssysteme, Areale mit Aerosolbildung	Behandeln mit wassergekühlten Turbinenbohreinrichtungen, Wassersprühanlagen in Dentaleinheiten (**C**), Bedienen von Kaltverneblern zu therapeutischen Zwecken: Inhalationen in Räumen und Kabinen (**D**), Warten, Instandsetzen von und Reinigen mit Hochdrucksprühgeräten (**E**)	Angebot (**C, D, E**)

Anmerkung: Kraftwerksarbeiten in Kühlturmbereichen wurden hier nicht aufgenommen, obwohl eine Gefährdung durchaus vorstellbar und eine Beratung demnach sinnvoll ist.

3.7   Leptospirose

3.7.1   *Erreger und Epidemiologie*

Morphologisch sind Leptospiren haken- oder kleiderbügelförmig gebogene, zarte, spiralförmige Bakterien. Die Gattung Leptospira wird anhand der Pathogenität ihrer Mitglieder in zwei Arten eingeteilt: *L. biflexa* (apathogen) und *L. interrogans* (pathogen). Die klinisch wichtigsten Vertreter von L. interrrogans sind *L. icterohaemorrhagiae*, *L. grippotyphosa* und *L. canicola*. Leptospiren kommen weltweit vor; ihre Reservoire sind (je nach Serovar) ein großes Spektrum an verschiedenen Wild- und Nutztieren (Katze, Hund, Maus, Ratte, Schwein, Rind). Die Leptospirose als Erkrankung des Menschen ist eine typische Zoonose, da für den Menschen keine natürlich vorkommenden Leptospiren bekannt sind. Besonders gefährdete Berufsgruppen sind vor allem Abwasser- und Kanalarbeiter, Großtierhalter und Metzger.

3.7.2   Infektionsmodus

Leptospiren werden meist durch Kontakt mit Ausscheidungen der Reservoir-spezies oder damit kontaminiertem Wasser übertragen; Leptospiren können die Haut durch Mikroläsionen penetrieren. Die Übertragung von Mensch zu Mensch spielt epidemiologisch keine Rolle.

3.7.3   Erkrankungen und Erkrankungsfolgen

Die Leptospirose ist eine meist biphasisch verlaufende Erkrankung. Die Inkubationszeit beträgt 4 bis 19 Tage, danach kommt es zu einer ersten Erkrankungsphase mit einer uncharakteristischen, aber heftigen Symptomatik (hohes Fieber, Muskelschmezen, vor allem in den Waden, beidseitige Konjunktivitis). Nach ca. 5 Tagen lässt das Fieber nach, danach setzt die Phase der Organmanifestation ein, wobei der Schweregrad stark variieren kann (benigne lymphozytäre Meningitis, Exanthem). Die „klassische" schwere Verlaufsform der Leptospirose (Morbus Weil) geht mit einer schweren Hepatitis, Nierenversagen und Schock einher; die Letalität dieser Verlaufsform liegt bei 10 bis 40%.

3.7.4   Diagnostik

Der direkte Nachweis von Leptospiren mit mikroskopischen und/oder kulturellen Verfahren ist schwierig und wird nur von spezialisierten Instituten durchgeführt. Da Leptospiren natürlicherweise nicht beim Menschen vorkommen, ist die Diagnostik mittels Antikörperbestimmungen der wichtigste und gebräuchlichste Weg zur laborgestützten Diagnose. Es stehen hierfür eine Reihe von verschiedenen Testverfahren (ELISA, Mikroagglutination, KBR), in spezialisierten Labors auch die PCR, zur Verfügung.

3.7.5   Besondere Hinweise

Meldepflicht nach **Bundesseuchengesetz:** bei **Erkrankung, Tod.**
Meldepflicht nach dem **Infektionsschutzgesetz** (IfSG Entwurf Stand 17.08.1999): namentliche Meldung bei **direktem oder indirektem** Erregernachweis von *Leptospira interrogans*, soweit dieser auf eine akute Infektion hinweist.

Schwere Verläufe können bei frühzeitigem Therapiebeginn mit Penizillin G positiv beeinflusst werden.

3.7.6   *Arbeitsmedizinische Bedeutung*

Eine arbeitsmedizinische Bedeutung der Leptospirose kann nur bei erheblicher Exposition mit kontaminiertem Material (Abwasser) oder häufigem Kontakt mit infizierten Tieren angenommen werden. Die Erkrankungsrate wird jedoch hauptsächlich durch die berufliche Exposition bestimmt.

3.7.6.1   *Berufliche Exposition*

Eine erhebliche berufliche Exposition kann bei häufigem und intensivem Kontakt mit Abwässern angenommen werden. Weiter ist eine Infektion durch intensiven Kontakt mit potenziell infizierten Tieren möglich.

3.7.6.2   *Betroffene Berufsgruppen*

Eine erhöhte berufliche Infektionsgefährdung kann bei den unten genannten Personengruppen mit Abwasser- und Tierkontakt angenommen werden. Auslandstätigkeiten können insbesondere bei unzureichenden hygienischen Verhältnissen (Montage, Entwicklungsdienst, Katastrophenhilfe etc.) zu einer potenziell höheren Gefährdung führen.

Abwasserkontakt	Tierkontakt
Kanalarbeiter, Tiefbauarbeiter bei Kanalarbeiten, Sanitärtechniker (Landwirtschaftliches Institut)	Landwirte, Tierzüchter, Kammerjäger (Rattenfänger), Tierärzte, Personal in Schlachthöfen, Personal in Geflügel verarbeitenden Betrieben, Personal in Speziallabors

3.7.7   *Umwelt- und (reise-)medizinische Aspekte*

Die umwelt- und reisemedizinische Bedeutung der Leptospirose ist unklar.

67

3.7.7.1 Umweltexposition

Es ist davon auszugehen, dass unzureichende Hygieneverhältnisse und enger Kontakt mit möglicherweise infizierten Tieren die Infektionsgefahr erhöhen.

3.7.7.2 Betroffene Bevölkerungsgruppen

Eine erhöhte Gefährdung kann für Campingurlauber (in Ländern mit niedrigem Hygienestandard, Hochendemiegebieten) sowie bei Trekking-/ Abenteuertouristen angenommen werden.

3.7.8 Krankenhaushygienische Aspekte

Die Isolierung erkrankter Personen ist nicht erforderlich, dafür aber die desinfizierende Reinigung sichtbarer Verunreinigungen mit Körperflüssigkeiten, Sekreten und Ausscheidungen sowie von Behandlungs- Untersuchungs- und Pflegematerial. Bei Kontakt mit Körperflüssigkeiten, Sekreten und Ausscheidungen ist Schutzkleidung zu tragen. Es reicht die normale Reinigung von Flächen und Gegenständen sowie die normale Entsorgung von Wäsche und Speiseresten.

3.7.9 Prävention

Die wesentliche Expositionsprophylaxe besteht in einer angepassten Schutzkleidung mit wasserdichten Stiefeln und Hosen, Handschuhen und ggf. auch Schutzbrille.

3.7.9.1 Allgemeine Infektionsprophylaxe

Arbeitsmedizinische Maßnahmen nach BGI 504-42 (früher ZH1/600.42) Infektionskrankheit Nr. 19 (Leptospirose)

Arbeitsbereiche	Gefährdende Tätigkeiten	Arbeitsmedizinische Maßnahmen G42 Impfung Beratung
Arbeitsbereich (1): *Gesundheitsdienst*	Untersuchen, Behandeln, Pflegen	fakultativ (C)

Arbeitsbereiche	Gefährdende Tätigkeiten	Arbeitsmedizinische Maßnahmen G42 Impfung Beratung		
Stationäre und ambulante Einrichtungen der Humanmedizin (A), der Zahnmedizin (B), der Veterinärmedizin (C)	Abnehmen von Körperflüssigkeiten, Ausscheidungen, Abstrichmaterial Obduktion, Sektion	fakultativ (C) fakultativ (A, C)		
	weitere Tätigkeiten (Instandsetzung, Reinigung, Reparatur, Wartung, Transport, Entsorgung)		Angebot (C)	
Arbeitsbereich (1): *Laboratorien und sonstige Bereiche* Laboratorien der Humanmedizin (A), Veterinärmedizin (C)	Auspacken, Aufbereiten, Entsorgen von erfahrungsgemäß infektiösem Probenmaterial, Fixieren, Einbetten, Entwässern, Färben von Blutausstrichsowie Kultur- und histologischen Präparaten, Herstellen von Organ-(Gefrier-) Schnittpräparaten, Anzüchten, Mikroskopieren, Kultivieren, Differenzieren von Erregern aus Materialproben	fakultativ (A, C)		
Arbeitsbereich (1): *Laboratorien und sonstige Bereiche* Laboratorien der Humanmedizin (A), Veterinärmedizin (C)	Bedienen von Untersuchungs-, Analyseautomaten mit infektiösen Proben, Umgang mit infektiösem Material, Gegenständen, Gerätschaften beim Bedienen von Desinfektionsapparaten oder Beschicken der sog. unreinen Seite in Desinfektionseinrichtungen, Halten, Pflege von infizierten, infektiösen Versuchstieren, weitere Tätigkeiten (Instandsetzung, Reinigung, Reparatur, Wartung, Transport Entsorgung, Fahrtätigkeiten)	fakultativ (A, C)		

Arbeitsbereiche	Gefährdende Tätigkeiten	Arbeitsmedizinische Maßnahmen G42 Impfung Beratung
Arbeitsbereich (2): Abwassertechnische Anlagen, Klärschlamm- verwertung, berufl. Ober- flächenwasserkontakt	Umgang mit Abwässern in Behältern oder Stauanlagen wie: Tätigkeiten mit Abwässern in Behältern, Stauanlagen, stationären und mobilen Toilettenanlagen, Instandsetzung von Abwasserleitungen und Behandlungsanlagen, Prozesssteuerung bei Abwas- serbehandlungsanlagen und Klärschlammverwertung, Arbeiten mit Kontakt zu fäkalienhaltigem Oberflächenwasser **(A)**, Tätigkeiten in o.g. Anlagen mit regelmäßigem und inten- sivem Kontakt zu Fäkalien, z.B. Kanalisationsarbeiter **(B)**	Angebot **(A, B)**
Arbeitsbereich (3): Anlagen der Abfallwirtschaft (Erfassung, Sortierung, Kompostierung), thermische Abfallverwer- tung, Deponierung	Abfallsammlung und Beför- derung **(A)**, mechanische Abfallaufberei- tung (auch Zwischenlagerung und technisch-biologische Behandlungsverfahren; Rotte, Vergärung, Kompostierung **(B)**, manuelle Sortierung (Stör- stoffauslese) und manuelle biologische Behandlungsver- fahren: Rotte, Vergärung, Kompostierung **(C)**	Angebot **(A, B, C)**
Arbeitsbereich (4): Anlagen der Tierproduktion, Bereiche mit lebenden Tieren, Tierhaltung, Tierhandel	Bereiche mit lebenden Tieren: Zucht, Pflege, Transport und Handel in der Landwirtschaft **(A)**, Umgang mit Tieren in Lehr- und Versuchsanstalten sowie sonstigen Bereichen der Wissenschaft **(B)**,	Angebot **(A, B, D, E)**

Arbeitsbereiche	Gefährdende Tätigkeiten	Arbeitsmedizinische Maßnahmen G42 Impfung Beratung
	Umgang mit Tieren in Berufsausübeng, z.B. Diensthunde, -pferde (**D**), Tierhaltung in Tierheimen, zoologischen Gärten, Tierparks, Freizeit- und Safariparks, Reiterhöfen, Zirkusunternehmen, Zoohandlungen (**E**), Tierpräparation (**F**)	
Arbeitsbereich (4): Bereiche mit tierischen, pflanzlichen Rohstoffen für „Non-Food-Produkte"	Verwerten, Beseitigen verendeter oder tot geborener Tiere aus gewerblichen Schlachtstätten (**H**)	Angebot (**H**)
Arbeitsbereich (4): Tierische und pflanzliche Rohprodukte in der Lebensmittelproduktion	Gewerbliches Schlachten, Zerlegen von Tieren einschließlich verarbeitende Geflügelindustrie (**K**)	Angebot (**K**)
Arbeitsbereich (6): Landwirtschaft (ohne Tierproduktion), Gartenbau, Forstwirtschaft, Holzwirtschaft, Jagd, Bodenbearbeitung (auch baulich)	Pflanzenproduktion: Ernten, Verladen, Transportieren, Umfüllen, Trocknen, Lagern von Pflanzenmaterial (Grünlandkompostierung), Zubereiten von Tierfuttermitteln in der Landwirtschaft (**A**), Ausbringen von Stallabfällen: Gülle, Mist (**B**), Forst-, Holzwirtschaft, Jagd: Umgang mit möglicherweise infizierten Tieren (**C**); Holzernte, Waldarbeiten, Transportarbeiten (**D**), Bodensanierung mit Zuschlagstoffen aus Abfällen: Zusetzen und Ausbringen von hygienisch bedenklichen Klärschlämmen, Rohkompost (**G**)	Angebot (**A, B, C, D, G**)

3.8 Borreliose (zeckenübertragene Formen)

3.8.1 Erreger und Epidemiologie

Borrelien sind gramnegative, spiralförmige Bakterien mit einer den Treponemen ähnlichen Morphologie. Nach der erstmaligen Isolierung von Borrelien aus Zecken Anfang der 80er Jahre in den USA durch Willy Burgdorfer konnten in den nachfolgenden Jahren weitere Spezies isoliert werden (*Borrelia afzelii, Borrelia garinii*), wobei *Borrelia burgdorferi* die einzige in Amerika vorkommende Spezies ist; die beiden anderen Spezies sind vorwiegend in Europa endemisch. Borrelien zirkulieren natürlicherweise zwischen Schildzecken (*Ixodes ricinus* und *Ixodes scapularis* in Europa, *Ixodes pacificus* in Nordamerika, *Ixodes persulcatus* in Asien) und warmblütigen Wirbeltieren (insbesondere Rotwild und kleinere Nager). Geographisch ist das Vorkommen von Borrelien an das Vorkommen der Reservoirspezies gekoppelt, sodass Borrelien insbesondere in Waldgebieten und Arealen mit Gestrüpp- und Heckenbewuchs vorkommen. Eine Verbreitung auf der gesamten nördlichen Hemisphäre ist gesichert, eine insgesamt weltweite Verbreitung kann angenommen werden. Die Durchseuchungsraten bei Zecken sind unterschiedlich, in Hochendemiegebieten sind jedoch bis zu 50% der Parasiten befallen. Der Vollständigkeit halber sei hier ergänzend noch *Borrelia reccurentis*, der Erreger des nicht durch Zecken, sondern durch die *Kleiderlaus* übertragenen epidemischen Rückfallfiebers, erwähnt. Auf diesen Erreger soll aber in der Folge nicht weiter eingegangen werden.

3.8.2 Infektionsmodus

Borrelien sind in der freien Natur nicht überlebensfähig, sodass der einzige Übertragungsweg der Zeckenstich ist. Eine direkte Übertragung ohne die Zecke als Zwischenwirt ist bis jetzt beim Menschen nicht nachgewiesen worden. Eine transplazentare Übertragung ist möglich.

3.8.3 Erkrankungen und Erkrankungsfolgen

Die „klassische" Borreliose, wie sie Mitte der 70er Jahre aufgrund einer Epidemie in Lyme (Connecticut, USA) beschrieben wurde, verläuft ähnlich der Syphilis in drei Stadien: Stadium I: Erythema chronicum migrans (sich ringförmig ausbreitendes Exanthem mit zentraler Abblassung) oder Lymphadenosis benigna cutis (kleinere subkutane Knötchen); Stadium II: Stadium der Generalisation. Vorwiegend betroffen sind das zentrale Nervensystem (Fazialisparese bei Kindern), das Herz (Myokarditis) und der Bewegungsapparat (diffuse, wandernde Gelenk- und Muskelschmerzen). Andere Organe können aber auch in Mitleidenschaft gezogen werden (Leber, Milz, Nieren, Lunge). Stadium III: Dieses Spätstadium tritt oft erst Jahre nach der Infektion auf. Drei klinische Entitäten überwiegen hierbei: 1) die Akrodermatitis chronica atrophicans (schleichende, lokal umschriebene Hautatrophie mit pergamentartigem Aussehen der Haut), 2) chronische Meningitis oder Enzephalomyelitis mit lymphozytärer Pleozytose über mehrere Monate, 3) chronische Arthritis, vorwiegend der großen Gelenke der unteren Extremität. Es muss an dieser Stelle betont werden, dass aufgrund der Unterschiede zwischen den verschiedenen Borrelienspezies der klinische Verlauf der Borreliose erheblich von dem oben beschriebenen abweichen kann. Dies gilt vor allem für die europäischen Stämme, bei denen vorwiegend neurologische Manifestationen im Vordergrund stehen und das Stadium I oft „übersprungen" wird.

3.8.4   Diagnostik

Aufgrund der geringen Erfolgsaussichten vor allem in den späteren Stadien spielt die Anzucht von Borrelien in der Routinediagnostik keine Rolle. Trotz der höheren Sensitivität der PCR im Vergleich zu kulturellen Methoden reicht auch hier die Sensitivität nicht aus, um in allen Stadien eine zuverlässige Diagnostik betreiben zu können. Frühere Probleme mit serologischen Tests, die sich daraus ergaben, dass ein amerikanisches Isolat als Antigenquelle eingesetzt wurde, konnten durch Verwendung europäischer Isolate weitgehend gelöst werden. Heute wird routinemäßig in der Borrelien-Serologie die Westernblot-Technologie eingesetzt, wobei bestimmte Bandenmuster mit Krankheitsstadium und -aktivität assoziiert werden. Naturgemäß bereitet vor allem die Beurteilung der Kranheitsaktivität anhand einmaliger serologischer Testungen Probleme.

3.8.5   Besondere Hinweise

Meldepflicht nach **Bundesseuchengesetz**: bei **Erkrankung, Tod**.
Meldepflicht nach dem **Infektionsschutzgesetz** (lfSG Entwurf Stand 17.08.1999): keine Meldepflicht für durch Zecken übertragene Formen; für die oben nicht näher beschriebene Spezies *Borrelia reccurentis* (Erreger des durch die **Kleiderlaus** übertragenen epidemischen Rückfallfiebers) besteht jedoch namentliche Meldepflicht bei direktem oder indirektem Erregernachweis, soweit dieser auf eine akute Infektion hinweist.
Die natürliche Infektion mit Borrelien hinterlässt keine protektive Immunität, sodass wiederholte Reinfektionen möglich sind. Dennoch ist die Induktion einer

protektiven Immunität möglich, wenn mit speziellen Borrelien-Oberflächen-
antigenen geimpft wird. Auf der Basis des sog. Outer Surface Protein A ist in den
USA inzwischen ein rekombinanter Impfstoff gegen *Borrelia burgdorferi* zugelassen; aufgrund der (anti)genetischen Diversität der europäischen Borrelien-
Stämme ist in Europa nur mit einer geringen Effektivität dieses Impfstoffs zu
rechnen, sodass sich entsprechende Anstrengungen hier auf das sog. Outer
Surface Protein C konzentrieren. Ein hierzulande zugelassener Impfstoff ist allerdings noch nicht verfügbar.

3.8.6 Arbeitsmedizinische Bedeutung

Für die exponierten Personengruppen ist die Borreliose eine Erkrankung mit erheblicher arbeitsmedizinischer Bedeutung.

3.8.6.1 Berufliche Exposition

Eine besondere berufliche Exposition besteht bei Tätigkeiten mit einem erhöhten
Risiko eines Zeckenbefalls, beispielsweise im Wald, in Baumschulen, Baumkulturen etc. Da die Durchseuchung der Schildzecken Ixodes (gemeiner Holzbock) mit 10 - 40% angegeben wird, resultiert bei Zeckenbefall eine entsprechend hohe Infektionswahrscheinlichkeit.

3.8.6.2 Betroffene Berufsgruppen

Als gefährdete Berufsgruppen sind in erster Linie Waldarbeiter und Förster zu
nennen, aber auch Berufsjäger und haupt- oder nebenberufliche Jagdaufseher,
nicht zu vergessen Landwirte mit Wald- und Forstwirtschaft oder Gärtner in
Baumschulen und Weihnachtsbaumkulturen sowie andere Berufsgruppen, die in
zeckenverseuchten Waldgebieten tätig sind (Biologen etc.).

3.8.7 Umwelt- und (reise-)medizinische Aspekte

Die Borreliose hat eine erhebliche umwelt- und reisemedizinische Bedeutung
für alle intensiven Naturnutzer auf der nördlichen Erdhalbkugel.

3.8.7.1 Umweltexposition

Bei längeren Aufenthalten in Waldgebieten besteht eine erhöhte Borreliose-Gefährdung. Dies gilt für alle zeckenbesiedelten Gebiete innerhalb Deutschlands, aber auch auf der gesamten nördlichen Erdhalbkugel.

3.8.7.2 Betroffene Bevölkerungsgruppen

Einer erhöhten Gefährdung durch Borreliose unterliegen Wanderer, Jäger, Angler, Camper, aber auch Holz- und Pilzsammler, Mountainbiker etc.

3.8.8 Krankenhaushygienische Aspekte

Erkrankte Personen müssen nicht isoliert werden.
Erforderlich ist eine desinfizierende Reinigung sichtbarer Verunreinigungen mit Körperflüssigkeiten, Sekreten und Ausscheidungen sowie von Behandlungs-, Untersuchungs- und Pflegematerial. Bei Kontakt mit Körperflüssigkeiten, Sekreten und Ausscheidungen ist Schutzkleidung zu tragen. Es reicht die normale Reinigung von Flächen und Gegenständen und die normale Entsorgung von Wäsche und Speiseresten.

3.8.9 Prävention

3.8.9.1 Allgemeine Infektionsprophylaxe

Die exponierten Berufsgruppen sollten, so weit zumutbar (Sommer), schützende Kleider (langärmelige Hemden, lange Hosen, langschäftige Socken) tragen. Helle Kleidung erleichtert das Absuchen auf Zecken. Repellents sind in gewissem Umfang, aber zeitlich nur begrenzt wirksam. Exponierte Personen sollten dahin gehend unterwiesen werden, sich regelmäßig auf Zecken abzusuchen und diese schnell und sachgerecht zu entfernen.

Arbeitsmedizinische Maßnahmen nach BGI 504-42 (früher ZH1/600.42) mit Anmerkungen des Autors
Infektionskrankheit Nr. 20 (Lyme-Borreliose)

Arbeitsbereiche	Gefährdende Tätigkeiten	Arbeitsmedizinische Maßnahmen G42 Impfung Beratung
Arbeitsbereich (1): *Gesundheitsdienst* Stationäre und ambulante Einrichtungen der Humanmedizin **(A)**, der Veterinärmedizin **(C)**	Untersuchen, Behandeln, Pflegen Abnehmen von Körperflüssig- keiten, Ausscheidungen, Abstrichmaterial Obduktion, Sektion	fakultativ **(C)** fakultativ **(A)** fakultativ **(A)**
Arbeitsbereich (1): *Laboratorien und sonstige Bereiche* Laboratorien der Humanmedizin **(A)**, Veterinärmedizin **(C)**, Medizinprodukte- herstellung **(J)**, Desinfektions- einrichtungen **(K)**	Auspacken, Aufbereiten, Entsorgen von erfahrungs- gemäß infektiösem Probenmaterial, Fixieren, Einbetten, Entwässern, Färben von Blutausstrich- sowie Kultur- und histologischen Präparaten, Herstellen von Organ-(Gefrier-) Schnitt- präparaten, Anzüchten, Mikroskopieren, Kultivieren, Differenzieren von Erregern aus Materialproben	fakultativ **(A, C)**
Arbeitsbereich (4): Anlagen der Tierproduk- tion, Bereiche mit lebenden Tieren, Tierhaltung, Tierhandel	Bereiche mit lebenden Tieren: Zucht, Pflege, Transport und Handel in der Landwirtschaft **(A)**, Tierpräparation **(F)**	Angebot **(A)**
Anmerkung: Der irreführende Begriff der „gemeinnützigen Einrichtungen" (Zoohandlung!) unter E wurde gestrichen. Bei Anlieferung von zeckenbesiedelten Wildtieren ist eine Gefährdung von Präparatoren nicht auszuschließen.		
Arbeitsbereich (4): Bereiche mit tierischen, pflanzlichen Rohstoffen für „Non-Food-Produkte"	Verwerten, Beseitigen ver- endeter oder tot geborener Tiere aus gewerblichen Schlachtstätten **(H)**,	Angebot **(H, J)**

Arbeitsbereiche	Gefährdende Tätigkeiten	Arbeitsmedizinische Maßnahmen G42 Impfung Beratung
	Gewinnen, Transportieren, Lagern, Verarbeiten von Pflanzenfasern zu industriellen Rohstoffen (**J**)	
Arbeitsbereich (4): Tierische und pflanzliche Rohprodukte in der Lebensmittelproduktion	Gewerbliches Schlachten, Zerlegen von Tieren einschließlich verarbeitende Geflügelindustrie (**K**)	Angebot (**K**)
Arbeitsbereich (6): Landwirtschaft (ohne Tierproduktion), Gartenbau, Forstwirtschaft, Holzwirtschaft, Jagd, Bodenbearbeitung (auch baulich)	Ausbringen von Stallabfällen: Gülle, Mist (**B**), Forst-, Holzwirtschaft, Jagd: Umgang mit möglicherweise infizierten Tieren (**C**); Holzernte, Waldarbeiten, Transportarbeiten (**D**)	Angebot (**B, C, D**)

3.8.9.2   *Schutzimpfung*

siehe 3.8.5

3.9   Meningokokken-Infektion

3.9.1   *Erreger und Epidemiologie*

Die Meningokokken gehören zur Familie der Neisserien. Es handelt sich um zumeist paarweise zusammengelagerte, unbewegliche, gramnegative Kokken (semmelförmige Diplokokken), die von einer Polysaccharidkapsel umhüllt sind. Sie wachsen unter aeroben oder fakultativ anaeroben Bedingungen. Die Ausstattung mit Fimbrien und die Bildung von Oberflächenadhäsinen (Opa, Opc) ermöglichen *Neisseria meningitidis* die Anheftung an Schleimhautepithelzellen des Nasopharynx und der Genitalien. Der Mensch ist das einzige Reservoir dieses Bakteriums. Die unterschiedlichen Kapselpolysaccharide führen zu einer

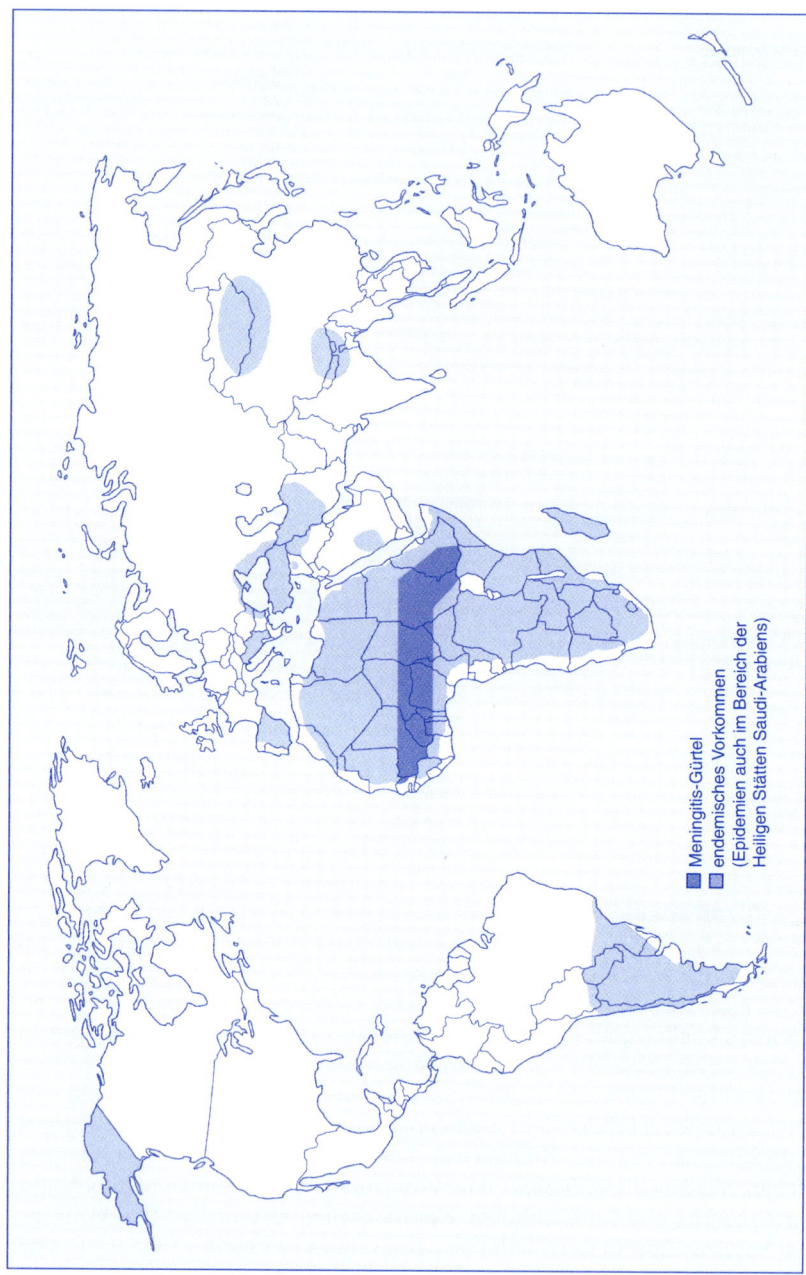

Abb. 2: Epidemiologische Karte „Meningokokken-Meningitis" (nach SB-online)

Unterteilung in 12 Serogruppen. Weltweit sind die Serogruppen A, B, C, X, Y, 29 und W135 für 98 % aller Infektionen verantwortlich. In Deutschland sind vorwiegend Meningokokken das Kapseltyps B (75%) anzutreffen, für den es keinen Impfstoff gibt, da der Typ B keine Antikörperbildung induziert. Für die übrigen Serogruppen stehen dagegen Impfungen zur Verfügung, die bei Reisen in Endemiegebiete (z. B. Meningokokken-Gürtel Zentralafrikas) zu empfehlen sind. In Westeuropa treten Erkrankungen vornehmlich sporadisch in den Wintermonaten und im Frühjahr auf. Hauptsächlich betroffen sind Säuglinge und Kleinkinder. In Kindergärten, Schulen, Studentenheimen und Kasernen kann es gelegentlich auch zu kleineren Epidemien kommen. Bei der Krankheitsübertragung spielen die gesunden Keimträger (ca. 15 % der Bevölkerung, bei Epidemien sogar bis zu 90 % asymptomatische Träger) eine wesentliche Rolle.

3.9.2 Infektionsmodus

Durch ihre Adhäsionsfähigkeit können Meningokokken wochenlang die Epithelzellen der Schleimhaut besiedeln, ohne klinische Symptome hervorzurufen (Trägerstatus). Die Polysaccharidkapsel schützt *Neisseria meningitidis* vor Phagozytose und Vernichtung durch Komplement. Eine Invasion in das subepitheliale Gewebe gelingt durch Veränderungen der Kapselstruktur und der Pili, die über eine ständig wechselnde Phasen- und Antigenvariation verfügen. Eine Zerstörung der Endothelzellen führt zur Entzündung der Gefäßwände mit nachfolgender Thrombose und Zellwandnekrose. Hieraus resultieren für Meningokokken-Infektionen typische Hämorrhagien, die bei der fulminanten Verlaufsform (Waterhouse-Friderichsen-Syndrom) mit Verbrauchskoagulopathie, septischem Schock und Multiorganversagen einhergehen. Über die Blutbahn können die Erreger in die verschiedensten Organe gelangen. Nach Überwindung der Blut-Hirn-Schranke sind die Meningokokken auch in der Lage, sich an zerebrale Endothelzellen zu binden. Der meningealen Reizung folgt eine Kaskade immunologischer Abwehrprozesse, in deren Folge die Permeabilität der Blut-Liquor-Schranke gesteigert und die Entstehung eines vasogenen Hirnödems bewirkt wird. Zusätzliche Liquorabflussbehinderungen und Abnahme der zerebralen Durchblutung verursachen irreversible Schädigungen oder führen zum Tod durch Atemlähmung.

3.9.3 Erkrankungen und Erkrankungsfolgen

Oberflächliche Lokalinfektionen wie Pharyngitis, Sinusitis, Tonsillitis, Otitis media, Vaginitis, Urethritis oder Zervizitis machen etwa 5 % aller Meningokokken-Erkrankungen aus.

Die klassische Manifestation ist jedoch die eitrige **Meningitis** (Meningitis epidemica), der zumeist eine Infektion der oberen Luftwege vorausgeht. Das oft fulminant verlaufende Krankheitsgeschehen mit allen klinischen Zeichen einer Meningitis kann sich aber auch aus vollkommener Gesundheit heraus entwickeln und in wenigen Stunden lebensbedrohlich werden. Die Inkubationszeit liegt bei 1 bis 10 Tagen, meist beträgt sie jedoch weniger als 4 Tage. Typisch ist ein akuter Beginn mit hohem Fieber, Schüttelfrost, Muskel- und Gelenkschmerzen, Abgeschlagenheit, schwerem Krankheitsgefühl, Schläfrigkeit und Benommenheit. Bei Kindern mit unverschlossener Fontanelle lässt sich eine Vorwölbung infolge des gesteigerten Hirndrucks tasten. In über der Hälfte der Fälle treten Hautveränderungen im Sinne urtikarieller, makulopapulöser oder petechialer Exantheme auf, die teilweise auch konfluieren und Ausdruck der hämatogenen Erregeraussaat sind. Die Letalität der Meningitis epidemica liegt bei 1 bis 4 %. Intrakranielle Verklebungen können Spätschäden wie Demenz, psychische Störungen, Hirnnervenlähmungen, Entwicklungsstörungen, Krampfanfälle und Hydrozephalus verursachen. Ebenfalls lebensbedrohlich ist eine durch *Neisseria meningitidis* hervorgerufene **Sepsis**, die in etwa 15 % der Fälle in ihrer schwersten Manifestationsform, dem **Waterhouse-Friderichsen-Syndrom,** verläuft. Hierbei kommt es zur toxischen Myokardiopathie mit Herzinsuffizienz, Nebennierenrindenblutungen mit nachfolgender Nekrose, Nierenversagen, disseminierter intravasaler Gerinnung, großflächigen Haut- und Schleimhautblutungen und septischem Schock (Letalität 85 %). Bei gesichertem Erregernachweis ist Penizillin G das Mittel der Wahl zur Behandlung einer Meningokokken-Infektion. In schweren Fällen sind Höchstdosierungen (tgl. 20 bis 30 Mill. E bei Erwachsenen) notwendig. Eine Resistenz der Meningokokken gegen Penizillin G ist in Westeuropa selten. Alternativ können bei Resistenz oder Penizillinallergie Ceftriaxon oder Chloramphenicol eingesetzt werden.

3.9.4   Diagnostik

Neisseria meningitidis ist sehr empfindlich gegenüber Kälte, Hitze und Austrocknung. Untersuchungsmaterial wie Blut, Liquor, Gelenkpunktat oder Punktat aus Hautläsionen muss daher möglichst schnell und körperwarm der mikrobiologischen Diagnostik zugeführt werden. Sind derartige Vorbedingungen nicht gegeben, ist es sinnvoll das Material in flüssigen Anreicherungsmedien (z.B. Blutkulturflaschen) zu versenden.

Der mikroskopische Nachweis gramnegativer, semmelförmiger Diplokokken sowie ein Antigentest (Latex-Agglutination) aus der Untersuchungsprobe kann die klinische Verdachtsdiagnose in der Regel schnell bestätigen. Die Anzucht erfolgt auf Kochblutagar unter erhöhter CO_2-Spannung. Eine Resistenzprüfung sollte angeschlossen werden, da Berichte über penizillinresistente Stämme aus Südeuropa, Ungarn und Teilen Afrikas vorliegen. Eine genaue Bestimmung des Kapseltyps ist aus epidemiologischen Gründen sinnvoll. Hierzu werden die angezüchteten Stämme an das Nationale Referenzzentrum für Meningokokken in Heidelberg (Mikrobiologisches Institut der Universität) geschickt.

3.9.5   Besondere Hinweise

Meldepflicht nach **Bundesseuchengesetz: bei Verdacht, Erkrankung, Tod.**
(Die Meldung ist dem zuständigen Gesundheitsamt unverzüglich, spätestens jedoch innerhalb von 24 Stunden nach erlangter Kenntnis zu erstatten. Nur so ist die rasche Erfassung von Patienten und gefährdeten Kontaktpersonen und die Durchführung einer wirksamen Umgebungsprophylaxe gewährleistet.)
Alle Personen, die engen Kontakt mit einem an einer Meningokokken-Infektion erkrankten Patienten hatten, sollten eine Chemoprophylaxe erhalten. Diese erfolgt mit Rifampicin (Erwachsene 0,6 g oral, Kinder 10 mg/kg alle 12 h, jeweils für 2 Tage) oder mit Ciprofloxacin (Erwachsene einmalig 0,75 g oral). Bei Schwangeren ist die einmalige i.v. Injektion von Ceftriaxon (1,0 g) zu empfehlen.

Meldepflicht nach dem **Infektionsschutzgesetz** (lfSG Entwurf Stand 17.08.1999): namentliche Meldung bei Krankheitsverdacht, Erkrankung oder Tod (**Meningokokken-Meningitis oder -Sepsis**).
Namentliche Meldung bei **direktem** Erregernachweis von *Neisseria meningitis* aus Liquor, Blut, hämorraghischen Hautinfiltraten sowie anderen normalerweise sterilen Substanzen, soweit dieser auf eine akute Infektion hinweist.

3.9.6   Arbeitsmedizinische Bedeutung

Die Meningokokken-Infektion hat eine gewisse arbeitsmedizinische Bedeutung für Personen, die im Umfeld der Erkrankten tätig sind.

3.9.6.1   Berufliche Exposition

Eine berufliche Exposition besteht in erster Linie bei der Pflege und der Behandlung erkrankter Personen. Ein allerdings deutlich geringeres Risiko kann für Tätigkeiten in der Betreuung und Erziehung von Kindern und Säuglingen sowie Behinderten angenommen werden. Auslandstätigkeiten (Montage etc.) oder Reisetätigkeiten in Endemiegebieten (siehe 3.9.7.1) führen zu einer potenziellen

Gefährdung, die sich bei langen Aufenthaltszeiten und engem Kontakt zur einheimischen Bevölkerung verstärkt. Auch Berufsgruppen mit häufigem oder ständigem Kontakt zu Reisenden aus Endemiegebieten können einer erhöhten Gefährdung unterliegen.

3.9.6.2 Betroffene Berufsgruppen

Gesundheitswesen (bei der Behandlung und Pflege Erkrankter)	Erziehung und Betreuung von Kindern und Jugendlichen	Auslandstätigkeiten (in Endemiegebieten)
Ärzte, Pflegepersonal, sonstiges med. Personal	Lehrer, Kindergärtner/pfleger, Sozialarbeiter, sonstiges Personal in: Kindergärten, Kindertagesstätten, Kinderheimen, Gemeinschafts - einrichtungen, Grundschulen	Montagearbeiter, Entwicklungshelfer, Personal in der Touristikbranche und/oder mit anderen Reisetätigkeiten, insbesondere mit engem Kontakt zur einheimischen Bevölkerung, längeren Aufenthaltszeiten und schlechtem Hygienestandard

3.9.7 Umwelt- und (reise-)medizinische Aspekte

Für die Allgemeinbevölkerung besteht keine wesentliche umwelt- und reisemedizinische Gefährdung durch Meningokokken-Infektionen.

3.9.7.1 Umweltexposition

Eine besondere Umweltexposition ist bei Reisen in Teilen Afrikas (Sahelzone, Meningitis-Gürtel), Südamerika (Brasilien, La-Plata-Staaten), Nordamerika, Arabien und Südasien anzunehmen. Das Risiko wird durch engen Kontakt mit der einheimischen Bevölkerung erhöht (Abenteuer- und Trekkingurlaub).

3.9.7.2 Betroffene Bevölkerungsgruppen

Betroffen sind vor allem Touristen in gefährdeten Gebieten (s.o.).

3.9.8 Krankenhaushygienische Aspekte

Die Isolierung erkrankter Personen hat mindestens bis 24 Stunden nach Therapiebeginn zu erfolgen.
Es ist eine desinfizierende Reinigung sichtbarer Verunreinigungen mit Körperflüssigkeiten, Sekreten und Ausscheidungen sowie von Behandlungs-, Untersuchungs- und Pflegematerial erforderlich. Bei Kontakt mit Körperflüssigkeiten, Sekreten und Ausscheidungen ist eine patientenbezogene Schutzkleidung zu tragen. Es reicht die normale Reinigung von Flächen und Gegenständen sowie die normale Entsorgung von Wäsche und Speiseresten.

3.9.9 Prävention

3.9.9.1 Allgemeine Infektionsprophylaxe

Es ist auf die Einhaltung der allgemeinen Hygieneregeln und Infektionsschutzmaßnahmen bei der Behandlung und Pflege erkrankter Personen (siehe 2.1 bis 2.2) zu achten. Ansonsten sind keine speziellen Maßnahmen erforderlich. Ggf. Chemoprophylaxe (siehe 3.9.5).

Arbeitsmedizinische Maßnahmen nach BGI 504-42 (früher ZH1/600.42)
Infektionskrankheit Nr. 22 (Meningokokken)

Arbeitsbereiche	Gefährdende Tätigkeiten	Arbeitsmedizinische Maßnahmen G42　　Impfung　Beratung		
Arbeitsbereich (1): *Gesundheitsdienst* Stationäre und ambulante Einrichtungen der Humanmedizin **(A)**, der Zahnmedizin **(B)**	Untersuchen, Behandeln, Pflegen Abnehmen von Körperflüssig- keiten, Ausscheidungen, Abstrichmaterial Obduktion, Sektion sonstige Tätigkeiten (Instand- setzung, Reinigung, Reparatur, Wartung, Transport, Entsorgung)	fakulta-　fakulta- tiv**(A,B)**　tiv **(A,B)** fakulta- tiv **(A)**		
Arbeitsbereich (1): *Sozialdienste*	Betreuung, Pflege somatisch-psychisch Hilfs-	Angebot **(D)**		

Arbeitsbereiche	Gefährdende Tätigkeiten	Arbeitsmedizinische Maßnahmen G42 Impfung Beratung	
Stationäre und ambulante Sozialeinrichtungen für Kinder- und Jugendliche (ohne Schulen), Familien, Senioren und Behinderte (**D**)	bedürftiger, Umgang mit Körperflüssigkeiten und Ausscheidungen, Umgang mit infektiöser Wäsche		
Arbeitsbereich (1): *Laboratorien und sonstige Bereiche* Laboratorien der Humanmedizin (**A**)	Auspacken, Aufbereiten, Entsorgen von erfahrungs- gemäß infektiösem Proben- material, Fixieren, Einbetten, Entwässern, Färben von Blutausstrich- sowie Kultur- und histologischen Präparaten, Herstellen von Organ- (Gefrier-)Schnittpräparaten, Anzüchten, Mikroskopieren, Kultivieren, Differenzieren von Erregern aus Materialproben	fakulta- tiv (**A**)	
Arbeitsbereich (1): *Laboratorien und sonstige Bereiche* Laboratorien der Humanmedizin (**A**)	Bedienen von Untersu- chungs-, Analyseautomaten mit infektiösen Proben, Umgang mit infektiösem Material, Gegenständen, Gerätschaften beim Bedienen von Desinfektionsapparaten oder Beschicken der sog. unreinen Seite in Desinfek- tionseinrichtungen, Halten, Pflege von infizierten, in- fektiösen Versuchstieren, weitere Tätigkeiten (Instandsetzung, Reinigung, Reparatur, Wartung, Transport, Entsorgung, Fahrtätigkeiten)	fakulta- tiv (**A**)	

3.9.9.2 Schutzimpfung

Es steht ein aktiver Meningokokken-Polysaccharid-Impfstoff zur Verfügung (Meningokokken der Gruppen A, C, W135, Y). Eine Impfung wird bei Reisen in Endemiegebiete empfohlen. Bei Kontakt mit Erkrankten sollte eine Chemoprophylaxe (siehe 3.9.5) erfolgen.

3.9.9.3 Postexpositionelle Prophylaxe

Bei besonderer Indikation kann eine passive Immunisierung mit einem Immunglobulin erfolgen. Sinnvoller ist die Chemoprophylaxe (siehe 3.9.5)

3.9.9.4 STIKO-Empfehlungen

Impfempfehlungen der Ständigen Impfkommission am Robert-Koch-Institut (Stand Januar 2000)
[Epidemiologisches Bulletin 02/2000]

Impfung gegen	Kategorie	Indikation bzw. Reiseziel	Anwendungshinweise (Beipackzettel beachten)
Meningokokken-Infektion (Gruppen A, C, W135, Y)	I	Gefährdete Personen: z.B. Entwicklungshelfer vor Aufenthalten im Meningitis-Gürtel Afrikas oder in anderen Gebieten mit Meningitis-Risiko gemäß den Empfehlungen der WHO, in Deutschland auf Empfehlung der Gesundheitsbehörden	Nach Angaben des Herstellers
Kategorien: I - Indikationsimpfung bei erhöhter Gefährdung von Personen bzw. Angehörigen von Risikogruppen			

3.10 Milzbrand (Anthrax)

3.10.1 Erreger und Epidemiologie

Der Erreger des Milzbrands ist *Bacillus anthracis*, ein aerob wachsendes, grampositives, Sporen bildendes Bakterium, das zwei Exotoxine produziert. Die Weiterverbreitung des Bazillus erfolgt über Nutztiere (Schafe, Pferde, Ziegen, Schweine), die sich mit den jahrelang im Erdreich überlebensfähigen Sporen infizieren. *B. anthracis* ist für Mensch und Tier gleichermaßen hoch pathogen, sodass dieser Erreger auch ein veterinärmedizinisches Problem darstellen kann. Trotz seines weltweiten Vorkommens sind Krankheitsfälle beim Menschen in unseren Breitengraden äußerst selten.

3.10.2 Infektionsmodus

Der Erreger des Milzbrands wird in epidemiologisch relevantem Ausmaß ausschließlich durch intensiven (beruflichen) Kontakt mit Sporen tragenden oder infizierten Tieren oder Produkten von infizierten Tieren übertragen (gefährdete Berufsgruppen s.u.). Je nach Eintrittspforte (Mikroläsionen in der Haut, Inhalation und/oder Ingestion) können sich dabei verschiedene klinisch abgrenzbare Erkrankungen entwickeln (s. u.).

3.10.3 Erkrankungen und Erkrankungsfolgen

In Abhängigkeit von der Eintrittspforte können folgende Erkrankungen auftreten:

Hautmilzbrand:
Der Hautmilzbrand ist die häufigste Manifestation des Milzbrands (95% der Fälle). Nach einer Inkubationszeit von ca. 2 bis 10 Tagen bildet sich an der Eintrittspforte auf der Haut eine schmerzlose Pustel mit rasch einsetzender zentraler Nekrose und starkem Begleitödem (Pustula maligna). Begleitend treten Allgemeinsymptome wie Fieber und Kopfschmerzen auf. Unbehandelt kommt es ca. ab dem 5. Tag zu einer hämatogenen und lymphogenen Streuung des Erregers (Lymphangitis und Schwellung der regionalen Lymphknoten), wobei die Letalität dieses septischen Prozesses ca. 30% (unbehandelt) beträgt. Patienten mit Hautmilzbrand stellen nur ein geringes Infektionsrisiko für ihre Umgebung dar.

Lungenmilzbrand:
Die Inkubationszeit beträgt wenige Stunden bis 5 Tage nach Inhalation des erregerhaltigen Staubs. Es kommt zu einer fulminanten hämorrhagischen Pneumonie, die innerhalb kürzester Zeit meist tödlich verläuft. Das Ansteckungsrisiko für die Umgebung dieser Patienten ist sehr hoch, da infektiöse Erreger in großen Mengen ausgehustet werden.

Darmmilzbrand:
Nach einer Inkubationszeit von wenigen Tagen tritt schlagartig eine foudroyant verlaufende hämorrhagische Enteritis auf, die unbehandelt in kürzester Zeit immer tödlich verläuft.

3.10.4 Diagnostik

Als Untersuchungsmaterial sind die vom Ort der klinischen Manifestation gewonnenen Proben (Abstriche, Sputum, Blut, Stuhl, Gewebeproben) am besten geeignet. Die Diagnose erfolgt am schnellsten durch konventionelle Mikroskopie; der kulturelle Erregernachweis schließt sich an. Hierbei ist zu beachten, dass beide Verfahren ihre höchste Treffsicherheit bei den typischen klinischen Konstellationen (Risikogruppe + klinischer Verlauf) haben, da die Abgrenzung von *Bacillus cereus* (der nur in speziellen Situationen ein gewisses pathogenes Potenzial aufweist) schwierig sein kann, vor allem weil aufgrund der geringen Fallzahl einerseits und des hohen Gefährdungspotenzials für das Laborpersonal andererseits mikrobiologische Routinelaboratorien wenig praktische Erfahrung mit *B. anthracis* haben. Eine sichere Differenzierung zwischen *B. anthracis* und den anderen Mitgliedern der *B.-anthracis-*, *B.-cereus*-Gruppe ist mittels molekularbiologischer Methoden in spezialisierten Labors möglich. Verlässliche diagnostische Werkzeuge auf serologischer Basis existieren nicht.

3.10.5 Besondere Hinweise

Meldepflicht nach **Bundesseuchengesetz: bei Verdacht, Erkrankung, Tod.**
Strenge Isolierung bei Lungenmilzbrand.
Meldepflicht nach dem **Infektionsschutzgesetz** (lfSG Entwurf Stand 17.08.1999): namentliche Meldung bei Krankheitsverdacht, Erkrankung oder Tod. Namentliche Meldung bei **direktem oder indirektem** Erregernachweis, soweit dieser auf eine akute Infektion hinweist.
Für die humanmedizinische Anwendung gibt es noch keinen zugelassenen Impfstoff gegen *B. anthracis*, in den USA befindet sich jedoch ein solcher in Entwick-

lung. Infektionen mit *B. anthracis* sind mit Penizillin G therapierbar (Letalität des behandelten Hautmilzbrands <1%), wobei allerdings bei Lungen- und Darmmilzbrand aufgrund der Dynamik des Verlaufs die Erfolgsaussichten eingeschränkt sind. Daher sollte bei klinischem Verdacht immer sofort eine Therapie parallel zu den diagnostischen Maßnahmen begonnen werden.

3.10.6   Arbeitsmedizinische Bedeutung

Die arbeitsmedizinische Bedeutung der Infektionen mit Milzbranderregern ist gering. Die wenigen bekannten Infektionsfälle in den Industrieländern sind allerdings in den meisten Fällen beruflich bedingt.

3.10.6.1 Berufliche Exposition

Eine wesentliche berufliche Gefährdung kann lediglich bei häufigem und intensivem Kontakt mit importierten Tierprodukten wie Häuten (Leder), Horn, Hufen, ggf. auch Rohwolle angenommen werden. Eine mögliche berufliche Exposition besteht außerdem bei der Behandlung und Pflege erkrankter Personen sowie bei Labortätigkeiten mit Erregerkontakt oder Kontakt zu erregerhaltigem Untersuchungsgut.

3.10.6.2 Betroffene Berufsgruppen

Arbeitnehmer aus der Lederindustrie, der Düngemittelherstellung (Hornmehle) sowie mit dem Transport und der Verarbeitung der oben genannten Tierprodukte befasste Personen können einer erhöhten Gefährdung unterliegen. Ein höheres Risiko tragen sicher auch Einkäufer der o.g. Produkte bei ihrer Auslandstätigkeit.

3.10.7   Umwelt- und (reise-)medizinische Aspekte

Für die Allgemeinbevölkerung besteht keine wesentliche umwelt- und reisemedizinische Gefährdung durch Milzbranderreger.

3.10.8   Krankenhaushygienische Aspekte

Lungenmilzbrand
Erkrankte Personen sind streng zu isolieren.
Es ist eine desinfizierende Reinigung sichtbarer Verunreinigungen mit Körperflüssigkeiten, Sekreten und Ausscheidungen sowie von Behandlungs-, Untersuchungs- und Pflegematerial erforderlich. Patientenbezogene Schutzkleidung mit Nasen- und Mundschutz, Einmalhandschuhen und Kopfbedeckung ist unerlässlich. Flächen und Gegenstände sind zu desinfizieren, ggf. muss eine Abschlussdesinfektion z.B. durch Verdampfen von Formalin durchgeführt werden (nur auf Anordnung des Gesundheitsamtes)
Wäsche und Speisereste (mit Einmalgeschirr!) sind in Sonderbehältern für infektiöses Material zu entsorgen.

Milzbrand (sonstige Formen)
Erkrankte Personen sind zu isolieren.
Erforderlich ist eine desinfizierende Reinigung sichtbarer Verunreinigungen mit Körperflüssigkeiten, Sekreten und Ausscheidungen sowie von Behandlungs-, Untersuchungs- und Pflegematerial, ferner das Tragen von patientenbezogener Schutzkleidung, evtl. mit Nasen- und Mundschutz sowie Einmalhandschuhen. Flächen und Gegenstände sind zu desinfizieren.
Wäsche wird in Sonderbehältern für infektiöses Material entsorgt, Speisereste werden normal entsorgt.

3.10.9   Prävention

3.10.9.1 Allgemeine Infektionsprophylaxe

Als allgemeine Infektionsprophylaxe ist das Tragen von Schutzhandschuhen bei Kontakt mit den o.g. Tierprodukten erforderlich. Andauernde Benutzung von Mundschutz kann angesichts der niedrigen Gefährdung gegenüber Lungenmilzbrand zumindest aus diesem Grunde wohl nicht gefordert werden.
Die allgemeinen Hygieneregeln und Infektionsschutzmaßnahmen bei Behandlung und Pflege erkrankter Personen sind strengstens einzuhalten (siehe 2.1 bis 2.2). Bei Lungenmilzbrand besteht eine hohe Infektiosität aller respiratorischer Sekrete.

Arbeitsmedizinische Maßnahmen nach BGI 504-42 (früher ZH1/600.42) Infektionskrankheit Nr. 23 (Milzbrand)

Arbeitsbereiche	Gefährdende Tätigkeiten	Arbeitsmedizinische Maßnahmen G42 Impfung Beratung
Arbeitsbereich (1): *Gesundheitsdienst* Stationäre und ambulante Einrichtungen der Veterinärmedizin (**C**)	Untersuchen, Behandeln, Pflegen	Angebot (**C**)
Arbeitsbereich (4): Bereiche mit tierischen, pflanzlichen Rohstoffen für „Non-Food-Produkte"	Verarbeitung tierischer Rohwaren (**G**)	Angebot (**G**)
Arbeitsbereich (6): Landwirtschaft (ohne Tierproduktion), Gartenbau, Forstwirtschaft, Holzwirtschaft, Jagd, Bodenbearbeitung (auch baulich)	Bodenbearbeitung auf ehemaligen Standorten von Lederproduktion und Tierkörperbeseitigung (**F**)	Angebot (**F**)

3.11   Mykoplasmen-Infektion

3.11.1   *Erreger und Epidemiologie*

Mykoplasmen gehören zur Familie der Mycoplasmataceae, die aus zwei Gattungen besteht: den Mykoplasmen und den Ureaplasmen. Die wichtigsten humanmedizinisch relevanten Vertreter sind *Mycoplasma pneumoniae*, *Mycoplasma hominis* und *Ureaplasma urealyticum*. Mykoplasmen sind die kleinsten bekannten extrazellulär vermehrungsfähigen Bakterien. Sie besitzen keine Zellwand und verfügen nur über eine eingeschränkte Genausstattung, sodass sie bestimmte Stoffwechselschritte nicht durchführen können und daher auf der Oberfläche von Epithelzellen parasitieren müssen. Aufgrund der fehlenden Zellwand und der Abhängigkeit von Wirtszellen sind Mykoplasmen einerseits in der freien Natur extrem labil, andererseits resistent gegen Antibiotika, die in die Synthese der Bakterienzellwand eingreifen (ß-Laktam-Antibiotika). Das pathogene Potenzial ist unterschiedlich, z.B. kann *Ureaplasma urealytikum* regelmäßig auf der Schleimhaut des Urogenitaltraktes nachgewiesen werden, ohne dass es eine pathogenetische Bedeutung hat. Mykoplasmen kommen weltweit vor.

3.11.2   Infektionsmodus

Der Übertragungsmodus ist für die verschiedenen Mykoplasmen unterschiedlich: *Mycoplasma pneumoniae* wird ausschließlich per Tröpfcheninfektion übertragen, während *Mycoplasma hominis* und *Ureaplasma urealytikum* als Kommensalen des Urogenitaltrakts sexuell oder perinatal weitergegeben werden.

3.11.3   Erkrankungen und Erkrankungsfolgen

Mycoplasma pneumoniae verursacht in erster Linie sporadisch atypische Pneumonien, die vor allem in der Altersgruppe von ca. 5 bis 15 Jahren auftreten. Die Sputumproduktion ist meist gering, klinisch besteht oft ein trockener Reizhusten. In Gemeinschaftseinrichtungen wie Schulen, Kinderheimen, Kindergärten etc. kann es zu Kleinepidemien kommen. Die Mykoplasmen-Pneumonie verläuft meistens benigne (Krankheitsdauer 4 bis 6 Wochen). Eine Besonderheit der Infektion mit *Mycoplasma pneumoniae* ist eine massive unspezifische Stimulation des Immunsystems, hierbei insbesondere der IgM-Produktion, die sich im Labor durch den Nachweis von Kälteagglutininen und durch unspezifisch positive IgM-Nachweise in einer breiten Palette von anderen IgM-Tests niederschlägt. Die Komplikationen der *Mycoplasma-pneumoniae*-Infektion (Stevens-Johnson-Syndrom, Karditis, Meningitis, Enzephalitis, Myelitis, Arthritis) werden zu einem großen Teil dieser Immunreaktion zugeschrieben. Bei den von *Mycoplasma hominis* und *Ureaplasma urealytikum* verursachten Erkrankungen handelt es sich um Infektionen der Epithelien des Urogenitaltraktes (Urethritis, Zervizitis, Pyelonephritis). Bei einer aufsteigenden pränatalen Infektion des Fetus kann es zum Abort oder zur Frühgeburt kommen; nach einer perinatalen Infektion sind Fälle von Pneumonie, Sepsis oder Meningitis beschrieben worden.

3.11.4   Diagnostik

Mycoplasma pneumoniae: Mykoplasmen sind problematisch in der Anzüchtung, sodass eine sichere Routinediagnostik der Mykoplasmen-Pneumonie durch Erregeranzucht (allein auch schon aufgrund der Anzuchtdauer) nicht möglich ist. Als Standardverfahren müssen daher Antikörperbestimmungen angesehen werden, wobei hierfür eine breite Palette von Techniken zur Verfügung steht (ELISA, IFT, KBR, passive Hämagglutination). Die üblichen Grundregeln der serologischen Diagnostik (Versuch des Nachweises einer Titerdynamik bei nur mäßig erhöhten Titern) sollten dabei beachtet werden. Da *Mycoplasma hominis* und *Ureaplasma urealytikum* je nach Kollektiv mit einer signifikanten Prävalenz als Kommensalen vorkommen, ist der serologische Nachweis einer ätiologischen Relevanz schwierig bis unmöglich. Aus denselben Gründen gelten auch positive Anzuchtergebnisse nur dann als wegweisend, wenn Mykoplasmen regelmäßig und in hoher Zahl nachgewiesen werden können; oftmals kann ein ätiologischer Zusammenhang zwischen einer Urogenitalinfektion und einer Isolierung von Mykoplasmen nur über den fehlenden Nachweis anderer uropathogener Erreger wahrscheinlich gemacht werden.

3.11.5 Besondere Hinweise

Meldepflicht nach **Bundesseuchengesetz**: keine Meldepflicht.
Meldepflicht nach dem **Infektionsschutzgesetz** (lfSG Entwurf Stand 17.08.1999): keine Meldepflicht.
Mykoplasmen-Infektionen können mit Makroliden und Tetrazyklinen behandelt werden. Ein Impfstoff gegen Mykoplasmen ist nicht verfügbar.

3.11.6 Arbeitsmedizinische Bedeutung

Die arbeitsmedizinische Bedeutung der Mykoplasmen-Infektion ist insgesamt als gering anzusehen.

3.11.6.1 Berufliche Exposition

Eine berufliche Exposition ist bei der Behandlung und Pflege Erkrankter, bei Labortätigkeiten mit Erregerkontakten oder erregerhaltigem Untersuchungsgut anzunehmen. Eine geringe Gefährdung kann durch den möglichen Kontakt mit Erkrankten, durch Tätigkeiten mit Kindern und Jugendlichen vermutet werden. Eine Übertragung ist über den Kontakt mit Primaten möglich.

3.11.6.2 Betroffene Berufsgruppen

Gesundheitswesen, Behandlung und Pflege Erkrankter	Labortätigkeiten	Erziehung und Betreuung von Kindern und Jugendlichen	Sonstige Arbeitsbereiche
Ärzte, Pflegepersonal, sonstiges med. Personal, insbesondere in: Infektionsstationen, Pädiatrie, Gynäkologie, Urologie, Venerologie	technische Assistenten (MTA, BTA, PTA, CTA), sonstiges Personal in: med. und mikrobiologischen Laboratorien	Lehrer, Kindergärtner/-pfleger, Sozialarbeiter, sonstiges Personal in: Kindergärten, Kindertagesstätten, Kinderheimen, Gemeinschafts-einrichtungen, Grundschulen	Tierpfleger bei Kontakt mit Primaten

3.11.7 Umwelt- und (reise-)medizinische Aspekte

Für die Allgemeinbevölkerung besteht keine wesentliche umwelt- und reisemedizinische Gefährdung durch Mykoplasmen-Infektionen.

3.11.8 Krankenhaushygienische Aspekte

Erkrankte Personen (bei Mykoplasmen-Pneumonie) sind zu isolieren. Erforderlich ist eine desinfizierende Reinigung sichtbarer Verunreinigungen mit Körperflüssigkeiten, Sekreten und Ausscheidungen sowie von Behandlungs-, Untersuchungs- und Pflegematerial, außerdem das Tragen patientenbezogener Schutzkleidung mit Nasen- und Mundschutz und Einmalhandschuhen. Flächen und Gegenstände sind zu desinfizieren. Speisereste können normal entsorgt werden.

3.11.9   Prävention

3.11.9.1 Allgemeine Infektionsprophylaxe

Es ist auf die Einhaltung der allgemeinen Hygieneregeln und Infektionsschutzmaßnahmen bei der Behandlung und Pflege erkrankter Personen (siehe 2.1 bis
2.2) zu achten. Ansonsten sind keine speziellen Maßnahmen erforderlich.

**Arbeitsmedizinische Maßnahmen nach BGI 504-42 (früher ZH1/600.42)
Infektionskrankheit Nr. 25 (Mykoplasmen-Infektion)**

Arbeitsbereiche	Gefährdende Tätigkeiten	Arbeitsmedizinische Maßnahmen G42 Impfung Beratung
Arbeitsbereich (1): *Gesundheitsdienst* Stationäre und ambulante Einrichtungen der Human-medizin – nur urologische und gynäkologische Abteilungen **(A)**	Untersuchen, Behandeln, Pflegen Abnehmen von Körperflüssigkeiten, Ausscheidungen, Abstrichmaterial	fakulta-tiv **(A)** fakulta-tiv **(A)**
Arbeitsbereich (1): *Sozialdienste* Stationäre und ambulante Sozialeinrichtungen für Kinder und Jugendliche (ohne Schulen), Familien, Senioren und Behinderte **(D)**	Betreuung, Pflege somatisch-psychisch Hilfsbedürftiger, Umgang mit Körperflüssig-keiten und Ausscheidungen, Umgang mit verletzungs-auslösenden Arbeitsmitteln, Umgang mit infektiöser Wäsche, Betreuung von Personen im Strafvollzug	Angebot **(D)**
Arbeitsbereich (1): *Wohlfahrtspflege* Ambulante Pflegedienste **(H)**	Untersuchen, Behandeln, Pflegen, Umgang mit Körper-flüssigkeit und Ausschei-dungen, Umgang mit verletzungsauslösenden Arbeitsmitteln und aggressiven Personen (Hausbesuche), Umgang mit infektiöser Wäsche, häusliche Kranken-	Angebot **(H)**

Arbeitsbereiche	Gefährdende Tätigkeiten	Arbeitsmedizinische Maßnahmen G42 Impfung Beratung
	pflege, Altenpflege (Haus-pflege), Familienpflege, Krankenpflege-Notfalldienst	
Arbeitsbereich (1): *Laboratorien und sonstige Bereiche* Laboratorien der Humanmedizin (A)	Auspacken, Aufbereiten, Entsorgen von erfahrungs-gemäß infektiösem Probenmaterial, Fixieren, Einbetten, Entwässern, Färben von Blutausstrich- sowie Kultur- und histologischen Präparaten, Herstellen von Organ-(Gefrier-)Schnittprä-paraten, Anzüchten, Mikroskopieren, Kultivieren, Differenzieren von Erregern aus Materialproben	Angebot (A)
Arbeitsbereich (4): Anlagen der Tierproduktion, Bereiche mit lebenden Tieren, Tierhaltung, Tierhandel	Tierhaltung in Tierheimen, zoologischen Gärten, Tierparks, Freizeit- und Safariparks, Reiterhöfen, Zirkusunternehmen, Zoohandlungen - nur bei Umgang mit Primaten (E)	Angebot (E)

3.12   Q-Fieber

3.12.1   *Erreger und Epidemiologie*

Coxiella burneti, der Erreger des Q-Fiebers (Query-Fever), gehört zur Gattung der Rickettsiaceae. Es handelt sich um pleomorphe gramnegative Stäbchenbak-terien, die obligat intrazellulär leben. Ein sporenähnliches Stadium verleiht *Coxiella burneti* in der Umwelt eine hohe Resistenz gegen Hitze, Kälte und Aus-trocknung.

Infizierte Schafe, Ziegen und Rinder sowie Zecken stellen das Erregerreservoir. Der weltweit verbreitete Erreger zirkuliert zwischen den verschiedenen Tierarten, wobei die Tiere oft symptomfrei sind. Betroffen sind daher in der Regel Berufsgruppen, die in engem Kontakt zu den Nutztieren stehen.

3.12.2 Infektionsmodus

Coxiella burneti ist hoch kontagiös. Der Mensch nimmt die Erreger, die sich im Kot, Urin, in der Milch und in hoher Konzentration vor allem im Plazentagewebe und in der Amnionflüssigkeit der infektiösen Tiere befinden, durch Inhalation auf. Primär ist daher meist die Lunge befallen. Auch eine indirekte Übertragung z.B. durch Wolle ist möglich, da die Bakterien in den getrockneten Ausscheidungen monatelang infektiös bleiben. Eine Weitergabe von Mensch zu Mensch ist selten. Durch Zecken, die das Hauptreservoir darstellen, kann die Erkrankung nicht auf den Menschen übertragen werden. *Coxiella burneti* wird passiv in die Wirtszellen eingeschleust, vermehrt sich im Phagolysosom und führt schließlich zum Zelltod.

3.12.3 Erkrankungen und Erkrankungsfolgen

Nach Einatmen erregerhaltigen Staubes oder infektiöser Aerosole entwickelt sich nach einer durchschnittlichen Inkubationszeit von 3 bis 4 Wochen das Bild einer atypischen Pneumonie. Nach Vermehrung der Erreger in der Lunge kann es zu einer Bakteriämie kommen, die mit Fieber, Schüttelfrost, Kopf-, Gelenk- und Muskelschmerzen einhergeht. Das manchmal auch blutige Sputum der Patienten enthält vorwiegend Lymphozyten und Makrophagen. Komplikationen entstehen durch den Befall weiterer Organe. Charakteristische *Doughnut-Granulome* können in der Leber (granulomatöse Hepatitis bei ca. 30 % der Patienten) oder im Knochenmark nachgewiesen werden. Seltener kommt es zur Meningitis, Enzephalitis, Pleuritis oder Myokarditis. Bei chronischen Verläufen (ca. 1%) kann sich vor allem bei Männern mit vorgeschädigten oder künstlichen Herzklappen eine Endokarditis entwickeln. Sie gilt auch als Hauptursache der seltenen Todesfälle bei einer ansonsten guten Prognose des Q-Fiebers. Systemische Infektionen ohne Pneumonie kommen ebenso vor wie inapparente Verläufe. Die Infektion führt zu einer lang dauernden Immunität. Die Therapie der Rickettsiosen erfolgt in der Regel mit Tetrazyklinen. Bei der Q-Fieber-Endokarditis müssen Kombinationen aus Doxycyclin / Cotrimoxazol, Doxycyclin / Chinolon oder Doxycyclin / Rifampicin über einen Zeitraum von 6 bis 12 Monaten eingesetzt werden. Häufig ist jedoch ein chirurgischer Klappenersatz notwendig, da die medikamentöse Therapie allein nicht ausreicht.

3.12.4   Diagnostik

Eine Anzucht von *Coxiella burneti* ist unter Normalbedingungen kaum möglich. Der Erregernachweis im Tierversuch (Meerschweinchen) stellt ein hohes Infektionsrisiko dar und wird daher selten und nur in Speziallaboratorien durchgeführt. Die Diagnose stützt sich daher auf den serologischen Nachweis von Antikörpern gegen *Coxiella burneti*. Ein vierfacher Titeranstieg in der KBR gegen Phase-II-Antigen ist bei einer Q-Fieber-Pneumonie zu erwarten. Eine Q-Fieber-Endokarditis lässt einen Titer von 200 gegen Phase-I-Antigen erwarten. Differenzialdiagnostisch kommen vor allem Viruspneumonien, Ornithose und Mycoplasma-pneumoniae-Infektionen in Betracht.

3.12.5   Besondere Hinweise

Meldepflicht nach **Bundesseuchengesetz:** bei **Erkrankung, Tod**.
Meldepflicht nach dem **Infektionsschutzgesetz** (lfSG Entwurf Stand 17.08.1999): namentliche Meldung bei **direktem oder indirektem** Erregernachweis, soweit dieser auf eine akute Infektion hinweist.

3.12.6   Arbeitsmedizinische Bedeutung

Das Q-Fieber hat eine gewisse arbeitsmedizinische Bedeutung für spezielle Berufsgruppen mit engem Kontakt zu Nutztieren, wobei das Auftreten der Erkrankung in Nord- und Mitteleuropa seltener, im Süden zunehmend häufiger ist. Die wenigen in Mitteleuropa registrierten Fälle sind in Ihrer Mehrzahl beruflich bedingt.

3.12.6.1 Berufliche Exposition

Infektionen mit *Coxiella burneti* sind über direkten Kontakt mit Nutztieren und Rohmilch möglich. Der häufigste Übertragungsweg ist die inhalative Aufnahme der Erreger. Gefährdet sind Personen, die in der Landwirtschaft, der Fleisch- und/ oder Milchproduktion und -verarbeitung oder der Veterinärmedizin tätig sind. Möglich ist auch eine Übertragung auf Laborpersonal im Umgang mit den Erregern. Die Gefährdung im Gesundheitswesen ist entsprechend der niedrigen Fallzahlen und der Tatsache, dass eine direkte Übertragung von Mensch zu Mensch nur äußerst selten ist, als sehr gering anzusehen.

3.12.6.2 Betroffene Berufsgruppen

Fleisch- und Milchproduktion	Landwirtschaft	Labortätigkeiten
Schlachter, Metzger, Abdecker, Molkereiarbeiter	Landwirte, Züchter, Tierpfleger, Schäfer, Melker, Desinfektoren (Ställe)	technische Assistenten (MTA, BTA, PTA, CTA), sonstiges Personal in: med. und mikrobiologischen Laboratorien

3.12.7 Umwelt- und (reise-)medizinische Aspekte

Das Q-Fieber hat keine wesentliche umwelt- und reisemedizinische Bedeutung. Lediglich bei Abenteuerreisen, insbesondere nach Südosteuropa, mit der Möglichkeit des direkten Kontaktes zu Nutztieren kann eine erhöhte Gefährdung angenommen werden.

3.12.7.1 Umweltexposition

Direkter Kontakt zu Nutztieren, ggf. auch Genuss von Rohmilch, kann insbesondere in südlichen Ländern (Südosteuropa, Balkan) zu einer Gefährdung führen.

3.12.7.2 Betroffene Bevölkerungsgruppen

Abenteuertouristen, Trekkingurlauber.

3.12.8 Krankenhaushygienische Aspekte

Die Isolierung erkrankter Personen ist nicht erforderlich (evtl. nach Entfernung von Läusen). Erforderlich ist jedoch die desinfizierende Reinigung sichtbarer Verunreinigungen mit Körperflüssigkeiten, Sekreten und Ausscheidungen sowie von Behandlungs-, Untersuchungs- und Pflegematerial. Bei Kontakt mit Körperflüssigkeiten, Sekreten und Ausscheidungen ist patientenbezogene Schutzkleidung zu tragen. Es genügt die normale Reinigung von Flächen und Gegenständen sowie die normale Entsorgung von Wäsche und Speiseresten. Verlauste Wäsche ist thermisch zu desinfizieren!

3.12.9   Prävention

3.12.9.1 Allgemeine Infektionsprophylaxe

Eine Erregerexposition sollte möglichst mit technischen Mitteln verhindert werden (Infektionsschutz-Werkbänke im Labor). Spezielle Schutzausrüstung (auch Atemschutz) ist im Umgang mit Erregern oder bei Kontakt zu verseuchten Tierbeständen notwendig.

**Arbeitsmedizinische Maßnahmen nach BGI 504-42 (früher ZH1/600.42)
mit Anmerkungen des Autors
Infektionskrankheit Nr. 29 (Q-Fieber)**

Arbeitsbereiche	Gefährdende Tätigkeiten	Arbeitsmedizinische Maßnahmen G42	Impfung Beratung
Arbeitsbereich (1): *Gesundheitsdienst* Stationäre und ambulante Einrichtungen der Veterinärmedizin (C)	Untersuchen, Behandeln, Pflegen Abnehmen von Körperflüssigkeiten, Ausscheidungen, Abstrichmaterial Obduktion, Sektion weitere Tätigkeiten (Instandsetzung, Reinigung, Reparatur, Wartung, Transport, Entsorgung)	fakultativ (C) fakultativ (C)	Angebot (C)
Arbeitsbereich (1): *Laboratorien und sonstige Bereiche* Laboratorien der Veterinärmedizin (C)	Auspacken, Aufbereiten, Entsorgen von erfahrungsgemäß infektiösem Probenmaterial, Fixieren, Einbetten, Entwässern, Färben von Blutausstrich- sowie Kultur- und histologischen Präparaten, Herstellen von Organ-(Gefrier-)Schnittpräparaten, Anzüchten, Mikroskopieren, Kultivieren, Differenzieren von Erregern aus Materialproben		Angebot (C)

Arbeitsbereiche	Gefährdende Tätigkeiten	Arbeitsmedizinische Maßnahmen G42 Impfung Beratung
Arbeitsbereich (1): *Laboratorien und sonstige Bereiche* Laboratorien der Veterinärmedizin (**C**)	Bedienen von Untersuchungs- und Analyseautomaten mit infektiösen Proben, Umgang mit infektiösem Material, Gegenständen, Gerätschaften beim Bedienen von Desinfektionsapparaten oder Beschicken der sog. unreinen Seite in Desinfektionseinrichtungen, Halten, Pflege von infizierten, infektiösen Versuchstieren, weitere Tätigkeiten (Instandsetzung, Reinigung, Reparatur, Wartung, Transport, Entsorgung, Fahrtätigkeiten)	Angebot (C)
Arbeitsbereich (4): Anlagen der Tierproduktion, Bereiche mit lebenden Tieren, Tierhaltung, Tierhandel	Bereiche mit lebenden Tieren: Zucht, Pflege, Transport und Handel in der Landwirtschaft (**A**), Tierhaltung in Tierheimen, zoologischen Gärten, Tierparks, Freizeit- und Safariparks, Reiterhöfen, Zirkusunternehmen, Zoohandlungen (**E**), Tierpräparation (**F**)	Angebot (A, E)

Anmerkung: Der irreführende Begriff der „gemeinnützigen Einrichtungen" (Zoohandlung!) unter E wurde gestrichen. Eine Gefährdung kann wohl auch für Präparatoren angenommen werden.

Arbeitsbereich (4): Bereiche mit tierischen, pflanzlichen Rohstoffen für „Non-Food-Produkte"	Verarbeitung tierischer Rohwaren (**G**), Verwerten, Beseitigen verendeter oder tot geborener Tiere aus gewerblichen Schlachtstätten (**H**)	Angebot (G, H)
Arbeitsbereich (4): Tierische und pflanzliche Rohprodukte in der Lebensmittelproduktion	Gewerbliches Schlachten, Zerlegen von Tieren einschließlich verarbeitende Geflügelindustrie (**K**)	Angebot (K)

Arbeitsbereiche	Gefährdende Tätigkeiten	Arbeitsmedizinische Maßnahmen G42 Impfung Beratung
Arbeitsbereich (6): Forstwirtschaft, Holzwirtschaft, Jagd	Ausbringen von Stallabfällen: Gülle, Mist **(B)**, Forst-, Holzwirtschaft, Jagd: Umgang mit möglicherweise infizierten Tieren (**C**)	Angebot **(B, C)**

3.13   Salmonellosen

3.13.1   Erreger und Epidemiologie

Salmonella typhi ist eine von mehreren Tausend bekannten Serovaren der Gattung *Salmonella*. Salmonellen sind gramnegative Stäbchenbakterien und werden den sog. Enterobacteriaceae zugerechnet. Anhand ihrer Pathogenität werden die Salmonellen in zwei Hauptgruppen unterteilt: 1.) die sog. enteritischen Salmonellen (z.B. *Salmonella enteritidis*), die eine Enteritis verursachen, ohne dass es dabei zu einer systemischen Ausbreitung des Erregers kommt, und 2.) die typhösen Salmonellen, die klinisch Typhus (*S. typhi*) und Paratyphus verursachen.

Das einzige bekannte Erregerreservoir von *S. typhi* ist der Mensch. *S. typhi* kommt weltweit vor, wobei Durchseuchung und Erkrankungsprävalenz eng mit Lebensstandard und hygienischen Verhältnissen korrelieren. Typhusfälle in den westlichen Industrienationen sind praktisch immer importiert.

3.13.2   Infektionsmodus

S. typhi wird in epidemiologisch relevantem Ausmaß über kontaminierte Nahrungsmittel oder kontaminiertes Trinkwasser übertragen. Die ID50 liegt bei ca. 10^5 Erregern (korrekt: koloniebildenden Einheiten), sodass bei Auslösung eines klinisch apparenten Typhus oft eine „Vorinkubation" kontaminierter Nahrungsmittel vorliegt (z.B. Unterbrechung von Kühlketten). Bei kontaminiertem Trinkwasser kann die infektiöse Dosis auch niedriger sein. Daher kommt bei der Typhuskontrolle der ausreichenden Abwasserklärung und der Kontrolle von Dauerausscheidern im Nahrungsmittel verarbeitenden Gewerbe eine zentrale Bedeutung zu.

101

3.13.3 Erkrankungen und Erkrankungsfolgen

Der klassische Typhus verläuft in drei Phasen: Stadium I: In der Inkubationsphase (10 bis 21 Tage) dringen die Erreger in die lokalen Lymphknoten des Darms
ein und vermehren sich dort intrazellulär. In dieser Phase kann auch schon im
Rahmen einer geringgradigen Bakteriämie eine Dissemination in andere Organe
erfolgen. Dieses Stadium ist oftmals klinisch inapparent, evtl. besteht eine Pharyngitis. Stadium II: In der Phase der Generalisation kommt es zu einer deutlichen Bakteriämie mit Streuung in praktisch alle Organe; die lokalen Lymphknoten des Darms werden erneut besiedelt. Klinisch ist diese Phase gekennzeichnet
durch drastischen Fieberanstieg bei gleichzeitiger Bradykardie und Leukopenie;
charakteristisch ist eine Bewusstseinstrübung, die der Erkrankung den Namen
gegeben hat (Typhos, gr. Nebel). In dieser Phase besteht eher eine Obstipation als
eine Diarrhö. Stadium III: In der Phase der Organmanifestation kommt es zur
Ausbildung von lokalen Granulomen und evtl. auch zu Abszedierungen in den
befallenen Organen (z.B. typische Roseolen an der Haut). Es entwickelt sich eine
Diarrhö mit erbsbreiartigen Stühlen; im Rahmen der Abszedierung von lokalen
Darmlymphknoten kann es auch zu Darmperforationen kommen. Je nach Lokalisation und Ausprägung der Organmanifestation kann auch ein vielgestaltiges
Spektrum an zusätzlichen Komplikationen auftreten (Myokarditis, Hepatitis,
Meningoenzephalitis, Osteomyelitis). Mit zunehmender Lokalisierung der Infektion geht das Fieber zurück und der Patient erholt sich allmählich.
Zu beachten ist, dass bei ca. 2 bis 6% aller Typhuspatienten der Erreger nach
überstandener Erkrankung lebenslang klinisch inapparent in der Gallenblase persistieren kann und kontinuierlich ausgeschieden wird (sog. Dauerausscheider).

3.13.4 Diagnostik

Das mikrobiologische Standardverfahren zur Diagnose des Typhus ist die
Anzucht des Erregers auf Spezialnährmedium mit anschließender serologischer
Typisierung. Hierbei ist zu beachten, dass vor allem im typhösen Stadium
der Erkrankung nicht Stuhl, sondern die Blutkultur und evtl. Urin das relevante
Untersuchungsmaterial ist. Die Stuhldiagnostik hat ihren Schwerpunkt bei der
Identifizierung von Dauerausscheidern. Über die sog. Gruber-Widal-Reaktion
und andere serologische Tests stehen auch Antikörper-Nachweisverfahren zur
Verfügung, die aus verschiedenen Gründen (Kreuzreaktivität mit anderen Salmonellen, Notwendigkeit des Nachweises einer Titerdynamik, hohe Seroprävalenz-
raten in Endemiegebieten, eingeschränkte Beurteilbarkeit nach Impfung) nur zusätzliche Hinweise geben können und auf keinen Fall ohne den Versuch der Er-
regerisolierung zur Diagnosestellung herangezogen werden dürfen!

3.13.5   Besondere Hinweise

Meldepflicht nach **Bundesseuchengesetz**: bei **Verdacht, Erkrankung, Tod**. **Ausscheider** sind ebenfalls zu melden.
Die Beschäftigung von Erkrankungsverdächtigen, Erkrankten, Ausscheidungs-verdächtigen und Ausscheidern ist in Lebensmittelbetrieben, Trinkwasserver-sorgungsanlagen sowie in Einrichtungen mit Kontakt zu Kindern und Jugendlichen (Schulen, Kinderheime etc.) verboten. Eine Wiederzulassung ist erst nach Ende der klinischen Symptomatik und 3 aufeinander folgenden negativen Stuhlproben im Abstand von 2 Tagen möglich.
Die kausale Therapie des Typhus besteht in einer antibiotischen Behandlung. Die verwendeten Präparate stehen in Abhängigkeit zur monetären Situation des jeweiligen Gesundheitssystems; hierzulande können aufgrund ihrer guten Gallen-gängigkeit und der gegenwärtigen Resistenzlage Ceftriaxon und Ciprofloxacin als adäquat betrachtet werden. Eine Sanierung von Dauerausscheidern mittels Ciprofloxacin-Therapie sollte immer angestrebt werden; liegen Gallensteine vor, ist evtl. zusätzlich noch eine operative Sanierung notwendig. Eine orale attenuierte Vakzine sowie ein Totimpfstoff zur parenteralen Immunisierung stehen zur Verfügung.
Meldepflicht nach dem **Infektionsschutzgesetz** (IfSG Entwurf Stand 17.08.1999): namentliche Meldung bei Krankheitsverdacht, Erkrankung oder Tod.
Namentliche Meldung bei allen **direkten** Erregernachweisen von *Salmonella paratyphi* und *Salmonella thyphi*, ansonsten nur, soweit diese auf eine akute Infektion hinweisen.

3.13.6   Arbeitsmedizinische Bedeutung

Eine arbeitsmedizinische Bedeutung hat die Salmonella-Infektion insbesondere bei Auslandstätigkeiten, aber auch im Gesundheitsdienst sowie bei der Arbeit mit Kindern und Jugendlichen.

3.13.6.1 Berufliche Exposition

Die Mehrzahl der Salmonellenfälle in Deutschland geht auf eine eingeschleppte Infektion aus Ländern mit niedrigem Hygienestandard zurück. Hierbei ist das Infektionsrisiko abhängig von den hygienischen Voraussetzungen und der Nähe zur einheimischen Bevölkerung (Genuss von kontaminierten Speisen). Weiter ist eine berufliche Exposition bei der Behandlung und Pflege erkrankter Personen sowie bei der Betreuung von Kindern und Behinderten (Stuhlkontakt) anzunehmen. Ebenfalls gefährdet sind Labormitarbeiter mit Kontakt zu Erregern oder zu erregerhaltigem Material (Stuhllaboratorien). Obwohl Geflügel und Geflügelprodukte (insbesondere Eier), Rinder und Schweine die wichtigsten Infektionsquellen darstellen, sind Infektionen bei den Berufsgruppen, die Kontakt zu diesen Nutztieren oder Tierprodukten haben, äußerst selten.

3.13.6.2 Betroffene Berufsgruppen

Auslandstätigkeiten (in Ländern mit niedrigem Hygienestandard)	Erziehung und Betreuung von Kindern und Behinderten	Gesundheitswesen, Behandlung und Pflege Erkrankter	Labortätigkeiten
Montagearbeiter, Entwicklungshelfer, Personal in der Touristikbranche und/oder mit anderen Reisetätigkeiten, insbesondere mit engem Kontakt zur einheimischen Bevölkerung, längeren Aufenthaltszeiten und schlechtem Hygienestandard	Kindergärtner/pfleger, Sozialarbeiter, sonstiges Personal in: Kindergärten, Kindertagesstätten, Kinderheimen, Gemeinschaftseinrichtungen, Einrichtungen für Behinderte	Ärzte, Pflegepersonal, sonstiges med. Personal, insbesondere in: Pädiatrie, Gastoenterologie, Pathologie	technische Assistenten (MTA, BTA, PTA, CTA), sonstiges Personal in: med. und mikrobiologischen Laboratorien (Stuhllaboratorien)

3.13.7   Umwelt- und (reise-)medizinische Aspekte

Durch den vermehrten Fern- und Abenteuertourismus hat die umwelt- und reisemedizinische Bedeutung deutlich zugenommen.

3.13.7.1 Umweltexposition

Von einer verstärkten Umweltexposition kann bei Aufenthalten in Ländern mit niedrigem Hygienestandard ausgegangen werden. Die Gefährdung steigt mit der Aufenthaltsdauer, der Nähe zur einheimischen Bevölkerung und deren Lebensweise (Essgewohnheiten, Nahrungsmittel).

3.13.7.2 Betroffene Bevölkerungsgruppen

Betroffene Bevölkerungsgruppen sind Fernreisende, Abenteuerreisende, aber auch ausländische Arbeitnehmer bei Heimatbesuchen.

3.13.8 Krankenhaushygienische Aspekte

Grundsätzlich ist eine Isolierung bei *S. enteritidis* nicht erforderlich (außer bei schwer lenkbaren Patienten, ggf. auch bei Kindern). Separate Toilette. Bei Erkrankungen mit *S. typhi* sollte dagegen eine Isolierung des Patienten in Abhängigkeit von seinem Hygieneverhalten diskutiert werden.

Erforderlich ist eine desinfizierende Reinigung sichtbarer Verunreinigungen mit Körperflüssigkeiten, Sekreten und Ausscheidungen sowie von Behandlungs-, Untersuchungs- und Pflegematerial. Es sind Schutzkleidung und Einmalhandschuhe zu tragen. Flächen und Gegenstände können normal gereinigt und Wäsche und Speisereste normal entsorgt werden.

3.13.9 Prävention

3.13.9.1 Allgemeine Infektionsprophylaxe

Es sind die allgemeinen Hygieneregeln und Infektionsschutzmaßnahmen bei der Behandlung und Pflege erkrankter Personen (siehe 2.1 bis 2.2) einzuhalten. Ansonsten ist insbesondere bei Auslandsaufenthalten darauf zu achten, dass Lebensmittel ausreichend erhitzt werden. Ggf. sollte man auf rohe oder kalt servierte Lebensmittel, insbesondere auf Fleisch und Eiprodukte (Mayonnaise, Speiseeis, Konditoreiwaren etc.), verzichten.

Arbeitsmedizinische Maßnahmen nach BGI 504-42 (früher ZH1/600.42) Infektionskrankheit Nr. 32 (Salmonella-typhi-Infektion)

Arbeitsbereiche	Gefährdende Tätigkeiten	Arbeitsmedizinische Maßnahmen G42 Impfung Beratung	
Arbeitsbereich (1): *Gesundheitsdienst*	Untersuchen, Behandeln, Pflegen	fakulta- tiv (A)	fakulta- tiv (A)

Arbeitsbereiche	Gefährdende Tätigkeiten	Arbeitsmedizinische Maßnahmen G42 Impfung Beratung
Stationäre und ambulante Einrichtungen der Humanmedizin (A)	Abnehmen von Körperflüssigkeiten, Ausscheidungen, Abstrichmaterial Obduktion, Sektion	fakultativ (A) Angebot (A)
	weitere Tätigkeiten (Instandsetzung, Reinigung, Reparatur, Wartung, Transport, Entsorgung)	Angebot (A)
Arbeitsbereich (1): *Sozialdienste* Stationäre und ambulante Sozialeinrichtungen für Kinder und Jugendliche (ohne Schulen), Familien, Senioren und Behinderte (D), Gemeinschaftseinrichtungen und Werkstätten für Personen in besonderen sozialen Lebenslagen (Gefährdete, Behinderte) (E)	Betreuung, Pflege somatisch-psychisch Hilfsbedürftiger, Umgang mit Körperflüssigkeiten und Ausscheidungen, Umgang mit verletzungsauslösenden Arbeitsmitteln, Umgang mit infektiöser Wäsche	Angebot (D, E)
Arbeitsbereich (1): *Laboratorien und sonstige Bereiche* Laboratorien der Humanmedizin (A) ***Stuhllaboratorien**	Auspacken, Aufbereiten, Entsorgen von erfahrungsgemäß infektiösem Probenmaterial, Fixieren, Einbetten, Entwässern, Färben von Blutausstrich- sowie Kultur- und histologischen Präparaten, Herstellen von Organ-(Gefrier-) Schnittpräparaten, Anzüchten, Mikroskopieren, Kultivieren, Differenzieren von Erregern aus Materialproben	Angebot (A) *obligat
Arbeitsbereich (1): *Laboratorien und sonstige Bereiche*	Bedienen von Untersuchungs-, Analyseautomaten mit infektiösen Proben,	Angebot (A) *obligat

106

Arbeitsbereiche	Gefährdende Tätigkeiten	Arbeitsmedizinische Maßnahmen G42 Impfung Beratung
Laboratorien der Humanmedizin (A) *Stuhllaboratorien	Umgang mit infektiösem Material, Gegenständen, Gerätschaften beim Bedienen von Desinfektionsapparaten oder Beschicken der sog. unreinen Seite in Desinfektionseinrichtungen, Halten, Pflege von infizierten, infektiösen Versuchstieren, weitere Tätigkeiten (Instandsetzung, Reinigung, Reparatur, Wartung, Transport, Entsorgung, Fahrtätigkeiten)	
Arbeitsbereich (2): Abwassertechnische Anlagen, Klärschlammverwertung, berufl. Oberflächenwasserkontakt	Umgang mit Abwässern in Behältern oder Stauanlagen wie: Tätigkeiten mit Abwässern in Behältern, Stauanlagen, stationären und mobilen Toilettenanlagen, Instandsetzung von Abwasserleitungen und Behandlungsanlagen, Prozesssteuerung bei Abwasserbehandlungsanlagen und Klärschlammverwertung, Arbeiten mit Kontakt zu fäkalienhaltigem Oberflächenwasser (A), Tätigkeiten in o.g. Anlagen mit regelmäßigem und intensivem Kontakt zu Fäkalien, z.B. Kanalisationsarbeiter (B)	Angebot (A, B)

3.13.9.2 Schutzimpfung

Eine aktive Immunisierung gegen Nicht-Typhus-Salmonellen wird in der Humanmedizin nicht durchgeführt (veterinärmedizinische Maßnahme zur Sanierung von Nutztierbeständen).

107

Gegen Typhus sind orale Lebendimpfstoffe verschiedener Hersteller verfügbar. Die Impfung erfolgt durch 3-malige Einnahme einer Impfstoffdosis im Abstand von 2 Tagen. Besonders zu beachten ist das Einhalten der Kühlkette. Die Immunisierungsraten werden mit ca. 40 bis 95 % angegeben. Die Schutzdauer beträgt bis zu 3 Jahren, ist aber abhängig von der Infektionsdosis.

Seit Mitte der 90er Jahre steht auch eine parenterale Vakzine zur Verfügung, die als Einmaldosis intramuskulär injiziert wird. Auch hier wird eine Schutzdauer von ca. 3 Jahren angegeben.

Die aktive Schutzimpfung kann bei erhöhtem Expositionsrisiko, z.B. Reisen oder berufliche Tätigkeiten in Asien, Südamerika, Afrika, oder aber bei engem Kontakt mit Ausscheidern empfohlen werden. Zu diskutieren wäre auch eine Impfung von regelmäßig exponiertem Laborpersonal.

3.14 Streptokokken-Infektion

3.14.1 *Erreger und Epidemiologie*

Aufgrund ihrer „halskettenförmigen Aneinanderreihung" prägte BILLROTH 1874 den Namen „Streptokokken" für die Kugelbakterien, die mikroskopisch in Material aus Wundeiterungen, Wundrosen, Phlegmonen und bei Kindbettfieber nachzuweisen waren. Von den weltweit verbreiteten Streptokokkenarten sind die Genera *Streptococcus* und *Enterococcus* von humanmedizinischer Bedeutung. Andere Gattungen, wie *Lactococcus, Gemella* oder *Leuconostoc*, die teils auch Bestandteil der physiologischen Schleimhautflora sind, können nur in Ausnahmefällen bei infektiologischen Problemen (z.B. Endokarditis) als verantwortlicher Erreger ausgemacht werden. Die grampositiven, in Abhängigkeit vom Alter der Kultur in kurzen oder langen Ketten gelagerten Kokken sind sporenlos und unbeweglich. Speziell bei Enterokokken findet man zum Teil auch oval geformte Bakterien. Einige Arten verfügen über eine Kapsel (z.B. pathogene Pneumokokkenstämme). Weitere mikrobiologische Unterscheidungskriterien sind das Hämolyseverhalten auf bluthaltigen Nährmedien (siehe Tab. 8) und die Einteilung nach LANCEFIELD in verschiedene serologische Gruppen aufgrund verschiedener Gruppenpolysaccharide der Zellwand (C-Antigene). Medizinisch relevant sind danach vor allem Streptokokken der serologischen Gruppen A, B, C, D und G.

Tab. 8: Einteilung der Streptococcaceae nach ihrem Hämolyseverhalten auf bluthaltigen Nährmedien

Bezeichnung der Hämolyse	Mechanismus	Wichtigste Erreger
Alpha-Hämolyse = „Vergrünung"	unvollständige Hämolyse: Abbau von Hämoglobin zu Methämoglobin durch Freisetzung von H_2O_2	orale Streptokokken = vergrünende Streptokokken, *Streptococcus pneumoniae*
Beta-Hämolyse	vollständige Hämolyse : Auflösung der Erythrozyten und Abbau des Hämoglobins durch bakterielle Hämolysine	*Streptococcus pyogenes, Streptococcus agalactiae,* Streptokokken der Gruppen C, G
Gamma-Hämolyse	keine Hämolyse : ohne Hämolyse wachsend	nicht hämolysierende Streptokokken (normale Schleimhautkommensalen)

Die einzelnen Erregerspezies werden unter den Erkrankungen besprochen.

3.14.2 Infektionsmodus

Je nach Lokalisation der Streptokokken-Infektion kommen Tröpfchen- und Schmierinfektion als Übertragungswege in Betracht. Auch endogene Infektionen können durch Streptokokken hervorgerufen werden (z.B. Endokarditis nach Zahnbehandlungen). Bei nosokomialen Infektionen kommt den Enterokokken in den letzten Jahren eine größere Bedeutung zu. Einige Streptokokken-Infektionen hinterlassen schwere Spätfolgen.

3.14.3 Erkrankungen und Erkrankungsfolgen

Streptococcus pyogenes
(syn.: Beta-hämolysierende Streptokokken der Gruppe A)
Streptococcus pyogenes ist für den größten Teil aller Streptokokken-Infektionen beim Menschen verantwortlich. Das Spektrum reicht von leicht verlaufenden Entzündungen des Rachens über schwer verlaufende, teils systemische Infektio-

109

Tab. 9:   Infektionen durch Streptococcus pyogenes

Art der Erkrankung	Betroffene Körperteile / Organe	Symptome
Tonsillopharyngitis (Angina lacunaris)	Tonsillen, Pharynx, regionäre Halslymphknoten	meist Kinder im Schulalter betroffen, hohes Fieber, weißgelbe Beläge auf den entzündeten Tonsillen, Schluckbeschwerden
Scharlach (Scarlatina)	Sonderform der Tonsillopharyngitis	durch erythrogene Exotoxine der Bakterien bedingtes Auftreten eines feinfleckigen Exanthems (am Brustkorb beginnend, mit Betonung der Leistengegend und unter Aussparung der Mundpartie) und der typischen Himbeerzunge
Erysipel, Impetigo contagiosa	Haut und Weichteile, tiefe Schichten der Haut	gerötete, indurierte Hautverdickung, oft ausgehend von einer minimalen Läsion, schnelle Ausbreitung, Ödem, teils Bläschenbildung, Fieber und Schmerzen
Phlegmone	Haut und Weichteile, tiefere Hautschichten	flächenhaft fortschreitende eitrige Entzündung, meist nach Verletzungen, Fieber, Schmerzen
Fasciitis necroticans	Haut und Weichteile, Ausbreitung im Subkutis- und Faszienbereich bis hin zur Muskulatur	starker Gewebszerfall, rasch fortschreitend, meist septisches Krankheitsbild $\Rightarrow$ chirurgische Intervention ! $\Rightarrow$ häufig Mischinfektion !
Streptococcal Toxic Shock Syndrome (STSS)	durch bakterielle Toxine hervorgerufene generalisierte Erkrankung	Fieber, Exanthem, Schuppung, Hypotension, Schock, Multiorganversagen

Art der Erkrankung	Betroffene Körperteile / Organe	Symptome
Sepsis/Puerperalsepsis	generalisierte Streptokokken-Infektion (z.B. als Folge einer unzureichend behandelten Phlegmone / Angina)	septisches Krankheitsbild, Verbrauchskoagulopathie, (Purpura fulminans)
Seltener : Peritonitis, Meningitis, Otitis media, Mastoiditis, Sinusitis, Pneumonie, Lymphadenitis	entweder unabhängig oder als Exazerbation einer anderen Streptokokken-Infektion entstanden	je nach Lokalisation
Spätfolgen (nicht eitrige Folgeerkrankungen):		
Akutes rheumatisches Fieber (ARF)	große und mittlere Gelenke, Peri-, Myo-, Endokard, Karditis (Endocarditis verrucosa !) ZNS (Chorea minor)	durchschnittlich 18 Tage nach Streptokokken-Pharyngitis, schmerzhafte und entzündliche Gelenkschwellungen, Polyarthritis, Erythema nodosum, Erythema anulare, Endokarditis- / ZNS-Symptomatik
Akute Glomerulon-ephritis (AGN)	Nieren	nach Rachen- oder Haut-infektionen durch *Streptococcus pyogenes*, Nierenschädigung

nen bis hin zur Fasciitis necroticans oder Sepsis. Die einzelnen Erkrankungs-
bilder, ihre Lokalisation und Symptomatik sind in der Tab. 9 dargestellt. Die
durchschnittliche Inkubationszeit liegt bei 2 bis 4 Tagen. Infektiosität besteht nur
im akuten Stadium. 15 bis 20 % der Bevölkerung sind temporär gesunde Keimträger.

Zahlreiche, von *Streptococcus pyogenes* gebildete Enzyme und Toxine (M-, F-,
G-Protein, Streptolysin O und S, Hyaluronidase, Streptokinase, erythrogene
Exotoxine A, B und C, C 5a Peptidase, DN-asen) spielen in der Pathogenese
der A-Streptokokken-Infektionen eine entscheidende Rolle. Die Gewebstoxine
der Zellwand führen beispielsweise bei der nekrotisierenden Fasziitis zu einem
raschen Gewebszerfall. Das M-Protein und eine Hyaluronsäure-Kapsel schützen die Bakterien vor Phagozytose und steigern somit erheblich ihre Virulenz.
Für die nicht eitrigen Folgeerkrankungen sind Autoimmunantworten verschiedenster Art in Abhängigkeit von genetischen Prädispositionen und wirtsspezifi-
schen Faktoren verantwortlich. Sie sind heute insgesamt relativ selten anzutreffen.

Streptococcus agalactiae
(syn.: Beta-hämolysierende Streptokokken der Gruppe B)

Vor allem in der Pädiatrie spielt *Streptococcus agalactiae* als Erreger schwerer
septischer Infektionen bei Säuglingen eine bedeutende Rolle. Dabei unterscheidet man einen *Early-onset-Typ* (Frühform) unmittelbar post partum von einem
Late-onset-Typ (Spätform), der sich nach der 2. Lebenswoche manifestiert.

Early-onset-Typ

Frühgeborene sind hiervon besonders betroffen. Je unreifer das Neugeborene ist,
desto schwerer kann die Infektion verlaufen. Die Infektion erfolgt auf dem natürlichen Geburtsweg bei meist asymptomatischer Besiedelung der vaginalen
Schleimhaut, nicht selten bei zusätzlichen geburtshilflichen Komplikationen,
wie z.B. vorzeitigem Blasensprung.

Ein septisches Krankheitsbild mit Hypotonie, Tachykardie und respiratorischer
Insuffizienz steht im Vordergrund und führt zu einer hohen Letalität dieser Infektion. Durch hämatogene Streuung der Erreger können vor allem bei unzureichender Therapie auch Osteomyelitis, septische Arthritis und Meningitis auftreten. Das Fehlen von Antikörpern gegen die kapselartigen Polysaccharide der B-
Streptokokken bei Neugeborenen wird als einer der wesentlichen Pathomecha-
nismen angeführt.

Late-onset-Typ

Die Spätform verläuft in der Regel weniger foudroyant und manifestiert sich 2
bis 6 Wochen nach der Geburt als Meningitis. Fieber, Unruhe, Berührungs-

empfindlichkeit, Nahrungsverweigerung, Erbrechen und Schläfrigkeit bis hin zum Koma sind eindeutige klinische Zeichen. Die Fontanelle ist gespannt und tritt deutlich hervor. Aufgrund des entzündlichen Hirnödems ist die Letalität der insgesamt seltener auftretenden Spätform mit 25 % ebenfalls sehr hoch. Die Infektion kann hierbei neben der vaginalen Besiedelung der Mutter auch nosokomial über die Umgebung des Säuglings (Pflegepersonal, andere kolonisierte Kinder) erfolgen. Im späteren Kindes- und Erwachsenenalter sind Infektionen mit *Streptococcus agalactiae* selten. Als Organinfektionen können Endokarditis, Perikarditis, Meningitis, Pneumonie, Otitis media, Peritonitis, phlegmonöse Entzündungen, Harnwegsentzündungen, Osteomyelitis und Arthritis auftreten. Auch Septikämien, vor allem bei abwehrgeschwächten Patienten, sind möglich.

Streptococcus equisimilis u.a.
(syn.: Beta-hämolysierende Streptokokken der Gruppen C und G)
Kulturell wachsen diese Streptokokken ähnlich wie *Streptococcus pyogenes*. Sie können bei Pharyngitis und Wundinfektionen nachgewiesen werden. Sepsisfälle bei immungeschwächten Patienten sind ebenfalls beschrieben.

Streptococcus pneumoniae (Pneumokokken)
Charakteristischerweise erscheinen diese Erreger im mikroskopischen Bild als lanzettförmige Diplokokken. Nur die bekapselten Stämme sind für den Menschen pathogen. Zu den typischen Pneumokokken-Infektionen zählen Sinusitis, Otitis media, Bronchopneumonie, lobäre Pneumonie, eitrige Meningitis und Konjunktivitis. Bei granulozytopenischen Patienten (z.B. bei Leukämie/Malignomen), Alkoholikern, Patienten mit Sichelzellanämie sowie nach Milzexstirpation besteht ferner ein sehr hohes Risiko für eine Pneumokokken-Sepsis. Um einer so genannten Overwhelming-Post-Splenectomy-Infection (OPSI) vorzubeugen, ist eine Pneumokokken-Schutzimpfung zwingend erforderlich!

Vergrünende Streptokokken
Die meisten Vertreter aus der großen Gruppe der vergrünenden Streptokokken findet man als Kommensalen der physiologischen Haut- und Schleimhautflora des Menschen. Dort dienen sie in erster Linie der Abwehr anderer pathogener Mikroorganismen. *Streptococcus sanguis, parasanguis, oralis, mitis, salivarius, mutans* und *vestibularis* seien hier beispielhaft genannt für die zahlreichen oralen Streptokokken, die an der Kariesentstehung beteiligt sind, in dentogenen Eiterungsprozessen mit anderen Bakterien vergesellschaftet gefunden werden und als Erreger der bakteriellen Endokarditis in Betracht kommen. Einzig bedeutsamer Vertreter aus dem Darmbereich ist in diesem Zusammenhang *Streptococcus bovis*. Die chronisch verlaufende Endocarditis lenta entwickelt sich an zumeist rheumatisch vorgeschädigten Herzklappen, aber auch an

Herzklappenprothesen. Die besondere Affinität der vergrünenden Streptokokken zum Endokard bedingt, dass etwa 50 % aller ulzerösen Endokarditiden natürlicher Herzklappen durch diese Erreger verursacht werden.

Enterokokken
Enterokokken besiedeln den menschlichen Darmtrakt und stellen dort einen großen Teil der aeroben Flora dar. Zeitweilig findet man sie auch im Schleimhautbereich des Urogenitaltraktes oder der Mundhöhle. *Enterococcus faecalis* und *Enterococcus faecium* sind die wichtigsten Spezies dieser Gattung. Ihr pathogenes Potenzial ist eher gering, jedoch werden sie gelegentlich als Verursacher von Harnwegs- und Wundinfektionen (meist Mischinfektionen), vor allem bei hospitalisierten Patienten beschrieben. Eine infektiöse Endokarditis kann ebenfalls durch Enterokokken hervorgerufen werden.

3.14.4 Diagnostik

Je nach zugrunde liegender Erkrankung erfolgt der mikrobiologische Erregernachweis aus den verschiedensten Patientenmaterialien (siehe Tab. 10). Die kulturell angezüchteten Erreger werden nach biochemischen Reaktionen, durch Agglutinationsreaktionen nach ihren gruppenspezifischen Polysaccharid-Antigenen (Lancefield-Gruppen) und nach ihrem Hämolyseverhalten identifiziert. Antikörper gegen Streptolysin-O und -S, Hyaluronidase, Streptokinase und Anti-DN-ase geben Aufschluss über den Verlauf oder vorausgegangene Infektionen mit *Streptococcus pyogenes*. Ihre serologische Bestimmung kann auch bei der Diagnostik der Spätfolgen von Nutzen sein, in der Akutdiagnostik sind sie hingegen wegen der Latenz bis zum Titeranstieg nicht aussagekräftig. Zum direkten Nachweis von A-Streptokokken sind auch verschiedene Schnelltests im Handel, die auf einem Nachweis des C-Peptides in der Bakterienzellwand beruhen. Diese Verfahren verfügen über eine hohe Spezifität bei jedoch nur geringer Sensitivität, sodass sie bislang den kulturellen Nachweis per Rachenabstrich auf keinen Fall ersetzen können.

3.14.5 Besondere Hinweise

Meldepflicht nach **Bundesseuchengesetz**: bei **Tod (Scharlach)**.
Wiederzulassung in Gemeinschaftseinrichtungen zwei Tage nach Beginn der antibiotischen Behandlung.
Wie bereits erwähnt ist nach chirurgischer Milzexstirpation bei den betroffenen Patienten unbedingt eine Pneumokokken-Impfung durchzuführen!

Tab. 10:   Untersuchungsmaterial bei verschiedenen Streptokokken-Infektionen

Erkrankung	Gesuchter Erreger	Untersuchungsmaterial
Tonsillopharyngitis, Scharlach	*Streptococcus pyogenes*	Rachenabstriche
Erysipel, Impetigo contagiosa, Phlegmone		Hautabstriche, Gewebeproben (PE), bei schwerem septischem Verlauf: Blutkulturen
Fasciitis necroticans, STSS, Sepsis, Puerperalsepsis		Gewebeproben (PE/Operationsmaterial), Blutkulturen
Meningitis		Liquor, Blutkulturen
Otitis media, Mastoiditis, Sinusitis		Ohrabstriche, Nasenabstriche, Gewebeproben, (PE/Operationsmaterial)
Lymphadenitis		Lymphknoten (PE)
Pneumonie		Trachealsekret, Sputum, bronchoalveoläre Lavage, bei schwerem septischen Verlauf: Blutkulturen
Neugeborenensepsis: Early-onset-Typ	*Streptococcus agalactiae*	Blutkulturen, Liquor, Abstriche von Haut, Nabel, Rachen, Nase, ggf. Stuhl, Urin
Neugeborenensepsis: Late-onset-Typ		Liquor, Blutkulturen
Wundinfektionen		Gewebeproben (PE), Wundabstriche
Harnwegsinfektionen		Urin
Sepsis, Endokarditis		Blutkulturen
Pneumonie	*Streptococcus pneumoniae*	Trachealsekret, Sputum, bronchoalveoläre Lavage
Sepsis		Blutkulturen
Meningitis		Liquor, Blutkulturen
Endokarditis	*Vergrünende Streptokokken*	**mehrere Blutkulturen** (mindestens 3 Blutkulturen: aerob/anaerob in 6 Stunden-Intervallen), bei fortbestehender Symptomatik und/oder negativem Erregernachweis **wiederholt Blutkulturen** gewinnen!

Meldepflicht nach dem **Infektionsschutzgesetz** (IfSG Entwurf Stand 17.08.1999): keine Meldepflicht.

3.14.6   Arbeitsmedizinische Bedeutung

Von wesentlicher arbeitsmedizinischer Bedeutung ist insbesondere die Scharlacherkrankung (beta-hämolysierende Streptokokken Gruppe A) für Personen mit beruflichem Kontakt zu Erkrankten oder zu Kindern und Jugendlichen.

3.14.6.1 Berufliche Exposition

Eine mögliche berufliche Exposition besteht außerdem bei der Behandlung und Pflege erkrankter Personen sowie bei Labortätigkeiten mit Erregerkontakt oder Kontakt zu erregerhaltigem Untersuchungsgut. Darüber hinaus ist von einer erhöhten Gefährdung bei Tätigkeiten mit Kindern und Jugendlichen auszugehen.

3.14.6.2 Betroffene Berufsgruppen

Gesundheitswesen, Behandlung und Pflege Erkrankter	Erziehung und Betreuung von Kindern und Jugendlichen	Labortätigkeiten
Ärzte, Zahnärzte, Pflegepersonal, sonstiges med. Personal, insbesondere in: Pädiatrie	Lehrer, Kindergärtner/pfleger, Sozialarbeiter, sonstiges Personal in: Kindergärten, Kindertagesstätten, Kinderheimen, Gemeinschaftseinrichtungen, Grundschulen	technische Assistenten (MTA, BTA, PTA, CTA), sonstiges Personal in: med. und mikrobiologischen Laboratorien

3.14.7 Umwelt- und (reise-)medizinische Aspekte

Eine besondere umwelt- und reisemedizinische Gefährdung für bestimmte Bevölkerungsgruppen (außer Kindern und immunschwachen Personen) durch Streptokokken-Infektionen besteht nicht. Das Vorkommen ist weltweit.

3.14.8 Krankenhaushygienische Aspekte

Maßnahmen bei Scharlach
Isolierung im Einzelzimmer bis mindestens 24 Stunden nach Beginn der Antibiotikatherapie.
Erforderlich ist eine desinfizierende Reinigung sichtbarer Verunreinigungen mit Körperflüssigkeiten, Sekreten und Ausscheidungen sowie von Behandlungs-, Untersuchungs- und Pflegematerial. Bei Kontakt mit Körperflüssigkeiten, Sekreten und Ausscheidungen ist patientenbezogene Schutzkleidung zu tragen. Es genügt die normale Reinigung von Flächen und Gegenständen sowie die normale Entsorgung von Wäsche und Speiseresten.

Allgemeine Aspekte
In den letzten Jahren ist eine zunehmende Resistenzentwicklung bei Pneumokokken gegenüber Penizillin zu beobachten, die nicht auf die Produktion einer Beta-Laktamase zurückzuführen ist, sondern vielmehr auf mutierten Penizillin-Bindeproteinen (PBP) beruht.
Dieses Phänomen ist am stärksten in südeuropäischen Ländern ausgeprägt, gewinnt aber auch zunehmend in Deutschland an Bedeutung. Besonders antibiotikaresistente Stämme findet man bei den Enterokokken. Zum einen verfügen grundsätzlich alle Enterokokken über eine chromosomal kodierte natürliche Resistenz gegenüber Oxacillin, Clindamycin und allen Cephalosporinen. Hinzu kommen dann aber noch durch Mutation entstandene oder durch Plasmide vermittelte erworbene Resistenzen. Unter GRE versteht man Enterokokken, die gegen Glykopeptid-Antibiotika resistent sind. Die GRE sind somit gegenüber Vancomycin und Teicoplanin unempfindlich (nur vancomycinresistente Enterokokken = VRE) und stellen in einigen Fällen bereits ein erhebliches krankenhaushygienisches Problem dar, da Glykopeptide als Reserve-Antibiotika gegen grampositive Kokken bislang als relativ sicher galten. Für Patienten mit relevanten GRE-Infektionen stehen unter Umständen keine wirksamen Antibiotika mehr zur Verfügung. Der Verbreitung von VRE bzw. GRE ist daher im Krankenhausbereich unbedingt durch geeignete hygienische Maßnahmen Vorschub zu leisten.

3.14.9   Prävention

3.14.9.1 Allgemeine Infektionsprophylaxe

Es ist auf die Einhaltung der allgemeinen Hygieneregeln und Infektionsschutz-maßnahmen bei der Behandlung und Pflege erkrankter Personen (siehe 2.1 bis 2.2) zu achten. Ansonsten sind keine speziellen Maßnahmen erforderlich. Eine allgemeine Immunität besteht auch nach bereits durchgemachter Scharlach-erkrankung aufgrund der Vielzahl von Subtypen des Erregers nicht.

Arbeitsmedizinische Maßnahmen nach BGI 504-42 (früher ZH1/600.42)
mit Anmerkungen des Autors
Infektionskrankheit Nr. 34 (Streptokokken)

Arbeitsbereiche	Gefährdende Tätigkeiten	Arbeitsmedizinische Maßnahmen G42 Impfung Beratung
Arbeitsbereich (1): *Gesundheitsdienst* Stationäre und ambulante Einrichtungen der Humanmedizin (**A**), Zahnmedizin (**B**), Veterinärmedizin (**C**)	Untersuchen, Behandeln, Pflegen Abnehmen von Körperflüssig-keiten, Ausscheidungen, Abstrichmaterial Obduktion, Sektion weitere Tätigkeiten (Instand-setzung, Reinigung, Reparatur, Wartung, Transport, Entsorgung)	fakultativ (**A,B,C**) fakultativ (**A,B,C**)
Arbeitsbereich (1): *Sozialdienste* Stationäre und ambulante Sozialeinrichtungen für Kinder und Jugendliche (ohne Schulen), Familien, Senioren und Behinderte (**D**), Gemeinschaftseinrichtun-gen und Werkstätten für Personen in besonderen sozialen Lebenslagen (Gefährdete, Behinderte) (**E**)	Betreuung, Pflege somatisch-psychisch Hilfsbedürftiger, Umgang mit Körperflüssig-keiten und Ausscheidungen, Umgang mit verletzungsaus-lösenden Arbeitsmitteln, Umgang mit infektiöser Wäsche	Angebot (**D,E**)

Arbeitsbereiche	Gefährdende Tätigkeiten	Arbeitsmedizinische Maßnahmen G42		Impfung	Beratung
Arbeitsbereich (1): *Wohlfahrtspflege* Ambulante Pflegedienste **(H)**	Untersuchen, Behandeln, Pflegen, Umgang mit Körperflüssigkeiten und Ausscheidungen, Umgang mit infektiöser Wäsche, häusliche Krankenpflege, Altenpflege (Hauspflege), Familienpflege, Krankenpflege-Notfalldienst				Angebot **(H)**
Arbeitsbereich (1): *Laboratorien und sonstige Bereiche* Laboratorien der Humanmedizin **(A)**, Veterinärmedizin (**C**)	Auspacken, Aufbereiten, Entsorgen von erfahrungsgemäß infektiösem Probenmaterial, Fixieren, Einbetten, Entwässern, Färben von Blutausstrich- sowie Kultur- und histologischen Präparaten, Herstellen von Organ-(Gefrier-) Schnittpräparaten, Anzüchten, Mikroskopieren, Kultivieren, Differenzieren von Erregern aus Materialproben	fakultativ **(C)**	fakultativ **(C)**		Angebot **(A)**
Arbeitsbereich (1): *Laboratorien und sonstige Bereiche* Laboratorien der Humanmedizin **(A)**	Bedienen von Untersuchungs-, Analyseautomaten mit infektiösen Proben, Umgang mit infektiösem Material, Gegenständen, Gerätschaften beim Bedienen von Desinfektionsapparaten oder Beschicken der sog. unreinen Seite in Desinfektionseinrichtungen, Halten, Pflege von infizierten, infektiösen Versuchstieren, weitere Tätigkeiten (Instandsetzung, Reinigung, Reparatur, Wartung, Transport, Entsorgung, Fahrtätigkeiten)				Angebot **(A)**

Arbeitsbereiche	Gefährdende Tätigkeiten	Arbeitsmedizinische Maßnahmen G42 Impfung Beratung
Arbeitsbereich (4): Bereiche mit tierischen, pflanzlichen Rohstoffen für „Non-Food-Produkte"	Verwerten / Beseitigen verendeter oder tot geborener Tiere aus gewerblichen Schlachtstätten **(H)**	Angebot **(H)**
Anmerkung: Haut- und Weichteilinfektionen		
Arbeitsbereich (6): Forstwirtschaft, Holzwirtschaft, Jagd	Forst-, Holzwirtschaft, Jagd: Umgang mit möglicherweise infizierten Tieren (**C**)	Angebot **(C)**
Anmerkung: Haut- und Weichteilinfektionen		

3.15   Staphylokokken-Infektion

3.15.1   Erreger und Epidemiologie

Staphylokokken zählen zur Familie der Micrococcaceae. Typisch ist die Zusammenlagerung dieser grampositiven Kokken in Form von Haufen oder Trauben. Das Ausmaß der klinischen Bedeutung ist bei den zahlreichen Bakterienspezies dieser Gattung sehr unterschiedlich.

Es ist daher sinnvoll, eine Einteilung nach dem Vorhandensein des extrazellulären Enzyms Plasmakoagulase in plasmakoagulase-positive und -negative Staphylokokken vorzunehmen:

Plasmakoagulase-positiv	Plasmakoagulase-negativ	
	Novobiocin-empfindlich	**Novobiocin-resistent**
<u>Wichtigste Spezies :</u> *Staphylococcus aureus*	*Staph. epidermidis* *Staph. haemolyticus* *Staph. hominis* *Staph. capitis* *Staph. simulans* u.v.m.	*Staph. saprophyticus* *Staph. xylosus* *Staph. cohnii* *Staph. gallinarum* *Staph. sciuri* u.v.m.

120

Tab. 11: Virulenzfaktoren von Staphylococcus aureus

Virulenzfaktor	Effekt im Organismus
Clumping-Factor (Protein der Zellwand)	Fibrinogenrezeptor: Bindung von *Staph. aureus* an Fibrinogen in verletztem Gewebe und an Kathetern oder Implantaten, an die sich bereits Fibrinogen angelagert hat
Protein A (Protein der Zellwand)	Bindet das Fc-Stück mehrerer Immunglobuline: Behinderung der Opsonisierung und nachfolgender Phagozytose
Kapsel	Behinderung der Phagozytose
Freie Koagulase / Plasmakoagulase (extrazelluläres Protein)	Umwandlung von Fibrinogen zu Fibrin: Bildung einer schützenden Fibrinkapsel um die Bakterien (diagnostisch zur Speziesbestimmung s.o.)
Staphylokinase (extrazelluläres Enzym)	Bildung von Fibrinolysin (syn. Plasmin): Lyse der Fibrinkapsel, schubweise Weiterverbreitung der Bakterien im infizierten Areal
DN-ase (extrazelluläre Nuklease)	Spaltung von DNS und RNS: beschleunigt die Ausbreitung der Erreger im Gewebe
Hämolysine (extrazelluläre Enzyme)	Zerstörung von Erythrozyten und teilweise auch von Phagocyten / gewebsschädigend
Leukozidin (extrazelluläres Enzym)	Zerstörung polymorphkerniger Granulozyten und Makrophagen: Behinderung der Phagozytose
Hyaluronidase (extrazelluläres Enzym)	Auflösung intrazellulärer Hyaluronsäure: Ausbreitung der Erreger im Gewebe
Enterotoxine (extrazelluläre Toxine)	Proteine, die als Superantigen wirken: Übelkeit, Fieber, Erbrechen, Diarrhö
Exfoliatine (extrazelluläre Proteasen)	Intraepidermale Spaltbildung zwischen Stratum spinosum und Stratum granulosum der Epidermis: Staphylococcal-Scalded-Skin-Syndrom (SSSS)
Toxic-Shock-Syndrome-Toxin 1 (extrazelluläres Protein)	CD4-T-Zell-Aktivierung und Stimulation einer unkoordinierten Zytotoxinfreisetzung (z.B.Interleukin-1/Tumornekrosefaktor), Wirkung als Superantigen: Toxic-Shock-Syndrome (TSS)

Der humanmedizinisch relevanteste Erreger in dieser Gattung ist *Staphylococcus aureus.* Die Pathogenität der einzelnen Bakterienstämme variiert erheblich und ist abhängig von der biologischen Gesamtaktivität der Erreger, die in unterschiedlicher Ausprägung über eine Vielzahl von Virulenzfaktoren verfügen (siehe Tab. 11).

Plasmakoagulase-negativen Staphylokokken fehlen in der Regel der Clumping-Factor, das Protein A, die Exfoliatine, die Enterotoxine, das TSST-1 und definitionsgemäß die Plasmakoagulase, wodurch ihre Virulenz gegenüber den Staphylokokken der *aureus*-Gruppe als bedeutend geringer einzustufen ist.

3.15.2 Infektionsmodus

Staphylokokken sind ubiquitär anzutreffende Bakterien. Sie gehören zur physiologischen Körperflora des Menschen, wobei insbesondere die vorderen Nasenhöhlen von *Staphylococcus aureus* kolonisiert werden. Viele Infektionen entstehen daher aus der körpereigenen Flora (endogen) oder im Sinne einer Schmutz-/Schmierinfektion aus der Umgebung.

Staphylococcus aureus ist einer der häufigsten Erreger ambulant erworbener und nosokomialer Infektionen. Man unterscheidet zwischen:

1. Lokalinfektionen, die sowohl oberflächlich-eitrig, als auch tiefinvasiv (Abszesse/Furunkel etc.) verlaufen können,
2. systemischen Infektionen und
3. toxinvermittelten Erkrankungen.

Der Verlauf der Erkrankung ist abhängig vom Infektionsort, von der Abwehrlage des Patienten und von der Virulenz des Infektionsstammes.

Aus der großen Gruppe der koagulase-negativen Staphylokokken wird *Staphylococcus epidermidis* am häufigsten als Infektionserreger isoliert. In der Regel sind diese Bakterien - ein wesentlicher Bestandteil der Haut- und Schleimhautflora - als relativ apathogen einzustufen.

Dass sie beim Menschen dennoch zu schweren Infektionen führen, ist nicht zuletzt eine Folge des medizinischen Fortschritts. Das vermehrte Einbringen von Kunststoffmaterialien in den Organismus (Katheter/Implantate) einerseits und die zunehmende Zahl schwerst immunsupprimierter Patienten (Chemotherapie/Transplantationschirurgie/Intensivmedizin) andererseits haben zu einer kontinuierlichen Zunahme der katheterassoziierten Staphylokokken-Infektionen, Implantat-Infektionen, Peritonitiden bei Peritonealdialyse, shuntassoziierten Meningitiden und Endokarditiden künstlicher Herzklappen durch Staphylolokken in den entsprechenden Klinikbereichen geführt. Bei vielen Patienten werden vorgenannte Infektionen erst durch das Auftreten eines septischen Krankheitsbildes diagnostiziert, sodass der Nachweis der Erreger häufig aus einer Blutkultur erfolgt.

3.15.3 Erkrankungen und Erkrankungsfolgen

Durch *Staphylococcus aureus* bedingte Infektionen:

Pyodermien
Eine der klassischen Staphylokokken-Infektionen ist der **Abszess**, ein Eiterungsprozess mit der Tendenz zur Expansion in tiefe Gewebsschichten. Ein **Furunkel** entsteht an der Basis von Talgdrüsen oder an der Wurzel von Haarbälgen. Konfluieren mehrere Furunkel, so entsteht ein **Karbunkel**. Furunkel und Karbunkel entwickeln sich häufig auf dem Boden konsumierender Grunderkrankungen oder von Immundefekten.
Die **Borkenflechte (Impetigo contagiosa)** tritt zumeist als Mischinfektion von *Staphylococcus aureus* und *Streptococcus pyogenes* auf. Es können aber auch beide Erreger allein diese durch eitrige hochkontagiöse Hautbläschen gekennzeichnete und vorwiegend bei Kindern auftretende Hautinfektion verursachen.

Wundinfektionen
Staphylococcus aureus ist der häufigste Erreger posttraumatischer und postoperativer Wundinfektionen. Die Übertragung erfolgt vor allem durch Pflegepersonal und Ärzte. Eine vorschriftsmäßige Händedesinfektion ist daher extrem wichtig.

Drüseninfektionen
Die **eitrige Parotitis** ist wie die **Mastitis puerperalis** stillender Mütter pathognomonisch mit *Staphylococcus aureus* verbunden. Vor allem die eitrige Entzündung der Milchgänge der laktierenden Brust neigt zu rascher Abszedierung und Sepsis. Außerdem birgt sie die Gefahr einer Neugeboreneninfektion. Ferner werden die **Dakryozystitis** (eitrige Entzündung der Tränendrüse) und das **Hordeolum** (Gerstenkorn/Entzündung der Lidranddrüsen) fast immer durch *Staphylococcus aureus* hervorgerufen.

Osteomyelitis
Die primär hämatogene Osteomyelitis führt häufig im Kindesalter zu einer schweren Allgemeinerkrankung. Die sekundäre Osteomyelitis entsteht postoperativ oder posttraumatisch. In der Regel sind davon die langen Röhrenknochen und/oder Wirbelkörper betroffen.

Pneumonie und Lungenabszess

Die Pneumonie durch *Staphylococcus aureus* tritt infolge einer Schädigung der Lunge durch vorausgegangene Viruspneumonie, Aspiration, Trauma oder Immunsupression auf. Sie neigt in hohem Maße zur Abszedierung. Die Letalität des Lungenabszesses ist sehr hoch. Mit einer chirurgischen Intervention sollte daher nicht gezögert werden. Zumeist lassen sich aus dem Abszessmaterial verschiedene Keime im Sinne einer Mischinfektion isolieren.

Hirnabszess

Durch Einschleppung von *Staphylococcus aureus* bei intrakraniellen Eingriffen oder nach offenem Schädel-Hirn-Trauma kann sich eine Staphylokokken-Meningitis oder ein Hirnabszess entwickeln. Diesbezüglich geht auch von intrakraniellen Shuntanlagen, Ventrikelkathetern und periduralen Kathetern eine Gefahr aus.

Empyeme

Eiteransammlungen in natürlich vorgegebenen Körperhöhlen werden als Empyeme bezeichnet. Empyeme, die durch *Staphylococcus aureus* bedingt sind, können in Gelenken, im Perikard und Pleuraspalt, in Nasennebenhöhlen und im Nierenbecken auftreten. Häufig wird synonym von eitriger Pleuritis, Perikarditis etc. gesprochen.

Endokarditis / Sepsis

Grundsätzlich können alle oberflächlichen oder tiefen Staphylokokken-Infektionen zu einer hämatogenen Keimverschleppung führen. Eine weitere Quelle stellen die mit *Staphylococcus aureus* assoziierten Katheter- oder Implantat-Infektionen dar. Einer Sepsis, die durch kolonisierte intravasale Katheter hervorgerufen wird, geht häufig eine eitrige Thrombophlebitis voraus.

Bei der akut ulzerösen Endokarditis kommt es zu einer rasch fortschreitenden Destruktion der Herzklappen mit folgender akuter Herzinsuffizienz und damit zu einer lebensbedrohlichen Situation. Kontaminierte Injektionsnadeln führen zu einer Rechtsherz-Endokarditis. Diese Sonderform findet man daher gehäuft bei Drogenabhängigen.
Jede *Staphylococcus-aureus*-Sepsis kann zu einem irreversiblen septischen Schock führen.

Toxinvermittelte Erkrankungen

Ein vom Lyell-Syndrom (schweres, allergisch bedingtes Arzneimittelexanthem) nur histologisch abzugrenzendes und am ganzen Körper auftretendes scharlachförmiges Exanthem ist das so genannte **SSSS (Staphylococcal-**

Tab. 12:   Das Toxic-Shock-Syndrom (TSS)

Leitsymptome des TSS :	Beteiligte Organsysteme (mindestens 3), klinische Symptome und ⇒ Spätfolgen
1. Fieber	Gastrointestinaltrakt: Erbrechen, Übelkeit, Diarrhö
2. Hypotonie	Nieren: Niereninsuffizienz mit Erhöhung des Kreatinins und/oder des Harnstoffs, Pyurie ⇒ chronische Niereninsuffizienz / Dialyse
3. Diffuses makuläres Exanthem (scarlatiniform bis zur Erythrodermie) groblamellöse Schuppung besonders an Händen und Füßen	Leber : Leberinsuffizienz mit Erhöhung von Transaminasen, alkalischer Phosphatase und Bilirubin
	Verbrauchskoagulopathie
	Respiratorische Insuffizienz : Atemnot, Intubation und Beatmung
	Muskulatur: Myalgien, Erhöhung der Phosphokinase und des Serumkreatinins ⇒ Karpaltunnel-Syndrom, Muskelgangrän
	Herz-Kreislauf-Versagen: Gewebshypoxie, protrahierter Schockzustand ⇒ Extremitätengangrän
	ZNS-Beteiligung : Bewusstseinsstörungen, Desorientiertheit, Koma ⇒ Verhaltensstörungen

Scalded-Skin-Syndrom). Es tritt zumeist bei Säuglingen und Kleinkindern spontan und mit Fieber auf (**Dermatitis exfoliativa neonatorum Ritter von Rittershain**). Nach einigen Stunden kommt es zu einer großflächigen Epidermolyse mit Blasenbildung, wobei die Blasen keine Erreger enthalten, da sie auf der Wirkung von Toxinen Exfoliatin bildender *Staphylococcus-aureus*-Stämme basieren. Dieses Exfoliatintoxin führt zu einer intraepidermalen Spaltbildung mit nachfolgendem Ödem zwischen unterem Stratum spinosum und oberem Stratum granulosum. Während die Erkrankung im Säuglingsalter in der Regel gutartig verläuft, beträgt die Letalität bei immunsupprimierten Patienten bis zu 50 %.

Eine Besonderheit des SSSS stellt die lokal begrenzte Verlaufsform dar, die als **bullöse Impetigo** oder auch **Pemphigus neonatorum** bezeichnet wird. Hierbei verursachen die Exfoliatintoxine nur an der Infektionsstelle Schälblasen auf der Haut. Eine Generalisation der Toxinwirkung kann auch durch bereits vorhandene spezifische Antikörper verhindert werden.

Das **TSS (Toxic-Shock-Syndrom)** wird durch das Toxic-Shock-Syndrome-Toxin-1 verursacht und führt zu einem schweren Krankheitsbild. Zuerst wurde es bei jungen Frauen während der Menstruation beobachtet, da sich TSST-1 produzierende Stämme in Tampons vermehrten, die wegen ihrer besonders hohen Saugfähigkeit zu selten gewechselt wurden.

In seiner Funktion als Superantigen ruft das TSST-1 im Organismus die Freisetzung einer Kaskade proinflammatorischer und inflammatorischer Zytokine aus. Drei Leitsymptome und die Beteiligung von mindestens drei weiteren Organsystemen charakterisieren das Vollbild des TSS (siehe Tab. 12). Die Letalität des fulminant verlaufenden TSS liegt zwischen 5 und 8 %. Das menstruelle TSS ist mit ca. 90 % weitaus häufiger als das nicht menstruelle TSS. In einigen Fällen können auch das Enterotoxin B von *Staphylococcus aureus* sowie pyrogene Exotoxine von *Streptococcus pyogenes* ein TSS verursachen.

Durch koagulase-negative Staphylokokken bedingte Erkrankungen

Wie bereits im Kapitel *3.15.2 Infektionsmodus* ausführlich beschrieben, sind die zahlreichen Spezies der koagulase-negativen Staphylokokken, insbesondere *Staphylococcus epidermis*, vornehmlich bei Infektionen von Fremdmaterialien (Katheter, Implantate etc.) anzutreffen. Es ist deshalb unbedingt zu fordern, dass alle aus infektiologischen Gründen entfernte oder explantierte Fremdstoffe, inkl. bioprothetischer Körper (z. B. Herzklappenersatz), in sterilen Gefäßen, gegebenenfalls mit etwas steriler physiologischer NaCI-Lösung versetzt, oder in Röhrchen mit steriler BHI-Bouillon (Brain-Heart-Infusion) verbracht und unmittelbar einer mikrobiologischen Untersuchung zugeleitet werden.

Diese Notwendigkeit ergibt sich auch aus den epidemiologischen Daten zum Resistenzverhalten dieser Bakterien, die mit einer empirischen Antibiotikatherapie oft nicht mehr erfasst werden. Da es sich bei den betroffenen Patienten häufig um stark immungeschwächte Menschen handelt, die einer akuten Gefährdung ausgesetzt sind, kann sich eine suffiziente Therapie am ehesten nach dem mikrobiologisch erstellten Resistogramm orientieren.

3.15.4   Diagnostik

Staphylokokken können als Erreger häufig bereits aufgrund eines Grampräparates angenommen werden. Die Anzucht und Isolierung des Erregers kann problemlos mit Standardmethoden erfolgen. Ein Nachweis in Stuhlproben oder Erbrochenem ist bei Nahrungsmittel-Intoxikationen möglich. Die Untersuchung der Kulturen auf Toxinbildung wird hingegen nur in einigen spezialisierten Laboratorien durchgeführt. Für die Differenzierung zwischen *Staphylococcus aureus* und koagulase-negativen Staphylokokken stehen verschiedene Verfahren zur Verfügung, die bei zweifelhaften Resultaten auch parallel Anwendung finden (Objektträgeragglutination, Röhrchenplasmakoagulase, biochemische Differenzierung, PCR-Methoden etc.).

Bei der Resistenztestung von *Staphylococcus aureus* werden heute vermehrt **MRSA** (= **M**ethicillin **R**esistenter *Staphylococcus aureus*) ermittelt. Die Substanz Methicillin ist identisch mit den in Deutschland gebräuchlichen Isoxazolylpenicillinen (Oxacillin, Dicloxacillin und Flucloxacillin, so genannte „Staphylokokken-Penicilline"). Nicht selten verfügen MRSA über weitere Resistenzmechanismen. Daher stellen sowohl Weiterverbreitung als auch Ausbrüche in Krankenhäusern eine ernst zu nehmende Gefahr dar.

Aus diesem Grund hat die Kommission für Krankenhaushygiene und Infektionsprävention am RKI eine Empfehlung zur Prävention und Kontrolle von methicillinresistenten Staphylococcus-aureus-Stämmen (MRSA) in Krankenhäusern und anderen medizinischen Einrichtungen herausgegeben (veröffentlicht im Bundesgesundheitsblatt 1999, 42 : 954-958, Springer Verlag 1999).

Die Methicillinresistenz wird in vitro unter besonderen Expressionsbedingungen geprüft. Hierzu verwendet man einen Mueller-Hinton Agar mit Zusatz von 5 % NaCI und bebrütet das Medium bei 30° C. Die Ablesung erfolgt nach 24 und 48 h. Letztlich beweisend für das Vorliegen einer Methicillinresistenz ist der molekularbiologische Nachweis des hierfür verantwortlichen *mec-A* Gens von *Staphylococcus aureus*.

3.15.5   Besondere Hinweise

Meldepflicht nach **Bundesseuchengesetz**: keine Meldepflicht.
Meldepflicht nach dem **Infektionsschutzgesetz** (IfSG Entwurf Stand 17.08.1999): keine Meldepflicht.
Vermehrt treten Resistenzen auch gegen penizillinasefeste Penizilline wie Methicillin (MRSA-Stämme) auf und werden krankenhaushygienisch zu einem erheblichen Problem. Die Übertragung über gesunde Träger (z.B. Krankenhauspersonal) spielt dabei eine bedeutende Rolle. Eine Sanierung kann hier durch

Mupirocin-Salben (lokale Anwendung) erreicht werden. Leider treten auch hier bereits vereinzelt Resistenzen auf.

3.15.6   Arbeitsmedizinische Bedeutung

Die arbeitsmedizinische Bedeutung der Staphylokokken-Infektion hat durch das vermehrte Auftreten multiresistenter Stämme zugenommen. Erkrankungen aufgrund beruflicher Infektionen im Gesundheitsdienst sind zwar relativ selten, bei Angehörigen des medizinischen Personals wird jedoch gehäuft ein Trägerstatus nachgewiesen, der insbesondere für immunschwache Patienten eine Gefährdung darstellt.

3.15.6.1 Berufliche Exposition

Eine mögliche berufliche Exposition besteht bei der Behandlung und Pflege erkrankter Personen sowie bei Labortätigkeiten mit Erregerkontakt oder Kontakt zu erregerhaltigem Untersuchungsgut.

3.15.6.2 Betroffene Berufsgruppen

Gesundheitswesen, Behandlung und Pflege Erkrankter	Labortätigkeiten
Ärzte, Pflegepersonal, sonstiges med. Personal	technische Assistenten (MTA, BTA, PTA, CTA), sonstiges Personal in: med. und mikrobiologischen Laboratorien

3.15.7   Umwelt- und (reise-)medizinische Aspekte

Für die Allgemeinbevölkerung besteht keine wesentliche umwelt- und reisemedizinische Gefährdung durch Staphyolokokken-Infektionen.

3.15.8   Krankenhaushygienische Aspekte

Eine Isolierung erkrankter Personen ist nicht erforderlich. Erforderlich ist aber eine desinfizierende Reinigung sichtbarer Verunreinigungen mit Körperflüssigkeiten, Sekreten und Ausscheidungen sowie von Behandlungs-, Untersuchungs- und Pflegematerial. Bei Kontakt mit Körperflüssigkeiten, Sekreten und Ausscheidungen ist Schutzkleidung zu tragen. Es genügt die normale Reinigung von Flächen und Gegenständen sowie die normale Entsorgung von Wäsche und Speiseresten.

Ein besonderes krankenhaushygienisches Problem stellt das vermehrte Auftreten von MRSA-Stämmen (methicillin-resistente *S. aureus*) dar. Die Übertragung über gesunde Träger (z.B Krankenhauspersonal) kann durch eine Sanierung der Betroffenen mittels lokal anzuwendender Mupirocin-Salben verhindert werden.

3.15.9   Prävention

3.15.9.1 Allgemeine Infektionsprophylaxe

Es ist auf die Einhaltung der allgemeinen Hygieneregeln und Infektionsschutzmaßnahmen bei der Behandlung und Pflege erkrankter Personen (siehe 2.1 bis 2.2) zu achten. Ansonsten sind keine speziellen Maßnahmen erforderlich.

3.16   Tetanus

3.16.1   Erreger und Epidemiologie

Clostridien sind strikt anaerob wachsende grampositive Sporenbildner. Einer der humanmedizinisch bedeutsamsten Vertreter dieser Gattung ist das *Clostridium tetani*. Bereits 1884 wurde von CARLE und RATTONE der Zusammenhang zwischen Erde/Wundsekret und der Erkrankung an Wundstarrkrampf beschrieben und von NICOLAIER der Erreger in Wundsekreten entdeckt. *Clostridium tetani* ist in der Umwelt, vor allem im Erdreich, ubiquitär verbreitet. Das schlanke Stäbchen ist peritrich begeißelt und daher stark beweglich. Die meist terminal lokalisierten Sporen verleihen dem Bakterium eine trommelschlegel- bzw. tennisschlägerförmige Gestalt. Die Sporen dienen als Dauerüberlebensform der Erreger, sind gegenüber Umwelteinflüssen sehr resistent und können so Jahrzehnte überdauern.

3.16.2   Infektionsmodus

Schon minimale Hautverletzungen (Dornen, Splitter, Schälmesser, Umpflanzen von Topfblumen bei rissiger Haut der Hände usw.), über die Tetanussporen mit dem Schmutz in das Gewebe gelangen, reichen für die Entstehung des Wundstarrkrampfes aus. Alle Faktoren, die das anaerobe Wachstum von *Clostridium tetani* in der Wunde fördern (wie Verschmutzung, Gewebszertrümmerung, nekrotisches Gewebe), oder Sauerstoff verbrauchende Mischinfektionen, die das Redoxpotenzial verringern (Anaerobiose), beschleunigen auch den Krankheitsverlauf. Die Inkubationszeit liegt zwischen 4 und 14 Tagen. Die Erreger vermehren sich lokal an der Eintrittspforte und produzieren dort das für die Pathogenese der Erkrankung verantwortliche Tetanospasmin. Dieses durch Autolyse freigesetzte Toxin (Tetanustoxin) wirkt ausschließlich auf Nervenzellen (Neurotoxin) und wird von ihnen gebunden. Über motorische, sensible und vegetative Nervenbahnen nimmt das Tetanustoxin seinen Weg aufsteigend zu den Vorderhornzellen der grauen Substanz des Rückenmarks und kann beim generalisierten Tetanus auch im Hirnstamm, nicht jedoch im Groß- und Kleinhirn nachgewiesen werden. Die Toxinwirkung entfaltet sich über eine proteolytische Spaltung von Synaptobrevin, einer Substanz, die an der Ausschüttung von Neurotransmittern in den synaptischen Spalten beteiligt ist. Dadurch werden weitere Transmittersubstanzen (Glycin und γ-Aminobuttersäure), die eine hemmende Wirkung auf die motorischen Neurone ausüben, blockiert. In der Folge kommt es zu einer unkontrollierten Weiterleitung der Erregung im motorischen und vegetativen Nervensystem. Daraus resultieren die vielfältigen klinischen Erscheinungen des Wundstarrkrampfes.

3.16.3   Erkrankungen und Erkrankungsfolgen

Anfänglich können Abgeschlagenheit, subfebrile Temperaturen, Kopfschmerzen und Schweißausbrüche auftreten, dann jedoch stehen klonisch-tonische Krämpfe und vegetative Erscheinungen im Vordergrund der Erkrankung. Zumeist beginnt die Tonuserhöhung im Bereich der Kaumuskulatur, sodass Sprechen und Schlucken erschwert sind und schließlich der Mund nicht mehr geöffnet werden kann. Neben dieser als Trismus bezeichneten Erscheinung kommt es zu einem typischen, grinsend-weinerlichen Gesichtsausdruck, dem Risus sardonicus, der auf einer Starre der mimischen Muskulatur beruht. Schließlich werden auch Bauch-, Rücken- und Nackenmuskulatur erfasst (Opisthotonus), wobei der Rumpf bogenförmig nach hinten überstreckt ist und der Patient ein Hohlkreuz bildet. Als Komplikation können Rippen- oder Wirbelsäulenfrakturen, Luxationen oder Aspirationspneumonien auftreten. Krampfanfälle, die von dem Erkrankten bei vollem Bewusstsein und unter stärksten Schmerzen miterlebt werden, können schon durch geringste optische, akustische oder Berührungsreize ausgelöst werden. Eine Lähmung des Zwerchfells, der Schlundmuskulatur und der Glottis führt letztendlich zum Erstickungstod. Von einem lokalisierten Tetanus, der z.B. bei teilimmunisierten Menschen auftreten kann, spricht man, wenn sich die Muskelstarre nur auf einzelne Muskelgruppen im Verletzungsbereich beschränkt und keine generalisierten Krämpfe auftreten.

In vielen Ländern der Dritten Welt spielt der *Tetanus neonatorum*, der bei Neugeborenen durch eine unzureichende Nabelschnurhygiene ausgelöst wird, noch heute eine erhebliche Rolle. Da Antitoxine nicht mehr wirken können, wenn Tetanospasmin in der Nervenzelle bereits gebunden ist, steht bei unklarem Immunstatus zu Beginn jeder Therapie die Verabreichung von Tetanus-Antitoxin. Anschließend erfolgt eine sorgfältige chirurgische Wundsanierung mit Entfernung aller Fremdkörper und nekrotischer Gewebsanteile. Die zusätzliche Gabe von Antibiotika dient der Vermeidung einer Sekundärinfektion.

Eine bestehende Tetanuserkrankung bedarf einer intensivmedizinischen und symptombezogenen Therapie (Muskelrelaxanzien, künstliche Beatmung etc.)

3.16.4 Diagnostik

Der Wundstarrkrampf wird anhand seiner klinischen Erscheinungsbilder diagnostiziert. Die Anzucht von *Clostridium tetani* gelingt meist nicht.

Zum Nachweis des Toxins aus Patientenserum oder Wundmaterial wird ein Mäusetierversuch eingesetzt, wobei unterschiedliche Mäuse mit verschiedenen Mengen von Serum inokuliert werden, die im positiven Fall nach 24 bis 72 Stunden in einer typischen „Robbenstellung" (Starrkrampf der Hinterbeine) verenden. Eine Kontrollgruppe von Mäusen erhält neben dem Patientenserum zusätzlich Tetanus-Antitoxin. Die Mäuse dieser Kontrollgruppe überleben.

3.16.5 Besondere Hinweise

Meldepflicht nach § 3 **Bundesseuchengesetz**: bei **Erkrankung, Tod**.
Meldepflicht nach dem **Infektionsschutzgesetz** (lfSG Entwurf Stand 17.08.1999): keine Meldepflicht.

3.16.6 Arbeitsmedizinische Bedeutung

Die arbeitsmedizinische Bedeutung der Tetanusinfektion hat durch den hohen Immunisierungsgrad der Bevölkerung in Deutschland erheblich abgenommen.

3.16.6.1 Berufliche Exposition

Eine berufliche Gefährdung durch eine Tetanusinfektion besteht bei Personen ohne ausreichenden Impfstatus, bei Erd- oder Tierkontakt und gleichzeitigem gehäuftem Auftreten von Bagatellverletzungen.

3.16.6.2 Betroffene Berufsgruppen

Es sind potenziell zahlreiche Berufsgruppen betroffen. Das Spektrum reicht von Berufen in der Land- und Bauwirtschaft über militärische Berufe bis hin zu Polizei und Hilfsdiensten oder Laboratorien mit tierexperimentellen Abteilungen. Eine detaillierte Auflistung ist hier nicht möglich. Die individuelle Gefährdung sollte jedoch großzügig beurteilt und in jedem Falle ein ausreichender Immunschutz sichergestellt werden.

3.16.7 Umwelt- und (reise-)medizinische Aspekte

Aufgrund des hohen Immunisierungsgrades ist die umwelt- und reisemedizinische Bedeutung der Tetanusinfektion für die deutsche Bevölkerung gering. Grundsätzlich sollte ein ausreichender Immunschutz angestrebt werden.

3.16.7.1 Umweltexposition

Es besteht eine ubiquitäre Umweltexposition.

3.16.7.2 Betroffene Bevölkerungsgruppen

Grundsätzlich sind alle Personen ohne ausreichenden Immunschutz gefährdet. Die individuelle Gefährdung erhöht sich durch regelmäßigen Erd- und Tierkontakt (Gartenarbeit, Tierhaltung, Pferde etc.).

3.16.8 Krankenhaushygienische Aspekte

Die Isolierung erkrankter Personen ist nicht erforderlich.
Eine desinfizierende Reinigung sichtbarer Verunreinigungen mit Körperflüssigkeiten, Sekreten und Ausscheidungen sowie von Behandlungs-, Unter-

suchungs- und Pflegematerial ist erforderlich. Bei Kontakt mit Körper-
flüssigkeiten, Sekreten und Ausscheidungen ist auf eine patientenbezogene
Schutzkleidung zu achten. Es genügt die normale Reinigung von Flächen und
Gegenständen. Wäsche und Speisereste können normal entsorgt werden.

3.16.9 Prävention

3.16.9.1 Allgemeine Infektionsprophylaxe

**Arbeitsmedizinische Maßnahmen nach BGI 504-42 (früher ZH1/600.42)
mit Anmerkungen des Autors
Infektionskrankheit Nr. 35 (Tetanus)**

Arbeitsbereiche	Gefährdende Tätigkeiten	Arbeitsmedizinische Maßnahmen G42 Impfung Beratung
Arbeitsbereich (1): *Gesundheitsdienst* Stationäre und ambulante Einrichtungen der Humanmedizin **(A)**, Zahnmedizin **(B)**, Veterinärmedizin (**C**)	Untersuchen, Behandeln, Pflegen Abnehmen von Körperflüssig- keiten, Ausscheidungen, Abstrichmaterial Obduktion, Sektion weitere Tätigkeiten (Instand- setzung, Reinigung, Reparatur, Wartung, Transport, Entsorgung)	Angebot **(C)** Angebot **(C)** Angebot **(C)** Angebot **(A, B, C)**
Anmerkung: Es erscheint sinnvoll, zumindest in der Veterinärmedizin für Personen ohne ausreichenden Immunschutz eine Impfung anzubieten.		
Arbeitsbereich (1): *Sozialdienste* Stationäre und ambulante Sozialeinrichtungen für Kinder und Jugendliche (ohne Schulen), Familien, Senioren und Behinderte **(D)**, Gemeinschaftseinrichtun- gen und Werkstätten für	Betreuung, Pflege somatisch- psychisch Hilfsbedürftiger, Umgang mit Körper- flüssigkeiten und Ausscheidungen, Umgang mit verletzungsauslösenden Arbeitsmitteln, Umgang mit infektiöser Wäsche, Betreuung von Personen im Strafvollzug	Angebot **(D, E, F)**

Arbeitsbereiche	Gefährdende Tätigkeiten	Arbeitsmedizinische Maßnahmen G42 Impfung Beratung		

Personen in besonderen sozialen Lebenslagen (Gefährdete, Behinderte) **(E)**, Strafvollzug **(F)**

| **Arbeitsbereich (2):** Abwassertechnische Anlagen, Klärschlammverwertung, berufl. Oberflächenwasserkontakt | Umgang mit Abwässern in Behältern oder Stauanlagen wie: Tätigkeiten mit Abwässern in Behältern, Stauanlagen, stationären und mobilen Toilettenanlagen, Instandsetzung von Abwasserleitungen und Behandlungsanlagen, Prozesssteuerung bei Abwasserbehandlungsanlagen und Klärschlammverwertung, Arbeiten mit Kontakt zu fäkalienhaltigem Oberflächenwasser **(A)**, Tätigkeiten in o.g. Anlagen mit regelmäßigem und intensivem Kontakt zu Fäkalien, z.B. Kanalisationsarbeiter **(B)**, Tätigkeiten in o.g. Anlagen mit Verletzungsrisiko durch Kanülen, z.B. Fixerbesteck **(C)** | | | Angebot **(A, B, C)** |

Anmerkung: Es erscheint sinnvoll, für Personen ohne ausreichenden Immunschutz eine Impfung anzubieten.

| **Arbeitsbereich (3):** Anlagen der Abfallwirtschaft (Erfassung, Sortierung, Kompostierung), thermische Abfallverwertung, Deponierung | Abfallsammlung und Beförderung **(A)**, mechanische Abfallaufbereitung (auch Zwischenlagerung und technisch-biologische Behandlungsverfahren; Rotte, Vergärung, Kompostierung **(B)**, manuelle Sortierung (Störstoffauslese) und manuelle biologische Behandlungsverfahren: Rotte, Vergärung, Kompostierung **(C)** | fakultativ **(C)** | fakultativ **(C)** | Angebot **(A, B)** |

Arbeitsbereiche	Gefährdende Tätigkeiten	Arbeitsmedizinische Maßnahmen G42 Impfung Beratung

Anmerkung: Es erscheint sinnvoll, für Personen ohne ausreichenden Immunschutz eine Impfung anzubieten.

| Arbeitsbereich (4):
Anlagen der Tierproduktion, Bereiche mit lebenden Tieren, Tierhaltung, Tierhandel | Bereiche mit lebenden Tieren. Zucht, Pflege, Transport und Handel in der Landwirtschaft (**A**), Umgang mit Tieren in Lehr- und Versuchsanstalten sowie sonstigen Bereichen der Wissenschaft (**B**), Vogel- und Geflügelzucht (**C**), Umgang mit Tieren in Berufs- ausübung, z.B. Diensthunde, -pferde (**D**), Tierhaltung in Tierheimen, zoologischen Gärten, Tierparks, Freizeit- und Safariparks, Reiterhöfen, Zirkusunterneh- men, Zoohandlungen (**E**), Tierpräparation (**F**) | Angebot (**A-F**) |

Anmerkung: Der irreführende Begriff der „gemeinnützigen Einrichtungen" (Zoohand-lung!) unter E wurde gestrichen. Es erscheint sinnvoll, für Personen ohne ausreichen-den Immunschutz eine Impfung anzubieten.

| Arbeitsbereich (4):
Bereiche mit tierischen, pflanzlichen Rohstoffen für „Non-Food-Produkte" | Verarbeitung tierischer Rohwaren (**G**), Verwerten, Beseitigen veren- deter oder tot geborener Tiere aus gewerblichen Schlachtstätten (**H**), Gewinnen, Transportieren, Lagern, Verarbeiten von Pflanzenfasern zu industriellen Rohstoffen (**J**) | Angebot (**G, H, J**) |

Anmerkung: Es erscheint sinnvoll, für Personen ohne ausreichenden Immunschutz - zumindest aus Gruppe H - eine Impfung anzubieten.

| Arbeitsbereich (4):
Tierische und pflanzliche Rohprodukte in der Lebensmittelproduktion | Gewerbliches Schlachten, Zerlegen von Tieren ein- schließlich verarbeitende Geflügelindustrie (**K**) | Angebot (**K**) |

135

Arbeitsbereiche	Gefährdende Tätigkeiten	Arbeitsmedizinische Maßnahmen G42 Impfung Beratung
Anmerkung: Es erscheint sinnvoll, für Personen ohne ausreichenden Immunschutz eine Impfung anzubieten.		
Arbeitsbereich (5): Anlagen der Raumluft-technik, Klima-, Luftbefeuchtungs-, Raum- und Luftkanalzerstäubungs-anlagen	Warten, Instandsetzen, Reinigen von Luftwäschern, Wärmetauschern, Luftfilter-einrichtungen, Rohrleitungs-, Luftverteilungssystemen in Klima-, Luftbefeuchtungsan-lagen **(A)**, Warten, Instand-setzen, Reinigen von motor-betriebenen Zerstäubern, Düsenzerstäubern (Kaltver-nebler), Ultraschallzerstäubern, Dampfluftbefeuchtern in Raum-, Luftkanalzerstäubungs-anlagen **(B)**	Angebot **(A, B)**
Arbeitsbereich (6): Landwirtschaft (ohne Tierproduktion), Gartenbau, Forstwirtschaft, Holzwirtschaft, Jagd, Bodenbearbeitung (auch baulich)	Pflanzenproduktion: Ernten, Verladen, Transportieren, Umfüllen, Trocknen, Lagern von Pflanzenmaterial (Grünlandkompostierung), Zubereiten von Tierfuttermit-teln in der Landwirtschaft **(A)**, Ausbringen von Stallabfällen: Gülle, Mist **(B)**; Forst-, Holzwirtschaft, Jagd: Umgang mit möglicherweise infizierten Tieren (**C**); Holzernte, Waldarbeiten, Transportarbeiten **(D)**, allgemeine Bodenbearbeitung **(E)**, Bodenbearbeitung auf ehemaligen Standorten der Lederproduktion und Tierkörperbeseitigung **(F)**, Bodensanierung mit Zuschlag-stoffen aus Abfällen: Zusetzen und Ausbringen von hygienisch bedenklichen Klärschlämmen, Rohkompost **(G)**	Angebot **(A, B, C, D, E, G)**
Anmerkung: Es erscheint sinnvoll, für Personen ohne ausreichenden Immunschutz eine Impfung anzubieten.		

3.16.9.2 Schutzimpfung

Für die aktive Immunisierung steht ein seit Jahrzehnten bewährter Tetanus-Adsorbat-Impfstoff zur Verfügung. Die Grundimmunisierung umfasst drei Impfungen (Abstand der 1. und 2. Impfung ca. 4 bis 8 Wochen, 3. Impfung nach 6 bis 12 Monaten). Die Injektion erfolgt tief intramuskulär (Gesäßmuskel) und ist gut verträglich. Auffrischungen sind in 10-jährigen Abständen empfehlenswert (s. auch STIKO-Empfehlungen). Für Kinder stehen Kombinationsimpfungen z.B. mit Diphtherie-und Pertussis-Impfstoff zur Verfügung.

3.16.9.3 Postexpositionelle Prophylaxe

Als Ergänzung zur aktiven Immunisierung ist ein Tetanus-Immunglobulin erhältlich. Die Anwendung erfolgt im Verletzungsfall grundsätzlich in Kombination mit einer gleichzeitigen aktiven Immunisierung. Die Injektion soll tief intramuskulär verabreicht werden (kontralateraler Gesäßmuskel). Die Verträglichkeit ist gut. Zur postexpositionellen Prophylaxe sollte als Aktivimpfstoff nach Empfehlungen der STIKO Diphtherie-Tetanus-Toxoidimpfstoff (bei Personen > 6 Jahre Td-Impfstoff) verwendet werden. Zu Indikationen siehe STIKO-Empfehlung.

3.16.9.4 STIKO-Empfehlungen

Impfempfehlungen der Ständigen Impfkommission am Robert-Koch-Institut (Stand Januar 2000)
[Epidemiologisches Bulletin 02/2000]

Impfung gegen	Kategorie	Indikation bzw. Reiseziel	Anwendungshinweise (Beipackzettel beachten)
Tetanus	A	Alle Personen bei fehlender oder unvollständiger Grundimmunisierung, wenn die letzte Impfung der Grundimmunisierung oder die letzte Auffrischimpfung länger als 10 Jahre zurückliegt	Die Impfung gegen Tetanus sollte in der Regel in Kombination mit der Impfung gegen Diphtherie durchgeführt werden. Eine begonnene Grundimmunisierung wird vervollständigt, Auffrischimpfung in 10-jährigen Intervallen
	I	Postexpositionell	Siehe nachfolgende Tabelle
Kategorien: A - Impfung mit breiter Anwendung und erheblichem Wert für die Gesundheit der Bevölkerung I - Indikationsimpfung bei erhöhter Gefährdung von Personen bzw. Angehörigen von Risikogruppen			

Tetanus-Immunprophylaxe im Verletzungsfall
Impfempfehlungen der Ständigen Impfkommission am Robert-Koch-Institut
(Stand Januar 2000)
[Epidemiologisches Bulletin 02/2000]

Vorgeschichte der Tetanus-Immunisierung (Anzahl der Impfungen)	Saubere geringfügige Wunden		Alle anderen Wunden[1]	
	Td oder DT[2]	TIG[3]	Td oder DT[2]	TIG[3]
Unbekannt	Ja	Nein	Ja	Ja
0-1	Ja	Nein	Ja	Ja
2	Ja	Nein	Ja	Nein[4]
3 oder mehr	Nein[5]	Nein	Nein[6]	Nein

1. Tiefe und/oder verschmutzte (mit Staub, Erde, Speichel, Stuhl kontaminierte) Wunden, Verletzungen mit Gewebszertrümmerung und reduzierter Sauerstoffversorgung oder Eindringen von Fremdkörpern (z. B. Quetsch-, Riss-, Biss-, Stich-, Schusswunden) schwere Verbrennungen und Erfrierungen, Gewebsnekrosen, septische Aborte
2. Kinder unter 6 Jahren DT, ältere Personen Td (d.h. Tetanus-Diphtherie-Impfstoff mit gegenüber dem DT-Impfstoff verringertem Diphtherie-Toxoidgehalt)
3. TIG = Tetanus-Immunglobulin, im Allgemeinen werden 250 IE verabreicht, die Dosis kann auf 500 IE erhöht werden; TIG wird simultan mit Td/DT-Impfstoff angewendet
4. Ja, wenn die Verletzung länger als 24 Stunden zurückliegt
5. Ja, wenn seit der letzten Impfung mehr als 10 Jahre vergangen sind
6. Ja, wenn seit der letzten Impfung mehr als 5 Jahre vergangen sind

Die Tetanus-Immunprophylaxe ist unverzüglich durchzuführen. Fehlende Impfungen der Grundimmunisierung sind entsprechend den Empfehlungen für die Grundimmunisierung nachzuholen.
Es sollte Diphtherie-Tetanus-Toxoidimpfstoff benutzt werden.

3.17   Tuberkulose

3.17.1   Erreger und Epidemiologie

Die „weiße Pest" war viele Jahrhunderte hindurch eine der häufigsten Todesursachen in Europa. Über 30 % der Bevölkerung verstarben an der Lungentuberkulose. Im Jahre 1882 entdeckte Robert Koch das *Mycobacterium tuberculosis,*

Tab. 13: Einteilung der Mykobakterien

Gruppe (Klassifizierung)	Spezies	Erkrankung/Sonstiges
Mykobakterienkomplex (= Tuberkulosebakterien, = *M.-tuberculosis-* Komplex)	*Mycobacterium tuberculosis* *Mycobacterium bovis*	Tuberkulose Rindertuberkulose (Tbc-Erkrankung beim Menschen durch Milch)
	Mycobacterium africanum	Tuberkuloseerreger bei Nagern
	Mycobacterium microti	(Einzelfallberichte über das Vorkommen beim Menschen)
	Bacillus Calmette-Guérin (BCG)	attenuierter *Mycobacterium-bovis*-Stamm, der zur Tuberkulose-Schutzimpfung und bei der Behandlung des Blasenkarzinoms eingesetzt wird
Atypische Mykobakterien (MOTT/PPEM)	*Mycobacterium avium/ intracellulare*	Lymphadenitis/ Lungeninfektion
	Mycobacterium interjectum	Lymphadenitis
	Mycobacterium malmoense	Lymphadenitis
	Mycobacterium ulcerans	Hautinfektion (Ulzera)
	Mycobacterium marinum	Hautinfektion (Ulzera)
	Mycobacterium simiae	Lungeninfektionen
	Mycobacterium szulgai	Lungeninfektionen
	Mycobacterium xenopii	Lungeninfektionen
	Mycobacterium kansasii	Lungeninfektionen
	Mycobacterium fortuitum	unspez. eitrige Entzündungen
	Mycobacterium chelonae	unspez. eitrige Entzündungen
	u.v.m.	
Mycobacterium leprae	*Mycobacterium leprae*	Lepra

stellte es der damaligen medizinischen Wissenschaft in der Berliner Charité vor und erbrachte gleichzeitig unter Berücksichtigung der Henle-Koch-Postulate den Nachweis der Erregernatur dieses Bakteriums für die Tuberkulose.
Die Vertreter des Genus *Mycobacterium* aus der Familie der *Mycobacteriaceae* weisen eine Vielzahl besonderer Eigenschaften auf. Die obligat aerob wachsen-

den Stäbchenbakterien sind sporenlos und unbeweglich. Die Zellwand verfügt über einen hohen Gehalt an Lipiden und Wachsen (bis zu 60 % der Trockensubstanz), die den Mykobakterien ihre Säurefestigkeit, eine hohe Umweltresistenz und Widerstandsfähigkeit gegenüber Laugen und einfachen Desinfektionsmitteln wie auch die Fähigkeit zur intrazellulären Persistenz und Resistenz gegen die Komplementlyse verleihen. Das mikroskopisch oft auffällige zopfartige Wachstum wird durch den Cord-Faktor bedingt, - ein Trehalose-Dimykolat, durch das die Bakterien aneinander kleben.

Der klassische Erreger der menschlichen Tuberkulose ist *Mycobacterium tuberculosis*, das gemeinsam mit *Mycobacterium bovis* (Erreger der Rindertuberkulose), *Mycobacterium africanum* und *Mycobacterium microti* den so genannten Mykobakterienkomplex bildet. Die Vielzahl aller anderen, ubiquitär vorkommenden Mykobakterien werden demgegenüber als atypische Mykobakterien bzw. MOTT (mycobacteria other than tuberculosis) bezeichnet. Da Letztere als fakultativ pathogen eingestuft werden müssen, findet man in der Literatur auch häufig die Bezeichnung PPEM (potentially pathogenic environmental mycobacteria). Eine besondere Rolle spielen die Erkrankungen mit atypischen Mykobakterien bei abwehrgeschwächten Patienten in Zusammenhang mit der Schwere der Immunsuppression (verschiedene Stadien bei AIDS, Chemotherapie etc.). Des Weiteren lassen sich die Mykobakterien nach unterschiedlicher Generationszeit in die Gruppe der langsam wachsenden und die der schnell wachsenden Spezies einteilen. Das *Mycobacterium leprae* gehört ebenso zum Genus *Mycobacterium*, nimmt aber als Erreger der Lepraerkrankung eine gesonderte Stellung ein.

Die Tuberkulose ist mit Sicherheit noch immer eine der weltweit häufigsten Infektionserkrankungen. Nach WHO-Meldungen und vorsichtigen Schätzungen muss man jährlich von weit über 20 Millionen Infizierter, ca. 9 Millionen Neuerkrankungen und mindestens 3 Millionen Todesfällen ausgehen. Die Entwicklungsländer sind davon besonders schwer betroffen.

In letzter Zeit steigen auch die Fallzahlen in den Ländern der ehemaligen Sowjetunion erschreckend an. Anlass zur Besorgnis geben außerdem die aus den USA stammenden Berichte über die Zunahme multiresistenter Tuberkuloseerreger. In der BRD bewegen sich die gemeldeten Erkrankungsfälle relativ konstant um die Zahl 6000. Durch bessere Behandlungsergebnisse bei der HIV-Infektion ist die Rate opportunistischer Tbc-Infektionen nach kurzzeitigem Anstieg in den 90er Jahren inzwischen wieder gefallen. Durch gezielte Kontrolle der Rinderbestände und das Pasteurisieren von Milch sind Infektionen mit *Mycobacterium bovis* in Deutschland sehr selten geworden. Komplikationen nach BCG-Impfung mit einem attenuierten *Mycobacterium-bovis-Stamm (Bacillus Calmette-Guérin)*, die von Gewebsreaktionen an der Injektionsstelle über Lymphadenitiden bis hin zur generalisierten Aussaat mit tödlichem Ausgang reichen, sowie Urogenitaltuberkulose nach Behandlung mit BCG-Stämmen bei Blasenkarzinom werden gelegentlich verzeichnet. Die ubiquitär verbreiteten atypischen Mykobakterien führen zu granulomatösen Entzündungen und spielen als opportunistische Infektionserreger eine wichtige Rolle. Diese sehr umweltresistenten Bakterien haben ihren natürlichen Standort im Boden und im Wasser sowie bei etlichen Haus- und Wildtierarten.

3.17.2   Infektionsmodus

Die Übertragung der Tuberkulose erfolgt fast ausschließlich durch Tröpfcheninfektion von Mensch zu Mensch, wobei die von einer erkrankten Person durch Husten oder Niesen abgegebenen erregerhaltigen Aerosole durch Inhalation in die Alveolen der Lungen gelangen. Zum Angehen der Infektion reichen oft schon wenige Bakterien aus. Jeder Patient mit einer offenen Tuberkulose ist grundsätzlich kontagiös. Eine **offene Tuberkulose** ist durch den Nachweis säurefester Stäbchen im mikroskopischen Präparat bei entsprechender Klinik definiert. Da der Nachweis von säurefesten Stäbchen jedoch nicht in jedem Fall mit dem Nachweis von Tuberkulosebakterien gleichgesetzt werden kann (z.B. Vorhandensein atypischer Mykobakterien), kann der mikroskopisch positive Befund die hohe Wahrscheinlichkeit für das Vorliegen einer Lungentuberkulose nur in der Gesamtschau aller klinischen, radiologischen und ggf. histopathologischen Erhebungen bestätigen.

Von einer **geschlossenen Tuberkulose** spricht man, wenn bei klinisch gesicherter Lungentuberkulose oder unter der Therapie einer zuvor offenen Tuberkulose an drei aufeinander folgenden Tagen untersuchte Proben (Morgensputum) jeweils mikroskopisch negativ befundet werden. Wenngleich *Mycobacterium tuberculosis* in erster Linie eine Lungeninfektion verursacht, so können im weiteren Verlauf grundsätzlich alle Organsysteme bzw. Körperstrukturen durch lymphogene und/oder hämatogene Streuung betroffen sein. In unterschiedlicher Häufigkeit können als Manifestation der Erkrankung eine Knochentuberkulose, tuberkulöse Spondylodiszitis, Urogenitaltuberkulose, NNR-Tuberkulose, Kehlkopftuberkulose, ZNS-Tuberkulose, Darmtuberklose, eine Tuberkulose der Gehörknöchelchen oder des Auges, die besonders gefährliche Meningitis tuberculosa im Kindesalter, eine Infektion der Pleura u.a. diagnostiziert werden. Die primäre Miliartuberkulose ist Ausdruck einer generalisierten Erregeraussaat bei abwehrgeschwächten Patienten und stellt ein lebensbedrohliches Krankheitsbild dar. Für das Angehen einer atypischen Mykobakteriose sind in der Regel prädisponierende Faktoren (Immunschwäche, Vorerkrankungen, Verletzungen der Haut etc.) erforderlich. In vielen Fällen, wie z.B. Lymphadenitiden bei gesunden Kindern, ist die Ätiologie bisher weitgehend ungeklärt.

3.17.3 *Erkrankungen und Erkrankungsfolgen*

Die Tuberkulose ist eine chronisch-zyklisch verlaufende Infektionskrankheit. In der Lunge bildet sich nach Inhalation der Bakterien innerhalb von 10 bis 14 Tagen ein lokaler Entzündungsprozess, den man als Primäraffekt (PA) bezeichnet. In dieser Zeit vermehren sich die Erreger in Makrophagen, in denen sie nicht abgetötet werden können. Einige Mykobakterien gelangen über die Lymphbahnen in regionäre Lymphknoten, die infolge einer Stimulation der zellulären Immunantwort mit T-Zellvermehrung anschwellen. Diese Lymphknoten bilden gemeinsam mit dem PA den so genannten Primärkomplex (PK). Die zwischen der 6. und 14. Woche post infectionem ablaufenden Immunreaktionen, bedingt durch bakterielle Antigene und spezifische T-Zellen, kennzeichnen die Primär-Tbc mit Entwicklung charakteristischer Granulome. In den meisten Fällen reicht eine in dieser Phase erworbene Immunität (die eine weitere Vermehrung und Ausbreitung der Erreger zu unterbinden vermag), um den Infektionsprozess zum Stillstand zu bringen, d.h., die Erkrankung verläuft zunächst inapparent. Andererseits verbleiben in den zwischenzeitlich vernarbten und verkalkten Primäraffekten und Primärkomplexen lebenslang vermehrungsfähige Mykobakterien, die zu einem späteren Zeitpunkt zum Auslöser einer postprimären Tbc werden können.

Ferner besteht die Möglichkeit, dass einige Erreger in der frühen Phase der Primär-Tbc über die Blutbahn andere Körperregionen erreichen und sich beispielsweise in Knochenepiphysen, im Nierenparenchym, in der Darmwand etc. ansiedeln, um dort ebenfalls über viele Jahre zu persistieren und schließlich ebenfalls Ausgangspunkt einer Postprimär-Tbc werden. Dieser Vorgang wird als **primäre Streuherdbildung** bezeichnet. Primäre Streuherde in apikalen Lungenbereichen heißen **Simonsche Spitzenherde**. In etwa 10 % der Fälle kann die Primär-Tbc bei Personen mit insuffizienter zellulärer Immunität progredient fortschreiten. Anstelle eines Primärkomplexes entstehen dann **verkäsende Nekrosen** und das Krankheitsbild der **progressiven Primär-Tbc**. Eine massive lymphogene und hämatogene Streuung der Erreger mit Ausbildung zahlreicher kleiner und kleinster Granulome, insbesondere in Knochenmark, Leber und Meningen, kennzeichnen die nach etwa drei Monaten auftretende und schwer verlaufende **Miliartuberkulose**. Als Ausdruck einer gänzlich fehlenden Immunantwort entwickelt sich die häufig letal verlaufende **Landouzy-Sepsis**, bei der eine Granulombildung gänzlich ausbleibt und sich *Mycobakterium tuberculosis* ungehindert bakteriämisch im Organismus ausbreitet (z.B. bei AIDS-Patienten im fortgeschrittenen Stadium).

Exogene und endogene Faktoren unterschiedlichster Art können zum Ausbruch der **Postprimär-Tbc** führen. Häufig sind es extreme körperliche Belastungen, Stress, immunsupprimierende Therapien (Kortisonapplikation/Strahlenbehandlung), neu aufgetretene Grunderkrankungen (Diabetes mellitus, Leukämie u.a.), Alkoholismus, Drogenkonsum, hohes Lebensalter etc. oder auch eine Superinfektion mit Tuberkulosebakterien, die eine **Reaktivierung** bewirken. In den bereits vorbestehenden Granulomen setzt eine verkäsende Nekrotisierung ein und es bildet sich ein zum Teil mit nekrotischen Massen verflüssigter Hohlraum: die **Kaverne**. Das Zusammenspiel überaktivierter Makrophagen, spezifisch stimulierter T-Zellen und zahlreicher Zytokine ist an der Gewebsschädigung bzw. Kavernenbildung ursächlich beteiligt. Innerhalb der Kavernen finden die Tuberkulosebakterien wiederum Idealbedingungen zu ihrer Vermehrung. Häufig finden Lungenkavernen Anschluss an das Bronchialsystem und die Erreger werden somit durch Husten ausgestoßen (offene Tbc, s.o.) oder es findet eine hämatogene Streuung durch arrodierte Blutgefäße in verschiedene Organe statt (**Organtuberkulose**).

Die früher auch als Schwindsucht bezeichnete Lungentuberkulose weist eine Vielzahl charakteristischer klinischer Symptome auf. Häufig wird in der Anamnese über seit einigen Wochen bestehende subfebrile Temperaturen, Nachtschweißigkeit, Appetitlosigkeit, Gewichtsverlust (nicht selten bis zur Kachexie), Abgeschlagenheit, Schwächegefühl, Husten mit Auswurf, Atembeschwerden, Luftnot und Hämoptysen berichtet. Bei der Organtuberkulose treten Symptome entsprechend der Lokalisation auf (siehe Tab. 14). Nicht selten werden sie nur zufällig aufgrund eines akuten Krankheitsgeschehens (z.B. Spontanfraktur) entdeckt.

Die granulomatöse Entzündung ist auch das Leitbild der atypischen Mykobakteriosen. Ihre Pathogenese und Klinik ist je nach Spezies unterschiedlich (siehe Tab. 14). Bei Patienten mit entsprechender Disposition werden in erster Linie Lungen-, Lymphknoten- oder Hautinfektionen beobachtet. Für Letztere stellen kleine Hautläsionen die Eintrittspforte dar. Disseminierte Formen kommen ebenfalls bei immunsupprimierten Patienten vor.

3.17.4   Diagnostik

Die mikrobiologische Diagnostik der Tuberkulose basiert stets auf einer mikroskopischen Untersuchung und mindestens zwei kulturellen Verfahren. Ein mikroskopisches Präparat aus dem Patientenmaterial wird entweder direkt oder angereichert, d.h. nach Dekontamination (Reduktion der Begleitflora), Homogenisierung und anschließender Zentrifugation, angelegt. Die Anfärbung der „säurefesten Stäbchen" gelingt nur mit Hilfe von Spezialfärbungen. Als klassische Methode gilt noch immer die Ziehl-Neelsen-Färbung, zur schnelleren Screeninguntersuchung kann aber auch die Auramin-Rhodamin-Färbung zum Einsatz kommen.

Tab. 14: Häufige Symptome bei verschiedenen Organtuberkulosen

Organmanifestation	Klinische Symptome	Untersuchungsmaterial
Lungentuberkulose	allgemeines Krankheitsgefühl* subfebrile Temperaturen* Nachtschweiß* Leistungsminderung* Schwächegefühl* körperliche Abgeschlagenheit* Appetitlosigkeit* Gewichtsverlust* Atembeschwerden Luftnot Thoraxschmerzen Husten mit Auswurf Hämoptysen leichte BSG-Erhöhung*	Sputumproben (möglichst Morgensputum!) BAL (= bronchoalveoläre-Lavage) Lungengewebe (Biopsie) Magensaft (nur bei Säuglingen u. Kleinkindern, wenn eine Sputumgewinnung nicht möglich ist) Trachealsekret
Pleuritis tuberculosa	Thoraxschmerzen Atembeschwerden	Sputumproben BAL (s.o) Pleurapunktat bei Erguss Pleurabiopsie
Knochentuberkulose, Gelenktuberkulose, Spondylodiscitis tuberculosa	lokale Schmerzen Bewegungseinschränkungen Spontanfrakturen	Gelenkpunktat Knochenbiopsie, intraoperativ gewonnenes Abszess- u. Gewebematerial
Meningitis tuberculosa	Kopfschmerzen Übelkeit Erbrechen Fieber Somnolenz Meningismus gespannte Fontanelle	Liquor
ZNS-Tuberkulose	Kopfschmerzen Somnolenz Übelkeit Erbrechen neurologische Ausfälle	Liquor Gehirnbiopsie intraoperativ gewonnenes Abszess- u. Gewebematerial

Organmanifestation	Klinische Symptome	Untersuchungsmaterial
Urogenitaltuberkulose	Hämaturie Dysurie Zystitis Abdominalschmerzen Schmerz in den Nierenlagern Rückenschmerzen Sterilität	Urin Nierenbiopsie Prostatabiopsie Hodenbiopsie intraoperativ gewonnenes Abszess- u. Gewebematerial
NNR-Tuberkulose	hormonelle Störungen (Morbus Addison)	NNR-Biopsie intraoperativ gewonnenes Abszess- u. Gewebematerial
Lymphknotentuber- kulose	lokale Schmerzen Lymphknotenschwellung	Lymphknotenbiopsie operativ exstirpierte Lymphknoten
Darmtuberkulose	abdominale Schmerzen Diarrhö Obstipation	Stuhl (nur kulturelle Untersuchung), Darmbiopsie, intraoperativ gewonnenes Abszess- u. Gewebematerial
Leber-/Milztuberkulose	abdominale Schmerzen Hepato-/Splenomegalie	Leber-/Milzbiopsie intraoperativ gewonnenes Abszess- u. Gewebematerial
Kehlkopftuberkulose	Reizhusten Schluckbeschwerden	Sputum Biopsiematerial
Hauttuberkulose	knotige oder ulzeröse Hautveränderungen	Hautbiopsie
Tuberkulose des Innenohres	Ohrenschmerzen Hörverlust	intraoperativ gewonnenes Abszess- u. Gewebematerial
Miliartuberkulose/ Landouzy-Sepsis	schweres bis septisches Krankheitsbild	Sputumproben Blutkulturen (spezielle Blutkulturflaschen!) Liquor Knochenmarkbiopsien Ergusspunktate Gewebsbiopsien (z.B. LK)

* Symptome, die bei vielen Organmanifestationen der Tbc auftreten können

145

Der mikroskopische Nachweis von Mykobakterien ist entscheidend von der Keimdichte im Probenmaterial abhängig. So werden bei Anwesenheit von 10^4 Keimen/ml nur etwa 60 % der Präparate positiv, während bei 10^6 Keimen/ml fast alle Präparate positiv sind. In die Befundmitteilung fließt im positiven Fall zusätzlich eine semiquantitative Abstufung ein, die von „kontrollbedürftig" (1-3 säurefeste Stäbchen im gesamten Präparat) bis zur Angabe ++++ (10 oder mehr säurefeste Stäbchen pro Gesichtsfeld) reicht. Der mikroskopische Nachweis „säurefester Stäbchen" aus Atemwegsmaterialien ist bei gleichzeitig vorliegenden klinischen Verdachtsmomenten beweisend für das Vorliegen einer **„offenen Tuberkulose"**. Urin und Stuhl werden nur in Ausnahmefällen bei besonders begründetem Verdacht auf eine Tuberkulose entsprechender Organsysteme mikroskopisch untersucht, da in diesen Untersuchungsproben häufig atypische Mykobakterien anzutreffen sind, die zu falsch positiven Ergebnissen führen. Der parallele Einsatz von mindestens zwei, besser noch drei Kulturverfahren hat sich seit langem bewährt, da in den zur Tbc-Diagnostik eingesandten Materialien aufgrund der langen Generationszeit und den besonderen Eigenschaften der Erreger zumeist nur geringe Keimdichten vorliegen, die von einer Kulturmethode allein nicht unbedingt erfasst würden.

Für die besonderen Wachstumsansprüche der *Mycobacteriaceae* wurden spezielle feste Nährböden mit zahlreichen Zusätzen entwickelt (*Löwenstein-Jensen, Stonebrink, Coletsos* u.a.). Als Flüssigkultur hat sich das auch in halbautomatisierten Detektionssystemen (z.B. BACTEC/MGIT) eingesetzte *Middlebrook-Medium* bewährt. Nach heute gültigen Qualitätsstandards werden im mikrobiologischen Tbc-Labor zwei feste und ein flüssiges Kulturmedium jeweils für acht Wochen bebrütet, bevor ein endgültiges negatives Kulturergebnis mitgeteilt wird. Findet hingegen im Verlauf der Bebrütung ein bakterielles Wachstum statt, so können die angezüchteten Mykobakterien durch biochemische Untersuchungsverfahren identifiziert werden. Diese aufwendige und zeitraubende Differenzierungsmethode wird jedoch seit einigen Jahren durch neue, schnelle und zuverlässige molekularbiologische Techniken (Gensonden/Gen-Sequenzierung) weitgehend abgelöst.

Resistenztestungen der angezüchteten Erreger gegenüber den etablierten Tuberkulostatika sind mit Hilfe der flüssigen Kulturmedien möglich, beanspruchen aber ein minimales Zeitintervall von 8 bis 10 Tagen. Die zahlreichen Meldungen resistenter und multiresistenter Tuberkulosebakterien aus den USA und den osteuropäischen Ländern sprechen unbedingt für die Empfindlichkeitsprüfung, die auch während einer Therapie zumindest einmal wiederholt werden sollte. Nukleinsäure-Amplifikationstechniken (NAT), die in jüngster Zeit zum Direktnachweis von Mykobakterien aus Untersuchungsmaterial eingesetzt werden, können zur Beschleunigung der Diagnosestellung und zur Ergänzung herkömmlicher Nachweisverfahren sehr hilfreich sein, diese aber keinesfalls ersetzen! Zur Detektion der Nukleinsäuren von Tuberkuloseerregern eignen sich die PCR (**p**olymerase **c**hain **r**eaction), die TMA (**t**ranscription-**m**ediated **a**mplification) und die LCR (**l**igase **c**hain **r**eaction). Positive wie negative Ergebnisse der NAT sind nur unter Berücksichtigung weiterer mikrobiologischer Befunde und der klinischen Situation zu interpretieren.

Die Therapie der Tuberkulose muss stets mit einer **Kombination** mehrerer wirksamer Substanzen und über **Monate** durchgeführt werden, da ansonsten aufgrund der langen Generationszeit der Erreger eine Resistenzentwicklung unvermeidbar wäre. Der Manifestationsort der Erkrankung und die Ausprägung der Symptome zum Zeitpunkt der Diagnosestellung sind weitere Parameter, die bei der Entscheidung des Therapieschemas berücksichtigt werden müssen. Gegenüber früheren Behandlungstrategien der unkomplizierten Lungentuberkulose mit 3fach Kombinationen über 9 oder mehr Monate, hat sich in neuester Zeit die Therapie mit 4fach Kombinationen für 2 Monate und anschließender 2fach Kombination für weitere 4 Monate bewährt (siehe Tab. 15).

Tab. 15: Behandlungsschema der unkomplizierten Lungentuberkulose

2 Monate	6 Monate
Rifampicin + Isoniazid + Pyrazinamid + Ethambutol	Rifampicin + Isoniazid

Da das Nebenwirkungsspektrum der Tuberkulostatika sehr umfangreich ist, kann eine Verkürzung der Therapiedauer die Rate der unerwünschten Begleiterscheinungen senken und die Compliance des Patienten verbessern. Weitere Tuberkulostatika sind Streptomycin und Protionamid.

Atypische Mykobakteriosen werden ebenfalls mit 3fach Kombinationen therapiert, es kommen jedoch neben Ethambutol andere Antibiotika wie Rifabutin, Clarithromycin, Ciprofloxacin und Amikacin zum Einsatz. Bei vielen MOTT (atypische Mykobakterien) ist die Anzahl natürlicher Resistenzen hoch. Ihre Behandlung ist daher oft schwer zu beeinflussen.

3.17.5 Besondere Hinweise

Meldepflicht nach **Bundesseuchengesetz**: bei **Erkrankung, Tod**.

147

Meldepflicht nach dem **Infektionsschutzgesetz** (lfSG Entwurf Stand 17.08.1999): namentliche Meldung bei **Erkrankung oder Tod** an einer behandlungsbedürftigen Tuberkulose, auch wenn ein bakteriologischer Nachweis nicht vorliegt. Namentliche Meldung bei **direktem** Erregernachweis, soweit dieser auf eine akute Infektion hinweist, sowie nachfolgend für das Ergebnis der Resistenzbestimmung. Vorab auch bei Nachweis säurefester Stäbchen.

3.17.6 Arbeitsmedizinische Bedeutung

Für Mitarbeiter im Gesundheitswesen hat die Tuberkulose eine besondere Bedeutung, da sie die zweitwichtigste berufsbedingte Infektionskrankheit dieser Gruppe ist. Durch verstärkte Reiseaktivitäten, aber auch Migrationsbewegungen aus Ländern der Dritten Welt hat die Bedeutung der Tuberkulose in den letzten Jahren weiter zugenommen. Insbesondere nach Öffnung der Ostgrenzen und die dadurch bedingte erhebliche Zunahme von Reisen aus bzw. in Länder der ehemaligen Sowjetunion, aber auch durch die Einwanderung großer Personenzahlen aus diesen Gebieten ist die Gefahr der Einschleppung von Tuberkulose deutlich angestiegen. Hier muss auch der Anstieg von Fällen therapieresistenter Tuberkulose z.B. in Russland kritisch betrachtet werden.

3.17.6.1 Berufliche Exposition

Mögliche berufliche Expositionen gegenüber Tuberkuloseerregern sind bei der Diagnostik und Behandlung Erkrankter, bei häufigem und engem Kontakt mit wechselnden Personen aus Gebieten mit hoher Erkrankungshäufigkeit, aber auch bei Reisetätigkeiten oder beruflichem Auslandseinsatz in diesen Ländern zu erwarten. Das Risiko erhöht sich weiter, wenn der Aufenthalt unter schlechten hygienischen Verhältnissen stattfindet oder Kontakt zu Personen aus Bevölkerungskreisen mit schlechtem Hygienestandard besteht.

3.17.6.2 Betroffene Berufsgruppen

Gesundheitswesen, Behandlung und Pflege Erkrankter	Heime für Aussiedler und Asylanten, Erfassungsstellen etc.	Sonstige Arbeitsbereiche (Kontakt mit Personen aus Endemiegebieten)
Ärzte, Pflegepersonal, sonstiges med. Personal insbesondere in: Lungenheilkunde, Pathologie, Infektionsstationen, Aufnahmebereichen, Intensivstationen, HNO-Kliniken, Flughafen- und Hafenpraxen (Röntgenabteilungen, soweit für o.g. Bereiche tätig)	Sozialarbeiter, Verwaltungsangestellte, Reinigungspersonal	Mitarbeiter von Zoll, Polizei und Grenzschutz, ggf. auch von privaten Wachdiensten, fliegendes Personal, Personal auf Flughäfen, Reisebegleiter, sonstiges (technisches) Personal
Auslandstätigkeiten (in Endemiegebieten)	Labortätigkeiten	Sonstige Arbeitsbereiche
Montagearbeiter, Entwicklungshelfer, Personal in der Touristikbranche und/oder mit anderen Reisetätigkeiten, insbesondere mit engem Kontakt zur einheimischen Bevölkerung, längeren Aufenthaltszeiten und schlechtem Hygienestandard	technische Assistenten (MTA, BTA, PTA, CTA) sonstiges Personal in: med. und mikrobiologischen Laboratorien	Tierpfleger bei der Betreuung von Primaten

3.17.7 Umwelt- und (reise-)medizinische Aspekte

Durch den verstärkten Kontakt mit Personen aus Endemiegebieten muss auch eine höhere Gefährdung der Allgemeinbevölkerung in Deutschland angenommen werden.

3.17.7.1 Umweltexposition

Von einer erhöhten Umweltexposition ist bei Reisen in Endemiegebiete sowie bei häufigem Kontakt mit Personen aus Endemiegebieten auszugehen. Die Infektionsgefahr erhöht sich bei engem Kontakt zur Bevölkerung aus Endemiegebieten mit niedrigem Hygienestandard.

3.17.7.2 Betroffene Bevölkerungsgruppen

Eine erhöhte Gefährdung kann bei Urlaubern (in Ländern mit niedrigem Hygienestandard, in Hochendemiegebieten), besonders bei Trekking- und Abenteuertouristen angenommen werden. Personen mit häufigem privatem Kontakt zu Reisenden oder Besuchern aus Endemiegebieten können ebenfalls einer besonderen Infektionsgefährdung unterliegen.

3.17.8 Krankenhaushygienische Aspekte

Geschlossene Tuberkulose:
Die Isolierung erkrankter Personen ist aus hygienischer Sicht nicht erforderlich. Erforderlich ist dagegen eine desinfizierende Reinigung sichtbarer Verunreinigungen mit Körperflüssigkeiten, Sekreten und Ausscheidungen sowie von Behandlungs-, Untersuchungs- und Pflegematerial. Bei Kontakt mit Körperflüssigkeiten, Sekreten und Ausscheidungen ist patientenbezogene Schutzkleidung zu tragen. Es genügt die normale Reinigung von Flächen und Gegenständen sowie die normale Entsorgung von Wäsche und Speiseresten.

Offene Tuberkulose:
Erkrankte Personen sind streng zu isolieren. Erforderlich ist eine desinfizierende Reinigung sichtbarer Verunreinigungen mit Körperflüssigkeiten, Sekreten und Ausscheidungen sowie von Behandlungs-, Untersuchungs- und Pflegematerial. Außerdem ist patientenbezogene Schutzkleidung mit Nasen-Mundschutz, Einmalhandschuhen und Kopfbedeckung zu tragen. Flächen und Gegenstände sind zu desinfizieren, ggf. hat eine Abschlussdesinfektion z.B. durch Verdampfen von Formalin (nur auf Anordnung des Gesundheitsamtes) zu erfolgen. Wäsche und Speisereste (mit Einmalgeschirr!) sind in Sonderbehältern für infektiöses Material zu entsorgen.

3.17.9 Prävention

3.17.9.1 Allgemeine Infektionsprophylaxe

Es ist auf die allgemeinen Hygieneregeln und Infektionsschutzmaßnahmen bei der Behandlung und Pflege erkrankter Personen (siehe 2.1 bis 2.2) zu achten. Ansonsten sind keine speziellen Maßnahmen erforderlich.

**Arbeitsmedizinische Maßnahmen nach BGI 504-42 (früher ZH1/600.42)
mit Anmerkungen des Autors
Infektionskrankheit Nr. 37 (Tuberkulose)**

Arbeitsbereiche	Gefährdende Tätigkeiten	Arbeitsmedizinische Maßnahmen G42 Impfung Beratung
Arbeitsbereich (1): *Gesundheitsdienst* Stationäre und ambulante Einrichtungen der Humanmedizin (**A**), der Zahnmedizin (**B**), der Veterinärmedizin (**C**), ***in Tuberkuloseabtei- lungen und pulmolo- gischen Einrichtungen**	Untersuchen, Behandeln, Pflegen	fakultativ (**A, B, C**) ***obligat** (**A**)
	Abnehmen von Körperflüssig- keiten, Ausscheidungen, Abstrichmaterial	fakultativ (**A, C**) ***obligat** (**A**)
	Obduktion, Sektion	**obligat** (**A**) fakultativ (**C**)
	weitere Tätigkeiten (Instandsetzung, Reinigung, Reparatur, Wartung, Trans- port, Entsorgung)	fakultativ (**A**) ***obligat** (**A**)
Arbeitsbereich (1): *Sozialdienste* Stationäre und ambulante Sozialeinrichtungen für Kinder und Jugendliche (ohne Schulen), Familien, Senioren und Behinderte (**D**),	Betreuung, Pflege somatisch- psychisch Hilfsbedürftiger, Umgang mit Körperflüssig- keiten und Ausscheidungen, Umgang mit verletzungsaus- lösenden Arbeitsmitteln, Umgang mit infektiöser	Angebot (**D,E,F**)

Arbeitsbereiche	Gefährdende Tätigkeiten	Arbeitsmedizinische Maßnahmen G42 Impfung Beratung
Gemeinschaftseinrichtungen und Werkstätten für Personen in besonderen sozialen Lebenslagen (Gefährdete, Behinderte) (**E**), Strafvollzug (**F**)	Wäsche, Betreuung von Personen im Strafvollzug	
Arbeitsbereich (1): *Wohlfahrtspflege* Stationäre und ambulante Einrichtungen, Heime bzw. Tagesstätten für Altenpflege (**G**), ambulante Pflegedienste (**H**)	Untersuchen, Behandeln, Pflegen, Umgang mit Körperflüssigkeiten und Ausscheidungen, Umgang mit verletzungsauslösenden Arbeitsmitteln und aggressiven Personen (Hausbesuche), Umgang mit infektiöser Wäsche, häusliche Krankenpflege, Altenpflege (Hauspflege) Familienpflege, Krankenpflege-Notfalldienst	fakultativ (**G, H**)
Arbeitsbereich (1): *Laboratorien und sonstige Bereiche* Laboratorien der Humanmedizin (**A**)	Auspacken, Aufbereiten, Entsorgen von erfahrungsgemäß infektiösem Probenmaterial, Fixieren, Einbetten, Entwässern, Färben von Blutausstrich- sowie Kultur- und histologischen Präparaten, Herstellen von Organ-(Gefrier-)Schnittpräparaten, Anzüchten, Mikroskopieren, Kultivieren, Differenzieren von Erregern aus Materialproben	fakultativ (**A**)
Arbeitsbereich (1): *Laboratorien und sonstige Bereiche* Laboratorien der Humanmedizin (**A**), Veterinärmedizin (**C**)	Bedienen von Untersuchungs-, Analyseautomaten mit infektiösen Proben, Umgang mit infektiösem Material, Gegenständen, Gerätschaften beim Bedienen von Desinfektionsapparaten oder Beschicken der sog. unreinen Seite in	fakultativ (**A, C**)

Arbeitsbereiche	Gefährdende Tätigkeiten	Arbeitsmedizinische Maßnahmen G42 Impfung Beratung
	Desinfektionseinrichtungen, Halten, Pflege von infizierten, infektiösen Versuchstieren, weitere Tätigkeiten (Instandsetzung, Reinigung, Reparatur, Wartung, Transport, Entsorgung, Fahrtätigkeiten)	
Arbeitsbereich (4): Anlagen der Tierproduktion, Bereiche mit lebenden Tieren, Tierhaltung, Tierhandel	Bereiche mit lebenden Tieren: Zucht, Pflege, Transport und Handel in der Landwirtschaft **(A)**, Tierhaltung in Tierheimen, zoologischen Gärten, Tierparks, Freizeit- und Safariparks, Reiterhöfen, Zirkusunternehmen, Zoohandlungen **(E)**	Angebot **(A,E)**

Anmerkung: Der irreführende Begriff der „gemeinnützigen Einrichtungen" (Zoohandlung!) unter E wurde gestrichen.

Arbeitsbereich (4): Bereiche mit tierischen, pflanzlichen Rohstoffen für „Non-Food-Produkte"	Verwerten, Beseitigen verendeter oder tot geborener Tiere aus gewerblichen chlachtstätten **(H)**	Angebot **(H)**
Arbeitsbereich (6): Landwirtschaft (ohne Tierproduktion), Gartenbau, Forstwirtschaft, Holzwirtschaft, Jagd	Forst-, Holzwirtschaft, Jagd: Umgang mit möglicherweise infizierten Tieren (**C**)	Angebot **(C)**

153

3.17.9.4 STIKO-Empfehlungen

Impfempfehlungen der Ständigen Impfkommission am Robert-Koch-Institut
(Stand Januar 2000)
[Epidemiologisches Bulletin 02/2000]

Impfung gegen	Kate- gorie	Indikation bzw. Reiseziel	Anwendungshinweise (Beipackzettel beachten)
Tuberkulose		Die Impfung mit dem derzeit verfügbaren BCG-Impfstoff wird **nicht** empfohlen.	

3.18   Rotlauf (Erysipeloid)

3.18.1   Erreger und Epidemiologie

Der Erreger des Erysipeloids ist *Erysipelothrix rhusiopathiae*, ein grampositives,
aerob wachsendes Stäbchenbakterium. Das natürliche Reservoir dieses Keims
sind weltweit die verschiedensten Haus- und Nutztiere (vor allem Schweine, aber
auch Rinder, Pferde, Geflügel, Fische, Muscheln); der Erreger kann auch im Erd-
boden lange Zeit überdauern.

3.18.2   Infektionsmodus

Epidemiologisch relevant ist in unseren Breitengraden fast ausschließlich die
Übertragung durch intensiven Umgang mit infizierten Tieren oder Teilen davon
(gefährdete Berufsgruppen s. u.), wobei der Erreger durch Mikroläsionen in der
Haut eindringt.

3.18.3   Erkrankungen und Erkrankungsfolgen

Die häufigste Manifestation der Infektion mit *Erysipelothrix rhusiopathiae* ist
das Erysipeloid, eine 1 bis 4 Tage nach Infektion auftretende Schwellung der
Haut an der Erregereintrittspforte mit livider Verfärbung. Neben dieser benignen
Manifestation kommt es – wenn auch selten – zu generalisierten Verläufen mit

Arthritis der benachbarten Gelenke und/oder Sepsis; hierbei sind auch Endokarditiden beschrieben worden.

3.18.4   Diagnostik

Der direkte mikroskopische Nachweis aus Hautproben gelingt im Allgemeinen nicht. Als Untersuchungsmaterial sind Gewebssaft oder Biopsien geeignet; beides sollte sofort nach Entnahme in eine Bouillon verbracht werden (Fleischwasserboullion mit 1% Dextrose; da diese aber in der definierten Form vor Ort seltenst verfügbar: am besten aerobe Blutkulturflaschen); bei Verdacht auf einen septischen Verlauf müssen ebenfalls Blutkulturen abgenommen werden.

3.18.5   Besondere Hinweise

Meldepflicht nach **Bundesseuchengesetz**: keine Meldepflicht.
Meldepflicht nach dem **Infektionsschutzgesetz** (IfSG Entwurf Stand 17.08.1999): keine Meldepflicht.
Gegen Rotlauf gibt es weder eine aktive Impfung noch passive Immunisierungsmöglichkeiten, serologische Testverfahren stehen in der Routinediagnostik ebenfalls nicht zur Verfügung. Das Erysipeloid spricht gut auf eine Antibiose mit Penizillin G an; weiterhin sind Cephalosporine, Erythromycin und Clindamycin wirksam.

3.18.6   Arbeitsmedizinische Bedeutung

Der (Schweine-)Rotlauf ist in Mitteleuropa sehr selten. Ein Großteil der Erkrankungen findet sich aber berufsbedingt bei Personen in der Fleisch-, Fisch- und Geflügelverarbeitung.

3.18.6.1 Berufliche Exposition

Eine berufliche Exposition ist bei allen Berufsgruppen der Fleisch-, Fisch- und Geflügel-, aber auch der Wildverarbeitung anzunehmen. Neben der allerdings seltenen Möglichkeit, auf infiziertes Tiermaterial zu treffen, führt eine Tätigkeit mit vermehrtem Auftreten von Hautläsionen (Eintrittspforten) an Fingern und Händen zu einer beruflichen Gefährdung. Bei der Behandlung und Pflege erkrankter Personen sowie bei Labortätigkeiten mit Erregerkontakt oder Kontakt zu erregerhaltigem Untersuchungsgut besteht bei Einhaltung der allgemeinen Hygienerichtlinien keine wesentliche berufliche Exposition.

3.18.6.2 Betroffene Berufsgruppen

Fleischproduktion und Fischverarbeitung	Sonstige Arbeitsbereiche
Schlachter, Metzger, Abdecker, Tierärzte (Fleischbeschau), Fischer, Fischhändler, sonstiges Personal in der Fleisch und Fisch verarbeitenden Industrie	Jäger (Aufbrechen und Zerwirken von Wild)

3.18.7 Umwelt- und (reise-)medizinische Aspekte

Für die Allgemeinbevölkerung besteht keine wesentliche umwelt- und reise-medizinische Gefährdung durch Rotlauf.

3.18.7.1 Umweltexposition

Eine erhöhte Exposition gegenüber *Erysipelothrix rhusiopathiae* kann nur bei häufigem Kontakt mit möglicherweise infiziertem Tiermaterial angenommen werden.

3.18.7.2 Betroffene Bevölkerungsgruppen

Betroffene Personengruppen sind in erster Linie Jäger und Angler.

3.18.8 Krankenhaushygienische Aspekte

Eine Isolierung erkrankter Personen ist nicht erforderlich. Ansonsten sind die allgemeinen Hygieneregeln zu beachten.
Es genügt die normale Reinigung von Flächen und Gegenständen und die normale Entsorgung von Wäsche und Speiseresten.

3.18.9   Prävention

3.18.9.1 Allgemeine Infektionsprophylaxe

Es ist auf die Einhaltung der allgemeinen Hygieneregeln und Infektionsschutz-maßnahmen bei der Behandlung und Pflege erkrankter Personen (siehe 2.1 bis 2.2) zu achten. Im Umgang mit möglicherweise infiziertem Tiermaterial sollten, soweit möglich, Schutzhandschuhe getragen werden.

Arbeitsmedizinische Maßnahmen nach BGI 504-42 (früher ZH1/600.42) mit Anmerkungen des Autors Infektionskrankheit Nr. 6 (Rotlauf)

Arbeitsbereiche	Gefährdende Tätigkeiten	Arbeitsmedizinische Maßnahmen G42 Impfung Beratung
Arbeitsbereich (1): *Gesundheitsdienst* Stationäre und ambulante Einrichtungen der Veterinärmedizin (C)	Untersuchen, Behandeln, Pflegen Abnehmen von Körperflüssig-keiten, Ausscheidungen, Abstrichmaterial, Obduktion, Sektion, weitere Tätigkeiten (Instand-setzung, Reinigung, Reparatur, Wartung, Transport, Entsorgung)	fakultativ **(C)** fakultativ **(C)**
Arbeitsbereich (1): *Laboratorien und sonstige Bereiche* Laboratorien der Veterinärmedizin (C)	Umgang mit infektiösem Material, Halten, Pflege von infizierten, infektiösen Versuchstieren	fakultativ **(C)**
Anmerkung: Eine wesentliche Infektionsgefährdung im Laborbereich besteht bei Einhaltung der allgemeinen Hygienerichtlinien wohl nicht.		
Arbeitsbereich (4): Anlagen der Tierproduk-tion, Bereiche mit leben-den Tieren, Tierhaltung, Tierhandel	Bereiche mit lebenden Tieren: Zucht, Pflege, Transport und Handel in der Landwirtschaft **(A)**,	Angebot **(A, B, E)**

Arbeitsbereiche	Gefährdende Tätigkeiten	Arbeitsmedizinische Maßnahmen G42 Impfung Beratung
	Umgang mit Tieren in Lehr- und Versuchsanstalten sowie sonstigen Bereichen der Wissenschaft (**B**), Zoohandlungen (**E**), Tierpräparation (**F**)	

Anmerkung: Der irreführende Begriff der „gemeinnützigen Einrichtungen" (Zoohand-lung!) unter E wurde gestrichen. Maßnahmen bei Tätigkeiten in der Tierpräparation sind nicht aufgenommen. Eine Infektionsgefährdung für Präparatoren und damit zumindest eine Beratungsnotwendigkeit ist aber anzunehmen.

Arbeitsbereich (4): Bereiche mit tierischen, pflanzlichen Rohstoffen für „Non-Food-Produkte"	Verarbeitung tierischer Rohwaren (**G**), Verwerten, Beseitigen verende-ter oder tot geborener Tiere aus gewerblichen Schlachtstätten (**H**)	Angebot (**G, H**)
Arbeitsbereich (4): Tierische und pflanzliche Rohprodukte in der Lebensmittelproduktion	Gewerbliches Schlachten, Zerlegen von Tieren einschließlich verarbeitende Geflügelindustrie (**K**)	Angebot (**K**)
Arbeitsbereich (6): Landwirtschaft (ohne Tierproduktion), Jagd, Bodenbearbeitung (auch baulich)	Ausbringen von Stallabfällen: Gülle, Mist (**B**), Forst-, Holzwirtschaft, Jagd: Umgang mit möglicherweise infizierten Tieren (**C**)	Angebot (**B**)

Anmerkung: Arbeitsmedizinische Vorsorgemaßnahmen für (Berufs-)Jäger oder Forstbeamte (Jagdführer) wurden nicht aufgenommen, obwohl eine Infektionsgefahr z.B. bei Aufbrechen und Zerwirken von Wild angenommen werden kann. Hier besteht zumindest Beratungsbedarf.

4. Erkrankungen durch Viren

4.1 AIDS (HIV-Infektion)

4.1.1 Erreger und Epidemiologie

Die humanen Immundefizienzviren 1 und 2 (HIV-1, HIV-2) gehören zur Familie der Retroviren. Sie sind umhüllt und besitzen ein einzelsträngiges RNA-Genom. HIV-1 und -2 integrieren ihr Genom als sog. provirale DNA in das Genom der Wirtszelle. Wenn es dem Immunsystem nicht gelingt, alle befallenen Zellen zu eliminieren, bleibt das Virus (auch ohne Replikationsaktivität) im Organismus persistent. Es kann nach neuesten Erkenntnissen als weitgehend gesichert angesehen werden, dass HIV vom Schimpansen aus in die menschliche Population gelangt ist. HIV kommt weltweit vor, die Durchseuchung unterliegt jedoch erheblichen geographischen und soziokulturellen Schwankungen, da für die Übertragung des Virus nur spezielle Wege infrage kommen. Die Durchseuchung der Durchschnittsbevölkerung ist in West- und Zentralafrika besonders hoch.

4.1.2 Infektionsmodus

Epidemiologisch relevant sind folgende Übertragungswege: Sexualkontakte, parenterale Übertragung von Blut (Blut, Blutprodukte, Benutzung von nicht ausreichend sterilisierten Injektionsbestecken durch mehrere Personen), diaplazentare Übertragung, perinatale Infektion, Stillen. Die für die meisten anderen humanpathogenen Viren wichtigen Übertragungswege wie Tröpfcheninfektion/respiratorisches Aerosol und fäkal-orale Schmierinfektion spielen für die Übertragung von HIV epidemiologisch keine Rolle.

4.1.3 Erkrankungen und Erkrankungsfolgen

Etwa 2 bis 6 Wochen nach der Infektion kann es zu einem mononukleoseähnlichen, für den Erreger aber unspezifischen Krankheitsbild kommen. Danach bleibt HIV über Jahre und Jahrzehnte klinisch inapparent, wobei die Virusträger in dieser Phase voll infektiös sind. Mit fortschreitender Dysfunktion des Immunsystems kommt es zu Infektionen mit sog. opportunistischen Erregern wie *Candida albicans*, *Pneumocystis carinii* oder sog. atypischen Mykobakterien. Die Diagnose AIDS (Acquired Immune Deficiency Syndrome/erworbenes Immunschwächesyndrom) wird klinisch gestellt und sollte nicht mit der asymptomatischen HIV-Infektion verwechselt werden. Zusätzlich zu mikrobiologisch diagnostizierbaren Erkrankungen wie z.B. den oben Genannten treten im Stadium AIDS noch weitere, mikrobiologisch nicht spezifizierbare Symptomenkomplexe wie Diarrhö mit Gewichtsverlust („wasting syndrome") oder neurologische Symptome (HIV-Enzephalopathie) auf. Im Rahmen der laufenden Optimierung der Therapie hat sich in den letzten Jahren das Spektrum der AIDS-definierenden Erkrankungen in unseren Breitengraden insofern verschoben, als für extrem niedrige T-Helferzellzahlen (> 50/μl) typische opportunistische Infektionen wie z.B. die atypischen Mykobakteriosen seltener geworden sind. Die durchschnittliche Latenzphase zwischen Infektion und der Ausbildung des Vollbildes AIDS wird auf ca. 15 Jahre geschätzt. Die Erkrankung AIDS selbst verläuft auch bei heutigen Therapiemöglichkeiten immer tödlich und wird selten länger als 2 bis 3 Jahre überlebt.

4.1.4 Diagnostik

Die Diagnose einer HIV-Infektion erfolgt standardmäßig über den Nachweis von Antikörpern gegen HIV, wobei als erste Stufe ELISA zum Screening eingesetzt wird und positive oder unklare Ergebnisse mit einer zweiten Methode (Westernblot) bestätigt werden müssen. Die gängigen Screeningtests erfassen dabei HIV-1 und HIV-2 sowie deren bekannte Varianten. Die gängigen kommerziellen Bestätigungstests erfassen allerdings oft nur HIV-1 mit Sicherheit, sodass zur Bestätigung einer HIV-2-Infektion oftmals Speziallaboratorien zurate gezogen werden müssen. Die Serokonversion erfolgt bei der Mehrzahl der Infizierten 6 bis 12 Wochen nach Infektion; Konversionszeiten von mehr als 6 Monaten sind eine Rarität. Die PCR wird vorwiegend zur Therapiesteuerung eingesetzt, kann jedoch auch verwendet werden, um HIV direkt in kontaminiertem Material nachzuweisen. Es sei an dieser Stelle darauf hingewiesen, dass aufgrund der Bedeutung positiver HIV-Befunde diese nicht nur technisch einwandfrei bestätigt werden müssen (s.o.), sondern auch logistisch; dies bedeutet, dass alle positiven Ergebnisse mit einer zweiten, unabhängig entnommenen Probe bestätigt werden sollten, um Probenverwechslungen auszuschließen.

4.1.5   Besondere Hinweise

Anonyme Meldepflicht nach § 51 des **Bundesseuchengesetzes**.
Meldepflicht nach dem **Infektionsschutzgesetz** (IfSG Entwurf Stand 17.08.1999):
nicht namentliche Meldung bei **direktem oder indirektem** Erregernachweis,
soweit dieser auf eine akute Infektion hinweist.
Es besteht weiter anonyme Laborberichtspflicht.

Aufgrund der speziellen Biologie von HIV ist die Entwicklung von Impfstoffen
problematisch, sodass solche momentan nicht zur Verfügung stehen. Es gibt die
Möglichkeit einer postexpositionellen Chemoprophylaxe, deren Indikation im
Rahmen einer Risikoabschätzung gestellt wird; hier sei auf die einschlägigen
Empfehlungen der verschiedenen mit dieser Problematik befassten Institutionen
verwiesen (CDC, RKI etc.). Die vertikale Übertragungsrate (Mutter auf Kind)
von HIV kann durch eine Kombination von AZT-Prophylaxe (ab 32. SSW),
Sectio caesarea in der 36. SSW und Nachbehandlung des Kindes mit AZT deutlich gesenkt werden (s. Deutsch-Österreichische Empfehlungen zur HIV-Thera-
pie in der Schwangerschaft). Da die Säuglingssterblichkeit durch gastrointestinale Infektionen in unseren Breitengraden sehr gering ist, übersteigt das HIV-
Risiko durch Stillen dessen protektiven Effekt bezüglich der Mortalität durch
gastrointestinale Infektionen; hierzulande wird daher HIV-positiven Müttern
vom Stillen abgeraten.

4.1.6   Arbeitsmedizinische Bedeutung

Die arbeitsmedizinische Bedeutung der HIV-Infektion ist noch nicht umfassend
geklärt. Relativ selten wird von beruflichen Infektionen bei Mitarbeitern im Gesundheitswesen oder bei Personen mit Kontakt zu Risikogruppen berichtet.

4.1.6.1   Berufliche Exposition

Die Gefahr einer HIV-Infektion hat eine grundsätzliche arbeitsmedizinische Bedeutung für Berufsgruppen, die häufig gegenüber Blut- und Blutprodukten sowie
anderen Körperflüssigkeiten oder -geweben exponiert sind. Die berufliche Gefährdung erhöht sich deutlich mit der Wahrscheinlichkeit von Verletzungen an blutkon-
taminierten Gegenständen, insbesondere aus Risikokollektiven wie Drogenabhängigen, Insassen von Strafvollzugsanstalten, Prostituierten etc. Eine verstärkte Gefährdung ist auch bei diesen Tätigkeiten in Ländern mit deutlich höherer Durchseuchung der Bevölkerung anzunehmen (z.B. Zentralafrika). Insgesamt ist jedoch

zu beachten, dass die Infektiosität der HIV-Erreger um ein Vielfaches niedriger ist als die der Hepatitis-B-Viren (ca. 1:100) oder auch der Hepatitis-C-Viren (ca. 1:10). Eine erhöhtes berufliches Risiko besteht insbesondere bei der Behandlung und Pflege erkrankter Personen sowie bei Labortätigkeiten mit Erregerkontakt oder Kontakt zu erregerhaltigem Untersuchungsgut. Des Weiteren ergibt sich ein erhöhtes Infektionsrisiko bei direktem oder indirektem Kontakt zu Risikogruppen und der gleichzeitigen Möglichkeit von Verletzungen mit Blutkontamination. Ein erhöhtes Risiko besteht außerdem bei Tätigkeiten in Ländern mit hoher Durchseuchung der Bevölkerung. Neben dem Infektionsrisiko durch direkten oder indirekten Blutkontakt ist hier auch die mit zunehmender Aufenthaltsdauer steigende Wahrscheinlichkeit einer medizinischen Behandlung zu nennen.

4.1.6.2 Betroffene Berufsgruppen

Gesundheitsdienst, insbesondere bei der Pflege und Behandlung Erkrankter	Arbeitsbereiche mit Kontakt zu Risikogruppen	Auslandstätigkeiten (in Endemiegebieten)	Labortätigkeiten
Ärzte, Pflegepersonal, sonstiges med. Personal, insbesondere in: Infektionsstationen	Polizei, Strafvollzugsbeamte, private Sicherheitsdienste, Personal von Drogeneinrichtungen, Reinigungspersonal in Fixertreffs	Montagearbeiter, Entwicklungshelfer, Personal in der Touristikbranche und/oder mit anderen Reisetätigkeiten, insbesondere bei längeren Aufenthaltszeiten	technische Assistenten (MTA, BTA, PTA, CTA), sonstiges Personal in: med. und virologischen Laboratorien

4.1.7 Umwelt- und (reise-)medizinische Aspekte

Der wesentliche umwelt- und reisemedizinische Aspekt der HIV-Infektion ist die sexuelle Übertragbarkeit. Dagegen spielen andere Übertragungswege wie Unfälle mit Blutkontakt etc. eine eher untergeordnete Rolle.

4.1.7.1 Umweltexposition

Grundsätzlich besteht bei jedem ungeschützten Geschlechtsverkehr mit einem Partner mit unklarem Infektionsstatus die Gefahr einer HIV-Infektion. Das Risiko erhöht sich erheblich, wenn der Sexualpartner aus einer Risikogruppe stammt, z.B. männliche oder weibliche Prostituierte, Homosexuelle, Personen mit hoher Promiskuität, Drogenabhängige, Prostituierte in einem Land mit hoher Durchseuchungsrate etc. Die Infektionswahrscheinlichkeit wird durch besondere, mit Schleimhautverletzungen einhergehende Sexualpraktiken (z.B Analverkehr) erhöht.

4.1.7.2 Betroffene Bevölkerungsgruppen

Besonders betroffen sind bisher nicht infizierte Angehörige der o.g. Risikogruppen sowie deren Sexualpartner. Einer besonderen Infektionsgefahr setzen sich so genannte Sextouristen in Ländern mit hohem Durchseuchungsgrad aus.

4.1.8 Krankenhaushygienische Aspekte

Eine Isolierung erkrankter Personen ist aus hygienischer Sicht nicht erforderlich. Erforderlich ist dagegen eine desinfizierende Reinigung sichtbarer Verunreinigungen mit Körperflüssigkeiten, Sekreten und Ausscheidungen sowie von Behandlungs-, Untersuchungs- und Pflegematerial. Bei Kontakt mit Körperflüssigkeiten, Sekreten und Ausscheidungen empfiehlt sich eine patientenbezogene Schutzkleidung. Es genügt die normale Reinigung von Flächen und Gegenständen sowie die normale Entsorgung von Wäsche und Speiseresten.

4.1.9 Prävention

4.1.9.1 Allgemeine Infektionsprophylaxe

Es ist auf die Einhaltung der allgemeinen Hygieneregeln und Infektionsschutzmaßnahmen bei der Behandlung und Pflege erkrankter Personen (siehe 2.1 bis 2.2) zu achten. Im Umgang mit Blut oder Blutprodukten sind die besonderen Schutzmaßnahmen zu beachten. Bei der Gefahr von Aerosolbildung sind Nasen- und Mundschutz sowie Schutzbrille zu tragen.

Arbeitsmedizinische Maßnahmen nach BGI 504-42 (früher ZH1/600.42) Infektionskrankheit Nr. 16 (HIV-Infektion)

Arbeitsbereiche	Gefährdende Tätigkeiten	Arbeitsmedizinische Maßnahmen G42 Impfung Beratung
Arbeitsbereich (1): *Gesundheitsdienst* Stationäre und ambulante Einrichtungen der Humanmedizin **(A)**, Zahnmedizin **(B)**, Veterinärmedizin **(C)**	Untersuchen, Behandeln, Pflegen Abnehmen von Körperflüssigkeiten, Ausscheidungen, Abstrichmaterial Obduktion, Sektion weitere Tätigkeiten (Instandsetzung, Reinigung, Reparatur, Wartung, Transport, Entsorgung)	fakultativ **(A, B)** fakultativ **(A, B)** fakultativ **(A)** fakultativ **(A, B)**
Arbeitsbereich (1): *Sozialdienste* Gemeinschaftseinrichtungen und Werkstätten für Personen in besonderen sozialen Lebenslagen (Gefährdete, Behinderte) **(E)**, Strafvollzug **(F)**	Betreuung, Pflege somatisch-psychisch Hilfsbedürftiger, Umgang mit Körperflüssigkeiten und Ausscheidungen, Umgang mit verletzungsauslösenden Arbeitsmitteln, Umgang mit infektiöser Wäsche, Betreuung von Personen im Strafvollzug	fakultativ **(E,F)**
Arbeitsbereich (1): *Wohlfahrtspflege* Ambulante Pflegedienste **(H)**	Untersuchen, Behandeln, Pflegen, Umgang mit Körperflüssigkeiten und Ausscheidungen, Umgang mit verletzungsauslösenden Arbeitsmitteln und aggressiven Personen (Hausbesuche), Umgang mit infektiöser Wäsche, häusliche Krankenpflege, Krankenpflege-Notfalldienst	fakultativ **(H)**
Arbeitsbereich (1): *Laboratorien und sonstige Bereiche* Laboratorien der Humanmedizin **(A)**	Auspacken, Aufbereiten, Entsorgen von erfahrungsgemäß infektiösem Probenmaterial, Fixieren, Einbetten, Entwässern, Färben von Blutausstrich- sowie Kultur- und	fakultativ **(A)**

Arbeitsbereiche	Gefährdende Tätigkeiten	Arbeitsmedizinische Maßnahmen G42 Impfung Beratung
	histologischen Präparaten, Herstellen von Organ-(Gefrier-) Schnittpräparaten, Anzüchten, Mikroskopieren, Kultivieren, Differenzieren von Erregern aus Materialproben	
Arbeitsbereich (1): *Laboratorien und sonstige Bereiche* Laboratorien der Humanmedizin **(A)**	Bedienen von Untersuchungs-, Analyseautomaten mit infektiösen Proben, Umgang mit infektiösem Material, Gegenständen, Gerätschaften beim Bedienen von Desinfektionsapparaten oder Beschicken der sog. unreinen Seite in Desinfektionseinrichtungen, Halten, Pflege von infizierten, infektiösen Versuchstieren, weitere Tätigkeiten (Instandsetzung, Reinigung, Reparatur, Wartung, Transport, Entsorgung, Fahrtätigkeiten)	fakultativ **(A)**
Arbeitsbereich (2): Abwassertechnische Anlagen, Klärschlammverwertung, berufl. Oberflächenwasserkontakt	Tätigkeiten in o.g. Anlagen mit Verletzungsrisiko durch Kanülen, z.B. Fixerbesteck **(C)**	fakultativ **(C)**
Arbeitsbereich (3): Anlagen der Abfallwirtschaft (Erfassung, Sortierung, Kompostierung), thermische Abfallverwertung, Deponierung	Abfallsammlung und Beförderung **(A)**, mechanische Abfallaufbereitung (auch Zwischenlagerung und technisch-biologische Behandlungsverfahren; Rotte, Vergärung, Kompostierung **(B)**, manuelle Sortierung (Störstoffauslese) und manuelle biologische Behandlungsverfahren: Rotte, Vergärung, Kompostierung (**C**)	Angebot **(A,B,C)**

4.1.9.2 Postexpositionelle Prophylaxe

Eine postexpositionelle Prophylaxe kann insbesondere bei Verletzungen mit Blutkontakt von Indexpatienten sinnvoll sein. Da die Form (Indikation, Prophylaxeschemata) im Rahmen des medizinischen Fortschritts einem schnellen Wechsel unterliegt, kann hier nur auf die Deutsch-Österreichischen Empfehlungen zur postexpositionellen Prophylaxe nach HIV-Exposition vom 11.05.1998 und weitere Veröffentlichungen des Robert-Koch-Institutes verwiesen werden.

4.2 Epstein-Barr-Virus-Infektion (Mononukleose)

4.2.1 Erreger und Epidemiologie

Das Epstein-Barr-Virus (EBV) gehört zur Familie der Herpesviren und wird innerhalb dieser Familie den sog. Gamma-Herpesviren zugerechnet. Wie alle Herpesviren besitzt EBV eine Hülle, ein Doppelstrang-DNA-Genom und persistiert nach Infektion lebenslang in seinem Wirt. Der Latenzort von EBV sind B-Lymphozyten, in denen das Virus in Form von zirkulärer DNA vorliegt; als einer der tragenden Mechanismen dieses Zustandes wird die EBV-induzierte Hemmung des gesteuerten Absterbens (Apoptose) dieser Zellen betrachtet. Auch im Latenzstadium findet in den Epithelien des Oropharynx eine andauernde lytische Replikation auf niedrigem Niveau statt. EBV kommt weltweit in allen humanen Populationen vor (auch in solchen, in denen Masern oder Influenza nicht endemisch sind), die Durchseuchung ist im Erwachsenenalter weitgehend komplett (ca. 90%); Unterschiede zwischen verschiedenen Regionen bestehen in den Altersgruppen, in denen die Durchseuchung stattfindet: In Ländern mit niedrigem sozioökonomischen Status findet die Durchseuchung während der Kindheit statt, in industrialisierten Ländern eher während des Jugend- und frühen Erwachsenenalters.

4.2.2 Infektionsmodus

Die einzige epidemiologisch relevante Übertragung von EBV erfolgt über Speichel. EBV ist nur wenig kontagiös, sodass eine Übertragung via Aerosol zwar möglich (und auch beschrieben) ist, jedoch auch in suszeptiblen Kollektiven nur selten stattfindet. Die EBV-Übertragung erfolgt durch intensiven, andauernden Kontakt entweder im Rahmen der Säuglings- und Kleinkindpflege unter beengten räumlichen und eingeschränkten hygienischen Verhältnissen oder später im

Jugend- und frühen Erwachsenenalter mit dem Beginn sexueller Aktivität (sog. kissing disease). EBV-Übertragungen durch Transfusion und Transplantation sind ebenfalls möglich.

4.2.3   Erkrankungen und Erkrankungsfolgen

Primärinfektionen im Kindesalter verlaufen im Allgemeinen ohne eine typische, klinisch fassbare Erkrankung. Mit zunehmendem Alter wird die Primärinfektion symptomatisch (Manifestationsindex in der Altersgruppe um 18 Jahre: ca. 50%) und verläuft als sog. infektiöse Mononukleose (IM, auch Pfeiffer'sches Drüsenfieber). Nach einer Inkubationszeit von ca. 4 bis 8 Wochen kommt es zu Fieber, Lymphknotenschwellungen und einer oft massiven Tonsillitis; im Blutbild findet sich eine Lymphozytose mit „atypischen" Lymphozytenformen. Die Hospitalisierungsrate liegt bei ca 15%. Die häufigste Komplikation ist eine Hepatitis (manchmal auch einzige Manifestation der EBV-Primärinfektion), sehr selten sind Pneumonie, Meningitis, Enzephalitis, Myokarditis, Guillain-Barré-Syndrom. Besondere Bedeutung hat EBV aufgrund seiner Assoziation mit bestimmten Tumoren erlangt: EBV-assoziiertes Burkitt-Lymphom, Nasopharynxkarzinom sowie B-Zell-Lymphome unter Immunsuppression (Transplantation, HIV-Infektion, X-gebundenes proliferatives Syndrom). Für alle EBV-assoziierten Tumoren gilt, dass außer der Präsenz von EBV noch andere Faktoren bei der Tumorentstehung eine wesentliche Rolle spielen.

4.2.4   Diagnostik

Die Diagnostik von EBV-Infektionen erfolgt üblicherweise durch Antikörperbestimmungen, wobei differenziell verschiedene Antigene eingesetzt werden (z.B. EBNA 1 und 2, VCA, EA-D, EA-R und einige, meist herstellerspezifische Antigene mehr). Die verfügbaren Testformate sind mannigfaltig und wenig einheitlich, sodass der einsendende Arzt bei der EBV-Serologie in besonderem Maße auf die Befundinterpretation durch das durchführende Labor angewiesen ist. Eine durchgemachte Infektion lässt sich jedoch standardmäßig durch den Nachweis von IgG-Antikörpern gegen EBNA und VCA nachweisen. Eine spezielle Rolle spielen quantitative VCA-IgG-Messungen in der Diagnostik EBV-assoziierter Lymphome sowie quantitative VCA-IgA-Bestimmungen bei der Diagnostik des EBV-assoziierten Nasopharynxkarzinoms. Für spezielle Fragestellungen steht (in spezialisierten Labors) eine PCR zur Verfügung, wobei bedacht werden sollte, dass die Interpretation positiver Befunde erhebliche Probleme bereiten kann.

4.2.5 Besondere Hinweise

Meldepflicht nach **Bundesseuchengesetz**:
1. bei **Erkrankung und Tod** durch EBV-induzierte Meningitis, Meningoenzephalitis sowie Hepatitis
2. bei **Tod** durch Mononukleose
3. bei **Ausbruch** in Gemeinschaftseinrichtungen (> 2 Fälle).

Meldepflicht nach dem **Infektionsschutzgesetz** (IfSG Entwurf Stand 17.08.1999): keine Meldepflicht.

4.2.6 Arbeitsmedizinische Bedeutung

Arbeitsmedizinisch relevant ist die Epstein-Barr-Virus-Infektion insbesondere für Personen bis zum 3. Lebensjahrzehnt mit beruflichem Kontakt zu Erkrankten.

4.2.6.1 Berufliche Exposition

Eine mögliche berufliche Exposition besteht bei der Behandlung und Pflege erkrankter Personen sowie in geringerem Maße bei Tätigkeiten mit Kindern, Jugendlichen und Behinderten (häufigeres Auftreten von Erkrankungsfällen).

4.2.6.2 Betroffene Berufsgruppen

Behandlung und Pflege Erkrankter	Erziehung und Betreuung von Kindern und Jugendlichen	Erziehung und Betreuung von Behinderten
Ärzte, Pflegepersonal, sonstiges med. Personal, insbesondere in: Infektionsstationen, Pädiatrie, HNO	Lehrer, Kindergärtner/pfleger, Sozialarbeiter, sonstiges Personal in: Kindergärten, Kindertagesstätten, Kinderheimen, Gemeinschaftseinrichtungen, Grundschulen	Erzieher, Sozialarbeiter, Ergotherapeuten, sonstiges Personal in Einrichtungen insbesondere für jugendliche Behinderte

4.2.7   Umwelt- und (reise-)medizinische Aspekte

Es besteht keine wesentliche umwelt- und reisemedizinische Gefährdung für bestimmte Bevölkerungsgruppen durch Epstein-Barr-Virus-Infektionen.

4.2.8   Krankenhaushygienische Aspekte

Eine Isolierung erkrankter Personen ist aus hygienischer Sicht nicht erforderlich. Erforderlich ist dagegen eine desinfizierende Reinigung sichtbarer Verunreinigungen mit Körperflüssigkeiten, Sekreten und Ausscheidungen sowie von Behandlungs-, Untersuchungs- und Pflegematerial. Bei Kontakt mit Körperflüssigkeiten, Sekreten und Ausscheidungen empfiehlt sich eine patientenbezogene Schutzkleidung. Es genügt die normale Reinigung von Flächen und Gegenständen sowie die normale Entsorgung von Wäsche und Speiseresten.

4.2.9   Prävention

4.2.9.1   Allgemeine Infektionsprophylaxe

Es ist auf die Einhaltung der allgemeinen Hygieneregeln und Infektionsschutzmaßnahmen bei der Behandlung und Pflege erkrankter Personen (siehe 2.1 bis 2.2) zu achten. Ansonsten sind keine speziellen Maßnahmen erforderlich.

4.3   Ebola-Virus-Infektion (virusbed. hämorrhagisches Fieber)

4.3.1   Erreger und Epidemiologie

Das Ebola-Virus gehört zur Familie der Filoviren, ist als solches pleomorph, umhüllt und besitzt ein Einzelstrang-RNA-Genom. Es lässt sich durch alle üblichen Desinfektionsmittel leicht inaktivieren. Bis heute hat es insgesamt fünf größere Ebola-Ausbrüche (mit Humanbeteiligung) mit wenigen hundert Infizierten gegeben; seroepidemiologische Studien weisen darauf hin, dass das Ebola-Virus natürlicherweise definitiv nicht in der menschlichen Population zirkuliert. Die bisherigen Ausbrüche bei Menschen sind in Afrika (Zaire, Sudan) lokalisiert; bei aus den Philippinen in die USA importierten Affen hat es ebenfalls eine Ebola-Epidemie gegeben. Das natürliche Reservoir des Ebola-Virus ist zum jetzigen Zeitpunkt noch nicht bekannt; die bisher untersuchten Affenspezies scheiden als Reservoir aus, da sie 1.) keine Antikörper gegen Ebola-Virus in nennenswertem

Umfang aufweisen und 2.) einen noch dramatischeren Krankheitsverlauf mit einer noch höheren Letalität aufweisen als Menschen. Dennoch sind Affen offensichtlich wichtige Vehikel zwischen natürlichem Reservoir und dem Menschen.

4.3.2 Infektionsmodus

Da das Erregerreservoir nicht bekannt ist, weiß man auch nichts über den Übertragungsweg aus diesem Reservoir auf die Indexfälle. Die weitere Übertragung erfolgt durch hygienisch nicht abgesicherten Kontakt mit Blut und anderen Körperflüssigkeiten der Patienten. Eine Übertragung durch respiratorische Aerosole ist zwar mit großer Wahrscheinlichkeit möglich, war aber in den bis heute aufgetretenen Ebola-Virus-Epidemien nicht der relevante Faktor. Es kann nicht genug betont werden, dass alle bisherigen Ebola-Epidemien ausschließlich in Krankenhäusern und im pflegerischen familiären Umfeld der Infizierten durch Nichteinhaltung grundlegender Hygieneregeln (sei es durch Unwissenheit, fehlende Mittel oder beides) erst ermöglicht wurden. Insbesondere wurden die früheren Ausbrüche durch die Wiederverwendung von Injektionsbestecken ohne zwischengeschaltete Sterilisation vorangetrieben. Alle bisherigen Epidemien konnten durch eine entsprechende Quarantänepolitik und die Einführung grundlegender hygienischer Maßnahmen (wie die Verwendung von Handschuhen und steriler Kanülen) innerhalb kürzester Zeit gestoppt werden.

4.3.3 Erkrankungen und Erkrankungsfolgen

Die Erkrankung beginnt mit unspezifischen Prodromen wie Fieber, Kopfschmerzen, Halsschmerzen, Myalgien und Durchfällen. Nach ca. 5 Tagen entwickelt sich zumindest laborchemisch eine Hepatitis sowie in über der Hälfte der Fälle ein makulopapulöses, ca. 3 Tage andauerndes Exanthem. Danach treten Zeichen einer massiven Gerinnungsstörung (Melaena, Hämatemesis) und einer disseminierten intravasalen Gerinnung auf, woraufhin die Patienten in einem terminalen hämorrhagischen Schock versterben. Bei Ausbleiben der Gerinnungsstörungszeichen um den 9. Tag sind die Überlebenschancen gut, sobald jedoch die Gerinnungsstörung eingesetzt hat, ist die weitere Prognose infaust. Die Letalität der Ebola-Virus-Infektion wird mit ca. 50 bis 88 % angegeben. Die Infektion mit dem Ebola-Virus hinterlässt bei den Überlebenden messbare Antikörperspiegel gegen dieses Virus; inwieweit diese Antikörper Ausdruck einer Immunität sind und wie lange diese anhält, ist bis heute nicht bekannt.

4.3.4   Diagnostik

Die Diagnostik der Ebola-Virus-Infektion erfolgt aus Sicherheitsgründen nur in dafür spezialisierten Instituten (z.B. Bernard-Nocht-Institut in Hamburg). Zum Einsatz kommen hierbei PCR, Elektronenmikroskopie und verschiedene Antikörpernachweise. In Verdachtsfällen ist jedes Probenmaterial hilfreich, das vom Patienten gewonnen werden kann.

4.3.5   Besondere Hinweise

Meldepflicht nach **Bundesseuchengesetz**: bei **Verdacht, Erkrankung und Tod**. Strenge Isolierung der Erkrankten (nach Alarmplan, Bundesgesundheitsblatt, Sonderheft 37. Jahrgang, Seite 17, 17.05.1994).
Meldepflicht nach dem **Infektionsschutzgesetz** (IfSG Entwurf Stand 17.08.1999): namentliche Meldung bei Krankheitsverdacht, Erkrankung oder Tod.
Namentliche Meldung bei **direktem oder indirektem** Erregernachweis, soweit dieser auf eine akute Infektion hinweist.

4.3.6   Arbeitsmedizinische Bedeutung

Eine wesentliche arbeitsmedizinische Bedeutung hat die Ebola-Virus-Infektion nur bei Arbeitsaufenthalten in Endemiegebieten sowie bei Kontakt zu Erkrankten oder bei direktem Erregerkontakt.

4.3.6.1   Berufliche Exposition

Eine mögliche berufliche Exposition besteht bei der Behandlung und Pflege erkrankter Personen sowie bei Labortätigkeiten mit Erregerkontakt oder Kontakt zu erregerhaltigem Untersuchungsgut. Die Gefährdung ist insbesondere bei Tätigkeiten im Gesundheitswesen in Ländern mit häufigerem Auftreten der Erkrankung anzunehmen, aber auch andere Auslandstätigkeiten in Endemiegebieten stellen eine erhöhte Infektionsgefährdung dar. Hierbei ist die Aufenthaltsdauer, die Enge des Kontaktes zu der einheimischen Bevölkerung sowie ein schlechter hygienischer Standard maßgeblich für die Infektionsgefährdung.

4.3.6.2 Betroffene Berufsgruppen

Behandlung und Pflege Erkrankter	Sonstige Auslandstätigkeiten (in Endemiegebieten)	Labortätigkeiten	Sonstige Arbeitsbereiche
Ärzte, Pflegepersonal, sonstiges med. Personal, insbesondere in: medizinischen Einrichtungen in Endemiegebieten	Montagearbeiter, Entwicklungshelfer, Personal in der Touristikbranche und/oder mit anderen Reisetätigkeiten, insbesondere mit engem Kontakt zur einheimischen Bevölkerung, bei längeren Aufenthaltszeiten und schlechtem Hygienestandard	technische Assistenten (MTA, BTA, PTA, CTA), sonstiges Personal in: med. und mikrobiologischen Laboratorien	Tierpfleger bei der Betreuung von Primaten

4.3.7 Umwelt- und (reise-)medizinische Aspekte

Für die Allgemeinbevölkerung besteht keine wesentliche umwelt- und reisemedizinische Gefährdung durch Ebola-Virus-Infektionen.

4.3.7.1 Umweltexposition

Eine besondere Umweltexposition ist bei Reisen in Endemiegebiete (insbesondere in Zentralafrika und im Sudan) anzunehmen. Das Risiko wird durch engen Kontakt mit der einheimischen Bevölkerung erhöht (Abenteuer- und Trekkingurlaub).

4.3.7.2 Betroffene Bevölkerungsgruppen

Betroffen sind Touristen in gefährdeten Gebieten (s.o.).

4.3.8 Krankenhaushygienische Aspekte

Erkrankte Personen sind streng zu isolieren. Die Betreuung darf nur durch ausgewähltes Personal erfolgen. Es ist eine desinfizierende Reinigung sichtbarer Verunreinigungen mit Körperflüssigkeiten, Sekreten und Ausscheidungen sowie von Behandlungs-, Untersuchungs- und Pflegematerial erforderlich. Wichtig ist eine patientenbezogene Schutzkleidung mit Kopfbedeckung und Einmalhandschuhen. Die Entsorgung jeglichen Abfalls hat in Sonderbehältern für infektiösen Abfall zu erfolgen. Erforderlich ist eine desinfizierende Reinigung von Flächen und Gegenständen, ggf. Abschlussdesinfektion, z.B. durch Verdampfen von Formalin (nur auf Anordnung des Gesundheitsamtes). Die Entsorgung von Wäsche und Speiseresten erfolgt in Sonderbehältern für infektiösen Abfall.

4.3.9   Prävention

4.3.9.1   Allgemeine Infektionsprophylaxe

Es ist auf strengste Einhaltung der allgemeinen Hygieneregeln und Infektionsschutzmaßnahmen bei der Behandlung und Pflege erkrankter Personen (siehe 2.1 bis 2.2) zu achten. Laborarbeiten sind unter Sicherheitsstufe 4 durchzuführen. Bei Aufenthalten in Endemiegebieten sollte möglichst jeder Kontakt mit Mücken, Zecken und Nagetieren vermieden werden.

4.4   Frühsommer-Meningoenzephalitis (FSME)

4.4.1   Erreger und Epidemiologie

Das FSME-Virus ist ein umhülltes RNA-Virus und wird den sog. Flaviviren zugerechnet. Endemisch kommt es in Süddeutschland (Kraichgau, Schwarzwald), Österreich (Hochendemiegebiet), in der Schweiz und in Osteuropa vor. Da die FSME zu den Zoonosen zählt (s.u.), ist ihre Verbreitung an das Vorkommen der Überträgerspezies (Zecke) gekoppelt. In Hochendemiegebieten ist jede 100. bis 500. Zecke infiziert.

4.4.2   Infektionsmodus

In Endemiegebieten zirkuliert das FSME-Virus natürlicherweise zwischen der Zecke *Ixodex ricinus* und seinen Wirtstieren (Waldmäuse, Igel etc.). *Ixodex ricinus* hält sich nicht vorwiegend auf Bäumen auf, wie die volkstümliche Bezeichnung „Holzbock" impliziert, sondern in niedrigen Hecken, im Gebüsch und

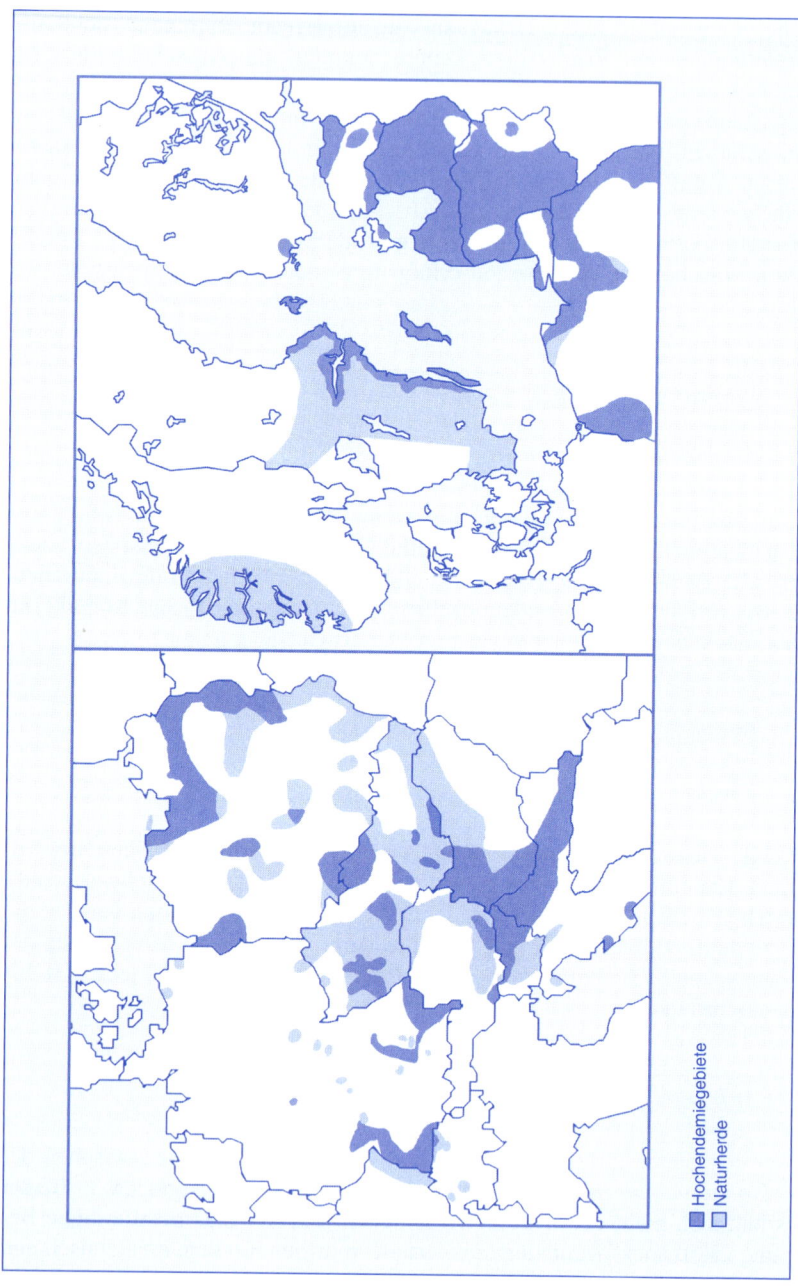

Abb. 3: Epidemiologische Karte „FSME" (nach SB-online)

auf Gräsern. Die Übertragung des FSME-Virus erfolgt während der Blutmahlzeit auf den Wirt. Direkte Übertragungen von Mensch zu Mensch sind bisher nicht bekannt.

4.4.3 Erkrankungen und Erkrankungsfolgen

Eine FSME-Infektion verläuft in den meisten Fällen inapparent oder mit unspezifischer, benigner Symptomatik. Die Inkubationszeit beträgt ca. 1 Woche. 10% der Infizierten entwickeln eine Meningitis/Meningoenzephalitis mit einem biphasischen Krankheitsverlauf (unspezifisches Prodromalstadium, dann symptomfreies Intervall, dann Meningitis), wobei 1% der Fälle letal verläuft und in 5% der Fälle Defektheilungen auftreten.

4.4.4 Diagnostik

Die Bestimmung von IgG- und IgM-Antikörpern im ELISA kann als der Standard für die Feststellung der Immunität (IgG) und der akuten Infektion (IgG-Konversion, IgM) gelten. Bei klinischem Verdacht auf FSME sind PCR und Virusanzucht aus Liquor weitere wichtige diagnostische Möglichkeiten.

4.4.5 Besondere Hinweise

Es steht eine inaktivierte Vakzine zur Verfügung. Die Impfindikation ergibt sich aus dem Expositionsrisiko (s.u.).
Meldepflicht nach **Bundesseuchengesetz:** bei **Erkrankung und Tod**.

4.4.6 Arbeitsmedizinische Bedeutung

Für die exponierten Personengruppen in den betroffenen Gebieten (siehe 4.4.1) ist die FSME eine Erkrankung mit erheblicher arbeitsmedizinischer Bedeutung.

4.4.6.1 Berufliche Exposition

Eine besondere berufliche Exposition besteht in den betroffenen Gebieten (siehe 4.4.1) bei Tätigkeiten mit erhöhtem Risiko eines Zeckenbefalls, beispielsweise im Wald, in Baumschulen, Baumkulturen etc. Eine deutlich geringere

Gefährdung kann auch für Laborpersonal mit direktem Erregerkontakt (seltene aerogene Laborinfektion) angenommen werden.

4.4.6.2 Betroffene Berufsgruppen

Als gefährdete Berufsgruppen sind in den betroffenen Gebieten (siehe 4.4.1) in erster Linie Waldarbeiter und Förster zu nennen. Einem vergleichbaren Risiko unterliegen Berufsjäger und haupt- oder nebenberufliche Jagdaufseher, und nicht zu vergessen Landwirte mit Wald- und Forstwirtschaft oder Gärtner (Baumschulen, Weihnachtsbaumkulturen) sowie andere Berufsgruppen, die in zeckenverseuchten Waldgebieten tätig sind (Biologen etc.). Eine weitere Gefährdung besteht für das Personal von FSME-Speziallaboratorien.

4.4.7 Umwelt- und (reise-)medizinische Aspekte

Die FSME hat eine erhebliche umwelt- und reisemedizinische Bedeutung für alle Personen, die sich in den betroffenen Gebieten in der freien Natur aufhalten.

4.4.7.1 Umweltexposition

Bei längeren Aufenthalten in den betroffenen Gebieten besteht eine erhöhte FSME-Gefährdung.

4.4.7.2 Betroffene Bevölkerungsgruppen

Eine erhöhte FSME-Gefährdung besteht für Wanderer, Jäger, Angler, Camper, aber auch für Holz- und Pilzsammler, Mountainbiker etc.

4.4.8 Krankenhaushygienische Aspekte

Erkrankte Personen müssen nicht isoliert werden. Es ist eine desinfizierende Reinigung erforderlich. Bei Kontakt mit Körperflüssigkeiten, Sekreten und Ausscheidungen sowie mit Behandlungs-, Untersuchungs- und Pflegematerial ist auf eine patientenbezogene Schutzkleidung zu achten. Es genügt die normale Reinigung von Flächen und Gegenständen und die normale Entsorgung von Wäsche und Speiseresten.

4.4.9   Prävention

4.4.9.1   Allgemeine Infektionsprophylaxe

Bei gefährdeten Personen ist in jedem Falle ein effektiver Immunschutz anzustreben (s. 4.4.9.2). Falls kein Impfschutz möglich ist, sollten so weit zumutbar, (im Sommer) schützende Kleider (langärmlige Hemden, lange Hosen, langschäftige Socken) empfohlen werden. Helle Kleidung erleichtert das Absuchen auf Zecken. Repellents sind in gewissem Umfang, aber zeitlich nur begrenzt wirksam. Exponierte Personen sollten dahingehend unterwiesen werden, sich regelmäßig auf Zecken abzusuchen und diese schnell und sachgerecht zu entfernen.

Arbeitsmedizinische Maßnahmen nach BGI 504-42 (früher ZH1/600.42) mit Anmerkungen des Autors Infektionskrankheit Nr. 7 (FSME)

Arbeitsbereiche	Gefährdende Tätigkeiten	Arbeitsmedizinische Maßnahmen	
		G42	Impfung Beratung
Arbeitsbereich (1): *Gesundheitsdienst* der Veterinärmedizin (C)	Untersuchen, Behandeln, Pflegen Abnehmen von Körperflüssigkeiten, Ausscheidungen, Abstrichmaterial, Obduktion, Sektion, weitere Tätigkeiten (Instandsetzung, Reinigung, Reparatur, Wartung, Transport, Entsorgung)	fakulta- tiv (C)	fakulta- tiv (C)
Anmerkung: Maßnahmen besonders In Endemiegebieten.			
Arbeitsbereich (1): *Laboratorien und sonstige Bereiche* Laboratorien der Humanmedizin (A), Veterinärmedizin (C)	Auspacken, Aufbereiten, Entsorgen von erfahrungsgemäß infektiösem Probenmaterial, Fixieren, Einbetten, Entwässern, Färben von Blutausstrich- sowie Kultur- und histologischen Präparaten, Anzüchten, Mikroskopieren, Kultivieren, Differenzieren von Erregern aus Materialproben		Angebot (A, C)

Arbeitsbereiche	Gefährdende Tätigkeiten	Arbeitsmedizinische Maßnahmen G42	
		Impfung	Beratung
Arbeitsbereich (1): *Laboratorien und sonstige Bereiche* Laboratorien der Humanmedizin (**A**), Veterinärmedizin (**C**)	Bedienen von Untersuchungs-, Analyseautomaten mit infek- tiösen Proben, Umgang mit infektiösem Material, Gegen- ständen, Gerätschaften beim Bedienen von Desinfektions- apparaten oder Beschicken der sog. unreinen Seite in Desin- fektionseinrichtungen, Halten, Pflege von infizierten, infektiösen Versuchstieren, weitere Tätigkeiten (Instand- setzung, Reinigung, Reparatur, Wartung, Transport, Entsorgung, Fahrtätigkeiten)	Angebot (**A, C**)	
Arbeitsbereich (4): Anlagen der Tierproduk- tion, Bereiche mit leben- den Tieren, Tierhaltung, Tierhandel, *in Endemiegebieten	Bereiche mit lebenden Tieren: Zucht, Pflege, Transport und Handel in der Landwirtschaft (**A**), Umgang mit Tieren in Lehr- und Versuchsanstalten sowie sonstigen Bereichen der Wissenschaft (**B**), Tierpräparation (**F**)	fakulta- tiv (**A**) *obligat (**B**)	*obligat (**A, B**)

Anmerkung: Der irreführende Begriff der „gemeinnützigen Einrichtungen" (Zoohandlung!) unter E wurde gestrichen. Eine Gefährdung besteht wohl auch für Präparatoren in Endemiegebieten.

Arbeitsbereich (4): Bereiche mit tierischen, pflanzlichen Rohstoffen für „Non-Food-Produkte" *in Endemiegebieten	Verwerten, Beseitigen veren- deter oder tot geborener Tiere aus gewerblichen Schlachtstätten (**H**), Gewinnen, Transportieren, Lagern, Verarbeiten von Pflanzenfasern zu industriellen Rohstoffen (**J**)	*fakulta- tiv (**H, J**)	*fakulta- tiv (**H, J**)

Arbeitsbereiche	Gefährdende Tätigkeiten	Arbeitsmedizinische Maßnahmen G42 Impfung Beratung
Arbeitsbereich (6): Landwirtschaft (ohne Tierproduktion), Gartenbau, Forstwirtschaft, Holzwirtschaft, Jagd *in Endemiegebieten	Pflanzenproduktion: Ernten, Verladen, Transportieren, Umfüllen, Trocknen, Lagern von Pflanzenmaterial (Grünlandkompostierung), Zubereiten von Tierfuttermitteln in der Landwirtschaft (**A**), Forst-, Holzwirtschaft, Jagd: Umgang mit möglicherweise infizierten Tieren (**C**); Holzernte, Waldarbeiten, Transportarbeiten (**D**)	*fakulta- fakulta- tiv tiv (**A, C, D**) (**A, C, D**)

4.4.9.2 Schutzimpfung

Zur aktiven Schutzimpfung gegen FSME stehen Adsorbat-Impfstoffe zur Verfügung. In der Regel werden von den Herstellern drei Impfungen zur Grundimmunisierung empfohlen. Auffrischimpfungen sind dann nach 1 bis 5 Jahren erforderlich (siehe Herstellerangaben). Die Impfstoffe sind im Allgemeinen gut verträglich, die Injektion erfolgt intramuskulär.

4.4.9.3 Postexpositionelle Prophylaxe

Zur postexpositionellen Prophylaxe stehen FSME-Immunglobuline zur Verfügung. Eine Prophylaxe kann nach Zeckenstich in einem Endemiegebiet innerhalb von vier Tagen erfolgen.

4.4.9.4　STIKO-Empfehlungen

Impfempfehlungen der Ständigen Impfkommission am Robert-Koch-Institut
(Stand Januar 2000)
[Epidemiologisches Bulletin 02/2000]

Impfung gegen	Kategorie	Indikation bzw. Reiseziel	Anwendungshinweise (Beipackzettel beachten)
FSME	**I**	*Personen, die sich in FSME-Risikogebieten aufhalten, oder Personen, die durch FSME beruflich gefährdet sind (z.B. Forstarbeiter)*	Grundimmunisierung und Auffrischimpfungen nach Angaben des Herstellers
		Risikogebiete in Deutschland sind zurzeit insbesondere **Bayern:** südlicher Bayerischer Wald, Niederbayern entlang der Donau ab Regensburg (besonders Region Passau) sowie entlang der Flüsse Paar, Isar (ab Landshut), Rott, Inn, Vilz, Altmühl **Baden-Württemberg:** gesamter Schwarzwald (Gebiet zwischen Pforzheim, Offenburg, Freiburg, Villingen, Tübingen, Sindelfingen); Gebiete entlang der Flüsse Enz, Nagold und Neckar sowie entlang des Oberrheins, oberhalb Kehls bis zum westlichen Bodensee (Konstanz, Singen, Stockach) **Hessen:** Odenwald (Saisonalität beachten: April - November)	Entsprechend den Empfehlungen der Gesundheitsbehörden; die Hinweise zu FSME-Risikogebieten - veröffentlicht im Epidemiologischen Bulletin des RKI (letzte Fassung Ausgabe 16/99:115) - sind zu beachten.
	R	Aufenthalte in FSME-Risikogebieten außerhalb Deutschlands	

Kategorien:
A - Impfung mit breiter Anwendung und erheblichem Wert für die Gesundheit der Bevölkerung
I - Indikationsimpfung bei erhöhter Gefährdung von Personen bzw. Angehörigen von Risikogruppen
R - Reiseimpfungen (von der WHO veröffentlichte Informationen über Gebiete mit besonderem Infektionsrisiko beachten)

4.5   Hepatitis A

4.5.1   *Erreger und Epidemiologie*

Der Erreger der Hepatitis A gehört zur Gruppe der so genannten Picornaviren. Er wird als Hepatovirus bezeichnet. Erstmals gelang es 1973 FEINSTONE, das Virus im Stuhl infizierter Personen elektronenmikroskopisch darzustellen. Die voll ausgebildeten Viruspartikel sind hüllenlos und bestehen aus einem Kapsid, welches sich aus vier Proteinen (VP1-VP4) bildet und der darin enthaltenen Erbinformation, die in Form einer einzelsträngigen RNA vorliegt.

Bisher ist nur ein einziger Serotyp des Hepatitis-A-Virus bekannt. Es konnten lediglich molekularbiologisch vier Genotypen unterschieden werden, die geringe Abweichungen des VP1-Proteins aufwiesen.

Die Hepatitis A ist weltweit verbreitet. Schätzungen gehen von etwa 1,5 Millionen Erkrankungsfällen und etwa 15.000 Todesfällen pro Jahr aus. Es können allerdings Regionen mit hoher, mittlerer oder geringer Endemie unterschieden werden.

In Niedrigendemiegebieten mit hohem Hygienestandard nimmt der Durchseuchungsgrad der Bevölkerung insgesamt nur langsam zu, da der Hepatitis-A-Erreger in der Regel nicht zirkulieren kann. Neuinfektionen werden meistens bei Reisen in Hochendemiegebiete erworben. Begünstigt durch eine hohe Bevölke-

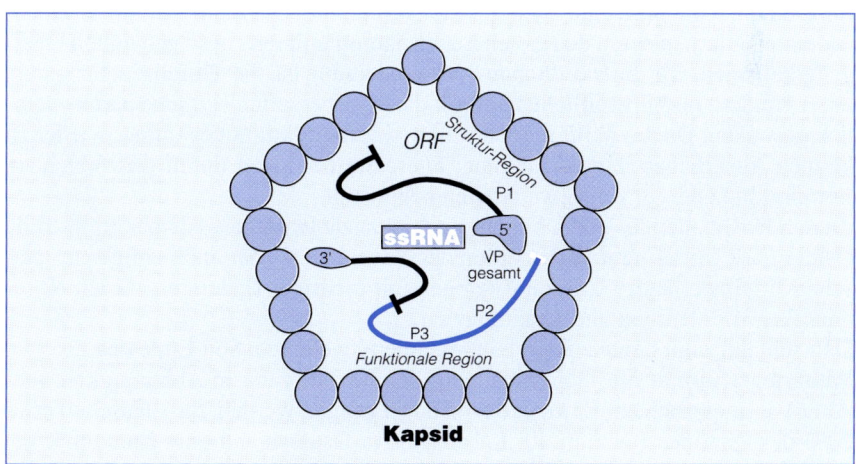

Abb. 4:   Hepatitis A-Virus

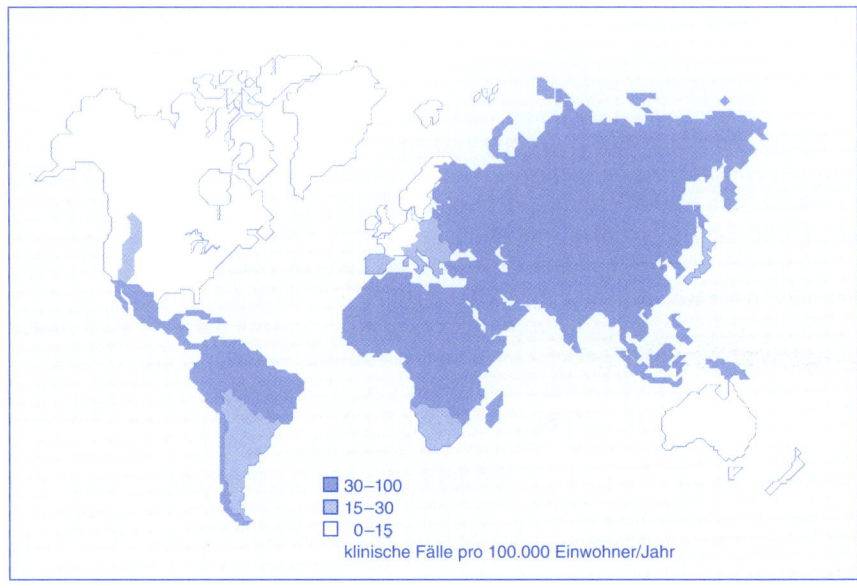

Abb. 5:   Geographische Verbreitung von Hepatitis-A-Trägern

rungsdichte und schlechte hygienische Verhältnisse werden Kinder in Hoch-
endemieländern meist in den ersten Lebensjahren infiziert. In so genannten Über-
gangsregionen wie im nördlichen Mittelmeeraum ist die Durchseuchungsrate
unter Kindern und Jugendlichen aufgrund der verbesserten Hygiene bereits deutlich gesunken. Da das Virus jedoch weiter zirkuliert, kommt es immer wieder zu
kleinen Ausbrüchen der Erkrankung. Diese werden dann durch den fehlenden
Immunschutz der jungen Erwachsenen begünstigt.
Zu den Hochendemie- und Übergangsgebieten zählen Asien, Afrika, große Teile
Osteuropas, Mittel- und Südamerika, der Nahe Osten, aber auch einige europäi-
sche Mittelmeerländer. Zu den Regionen mit niedriger Endemie gehören Nordamerika, Mitteleuropa und Skandinavien.
Deutschland zählt heute zu den Niedrigendemiegebieten. Seit Ende des Zweiten
Weltkrieges nimmt die Durchseuchung der Bevölkerung in Abhängigkeit vom
Alter kontinuierlich ab. Es kann davon ausgegangen werden, dass lediglich etwa
20% der Personen bis zum 40. Lebensjahr in Deutschland eine Immunität gegen Hepatitis A aufweisen. In der Altersgruppe bis zum 20. Lebensjahr dürfte
der Anteil unter 10% liegen.

4.5.2   Infektionsmodus

Im Stuhl erkrankter Personen findet man außerordentlich hohe Virusmengen, es wird von bis zu 1 Milliarde Viren/ml gesprochen. Die Virenkonzentration in anderen Körperflüssigkeiten ist dagegen deutlich niedriger. So kann man davon ausgehen, dass im Blut während der Phase stärkster Virusreplikation nicht mehr als 100.000 Viren/ml gefunden werden.

Hauptübertragungsweg der Hepatitis A ist damit die fäkal-orale Infektion. Dabei werden fäkal ausgeschiedene Hepatitis-A-Viren über kontaminierte Speisen und Getränke aufgenommen. In vielen Ländern ist der Verzehr von nicht oder nur ungenügend gekochten Meeresfrüchten, insbesondere von Muscheln, eine wesentliche Infektionsquelle. Daneben sind verunreinigtes Wasser, aber auch die Düngung von Feldfrüchten mit menschlichen Exkrementen von Bedeutung. Entscheidend ist auch der allgemeine hygienische Standard. Da es schon etwa zwei Wochen vor Erkrankungsbeginn zur Ausscheidung großer Virusmengen über den Stuhl kommt, erfolgt die Kontamination und damit Infektion anderer Personen für den Erkrankten zunächst unbemerkt. Der Schutz Dritter durch individuelle Hygienemaßnahmen ist damit nicht effektiv durchzuführen.

Eine parenterale Übertragung der Erkrankung ist insbesondere bei Inokulation größerer Blutmengen möglich. Es wird diskutiert, ob die erhöhte Prävalenz der Hepatitis A bei intravenös Drogenabhängigen allein auf die allgemein schlechten hygienischen Verhältnisse in dieser Gruppe zurückzuführen ist oder auch durch die wechselnde Benutzung kontaminierter Spritzen verursacht wird. Von einer gewissen Bedeutung ist noch die sexuelle Übertragung der Hepatitis A. Diese wird jedoch im Wesentlichen mit oral-analen Sexualpraktiken in Verbindung gebracht. In seltenen Fällen sind auch Übertragungen durch Bluttransfusionen, Faktor-VIII-Präparate oder während der Hämodialyse dokumentiert. Ebenfalls äußerst selten ist die perinatale Übertragung.

4.5.3   Erkrankungen und Erkrankungsfolgen

Zwischen der HAV-Infektion und dem Ausbruch der Erkrankung kann ein Zeitraum von 10 bis 14 Tagen liegen. Während dieser Zeit sind die Infizierten symptomfrei. Geht man von einer Inkubationszeit von 28 Tagen aus, kommt es jedoch bereits etwa zwei Wochen vor Krankheitsausbruch zu einer Virusausscheidung über den Stuhl. Diese erreicht ihren Höhepunkt noch vor Auftreten der ersten Symptome. Zu diesem Zeitpunkt werden ca. 1 Milliarde Viren/ml Stuhl ausgeschieden.

Zumeist beginnt die akute Hepatitis-A-Erkrankung mit grippeähnlichen Symptomen wie Abgeschlagenheit, Schwäche, Übelkeit und Fieber. Hinzu kommen im

weiteren Verlauf Symptome eines schweren Magen-Darm-Infektes wie Durchfälle, Erbrechen, aber auch Verstopfung. Dieses gastroenteritische Prodromalstadium kann dann von der so genannten ikterischen Phase abgelöst werden, bei
der es durch die entzündliche Leberzellzerstörung und Freisetzung des Gallenfarbstoffes zu fortschreitender Dunkelfärbung des Urins sowie zur Gelbfärbung
der Augenskleren kommt. In dieser Phase wird vom Patienten häufig eine subjek-
tive Besserung seines Allgemeinzustandes angegeben. Die Schwere der Erkrankung ist jedoch unterschiedlich. Es kann davon ausgegangen werden, dass bei bis
zu 90% aller Patienten die Hepatitis A letztlich als Allgemeininfekt fehlgedeutet
und nicht diagnostiziert wird. Allerdings kann es in seltenen Fällen auch zu einem fulminanten Verlauf mit tödlichem Ausgang infolge eines Leberversagens
kommen.

Einen wesentlichen Einfluss auf die Symptomatik hat auch das Alter der Patienten. Während Übelkeit und Durchfall bei Kindern häufig die Hauptsymptome der
Erkrankung sind, treten diese Beschwerden bei nur etwa einem Viertel der Erwachsenen auf. Dagegen sind Gelenkbeschwerden und das Auftreten eines Ikterus im Erwachsenenalter häufiger.

Die Erkrankung heilt zumeist nach 4 bis 8 Wochen aus. Allerdings kann es in
einer geringen Zahl der Fälle auch noch nach mehreren Monaten zu einem
Wiederaufflammen der Erkrankung, einem so genannten Relaps, kommen.

Auch bei der akuten Hepatitis-A-Erkrankung sind eine Reihe extrahepatischer
Manifestationen bekannt. Als Ursache hierfür werden das Auftreten von Immunkomplexen diskutiert. In der Reihenfolge der Häufigkeit werden Gelenkbeschwerden, Hautausschläge, Muskelschmerzen, aber auch eine aplastische
Anämie sowie Nervenlähmungen beobachtet.

4.5.4   *Diagnostik*

Angesichts der häufig uncharakteristischen klinischen Symptome haben die
Laborparameter bei der Hepatitis A eine besondere Bedeutung für die ärztliche
Diagnostik. Während die Leberenzyme (Gamma-GT, GOT, GPT) zumeist einen
mäßiggradigen Anstieg zeigen und nicht mit der Schwere der Erkrankung korrelieren, kann insbesondere aus der Dauer der erhöhten Bilirubinkonzentration im
Blut, mehr noch als aus ihrer absoluten Höhe, auf die Schwere der Erkrankung
geschlossen werden.

Für die Diagnose der Hepatitis A letztlich entscheidend und beweisend ist der
Nachweis von HAV im Stuhl oder der Nachweis der typischen Antikörper im
Serum. Ein Virusnachweis im Stuhl ist bereits zwei Wochen vor Erkrankungsbeginn, aber auch noch eine Woche vor Abklingen der klinischen Symptomatik
möglich, beim Auftreten der ersten Erkrankungssymptome sind dann auch be-

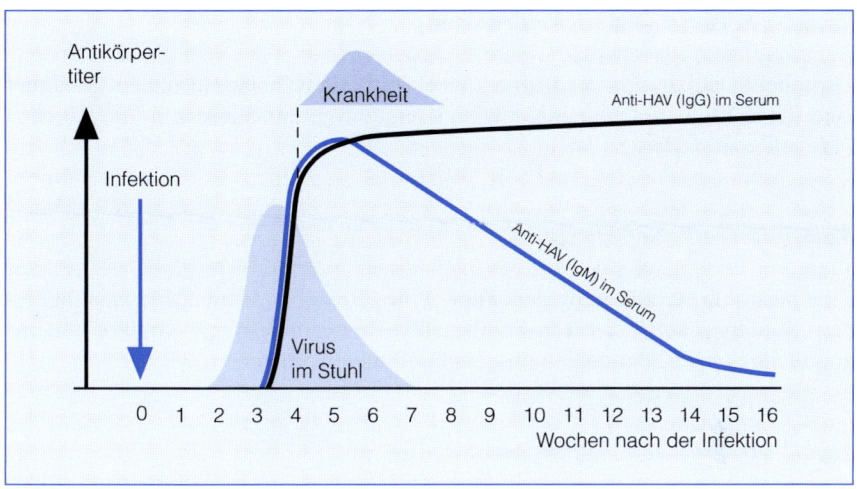

Abb. 6: Verlauf einer akuten Hepatitis-A-Infektion

reits Anti-HAV-IgG und -IgM im Serum nachweisbar. Das Vorhandensein von Anti-HAV-IgM-Antikörpern ist der Beweis für eine akute Erkrankung. Während der Anti-HAV-IgG-Antikörper im Serum persistiert und damit einen Marker für die Immunität gegen Hepatitis A darstellt, kann der Anti-HAV-IgM-Antikörper in der Regel 7 bis 10 Wochen nach Symptomfreiheit nicht mehr nachgewiesen werden.

4.5.5   Besondere Hinweise

Meldepflicht nach **Bundesseuchengesetz**: bei **Erkrankung und Tod**.
Keine Tätigkeit von Erkrankten und Erkrankungsverdächtigen in Lebensmittelbetrieben, Schulen und Gemeinschaftseinrichtungen.
Wiederzulassung in Gemeinschaftseinrichtungen vier Wochen nach Erkrankungsbeginn.
Meldepflicht nach dem **Infektionsschutzgesetz** (IfSG Entwurf Stand 17.08.1999): namentliche Meldung bei akuter Virus-Hepatitis.
Namentliche Meldung bei **direktem oder indirektem** Erregernachweis, soweit dieser auf eine akute Infektion hinweist.

4.5.6   Arbeitsmedizinische Bedeutung

Die arbeitsmedizinische Bedeutung der Hepatitis A ist hoch. Besonders gefährdet sind Beschäftigte mit engem Kontakt zu Kindern, Behinderten und Jugendlichen (aus Endemieländern).

4.5.6.1   Berufliche Exposition

Eine berufliche Gefährdung gegenüber einer Hepatitis-A-Infektion kann bei jedem direkten oder indirekten Stuhlkontakt, insbesondere mit Kindern und Jugendlichen (aus Endemieländern), angenommen werden.

4.5.6.2   Betroffene Berufsgruppen

Neben Berufen und Tätigkeiten im Gesundheitsdienst und Sozialdienst gelten die nachfolgend aufgelisteten Tätigkeiten als potenziell gefährdet.

Tab. 16:   Gefährdungseinschätzung für Personal verschiedener Berufe und Tätigkeitsfelder

Gefährdete Berufsgruppen	Hepatitis-A-Gefährdung
Ärzte	+(++)
Zahnärzte	-(+)
Krankenpflegepersonal	+(++)
Ärztliche Hilfsberufe	+(++)
Kindergärtner, Erzieher	++(+)
Lehrer	+(+)
Sozialarbeiter	+(++)
Polizeibeamte	+
Justizvollzugsbeamte	+
Rettungsassistenten	+
Feuerwehrleute	(+)
Entwicklungshelfer	+++
Militärangeh. bei Auslandseinsätzen	+++
Sonstige Auslandstätigkeiten	+++

Gefährdete Berufsgruppen	Hepatitis-A-Gefährdung
Fliegendes Personal	+++
Reisebegleiter, Animateure	+++
Busfahrer, Zugbegleiter	+(++)
Kanalreiniger	+++
Klärwerksarbeiter	++
Deponiearbeiter	++
Müllwerker	+(+)
Personal in Wäschereien	-(+++)
Reinigungspersonal	-(+++)
Frisöre	-
Kosmetiker, Fußpfleger	-
Klempner, Installateure	+++
Köche, Berufe in der Nahrungsmittel-	
herstellung und -verarbeitung	++
Prostituierte	+(++)

-	Aufgrund der bekannten epidemiologischen Daten und der Kenntnisse der Arbeitsvorgänge ist keine Gefährdung zu erwarten.
+	Eine gelegentliche Gefährdung ist aufgrund der Kenntnisse der Arbeitsvorgänge zu erwarten.
++	Eine wesentliche Gefährdung ist aufgrund der Kenntnisse der Arbeitsvorgänge zu erwarten. Ggf. liegen Kasuistiken vor.
+++	Eine erhebliche Gefährdung ist aufgrund der Kenntnisse der Arbeitsvorgänge sowie wissenschaftlicher Studien bewiesen.
( )	Die Gefährdung schwankt je nach konkretem Einsatzbereich.

4.5.7 Umwelt- und (reise-)medizinische Aspekte

Pro Jahr werden in Deutschland etwa 6000 bis 7000 Hepatitis-A-Fälle gemeldet. Es muss jedoch von einer erheblichen Dunkelziffer ausgegangen werden, sodass die Zahl der Neuerkrankungen schätzungsweise zwischen 20.000 und 40.000 liegt. Aufgrund der schlechten Datenlage sind Aussagen über eine Hepatitis-A-Infektion nur eingeschränkt möglich. Wahrscheinlich werden etwa zwei Drittel aller Hepatitis-A-Infektionen im Ausland erworben.

4.5.7.1 Umweltexposition

Die Ansteckung im familiären Umfeld gehört zu den häufigeren Übertragungswegen. Die Infektion dürfte hier in erster Linie über die Kontamination von Lebensmitteln sowie auf dem Wege der fäkal-oralen Schmierinfektion ablaufen. Die Wahrscheinlichkeit der Infektion nimmt mit mangelnden hygienischen Verhältnissen zu. Insbesondere bei kleineren Kindern spielt die Hepatitis-A-Übertragung in Kindergärten und Schulen eine wesentliche Rolle.

Auslandsreisen in Endemiegebiete müssen als häufigste Ursache einer Hepatitis-A-Infektion angesehen werden. Es ist davon auszugehen, dass zwei Drittel aller Infektionen aus dem Ausland importiert werden. Einschätzungen benennen das Risiko, bei Fernreisen eine Hepatitis A zu erlangen, mit 3 bis 6 Fällen pro 1000 Personen und Monat Aufenthaltsdauer im Luxustourismus und bis zu 20 Fällen pro 1000 Personen und Monat bei Rucksackreisen. Infektionsquelle sind in der Regel Hepatitis-A-kontaminiertes Wasser oder Nahrungsmittel. Hier sind in erster Linie Fisch und rohe oder unzureichend gekochte Muscheln und Meeresfrüchte zu nennen.

4.5.7.2 Betroffene Bevölkerungsgruppen

Betroffen sind neben Touristen in Endemiegebieten auch Personen mit engem Kontakt zu Kindern und Jugendlichen aus Endemiegebieten.

4.5.8 Krankenhaushygienische Aspekte

Erkrankte Personen sind für ca. zwei Wochen zu isolieren (eigene Toilette!). Wichtig ist die desinfizierende Reinigung sichtbarer Verunreinigungen mit Körperflüssigkeiten, Sekreten und Ausscheidungen sowie von Behandlungs-, Untersuchungs- und Pflegematerial. Bei Kontakt mit Körperflüssigkeiten, Sekreten und Ausscheidungen ist patientenbezogene Schutzkleidung erforderlich. Es genügt die normale Reinigung von Flächen und Gegenständen und die normale Entsorgung von Wäsche und Speiseresten.

4.5.9   Prävention

4.5.9.1 Allgemeine Infektionsprophylaxe

Grundsätzlich ist Immunschutz anzustreben. Des Weiteren sind die allgemeinen Hygieneregeln und Infektionsschutzmaßnahmen bei der Behandlung und Pflege erkrankter Personen (siehe 2.1 bis 2.2) einzuhalten.

Arbeitsmedizinische Maßnahmen nach BGI 504-42 (früher ZH1/600.42) Infektionskrankheit Nr. 9 (Hepatitis A)

Arbeitsbereiche	Gefährdende Tätigkeiten	Arbeitsmedizinische Maßnahmen	
		G42	**Impfung Beratung**
Arbeitsbereich (1): *Gesundheitsdienst* Stationäre und ambulante Einrichtungen der Humanmedizin (A), *obligat in pädiatrischen Abteilungen und Infektionsstationen	Untersuchen, Behandeln, Pflegen	fakultativ (A) *obligat	fakultativ (A) *obligat
	Abnehmen von Körperflüssigkeiten, Ausscheidungen, Abstrichmaterial	fakultativ (A) *obligat	fakultativ (A) *obligat
	Obduktion, Sektion	fakultativ (A)	fakultativ (A)
	weitere Tätigkeiten (Instandsetzung, Reinigung, Reparatur, Wartung, Transport, Entsorgung)	fakultativ (A)	fakultativ (A)
Arbeitsbereich (1): *Sozialdienste* Stationäre und ambulante Sozialeinrichtungen für Kinder und Jugendliche (ohne Schulen), Familien, Senioren und Behinderte (D), Gemeinschaftseinrichtungen und Werkstätten für Personen in besonderen sozialen Lebenslagen (Gefährdete, Behinderte) (E), Strafvollzug (F)	Betreuung, Pflege somatisch-psychisch Hilfsbedürftiger, Umgang mit Körperflüssigkeiten und Ausscheidungen, Umgang mit verletzungsauslösenden Arbeitsmitteln, Umgang mit infektiöser Wäsche, Betreuung von Personen im Strafvollzug	fakultativ (D, E, F)	

Arbeitsbereiche	Gefährdende Tätigkeiten	Arbeitsmedizinische Maßnahmen G42	Impfung Beratung
Arbeitsbereich (1): *Wohlfahrtspflege* Stationäre und ambulante Einrichtungen, Heime bzw. Tagesstätten für Altenpflege **(G)**, ambulante Pflegedienste **(H)**	Untersuchen, Behandeln, Pflegen, Umgang mit Körperflüssigkeiten und Ausscheidungen, Umgang mit verletzungsauslösenden Arbeitsmitteln und aggressiven Personen (Hausbesuche), Umgang mit infektiöser Wäsche, häusliche Krankenpflege, Altenpflege (Hauspflege) Familienpflege, Krankenpflege-Notfalldienst	fakultativ **(G, H)**	fakultativ **(G, H)**
Arbeitsbereich (1): *Laboratorien und sonstige Bereiche* Laboratorien der Humanmedizin **(A)**, Veterinärmedizin (**C**) *in Stuhllaboratorien ** bei Umgang mit Primaten	Auspacken, Aufbereiten, Entsorgen von erfahrungsgemäß infektiösem Probenmaterial, Fixieren, Einbetten, Entwässern, Färben von Blutausstrich sowie Kultur- und histologischen Präparaten, Herstellen von Organ-(Gefrier-)Schnittpräparaten, Anzüchten, Mikroskopieren, Kultivieren, Differenzieren von Erregern aus Materialproben	fakultativ **(A)** *obligat **fak. **(C)**	
Arbeitsbereich (1): *Laboratorien und sonstige Bereiche* Laboratorien der Humanmedizin **(A)**, Veterinärmedizin (**C**) *in Stuhllaboratorien ** bei Umgang mit Primaten	Bedienen von Untersuchungs-, Analyseautomaten mit infektiösen Proben, Umgang mit infektiösem Material, Gegenständen, Gerätschaften beim Bedienen von Desinfektionsapparaten oder Beschicken der sog. unreinen Seite in Desinfektionseinrichtungen, Halten, Pflege von infizierten, infektiösen Versuchstieren, weitere Tätigkeiten (Instandsetzung, Reinigung, Reparatur, Wartung, Transport Entsorgung, Fahrtätigkeiten)	fakultativ **(A)** *obligat **fak. **(C)**	

Arbeitsbereiche	Gefährdende Tätigkeiten	Arbeitsmedizinische Maßnahmen		
		G42	**Impfung**	**Beratung**
Arbeitsbereich (2): Abwassertechnische Anlagen, Klärschlammverwertung, berufl. Oberflächenwasserkontakt	Tätigkeiten in o.g. Anlagen mit regelmäßigem und intensivem Kontakt zu Fäkalien, z.B. Kanalisationsarbeiter **(B)**	fakultativ **(B)**	fakultativ **(B)**	
Arbeitsbereich (3): Anlagen der Abfallwirtschaft (Erfassung, Sortierung, Kompostierung), thermische Abfallverwertung, Deponierung	Abfallsammlung und Beförderung **(A)**, mechanische Abfallaufbereitung (auch Zwischenlagerung und technisch-biologische Behandlungsverfahren), Rotte, Vergärung, Kompostierung **(B)**, manuelle Sortierung (Störstoffauslese) und manuelle biologische Behandlungsverfahren: Rotte, Vergärung, Kompostierung (**C**)	fakultativ **(C)**	fakultativ **(C)**	Angebot **(A, B)**
Arbeitsbereich (4): Tierische und pflanzliche Rohprodukte in der Lebensmittelproduktion	Verarbeiten von Krustentieren **(L)**			Angebot **(L)**
Arbeitsbereich (6): Landwirtschaft (ohne Tierproduktion), Gartenbau, Bodenbearbeitung (auch baulich)	Bodensanierung mit Zuschlagstoffen aus Abfällen: Zusetzen und Ausbringen von hygienisch bedenklichen Klärschlämmen, Rohkompost **(G)**			Angebot **(G)**

4.5.9.2 Schutzimpfung

Zur Impfung gegen Hepatitis A stehen Totimpfstoffe zur Verfügung. Diese Impfstoffe sind von hoher Immunogenität und Verträglichkeit. Ein Kombinationsimpfstoff ermöglicht die gleichzeitige Immunisierung gegen Hepatitis A und Hepatitis B. Die Grundimmunisierung erfolgt in zwei Impfungen (Standardschema

191

0 - 6 Monate) bei Kombination mit der Hepatitis-A-Immunisierung in drei Impfungen (Standardschema 0 - 1 - 6 Monate). Die Injektion ist intramuskulär in den Oberarmmuskel durchzuführen. (Weiteres siehe Herstellerangaben).

4.5.9.3 Postexpositionelle Prophylaxe

Eine Gabe von Immunglobulinen ist in den meisten Fällen auch bei Exposition nicht mehr notwendig (siehe STIKO-Empfehlungen). Eine rechtzeitige aktive Immunisierung (bis 1 Woche nach Exposition) „überläuft" mit hoher Wahrscheinlichkeit die Wildinfektion und verhindert den Ausbruch der Erkrankung oder mildert zumindest deren Verlauf.

4.5.9.4 STIKO-Empfehlungen

Impfempfehlungen der Ständigen Impfkommission am Robert-Koch-Institut (Stand Januar 2000)
[Epidemiologisches Bulletin 02/2000]

Impfung gegen	Kategorie	Indikation bzw. Reiseziel	Anwendungshinweise (Beipackzettel beachten)
Hepatitis A	I	1. HA-gefährdetes Personal* medizinischer Einrichtungen, z. B. Pädiatrie und Infektionsmedizin 2. HA-gefährdetes Personal* von Laboratorien, z. B. für Stuhluntersuchungen 3. Personal* in Kindertagesstätten, Kinderheimen u. Ä.. 4. Personal* in psychiatrischen Einrichtungen oder vergleichbaren Fürsorgeeinrichtungen für Zerebralgeschädigte oder Verhaltensgestörte 5. Kanalisations- und Klärwerksarbeiter 6. Homosexuell aktive Männer 7. Personen mit substitutionspflichtiger Hämophilie 8. Kontaktpersonen von Hepatitis-A-Erkrankten (Riegelungsimpfung)	Grundimmunisierung und Auffrischimpfung nach Angaben des Herstellers Eine Vortestung auf HA-Antikörper ist bei vor 1950 Geborenen sinnvoll und bei Personen, die in der Anamnese eine mögliche HA aufweisen bzw. längere Zeit in Endemiegebieten gelebt haben.

Impfung gegen Kategorie	Indikation bzw. Reiseziel	Anwendungshinweise (Beipackzettel beachten)
	9. Personen in psychiatrischen Einrichtungen oder vergleichbaren Fürsorgeeinrichtungen für Zerebralgeschädigte oder Verhaltensgestörte 10. Personen, die an einer chronischen Lebererkrankung leiden und keine Hepatitis-A-Antikörper besitzen	
	* Unter ›Personal‹ sind hier medizinisches und anderes Fach- und Pflegepersonal sowie Küchen- und Reinigungskräfte zu verstehen.	Bei einer aktuellen Exposition von Personen, für die eine Hepatitis A ein besonderes Risiko darstellt, kann gleichzeitig mit der ersten Impfung ein Immunglobulin-Präparat gegeben werden.
R	Reisende in Regionen mit hoher Hepatitis-A-Prävalenz	

Kategorien:
I - Indikationsimpfung bei erhöhter Gefährdung von Personen bzw. Angehörigen von Risikogruppen
R - Reiseimpfungen (von der WHO veröffentlichte Informationen über Gebiete mit besonderem Infektionsrisiko beachten)

4.6 Hepatitis B

4.6.1 Erreger und Epidemiologie

Der Erreger der Hepatitis B gehört zur Gruppe der so genannten Hepadnaviren, die von einer Hülle ummantelt Erbinformationen in Form einer teilweise doppelsträngigen DNA (siehe Abb. 7) enthalten. Im Blut oder in anderen Körperflüssigkeiten von Hepatitis-B-infizierten Patienten finden sich neben diesem großen Partikel, der nach seinem Entdecker auch Dane-Partikel genannt wird, zwei weitere kugel- bzw. fadenförmige Teilchen. Hierbei handelt es sich um im Überschuss gebildetes Oberflächenprotein (HBs-Ag) des Erregers.

Das Hepatitis-B-Virus ist außerordentlich stabil. So fanden sich selbst in angetrockneten Blutresten noch intakte Viren. Besteht ein gewisser Austrocknungsschutz wie im Lumen einer benutzten Kanüle, ist davon auszugehen, dass bei

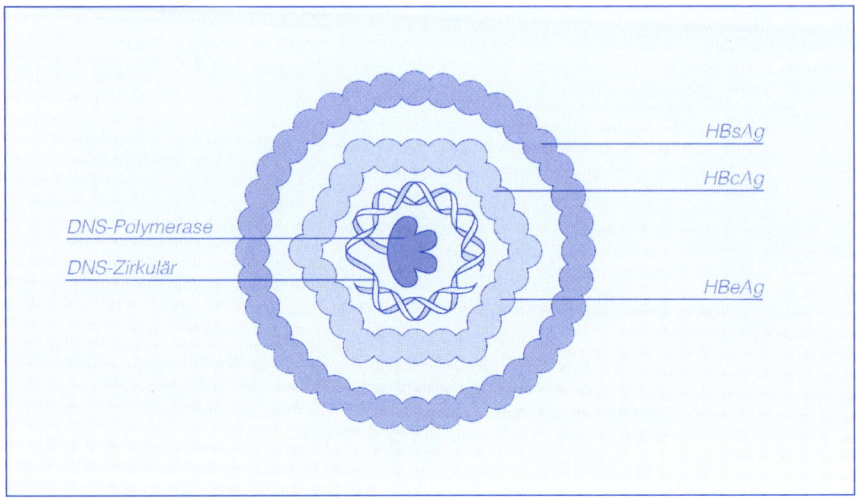

Abb. 7: Das Hepatitis-B-Virus (schematischer Aufbau)

normaler Zimmertemperatur auch nach mehreren Wochen noch infektionsfähige Viren vorhanden sind.

Ein weiteres Kennzeichen des Hepatitis-B-Virus ist seine hohe Infektiosität. Es ist davon auszugehen, dass die Infektiosität des Hepatitis-B-Virus etwa 100-mal höher ist als die eines HIV-(AIDS-)Virus.

Die Hepatitis-B ist weltweit verbreitet. Allerdings bestehen deutliche regionale Unterschiede. In Nordamerika, West- und Nordeuropa sowie in Australien findet sich eine Durchseuchung, die zwischen 4 und 6 % liegt. Diese Zahlen erhöhen sich bereits deutlich in Südeuropa, Russland, Nordafrika und im Mittleren Osten auf 20 bis 55 %. In Teilen von China, dem südlichen Afrika und Südostasien findet sich die höchste Durchseuchung mit über 90 % in der Bevölkerung.

Dementsprechend hoch ist auch die Zahl der Virusträger als potenzielle Infektionsquelle. In Mitteleuropa muss man bereits mit 0,5 bis 2% Virusträgern in der Bevölkerung rechnen. In Südeuropa, Russland, Nordafrika und Lateinamerika steigt die Zahl der Virusträger auf 7 % an und ist in Südostasien, im südlichen Afrika und Teilen von China mit bis zu 20% am höchsten. Eine Übersicht zeigt die Abb. 8.

Grundsätzlich kann man davon ausgehen, dass die Hepatitis-B-Durchseuchung in weniger entwickelten und südlichen Ländern höher ist als in den europäischen und nordamerikanischen Industriestaaten.

In den gemäßigten Klimazonen tritt die Hepatitis-B-Infektion im Wesentlichen

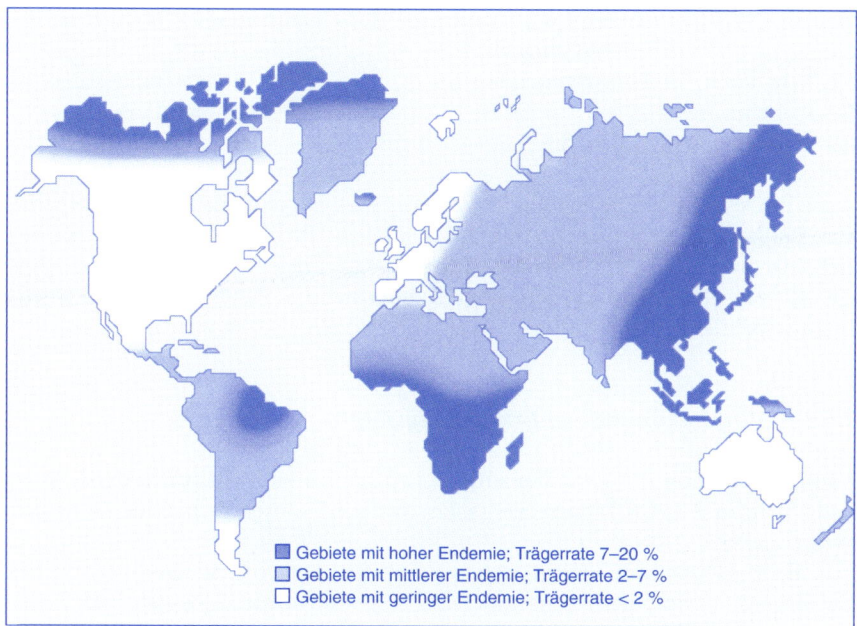

□ Gebiete mit hoher Endemie; Trägerrate 7–20 %
□ Gebiete mit mittlerer Endemie; Trägerrate 2–7 %
□ Gebiete mit geringer Endemie; Trägerrate < 2 %

Abb. 8:   Geographische Verbreitung von Hepatitis-B-Trägern

bei Personen über 18 Jahren auf, während sie in Entwicklungsländern meist schon während der Geburt erfolgt (perinatale Infektion). Grundsätzlich kann festgestellt werden, dass insgesamt mehr Männer als Frauen an Hepatitis B erkranken.

4.6.2   Infektionsmodus

Das Hepatitis-B-Virus befindet sich in nahezu allen Körperflüssigkeiten infizierter Personen, die Virusträger sind. In erster Linie ist hier Blut, aber auch Speichel, Urin, Galle, Muttermilch und Sperma zu nennen. Die größte Bedeutung für eine Übertragung der Hepatitis-B-Infektion hat der Blut- und Schleimhautkontakt.
Bereits kleinste Mengen infizierten Blutes (0,00004 ml) können eine Hepatitis B hervorrufen, wenn sie durch eine Minimalverletzung, möglicherweise aber auch durch Kontakt mit Schleimhäuten in den Körper aufgenommen werden.
In den Industrieländern überwiegt die sexuelle oder berufliche Übertragung der Erkrankung. Dagegen kommt in den Entwicklungsländern der Übertragung des

195

Hepatitis-B-Virus während oder kurz nach der Geburt von der Mutter auf das Kind eine besondere Bedeutung zu.

Nach neueren, übereinstimmenden Schätzungen sind in der Bundesrepublik Deutschland etwa 0,5 bis 1 % der Bevölkerung Träger des Hepatitis-B-Virus und damit potenziell infektiös, d.h., statistisch gesehen befindet sich unter 200 Personen ein Virusträger.

Auch in Deutschland besteht damit grundsätzlich bei jedem auch noch so geringen Blutkontakt eine Infektionsgefahr. Gleiches gilt selbstverständlich für den Geschlechtsverkehr mit Personen unbekannten Trägerstatus. Experten gehen davon aus, dass allein in den alten Bundesländern mindestens 30.000 neue Infektionsfälle pro Jahr auftreten.

4.6.3   Erkrankungen und Erkrankungsfolgen

Von der Infektion mit dem Hepatitis-B-Erreger bis zum Ausbruch der Erkrankung können 2 bis 6 Monate vergehen. Während dieser Zeit ist der Infizierte symptomfrei.

Die akute Hepatitis-B Erkrankung beginnt mit zunächst uncharakteristischen Beschwerden wie Oberbauchschmerzen, Appetitlosigkcit, Übelkeit und Erbrechen. In dieser Phase der Erkrankung ist die Zuordnung dieser Symptome zu einer Hepatitis-B-Infektion ohne Zuhilfenahme von Laborwerten nicht möglich. Eine Hepatitis-B-Infektion wird deshalb in diesem Stadium noch häufig übersehen und das Krankheitsbild eher anderen Magen- und Darmerkrankungen zugeordnet. Gelegentlich kommen in diesem Stadium der Erkrankung auch Gelenkbeschwerden hinzu, die einen solchen Schweregrad erreichen, dass der Verdacht auf ein akutes rheumatisches Fieber entstehen kann.

In einigen Fällen bleibt es bei diesem eher mäßig schweren Krankheitsbild, wobei dann häufig ein nur kurzer, 1 bis 2 Tage andauernder Temperaturanstieg folgt. Neben dieser symptomarmen Form kann die akute Hepatitis B jedoch auch in einen schwereren Verlauf übergehen. Hohes und länger anhaltendes Fieber (oft > 39° über mehrere Tage) kann diesen schwereren Krankheitsverlauf ankündigen. 2 bis 3 Tage nach Beginn des Fiebers tritt dann meist eine Gelbsucht (Anstieg des Gallenfarbstoffes) auf, die von der erkrankten Person häufig zunächst an der Dunkelfärbung des Urins bemerkt wird. Kurze Zeit später kommt es dann zu einer Gelbfärbung der Augenskleren. Da in der Phase der Gelbsucht die subjektiven Krankheitserscheinungen deutlich zurückgehen, fühlt sich der Betroffene zu diesem Zeitpunkt oft deutlich besser. Der Verlauf der Gelbsucht kann sehr unterschiedlich sein. In leichteren Fällen ist sie bereits nach wenigen Tagen rückläufig. Normalerweise kann nach Ablauf von sechs Wochen mit einem Abklingen der Gelbsucht gerechnet werden.

Möglich ist aber auch ein verlängerter, so genannter protrahierter Verlauf, bei dem Gelbsucht, Allgemeinsymptomatik, insbesondere eine starke Abgeschlagenheit und Mattigkeit über Monate bis zu einem halben Jahr anhalten können. Nicht selten sind Rückfälle in der Phase der bereits abklingenden Gelbsucht zu beobachten, bei denen es dann erneut zu einem Anstieg des Gallenfarbstoffes und einer Verschlimmerung des Beschwerdebildes kommt. Solche Rezidive werden in 5 bis 10% der Fälle beschrieben.

Die schwerste Form der akuten Hepatitis ist die so genannte maligne oder fulminante Hepatitis. Dabei kommt es zu einer ausgedehnten Zerstörung der Leber, in deren Folge in den meisten Fällen der Tod eintritt, wenn vorher keine Lebertransplantation möglich ist.

Nach dem klinischen Bild lassen sich zwei Verlaufsformen der fulminanten Hepatitis unterscheiden. Bei der ersten kommt es schon kurz nach Auftreten der ersten Allgemeinsymptome zu einer deutlichen Gelbsucht, die sich unter der zunehmenden Zerstörung von Leberzellen massiv verstärkt. Die Patienten versterben meist an einer akuten Leberdystrophie. Die zweite Verlaufsform ist dadurch gekennzeichnet, dass sich die Leberzerstörung erst nach 2 bis 3 Wochen aus der akuten Hepatitis entwickelt.

Bei der akuten Hepatitis B sind eine Reihe von extrahepatischen Manifestationen (Hautveränderungen, Gelenkentzündungen, Nierenentzündungen, Panarteriitis nodosa, Kryoglobulinämie) bekannt. Grund dafür dürfte das Auftreten von Immunkomplexen sein, die zu verschiedensten Störungen führen können.

Etwa 5% der akuten Hepatitis-B-Erkrankungen gehen in ein chronisches Stadium über. Bei den chronischen Hepatitis-B-Infektionen sind drei Formen zu unterscheiden: die chronisch-persistierende Hepatitis B, die chronisch-aggressive Hepatitis B und der Hepatitis-B-Trägerstatus (Carrier-Status).

Bei der chronisch-persistierenden Hepatitis B handelt es sich um die gutartige Form der chronischen Hepatitis B. Nach Infektion mit dem Hepatitis-B-Virus kommt es in der Regel zu einer milde verlaufenden akuten Hepatitis-B-Erkrankung, die anschließend in eine chronisch-persistierende Form übergeht. Es sind zwar Anzeichen einer Leberentzündung vorhanden und auch die Leberwerte sind erhöht, aber bei den Patienten besteht in der Regel ein nur leichtes Krankheitsbild. Charakteristisch für die Beschwerden sind Müdigkeit, Leistungsabfall und Abgeschlagenheit. Ein Teil der Patienten zeigt jedoch keinerlei Symptome. Bei ihnen wird die Diagnose einer chronisch-persistierenden Hepatitis B zufällig gestellt.

Um die chronisch-persistierende Hepatitis B von einer milde verlaufenden aggressiven Hepatitis B abzugrenzen, ist es in der Regel unumgänglich, mindestens zwei Leberpunktionen in einem zeitlichen Abstand von ca. sechs Monaten durchzuführen. Nur die histologische Bewertung des Lebergewebes erlaubt den sicheren Ausschluss einer chronisch-aggressiven Hepatitis B.

In den meisten Fällen heilt die chronisch-persistierende Hepatitis B selbst aus. Nur in seltenen Fällen kommt es zu einem Übergang in die chronisch-aggressive Form der Hepatitis B. Allerdings sind Verläufe von bis zu 14 Jahren Dauer beobachtet worden.

Die chronisch-aggressive Hepatitis B ist durch einen fortschreitenden Leberzellschaden unterschiedlichen Schweregrades gekennzeichnet. Während in einigen Fällen nur leichte Verlaufsformen zu beobachten sind, die an eine chronisch-persistierende Hepatitis B erinnern, kommt es in anderen Fällen zu einem raschen Übergang von einer akuten Hepatitis-B-Infektion in eine chronisch-aggressive Hepatitis B mit Entwicklung einer manifesten Leberzirrhose.

Es muss davon ausgegangen werden, dass bei etwa 3 % aller Patienten, die im Rahmen einer akuten Hepatitis B eine Gelbsucht entwickeln, der Übergang in eine chronisch-aggressive Hepatitis B erfolgt.

Die Klinik ähnelt in etwa einem Drittel aller Fälle der der akuten Virus-Hepatitis mit gastrointestinalen Beschwerden, in einigen Fällen auch mit Fieber und Gelbsucht. Zwei Drittel aller Patienten klagen jedoch eher über schleichende Symptome, wobei Müdigkeit, unbestimmte Oberbauchbeschwerden und auch häufiger rheumatische Beschwerden im Vordergrund stehen.

Als Hepatitis-B-Virusträger (Carrier) bezeichnet man Personen, die nach einer Hepatitis-B-Infektion mindestens sechs Monate HBs-Antigen-positiv sind. Die meisten der Hepatitis-B-Virusträger sind zum Zeitpunkt ihrer Entdeckung symptomfrei und werden deswegen auch asymptomatische Hepatitis-B-Träger genannt. Die Symptomfreiheit schließt jedoch eine chronische Lebererkrankung aufgrund der Hepatitis-B-Infektion nicht aus. Die Unterscheidung zwischen gesunden und kranken Hepatitis-B-Virusträgern kann deshalb nur aufgrund einer Leberhistologie erfolgen. Dabei fordern Experten, dass zur endgültigen Diagnosestellung mindestens zwei Leberpunktate erfolgen müssen.

In den letzten Jahren ist bei der Beurteilung des Hepatitis-B-Trägerstatus eine deutliche Veränderung eingetreten. Im Gegensatz zu früher geht man heute davon aus, dass der Hepatitis-B-Trägerstatus mit einem erheblichen Risiko für eine chronische Lebererkrankung verbunden ist. Insbesondere Hepatitis-B-Virusträger, bei denen eine hohe Infektiosität vorliegt, haben oft bereits zum Zeitpunkt der Entdeckung ihres Trägerstatus eine asymptomatische chronische Lebererkrankung oder tragen zumindest ein deutlich erhöhtes Risiko, eine solche zu entwickeln.

Eine besondere Bedeutung bei der Bewertung eines Trägerstatus kommt dem Nachweis von Viruserbinformation zu. Als gesunde, HBs-Antigen-positive Virusträger sollten nur Personen bezeichnet werden, die für mindestens sechs Monate keine Symptome einer chronischen Lebererkrankung haben, normale Leberenzyme vorweisen und weder HBe-Antigen noch Hepatitis-B-Virus-Erbinformationen im Serum tragen.

Die Entwicklung eines Hepatitis-B-Trägerstatus ist von verschiedenen Einflussfaktoren abhängig. Nur 3 % der zufällig entdeckten Hepatitis-B-Virusträger geben an, eine akute Hepatitis-B-Infektion durchgemacht zu haben. Die meisten der Hepatitis-B-Virusträger sind wahrscheinlich infiziert worden, ohne anschließend klinische Zeichen einer Erkrankung ausgebildet zu haben.

Das größte Risiko, einen Hepatitis-B-Trägerstatus zu entwickeln, besteht bei einer Infektion im frühesten Kindesalter (perinatale I.). Grund dafür dürfte das bei Säuglingen noch nicht entwickelte Immunsystem sein.

Tierexperimente haben gezeigt, dass sich eine akute Hepatitis B meist nach einer Infektion mit großen Virusmengen entwickelt, während Empfänger kleinerer Virusmengen meist eine symptomärmere oder symptomlose Erkrankung durchmachen, dafür aber häufig einen Hepatitis-B-Trägerstatus entwickeln. Eine große Rolle bei der Entwicklung eines Hepatitis-B-Trägerstatus spielt die Infektion von Neugeborenen durch ihre Mutter.

Der Hepatitis-B-Trägerstatus ist in der Regel von langer Dauer. Verläufe von bis zu 20 Jahren sind beschrieben worden, wobei man davon ausgegangen kann, dass jährlich etwa 2 % der Infizierten das HBs-Antigen eliminieren und somit den Trägerstatus verlieren.

Patienten mit chronischem Trägerstatus unterliegen einem massiv erhöhten Risiko für eine Zweitinfektion mit dem Hepatitis-D-Virus, für die Entwicklung einer chronischen Lebererkrankung und eines primären Leberzellkarzinoms. So ist beispielhaft betrachtet das relative Risiko eines HBsAg-Trägers ein primäres Leberzellkarzinom zu entwickeln 200-mal höher als das eines Nichtträgers. Das primäre Leberzellkarzinom ist mit schätzungsweise 250.000 neuen Erkrankungsfällen pro Jahr eine der zehn häufigsten Krebsarten weltweit.

4.6.4   Diagnostik

Eine Übersicht über das Auftreten von Antigenen und Antikörpern im Rahmen einer unkomplizierten akuten Hepatitis-B-Erkrankung gibt die Abb. 9. Es ist zu erkennen, dass das HBs-Antigen bereits vor Beginn der Erkrankung auftritt und im normalen Verlauf einer akuten Hepatitis-B-Infektion ohne Übergang in eine chronische Hepatitis B nach etwa zwei Monaten vollständig aus dem Blut eliminiert ist.

Ein Nachweis von HBs-Antigen (HBs-Ag) über mehr als drei Monate gibt einen deutlichen Hinweis auf den Übergang in eine chronische Verlaufsform. Der Nachweis von HBe-Antigenen (HBe-Ag) vor oder kurz nach Beginn der Gelbsucht ist ein klares Zeichen für die hohe Vervielfältigung des Virus und dessen massives Auftreten im Blut.

Bei der akuten Hepatitis treten mit Abfallen der HBs- und der HBe-Antigene und

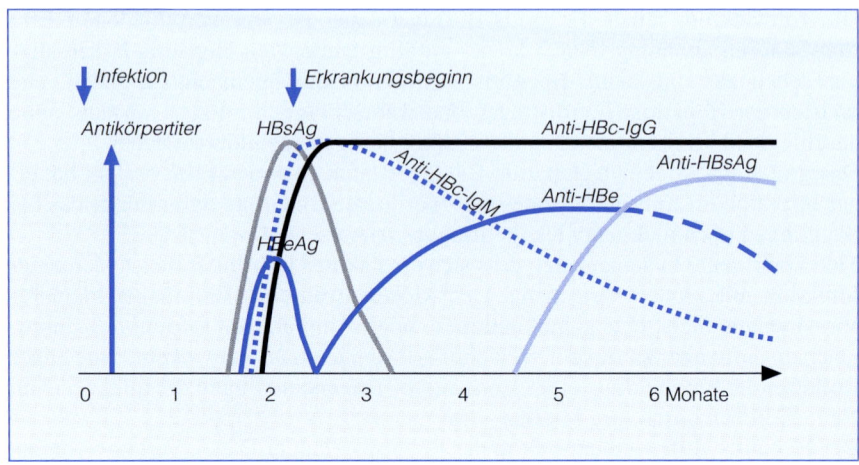

Abb. 9: Verlauf einer unkomplizierten akuten Hepatitis-B-Infektion

dem Abklingen der Gelbsucht erste Antikörper gegen diese Virusbestandteile auf. Dagegen kommt es bereits mit Erkrankungsbeginn zu einem Anstieg des Anti-HBc-Antikörpers. Anti-HBc persistiert bei nahezu allen infizierten Patienten und bleibt lebenslang nachweisbar. Etwa zwei Wochen später kann der Anti-HBe-Antikörper nachgewiesen werden, der etwa zwei Monate darauf seinen Höhepunkt erreicht und in den Fällen einer ausgeheilten akuten Hepatitis B nach spätestens einem Jahr verschwunden ist. Bei chronisch-asymptomatischen Trägern des Hepatitis-B-Virus verbleibt jedoch Anti-HBe im Serum und kann dort weiter nachgewiesen werden.

Etwa drei Monate nach Krankheitsbeginn schließlich tritt der Anti-HBs-Antikörper auf, der bei etwa 80% der Erkrankten persistiert und als einziger Antikörper für die Immunität gegenüber einer Reinfektion mit Hepatitis-B-Viren verantwortlich ist.

Bis zu 80% aller Patienten mit chronisch-persistierender Hepatitis B sind HBs-Antigen-positiv, während der Test auf das HBe-Antigen in der Regel negativ ausfällt und Anti-HBe nur in etwa 50% der Fälle nachweisbar ist. Prognostisch tragen Patienten, bei denen HBs-Antigen und HBe-Antigen positiv sind, ein erheblich höheres Risiko für den Übergang in eine chronisch-aggressive Hepatitis B.

Oft wird die Interpretation der verschiedenen serologischen Marker bei einer bestehenden Hepatitis-B-Erkrankung als schwierig empfunden. Insbesondere zur Frage der Infektiosität des Erkrankten ist jedoch die Kenntnis der verschiedenen Konstellationen serologischer Marker von großer Bedeutung. Daneben stellt sicherlich der direkte Nachweis von Viruserbmaterial mittels Polymerase-kettenreaktion (PCR) eine erhebliche Hilfe dar. Hierbei ist jedoch zu beachten, dass es sich bei der PCR um eine aufwendige Untersuchung handelt, welche einen höheren Zeitaufwand beansprucht und auch nicht in jedem Labor durchgeführt werden kann. Zunächst sollten deshalb - auch heute noch - die serologischen Marker bestimmt werden und erst bei Hinweisen auf eine bestehende Infektiosität die PCR als weitere Diagnostik hinzukommen. Bei der Interpretation sollte dem behandelnden Arzt aber bewusst sein, dass auch die PCR Nachweisgrenzen kennt. Ein negativer Befund beinhaltet also durchaus die Möglichkeit des Vorhandenseins infektiöser Virus-DNA unterhalb der Nachweisgrenze der Untersuchungsmethode. Tab. 17 ermöglicht einen schnellen Überblick zur Interpretation der serologischen Marker bei der Hepatitis-B-Infektion.

4.6.5 Besondere Hinweise

Meldepflicht nach **Bundesseuchengesetz**: bei **Erkrankung, Tod, Trägerstatus (?)**.

Tab. 17: Serologische Markerkonstellationen bei der Hepatitis-B-Infektion

HBs Ag	HBe Ag	Anti-HBe	Anti-HBc IgG	Anti-HBc IgM	Anti-HBs	Interpretation	Infektiosität des Blutes
+	+	−	(+)	+	−	Inkubationszeit	hoch
+	+	−	+	+	−	akute Hepatitis B oder chronischer Träger	hoch
+	−	+	+	−	−	spätes Stadium oder chronisches Stadium	gering
−	−	+	+	−	+	Rekonvaleszenz nach akuter HBV-Infektion	keine
−	−	−	+	−	+	zurückliegende HBV-Infektion	keine
−	−	−	+	−	−	zurückliegende HBV-Infektion mit nicht nachweisbaren Anti-HBs	fraglich
−	−	−	+	+	−	frühes rekonval. Stadium	keine
−	−	−	−	−	+	geimpft	keine

Meldepflicht nach dem **Infektionsschutzgesetz** (IfSG Entwurf Stand 17.08.1999): namentliche Meldung bei akuter Virus-Hepatitis.
Namentliche Meldung bei **direktem oder indirektem** Erregernachweis, soweit dieser auf eine akute Infektion hinweist.

4.6.6   *Arbeitsmedizinische Bedeutung*

Die arbeitsmedizinische Bedeutung der Hepatitis B ist nach wie vor hoch. Zwar konnten im Bereich des Gesundheitswesens bei der Bekämpfung der Hepatitis B bereits beachtliche Erfolge erzielt werden, aber leider gibt es noch immer gefährdete Mitarbeiter ohne ausreichenden Impfschutz. Da eine Gefährdung durch Hepatitisviren für andere Berufsgruppen noch nicht allgemein bekannt ist, wurden effektive Impfstrategien bisher nur unzureichend entwickelt.

4.6.6.1   *Berufliche Exposition*

Eine berufliche Exposition mit Hepatitis-B-Viren kann bei allen Tätigkeiten mit direktem oder indirektem Kontakt zu menschlichem Blut, Blutbestandteilen und zu anderen Körperflüssigkeiten oder Geweben angenommen werden. Verstärkt wird das Risiko einer beruflichen Infektion durch Tätigkeiten mit erhöhter Verletzungsgefahr (Operationen) und/oder Kontakt zu Blut oder Blutprodukten von Risikogruppen (Homosexuelle, Drogenabhängige, Dialysepatienten, Hämophiliepatienten).
Eine erhöhtes berufliches Risiko besteht insbesondere bei der Behandlung und Pflege erkrankter Personen sowie bei Labortätigkeiten mit Erregerkontakt oder Kontakt zu erregerhaltigem Untersuchungsgut. Weiterhin besteht ein erhöhtes Infektionsrisiko bei direktem oder indirektem Kontakt zu Risikogruppen und der gleichzeitigen Möglichkeit von Verletzungen mit Blutkontamination. Von einem erhöhten Risiko kann außerdem bei Tätigkeiten in Ländern mit bekannt höherer Durchseuchung der Bevölkerung ausgegangen werden. Neben dem Infektionsrisiko durch direkten oder indirekten Blutkontakt ist hier auch die mit zunehmender Aufenthaltsdauer steigende Wahrscheinlichkeit einer medizinischen Behandlung zu nennen.

4.6.6.2   *Betroffene Berufsgruppen*

Von allen Berufsgruppen sind die Berufe im Gesundheitswesen bezüglich ihrer Hepatitis-B-Gefährdung die meistuntersuchten. Exakte Zahlen über die mittlere

Durchseuchung der deutschen Bevölkerung liegen dagegen nicht vor. Schätzungsweise ist jedoch von einer Größenordnung zwischen 1,5 und 5 % auszugehen. Groß angelegte Studien, wie die von Maruna in Österreich, haben gezeigt, dass der Durchseuchungsgrad bei den im Gesundheitsdienst tätigen Personen vor der allgemeinen Einführung der Hepatitis-B-Impfung abhängig vom Tätigkeitsbereich bei mehr als 25%, also um den Faktor 5 über der Normalbevölkerung lag. Noch 1981 entfielen über 70% der in der Bundesrepublik aus dem Gesundheitswesen gemeldeten Berufskrankheiten auf die Hepatitis B. Zwar wurden durch die Einführung der Hepatitis-B-Impfung bereits erhebliche Erfolge erzielt und die Zahl der als Berufskrankheiten gemeldeten Hepatitis-B-Fälle ist auf ein Drittel des Standes von 1981 gesunken, aber trotzdem ist die Hepatitis B zusammen mit der Tuberkulose nach wie vor die häufigste Berufskrankheit bei Angehörigen des Gesundheitswesens.

Daneben gibt es noch eine Reihe anderer Berufe und Tätigkeiten mit einer potenziellen Hepatitis-B-Gefährdung. Diese sind in der nachfolgenden Tabelle zusammengefasst.

Tab. 18: Gefährdungseinschätzung für Personal verschiedener Berufe und Tätigkeitsfelder

Gefährdete Berufsgruppen	Hepatitis-B-Gefährdung
Ärzte	++(+)
Zahnärzte	+++
Krankenpflegepersonal	++(+)
Ärztliche Hilfsberufe	++(+)
Kindergärtner, Erzieher	+(+)
Lehrer	+(+)
Sozialarbeiter	++(+)
Polizeibeamte	++(+)
Justizvollzugsbeamte	++(+)
Rettungsassistenten	+++
Feuerwehrleute	+(++)
Entwicklungshelfer	++(+)
Militärangeh. im Auslandseinsatz	++(+)
Sonstige Auslandstätigkeiten	+(++)
Fliegendes Personal	+(+)
Reisebegleiter, Animateure	+(+)

Gefährdete Berufsgruppen	Hepatitis-B-Gefährdung
Busfahrer, Zugbegleiter	+(+)
Kanalreiniger	+(+)
Klärwerksarbeiter	+
Deponiearbeiter	+(+)
Müllwerker	+
Personal in Wäschereien	-(++)
Reinigungspersonal	-(+++)
Frisöre	+(+)
Kosmetiker, Fußpfleger	+(++)
Klempner, Installateure	+(+)
Köche, Berufe in der Nahrungsmittelherstellung und -verarbeitung	-
Prostituierte	+++

-	Aufgrund der bekannten epidemiologischen Daten und der Kenntnisse der Arbeitsvorgänge ist keine Gefährdung zu erwarten.
+	Eine gelegentliche Gefährdung ist aufgrund der Kenntnisse der Arbeitsvorgänge zu erwarten.
++	Eine wesentliche Gefährdung ist aufgrund der Kenntnisse der Arbeitsvorgänge zu erwarten. Ggf. liegen Kasuistiken vor.
+++	Eine erhebliche Gefährdung ist aufgrund der Kenntnisse der Arbeitsvorgänge sowie wissenschaftlicher Studien bewiesen.
( )	Die Gefährdung schwankt je nach konkretem Einsatzbereich.

4.6.7 Umwelt- und (reise-)medizinische Aspekte

Während über berufliche Infektionsrisiken zumindest für das Gesundheitswesen genügend Zahlenmaterial in der Bundesrepublik vorliegt, sind die Angaben zum Risiko außerberuflicher Hepatitis-B-Infektionen nur unzureichend. Obwohl Hepatitis B zu den meldepflichtigen Infektionskrankheiten in der Bundesrepublik Deutschland zählt, gehen alle Experten davon aus, dass nur etwa 25% der Neuinfektionen gemeldet werden. Bei 6000 bis 8000 gemeldeten Fällen bedeutet das eine jährliche Zahl der Neuinfektionen an Hepatitis B von etwa 20.000 bis

30.000. Angesichts dieser Problematik kann nur von den in bestimmten Risikogruppen bekannten Durchseuchungsraten auf das Risiko einer Hepatitis-B-Infektion geschlossen werden. Zu nennen sind hier Drogenabhängige mit einer Infektionsrate von über 80%, Gefängnisinsassen mit bis zu 72%, Hämodialysepatienten mit 60% sowie die Empfänger von Koagulationsfaktorpräparaten und die Neugeborenen von Müttern, die Träger des Hepatitis-B-Virus sind.

Die Vereinigten Staaten liefern dagegen umfangreicheres Zahlenmaterial über Hepatitis B-Fälle und assoziierte Risikofaktoren. Hier stehen heterosexuelle Kontakte mit 41% deutlich an der Spitze der Risikofaktoren, gefolgt von homosexuellen Kontakten mit 14% und der intravenösen Drogenabhängigkeit mit 12%. Von Bedeutung sind noch die engen familiären Kontakte mit 4%.

Das Interessante an dieser Statistik sind die medizinischen Berufe, die in der Bundesrepublik eine Durchseuchung von 15 bis 26% aufweisen, während in der US-Studie nur 2% der Hepatitis-B-Fälle aus dieser Gruppe stammen. Allerdings können zu immerhin 26% der Hepatitis-B-Fälle keine assoziierten Risikofaktoren genannt werden. In dieser Gruppe dürfte eine ganze Reihe der nicht erkannten beruflichen Risikofaktoren verborgen sein. Es wird aber auch deutlich, dass die Hepatitis-B-Infektion nicht allein auf Hochrisikogruppen beschränkt ist. Diese Tatsache wurde auch von einer australischen Studie bestätigt, die für 17% der Hepatitis-B-infizierten Männer und sogar 43% der infizierten Frauen keine nachweisbaren Risikofaktoren vorlegen konnte.

4.6.7.1 *Umweltexposition*

Eine Umweltexposition besteht bei sexuellem Kontakt zu infektiösen Personen, bei der Übertragung von infizierten Müttern auf ihre Kinder, in der Familie und in enger Lebensgemeinschaft mit infektiösen Personen in Gemeinschaftseinrichtungen, ggf. auch in Kindergärten und Schulen, bei Auslandsreisen insbesondere in Endemiegebiete und bei medizinischen Behandlungen insbesondere im Ausland (in Endemiegebieten mit schlechtem Hygienestandard).

4.6.7.2 *Betroffene Bevölkerungsgruppen*

In den Industrieländern ist der heterosexuelle Kontakt der bedeutendste Infektionsweg der Hepatitis B. Die ständigen **Sexualpartner** von Hepatitis-B-Positiven tragen ein Infektionsrisiko von bis zu 30% . Das individuelle Risiko einer Hepatitis-B-Infektion bei heterosexuellem Intimkontakt wird selbstverständlich auch von der Häufigkeit des Partnerwechsels bestimmt. Eine besondere Gefahr der Hepatitis-B-Übertragung stellt weiterhin der Intimkontakt mit Angehörigen von Hochrisikogruppen oder mit Personen aus Ländern mit hoher oder höchster Durchseuchungsrate dar. Das ebenfalls hohe Risiko der Hepatitis-B-Übertragung bei homosexuellem Kontakt wird durch die Art der sexuellen Praktiken, die oft hohe Zahl wechselnder Partner und die hohe Durchseuchung im Kollektiv bestimmt.

Ein „Sonderfall" des heterosexuellen und homosexuellen Intimkontaktes ist die Prostitution. Aufgrund des hier bestehenden extrem hohen Partnerwechsels ist sowohl das Infektionsrisiko der **Prostituierten** als auch das Infektionsrisiko der Kunden extrem hoch. Sicherlich muss in diesem Zusammenhang auch auf das besondere Problem des Sextourismus in Hochrisikoländern wie Thailand, Indonesien, Kenia etc. verwiesen werden. Ohne dass entsprechende Zahlen vorliegen, kann als sicher angenommen werden, dass in diesen Ländern die Zahl der Hepatitis-B-Virusträger unter den Prostituierten extrem hoch ist und damit auch das Infektionsrisiko für die Kunden.

Ein besonderes Problem stellt die Übertragung des Hepatitis-B-Virus von **infizierten Müttern** auf ihre Kinder dar. Voraussetzung ist der Trägerstatus der Mutter oder eine akute Infektion im 3. Trimenon der Schwangerschaft. In diesen Fällen ist das Hepatitis-B-Virus im Nabelblut, in der Amnionflüssigkeit und auch im Speichel oder in der Muttermilch nachweisbar. Ein wesentlicher Grund für die hohe Infektionsrate Neugeborener durch ihre Mütter dürfte in dem noch nicht entwickelten Immunsystem der Säuglinge liegen.

Auch **Familienangehörige** und in enger Gemeinschaft mit einem Hepatitis-B-Träger lebende Personen sind einem erheblichen Infektionsrisiko ausgesetzt. Eine Virusübertragung kann durch den Kontakt mit Blut oder Körperflüssigkeiten auf Handtüchern und anderen Gegenständen oder Flächen erfolgen. Die hohe Übertragungswahrscheinlichkeit zwischen Kindern in der Familie zeigt auch das Risiko einer Hepatitis-B-Übertragung von virustragenden Kindern auf andere **Kinder im Bereich von Schule und Kindergarten.** Im sozialen Kontakt dieser Kinder kommt es zwangsläufig immer wieder zu Blut-Schleimhaut-Kontakten, aus denen eine Infektion resultieren kann. Dabei muss darauf hingewiesen werden, dass Situationen, die zu einer Gefährdung führen können, nur selten vorhersehbar sind und deshalb auch nicht von Kindergärtnern/innen oder Lehrer/innen zu verhindern sind.

Die Gefahr einer Hepatitis-B-Infektion als **Tourist** ist nicht auf den Sextourismus (s.o.) beschränkt. Längere Reisen in Hochrisikogebiete mit engem Kontakt zur einheimischen Bevölkerung bergen das höchste Infektionsrisiko. Problematisch müssen insbesondere Abenteuer- oder Trekkingreisen in Endemiegebiete angesehen werden. Eine hohe Erkrankungswahrscheinlichkeit besteht aufgrund oft schlechter hygienischer Verhältnisse, engen Kontakts mit der einheimischen Bevölkerung sowie eines überdurchschnittlichen Verletzungsrisikos. Damit verbunden ist das Risiko einer medizinischen Behandlung, schlimmstenfalls mit Übertragung von Blut oder Blutprodukten.

4.6.8 Krankenhaushygienische Aspekte

Die Isolierung erkrankter Personen ist aus hygienischer Sicht nicht erforderlich. Wichtig ist dagegen eine desinfizierende Reinigung sichtbarer Verunreinigungen mit Körperflüssigkeiten, Sekreten und Ausscheidungen sowie von Behandlungs-, Untersuchungs- und Pflegematerial. Bei Kontakt mit Körperflüssigkeiten, Sekreten und Ausscheidungen ist patientenbezogene Schutzkleidung zu tragen. Es genügt die normale Reinigung von Flächen und Gegenständen sowie die normale Entsorgung von Wäsche und Speiseresten.

4.6.9 Prävention

4.6.9.1 Allgemeine Infektionsprophylaxe

Grundsätzlich ist Immunschutz anzustreben. Wichtig ist die Einhaltung der allgemeinen Hygieneregeln und Infektionsschutzmaßnahmen bei der Behandlung und Pflege erkrankter Personen (siehe 2.1 bis 2.2). Des Weiteren sind die besonderen Schutzmaßnahmen bei Umgang mit Blut, Blutprodukten, anderen Körperflüssigkeiten und Geweben zu beachten.

Arbeitsmedizinische Maßnahmen nach BGI 504-42 (früher ZH1/600.42) mit Anmerkungen des Autors
Infektionskrankheit Nr. 10 (Hepatitis B)

Arbeitsbereiche	Gefährdende Tätigkeiten	Arbeitsmedizinische Maßnahmen G42	Impfung	Beratung
Arbeitsbereich (1): *Gesundheitsdienst*	Untersuchen, Behandeln, Pflegen	obligat **(A, B)**	obligat **(A, B)**	
Stationäre und ambulante Einrichtungen der Humanmedizin **(A)**,	Abnehmen von Körperflüssigkeiten, Ausscheidungen, Abstrichmaterial,	obligat **(A, B)**	obligat **(A, B)**	
der Zahnmedizin **(B)**	Obduktion, Sektion,	obligat **(A)**	obligat **(A)**	

Arbeitsbereiche	Gefährdende Tätigkeiten	Arbeitsmedizinische Maßnahmen G42 Impfung Beratung		
	weiter Tätigkeiten (Instandsetzung, Reinigung, Reparatur, Wartung, Transport, Entsorgung)	obligat (A, B)	obligat (A, B)	
Arbeitsbereich (1): *Sozialdienste* Stationäre und ambulante Sozialeinrichtungen für Kinder und Jugendliche (ohne Schulen*), Familien, Senioren und Behinderte **(D)** Gemeinschaftseinrichtungen und Werkstätten für Personen in besonderen sozialen Lebenslagen (Gefährdete, Behinderte) **(E)** Strafvollzug **(F)**	Betreuung, Pflege somatisch-psychisch Hilfsbedürftiger, Umgang mit Körperflüssigkeiten und Ausscheidungen, Umgang mit verletzungsauslösenden Arbeitsmitteln, Umgang mit infektiöser Wäsche, Betreuung von Personen im Strafvollzug	fakultativ **(D, E, F)**		

Anmerkung: Eine Impfung ist ebenfalls grundsätzlich zu empfehlen! Eine Infektionsgefährdung für Lehrer kann nicht ausgeschlossen werden.

Arbeitsbereich (1): *Wohlfahrtspflege* Stationäre und ambulante Einrichtungen, Heime bzw. Tagesstätten für Altenpflege **(G)**, ambulante Pflegedienste **(H)**	Untersuchen, Behandeln, Pflegen, Umgang mit Körperflüssigkeiten und Ausscheidungen, Umgang mit verletzungsauslösenden Arbeitsmitteln und aggressiven Personen (Hausbesuche), Umgang mit infektiöser Wäsche, häusliche Krankenpflege, Altenpflege (Hauspflege), Familienpflege, Krankenpflege-Notfalldienst	obligat **(G, H)**	obligat **(G, H)**	
Arbeitsbereich (1): *Laboratorien und sonstige Bereiche* Laboratorien der	Auspacken, Aufbereiten, Entsorgen von erfahrungsgemäß infektiösem Probenmaterial, Fixieren, Einbetten, Entwässern,	obligat **(A, J)**	obligat **(A, J)**	

Arbeitsbereiche	Gefährdende Tätigkeiten	Arbeitsmedizinische Maßnahmen G42	Impfung	Beratung
Humanmedizin (A), Medizinprodukte- herstellung (J)	Färben von Blutausstrich- sowie Kultur- und histologischen Präparaten, Herstellen von Organ- (Gefrier-)Schnittpräparaten, Anzüchten, Mikroskopieren, Kultivieren, Differenzieren von Erregern aus Materialproben			
Arbeitsbereich (1): *Laboratorien und sonstige Bereiche* Laboratorien der Humanmedizin (A), Medizinprodukte- herstellung (J), Desinfektions- einrichtungen (K)	Bedienen von Untersuchungs-, Analyseautomaten mit infektiösen Proben, Umgang mit infektiösem Material, Gegenständen, Gerät- schaften beim Bedienen von Desinfektionsapparaten oder Beschicken der sog. unreinen Seite in Desinfektionseinrich- tungen, Halten, Pflege von infi- zierten, infektiösen Versuchstieren, weitere Tätigkeiten (Instand- setzung, Reinigung, Reparatur, Wartung, Transport, Entsorgung, Fahrtätigkeiten)	obligat (A, J)	obligat (A, J)	

Anmerkung: Eine Gefährdung in Desinfektionseinrichtungen kann ebenfalls nicht ausgeschlossen werden.

Arbeitsbereiche	Gefährdende Tätigkeiten	G42	Impfung	Beratung
Arbeitsbereich (2): Abwassertechnische Anlagen, Klär- schlammverwertung, berufl. Oberflächen- wasserkontakt	Tätigkeiten in o.g. Anlagen mit Verletzungsrisiko durch Kanülen, z.B. Fixerbesteck		fakulta- tiv (C)	fakulta- tiv (C)
Arbeitsbereich (3): Anlagen der Abfallwirtschaft (Erfassung, Sortierung, Kompostierung), thermische Abfallverwertung, Deponierung	Manuelle Sortierung (Störstoff- auslese) und manuelle biologische Behandlungsverfahren: Rotte, Vergärung, Kompostierung (C)		fakulta- tiv (C)	

4.6.9.2 Schutzimpfung

Zur Impfung gegen Hepatitis B stehen gentechnologisch hergestellte Impfstoffe zur Verfügung. Diese Impfstoffe sind von hoher Immunogenität und Verträglichkeit. Ein Kombinationsimpfstoff ermöglicht die gleichzeitige Immunisierung gegen Hepatitis B und Hepatitis A. Die Grundimmunisierung erfolgt in drei Impfungen (Standardschema 0 – 1 – 6 Monate). Die Injektion ist intramuskulär in den Oberarmmuskel durchzuführen (Weiteres siehe Herstellerangaben).

4.6.9.3 Postexpositionelle Prophylaxe

Zur postexpositionellen Prophylaxe gegen Hepatitis B stehen mehrere Hyperimmunglobulinpräparate mit hohem Anteil von HBs-Antikörpern zur Verfügung. Diese Präparate sollten immer simultan mit einer aktiven Impfung verabreicht werden. Die postexpositionelle Prophylaxe muss schnell, möglichst innerhalb von sechs Stunden nach Erregerkontakt erfolgen. Siehe auch STIKO-Empfehlungen.

4.6.9.4 STIKO-Empfehlungen

Impfempfehlungen der Ständigen Impfkommission am Robert-Koch-Institut (Stand Januar 2000)
[Epidemiologisches Bulletin 02/2000]

Impfung gegen	Kategorie	Indikation bzw. Reiseziel	Anwendungshinweise (Beipackzettel beachten)
Hepatitis B	I	Präexpositionell: 1. HB-gefährdetes medizinisches und zahnmedizinisches Personal; Personal in psychiatrischen Einrichtungen oder vergleichbaren Fürsorgeeinrichtungen für Zerebralgeschädigte oder Verhaltensgestörte; andere Personen, die durch Blutkontakte mit möglicherweise infizierten Personen gefährdet sind, wie z.B. Ersthelfer, Polizisten, Sozialarbeiter und Gefängnispersonal mit Kontakt zu Drogenabhängigen	Hepatitis-B-Impfung nach den Angaben des Herstellers; im Allgemeinen nach serologischer Vortestung; Kontrolle des Impferfolges ist für die Indikationen unter 1. bis 4. erforderlich; Auffrischimpfung entsprechend dem nach Abschluss der Grundimmunisierung erreichten Antikörperwert (Kontrolle 1 - 2 Monate nach 3. Dosis): bei Anti-HBs-Werten < 10 IE / L erneute Impfung (eine Dosis) und Kontrolle;

Impfung gegen	Kategorie	Indikation bzw. Reiseziel	Anwendungshinweise (Beipackzettel beachten)
		2. Dialysepatienten, Patienten mit häufiger Übertragung von Blut oder Blutbestandteilen (z.B. Hämophile), Patienten vor ausgedehnten chirurgischen Eingriffen (z.B. vor Operationen unter Verwendung der Herz-Lungen-Maschine)	bei Anti-HBs-Werten 10 -100 IE / L regelmäßige Kontrollen etwa alle 3 - 6 Monate; bei Anti-HBs-Werten >100 IE / L Auffrischimpfung (eine Dosis) nach 10 Jahren; (bei Immundefizienz regelmäßige Kontrollen etwa alle 3 - 6 Monate);
		3. Patienten mit chronischen Lebererkrankungen, die HBsAg-negativ sind	
		4. Durch Kontakt mit HBsAg-Trägern in Familie und Gemeinschaft (Kindergärten, Kinderheime, Pflegestätten, Schulklassen, Spielgemeinschaften) gefährdete Personen	bei Fortbestehen eines Infektionsrisikos Auffrischimpfungen in 10-jährigen Intervallen
		5. Patienten in psychiatrischen Einrichtungen oder vergleichbaren Fürsorgeeinrichtungen für Zerebralgeschädigte oder Verhaltensgestörte	
		6. Besondere Risikogruppen wie z.B. homosexuell aktive Männer, Drogenabhängige, Prostituierte, länger einsitzende Strafgefangene	
	R	Reisende in Regionen mit hoher Hepatitis-B-Prävalenz bei längerfristigem Aufenthalt oder bei zu erwartenden engen Kontakten zur einheimischen Bevölkerung	
	I	Postexpositionell: *medizinisches Personal bei Verletzungen mit möglicherweise erregerhaltigen Gegenständen, z.B. Nadelstichexposition,* Neugeborene HBsAg-positiver Mütter	siehe nachfolgende Tabelle, siehe Anmerkungen zum Impfkalender

Kategorien:
A - Impfung mit breiter Anwendung und erheblichem Wert für die Gesundheit der Bevölkerung
I - Indikationsimpfung bei erhöhter Gefährdung von Personen bzw. Angehörigen von Risikogruppen
R - Reiseimpfungen (von der WHO veröffentlichte Informationen über Gebiete mit besonderem Infektionsrisiko beachten)

211

Hepatitis-B-Immunprophylaxe bei Exposition

Impfempfehlungen der Ständigen Impfkommission am Robert-Koch-Institut
(Stand Januar 2000)
[Epidemiologisches Bulletin 02/2000]

Generell sind bei geimpfter Person keine Maßnahmen notwendig, wenn:
- Anti-HBs nach Grundimmunisierung >=100 IE/l betrug und die letzte Impfung weniger als 5 Jahre zurückliegt
- innerhalb der letzten 12 Monate gemessener Anti-HBs-Wert von >=100 IE/l (unabhängig vom Zeitpunkt der Grundimmunisierung)

Sofortige Verabreichung einer Dosis Hepatitis-B-Impfstoff (ohne weitere Maßnahmen) wenn:
- Anti-HBs nach Grundimmunisierung >= 100 IE/l betrug und die letzte Impfung 5 bis 10 Jahre zurückliegt

Sofortige Testung des „Empfängers", wenn:
- Empfänger nicht bzw. nicht vollständig geimpft ist
- Empfänger Non- oder Lowresponder ist (Anti-HBs < 100 IE/l nach Grundimmunisierung)
- der Impferfolg nie kontrolliert wurde
- die letzte Impfung länger als 10 Jahre zurückliegt

Weiteres Vorgehen nach Testergebnis entsprechend folgender Tabelle.

Tab. 19:   Immunisierungsmaßnahmen bei Hepatitis-B-Virus-Exposition

| Aktueller Anti-HBs-Wert* | Erforderlich ist die Gabe von: | |
	HB-Impfstoff	HB-Immunglobulin
>=100 IE / l	Nein	Nein
>=10 -<100 IE / l	Ja	Nein
<10 IE / l	Ja	Ja
Nicht innerhalb von 48 Std. zu bestimmen	Ja	Ja

4.6.9.5   Nosokomiale Infektionen

Im Gesundheitsdienst hat neben dem Schutz der Beschäftigten auch der Schutz der Patienten vor Infektionen durch das Personal eine besondere Bedeutung. Die Deutsche Vereinigung zur Bekämpfung von Viruskrankheiten hat zur Verhütung der Übertragung des Hepatitis-B-Virus durch infiziertes Personal im Gesundheitsdienst eine entsprechende Empfehlung veröffentlicht (Epidemiologisches Bulletin des Robert-Koch-Instituts, 30/99, 30.07.99). Danach sind in der internationalen Literatur mehr als 40 Fälle dokumentiert, in denen medizinisch tätige Hepatitis-B-Virusträger mehr als 300 Patienten infiziert haben. Insbesondere für operativ tätiges medizinisches und zahnmedizinisches Personal werden folgende Maßnahmen empfohlen:

• kontinuierliche arbeitsmedizinische Betreuung einschließlich Überprüfung des HBV-Serostatus und der Hepatitis-B-Impfung aller nicht immunen Tätigen gemäß § 15 BiostoffV und G 42 sowie aller nicht immunen Medizin- und Zahnmedizinstudenten;

• regelmäßige Unterweisung des Personals, insbesondere im Hinblick auf die konsequente Durchführung der erforderlichen Hygiene- und Vorsichtsmaßnahmen, z.B.
  - das Tragen doppelter Handschuhe bei operativen Eingriffen
  - den Gebrauch von Schutzkleidung, Schutzbrille, Maske und Visier (VBG 103, § 7; BioStoffV)
  - die Verwendung adäquater Gefäße zur Entsorgung von infektiösem Material und infektiösen Gegenständen (z.B. Kanülenabwurfbehälter)

• das schnelle Umsetzen neuer Erkenntnisse zur Reduzierung des Infektionsrisikos für Patienten wie für Personal (z.B. Anwendung handschuhschonender Techniken);

• besondere Vorsichtsmaßnahmen bei Tätigkeiten mit erhöhter Übertragungsgefahr (›verletzungsträchtige Tätigkeiten‹) wie z.B.
  - Operationen in beengtem Operationsfeld
  - Operieren mit unterbrochener Sichtkontrolle
  - Operationen von langer Dauer, Operationen, bei denen mit den Fingern in der Nähe scharfer/spitzer Instrumente gearbeitet wird, Operationen mit manueller Führung bzw. Tasten der Nadel
  - Verschluss der Sternotomie

und vergleichbare verletzungsträchtige Tätigkeiten.

Zu Tätigkeiten mit erhöhter Übertragungsgefahr sollten nach dieser Empfehlung nur Personen herangezogen werden, die Immunität gegen HBV besitzen, entweder als Folge einer ausgeheilten Infektion oder nach erfolgreicher HB-Schutzimpfung. Diese Tätigkeiten sollten zunächst **nicht** von Personen mit Nachweis von Markern der HBV-Infektiosität ausgeübt werden. HBsAg-positive Personen

sind akut oder chronisch mit HBV infiziert. Ihr Blut bzw. Serum muss als potenziell infektiös angesehen werden. Der Grad der Infektiosität kann in weiten Bereichen schwanken. Hochinfektiös sind im Allgemeinen HBeAg-positive Personen bzw. Personen mit hochpositivem HBV-DNA-Nachweis in einem Test mit
angemessener Nukleinsäure-Amplifikationstechnik. Die bei Tätigkeiten mit erhöhter Übertragungsgefahr zu treffenden Maßnahmen zur Infektionsprävention
sollten vor Ort durch ein Gremium definiert und überwacht werden, das auch
zur Einsatzmöglichkeit der HBV-infizierten Person Stellung nimmt. Diesem Gremium sollten folgende Personen angehören:

- der Krankenhaushygieniker
- der Betriebsarzt
- die Fachkraft für Arbeitssicherheit
- ein Infektiologe, medizinischer Mikrobiologe oder klinischer Virologe
- der behandelnde Arzt des betroffenen Mitarbeiters und
  der Amtsarzt sowie
- ein Vertreter des Arbeitgebers/der ärztlichen oder ggf. der Pflegedienstleitung
  (je nach Zuständigkeit)

Außerhalb der stationären Versorgung könnte die Einsatzmöglichkeit einer HBV-
infizierten Person durch eine Kommission bei der Landesärztekammer oder im
Rahmen der Ermittlungspflicht durch die öffentliche Gesundheitsbehörde fest-
gelegt werden. In Zweifelsfällen könnte der Ausschuss ›Arbeit, Hygiene und
Infektionsschutz‹ der Deutschen Vereinigung zur Bekämpfung der Viruskrank-
heiten (Vorsitzender: Prof. Dr. Dr. F. Hofmann, Bergische Universität Wuppertal,
FB 14 / Lehrstuhl für Arbeitsphysiologie, Arbeitsmedizin und Infektionsschutz,
Gaußstr. 20, 42097 Wuppertal) eingeschaltet werden. Wichtig sind die regelmä-
ßige Verlaufskontrolle und die adäquate Beratung des Betroffenen über moderne
Methoden der Hepatitis-B-Therapie einschließlich der etwaigen Einleitung von
Behandlungsmaßnahmen zur Therapie der chronischen HBV-Infektion. Zum
Schutz von Patienten bzw. ihres Umfelds sind Rückverfolgungsuntersuchungen
bei den Patienten zu initiieren, die von potenziellen HBV-Überträgern behandelt wurden. In allen Fällen eines bekannt gewordenen HBV-Infek-tionsrisikos
empfiehlt es sich, das zuständige Gesundheitsamt zu informieren. Die Verantwortung für die konsequente Umsetzung aktueller Erkenntnisse über sichere Ar-
beitsmethoden und Maßnahmen zur Verhütung nosokomialer Infektionen obliegt
dem Arbeitgeber bzw. der ärztlichen Leitung einer Einrichtung. Jeder Beschäftigte muss sich jedoch stets entsprechend den bestehenden Regeln und Vereinba-
rungen verhalten.

4.7 Hepatitis C

4.7.1 Erreger und Epidemiologie

Der Erreger der Hepatitis C gehört zur Gruppe der so genannten Flaviviren. Von Kapsid- und Hüllproteinen ummantelt besitzt das Hepatitis-C-Virus eine Erbinformation in Form einer einzelsträngigen RNA. Bisher sind mindestens sechs verschiedene HCV-Genotypen bekannt, wobei diese sich nicht nur geographisch überschneiden, sondern z.T. sogar nebeneinander in einem infizierten Patienten nachgewiesen werden konnten. Die Bedeutung dieser Genotypen für den klinischen Verlauf der Erkrankung ist noch nicht sicher untersucht. Auch die Gene für die Hüllproteine des Virus zeigen eine ausgeprägte Variabilität, hier ist der Grund für die besonderen Schwierigkeiten bei der Impfstoffentwicklung zu sehen.

Gegen bestimmte Virusproteine bilden sich Anti-HCV-Antikörper, die sich serologisch bestimmen lassen. Diese geben einen Hinweis auf eine aktive oder ausgeheilte Infektion. Eine serologische Differenzierung ist hier noch nicht möglich. Zurzeit wird aber an einer Methode zum spezifischen Nachweis von Anti-HCV-IgM gearbeitet. Damit könnte sich die Möglichkeit ergeben, auch serologische Hinweise auf die Aktivität der Erkrankung zu erhalten.

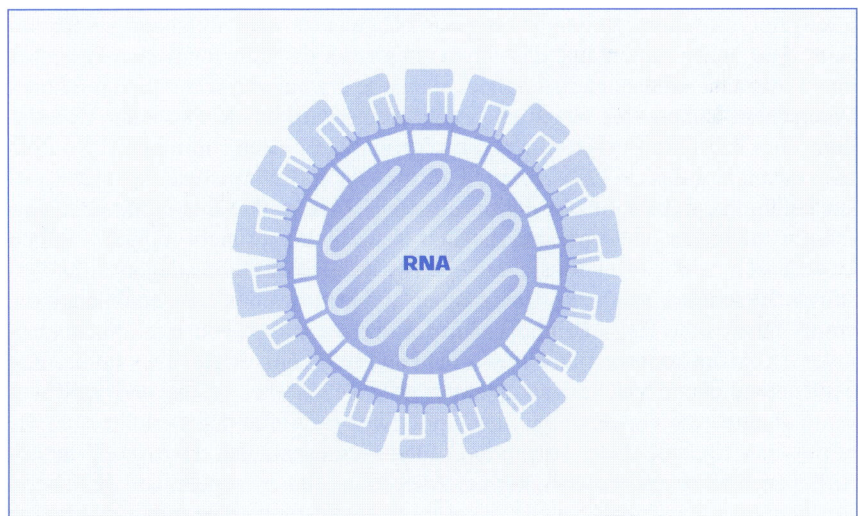

Abb. 10: Das Hepatitis-C-Virus

Die Eigenschaften des Hepatitis-C-Virus sind noch nicht vollständig erforscht. Es kann jedoch davon ausgegangen werden, dass die Infektiosität deutlich niedriger als beim Hepatitis-B-Virus ist. Durch Sterilisations- und Desinfektionsmaßnahmen, wie sie bei der Hepatitis B erfolgreich angewandt werden, ist auch das Hepatitis-C-Virus sicher zu eliminieren.

Das Hepatitis-C-Virus ist weltweit verbreitet. Der Durchseuchungsgrad der Allgemeinbevölkerung liegt in Westeuropa zwischen 0,1 (Belgien) und etwa 2% (Italien). In östlichen Ländern und Teilen Asiens werden Zahlen von etwa 3% angegeben. Lediglich in Zentralafrika und Ägypten zeigten sich Anti-HCV-Prävalenzen von bis zu 20%. Damit liegt die weltweite Verbreitung der Hepatitis C deutlich unter der der Hepatitis B. Durch den hohen Grad an chronischen Erkrankungen, insbesondere bei der Betrachtung der Todesfälle durch chronische Lebererkrankungen, ist die Hepatitis C allerdings stärker zu gewichten. Aus den USA wird ein 26%iger Anteil an den Todesfällen durch chronische Lebererkrankungen beschrieben.

4.7.2   Infektionsmodus

Als Hauptübertragungsweg der Hepatitis C wird zurzeit der Blutkontakt angesehen. Anders als bei der Hepatitis B scheinen Infektionen über andere Körperflüssigkeiten von Hepatitis-C-Virusträgern nicht oder nur sehr selten zu erfolgen. Bis vor einigen Jahren dürften Blutübertragungen in den Industrieländern die häufigsten Infektionsquellen der Hepatitis C gewesen sein. Schätzungen für das Jahr 1960 gehen davon aus, dass etwa ein Drittel der transfundierten Patienten eine Posttransfusionshepatitis entwickelten, die in zwei von drei Fällen mit hoher Wahrscheinlichkeit eine Hepatitis C war. Heute wird das Risiko einer Übertragung durch Blutkonserven durch die regelmäßige Testung minimiert. So geht man davon aus, dass in Deutschland Patienten nach Bluttransfusionen nicht stärker gefährdet sind als die Normalbevölkerung. Eine exakte Bestimmung des Infektionsmodus ist heute bei den meisten Neuinfektionen nicht möglich. In den USA lässt sich der Infektionsmodus in etwa 45% der Fälle festlegen. Eine verstärkte Bedeutung spielt die Übertragung unter intravenös Drogenabhängigen, wobei mangelnde Hygiene und vor allem der Austausch von Injektionsnadeln unter Drogenabhängigen ein wesentlicher Grund sein dürfte. Die Infektionswahrscheinlichkeit bei Sexualkontakten ist dagegen eher gering und wird wesentlich durch die verwendeten Sexualpraktiken bestimmt. Dies erklärt auch die relativ hohe Prävalenz der Hepatitis C unter Homosexuellen. Der Anteil der beruflichen Infektionen ist eher gering. Allerdings gibt es zunehmend gesicherte Berichte über Hepatitis-C-Infektionen durch Nadelstichverletzungen. Auch eine Patientengefährdung über HCV-positive-Ärzte ist beschrieben. Eine perinatale

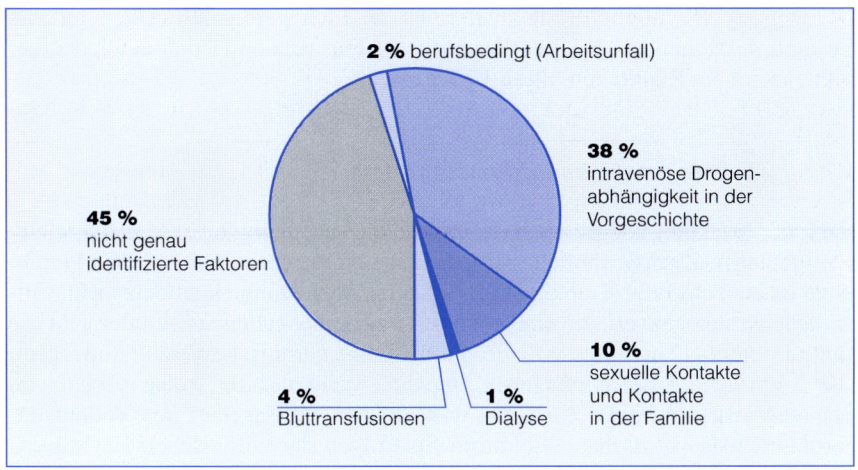

Abb. 11: Risikofaktoren für eine akute HCV-Infektion in den USA (1990-1993)

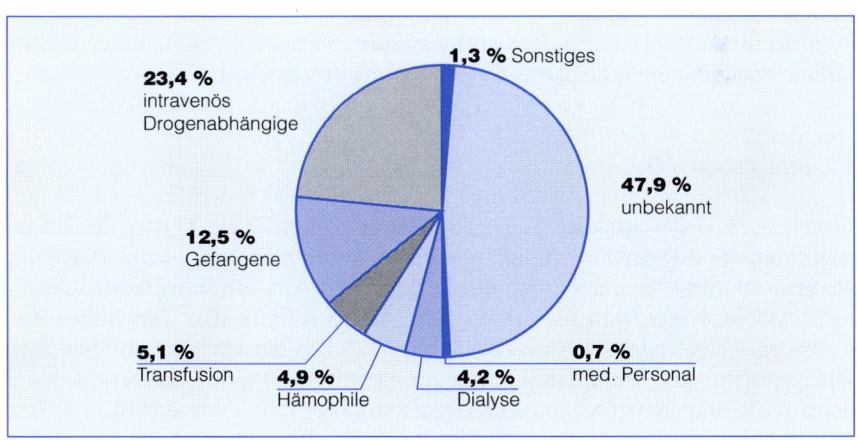

Abb. 12: Übertragungswege und Risikogruppen bei 4.659 untersuchten Personen (HCV-positiv) im Raum Hamburg

Übertragung ist möglich, hat aber einen deutlich geringeren Anteil an den Gesamtinfektionen als bei der Hepatitis B. Für Kinder Hepatitis-C-positiver Mütter wird ein Risiko von bis zu 10% genannt.

4.7.3 Erkrankungen und Erkrankungsfolgen

Nach der Infektion kommt es in der Regel zur Ausbildung einer klinisch relativ symptomarmen, grippeähnlichen Erkrankung. Nur in etwa 25% der Fälle kommt es zu einem schweren Krankheitsverlauf mit Entwicklung einer Gelbsucht. Fulminante Krankheitsverläufe sind bekannt, treten aber selten auf. Leider geht die akute Hepatitis C in 50 bis 90% der Fälle in eine chronische Verlaufsform über. Die Aggressivität der chronischen Hepatitis variiert stark, wobei man davon ausgeht, dass der Infektionsmodus wesentlichen Einfluss auf den Verlauf der chronischen Hepatitis hat. Wichtigste Spätfolgen der chronischen Hepatitis C sind die Leberzirrhose und das hepatozelluläre Karzinom. Nach neuesten Zahlen muss davon ausgegangen werden, dass fünf Jahre nach akuter Erkrankung etwa 40% der Patienten an einer Leberzirrhose leiden. Nach acht Jahren erhöht sich dieser Anteil auf 80%. Auch das Risiko des hepatozellulären Karzinoms steigt kontinuierlich an. Innerhalb von elf Jahren werden Erkrankungszahlen von bis zu 20% genannt.
Sowohl bei der akuten als auch bei der chronischen Hepatitis C sind extrahepatische Manifestationen bekannt. Als gesichert gelten Kryoglobulinämie mit Gefäß- und Gelenkentzündungen, aber auch entzündlichen Veränderungen der Nieren. Außerdem werden, zumindest in einzelnen Fällen, rheumaähnliche Symptome, Lungenfibrosen, Hauterkrankungen und aplastische Anämien im Zusammenhang mit einer Hepatitis-C-Erkrankung beschrieben.

4.7.4 Diagnostik

In den ersten vier Wochen der Erkrankung kommt es zu einem Anstieg der Transaminasen, der mit der Virusreplikation in der Leber einhergeht. Zum Zeitpunkt des ersten Auftretens von Symptomen ist bereits ein Anti-HCV-Antikörper gegen verschiedene virale Antigene mittels ELISA-Test nachweisbar. Die früher verwendeten Antikörpertests gegen das Antigen C-100 des Erregers wurden zwischenzeitlich durch Einbeziehung weiterer Antigene verbessert, sodass eine hohe Sensitivität und Spezifität erreicht werden konnte. Bei positivem ELISA-Test steht außerdem heute als serologischer Bestätigungstest der so genannte RIBA (recombinant immunoblot assay) zur Verfügung. Der Anti-HCV-Antikörper persistiert sowohl bei chronischen Virusträgern als auch im Falle einer völligen Ausheilung. Er ist nicht geeignet, zwischen einer akuten Erkrankung, einer chronischen Erkrankung oder dem bloßen Bestehen einer „Seronarbe" nach ausgeheilter Infektion zu unterscheiden. Zurzeit wird an der Entwicklung eines Verfahrens gearbeitet, welches die selektive Identifikation von Anti-HCV-IgM ermöglicht. Ein entsprechendes Laborkit ist allerdings noch nicht im Handel. Zum direkten Nachweis von HC-Viren ist eine Bestimmung von genetischem Material des Virus durch die Polymerasekettenreaktion (PCR) notwendig.

In der Labordiagnostik findet man bei Patienten mit chronisch-persistierender Hepatitis C mäßig angestiegene Leberenzymwerte. In neuester Zeit konnte jedoch auch nachgewiesen werden, dass bei Patienten mit chronisch-persistierender Hepatitis C selbst bei histologisch nachweisbaren entzündlichen Leberzellveränderungen auch normale Transaminasen vorlagen. Der Nachweis normaler Leberenzymwerte kann also eine chronisch-persistierende Hepatitis C nicht ausschließen. Serologisch sind in allen Fällen Anti-HCV-Antikörper nachweisbar. In der PCR finden sich z.T. stark ondulierende Höhen von Virus-RNA. Es ist sogar möglich, dass die PCR „negativ" wird, also die Menge der Virus-DNA unter die Nachweisgrenze der Labormethode rutscht. Eine Ausheilung der Erkrankung mit Viruselimination ist also nur durch wiederholte PCR im Abstand von mehreren Wochen (Monaten) möglich.

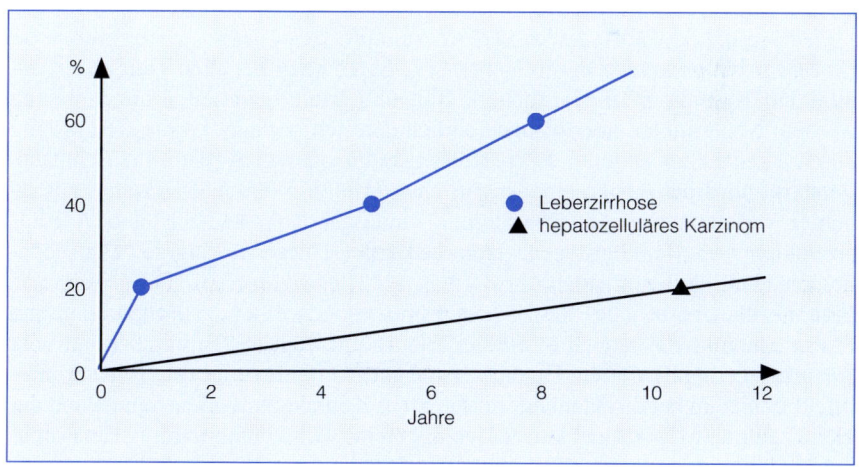

Abb. 13: Leberzirrhose und hepatozelluläres Karzinom bei chronischer Hepatitis C

Bei der chronisch-aggressiven Hepatitis C findet sich in der Regel eine deutliche Erhöhung der Leberenzyme, insbesondere der GOT und der GPT. Die Anti-HCV-Antikörper sind nachweisbar, in der PCR zeigen sich hohe, z.T. aber auch stark ondulierende Virusreplikationsraten.

4.7.5 Besondere Hinweise

Meldepflicht nach **Bundesseuchengesetz**: bei **Erkrankung, Tod, Trägerstatus (?)**.
Meldepflicht nach dem **Infektionsschutzgesetz** (IfSG Entwurf Stand 17.08.1999): namentliche Meldung bei akuter Virus-Hepatitis.
Namentliche Meldung bei **allen Erregernachweisen**, wo eine chronische Infektion nicht bekannt ist.

4.7.6 Arbeitsmedizinische Bedeutung

Die arbeitsmedizinische Bedeutung der Hepatitis C ist noch nicht umfassend geklärt. Zunehmend wird jedoch von beruflichen Infektionen bei Mitarbeitern im Gesundheitswesen berichtet.

4.7.6.1 Berufliche Exposition

Eine berufliche Exposition mit Hepatitis-C-Viren kann bei allen Tätigkeiten mit direktem Kontakt zu menschlichem Blut und Blutbestandteilen angenommen werden. Noch unklar, aber wahrscheinlich deutlich geringer ist die Gefährdung durch Kontakt zu anderen Körperflüssigkeiten oder Geweben einzuschätzen. Verstärkt wird das Risiko einer beruflichen Infektion durch Tätigkeiten mit erhöhter Verletzungsgefahr (Operationen) und/oder Kontakt zu Blut oder Blutprodukten von Risikogruppen (Homosexuelle, Drogenabhängige, Dialysepatienten, Hämophiliepatienten).
Eine erhöhtes berufliches Risiko besteht insbesondere bei der Behandlung und Pflege erkrankter Personen sowie bei Labortätigkeiten mit Erregerkontakt oder Kontakt zu erregerhaltigem Untersuchungsgut. Weiterhin ergibt sich ein erhöhtes Infektionsrisiko bei direktem oder indirektem Kontakt zu Risikogruppen und der gleichzeitigen Möglichkeit von Verletzungen mit Blutkontamination. Ein erhöhtes Risiko kann zudem bei Tätigkeiten in Ländern mit bekannt höherer Durchseuchung der Bevölkerung angenommen werden. Neben dem Infektionsrisiko durch direkten oder indirekten Blutkontakt ist hier auch die mit zunehmender

Aufenthaltsdauer steigende Wahrscheinlichkeit einer medizinischen Behandlung zu nennen.

4.7.6.2 Betroffene Berufsgruppen

Gesundheitsdienst, insbesondere bei der Pflege und Behandlung Erkrankter	Arbeitsbereiche mit Kontakt zu Risikogruppen	Auslandstätigkeiten (in Endemiegebieten)	Labortätigkeiten
Ärzte, Pflegepersonal, sonstiges med. Personal, insbesondere in: Infektionsstationen, Dialyseeinheiten, Hämatologie	Polizei, Strafvollzugsbeamte, Rettungsdienste, private Sicherheitsdienste, Personal von Drogeneinrichtungen, Reinigungspersonal in Fixertreffs	Montagearbeiter, Entwicklungshelfer, Personal in der Touristikbranche und/oder mit anderen Reisetätigkeiten, insbesondere bei längeren Aufenthaltszeiten	technische Assistenten MTA, BTA, PTA, CTA), sonstiges Personal in: med. und virologischen Laboratorien mit Erregerkontakt

4.7.7 Umwelt- und (reise-)medizinische Aspekte

Die reise- und umweltmedizinische Bedeutung der Hepatitis C ist noch weitgehend unklar.

4.7.7.1 Umweltexposition

Eine gesicherte Umweltexposition kann nur für wenige Bereiche wie homosexuellen oder heterosexuellen Geschlechtsverkehr mit „blutigen" Sexualpraktiken sowie bestimmte Verhaltensweisen von Drogenabhängigen („Nadelsharing") angenommen werden.

4.7.7.2 Betroffene Bevölkerungsgruppen

siehe oben

221

4.7.8 Krankenhaushygienische Aspekte

Eine Isolierung erkrankter Personen ist aus hygienischer Sicht nicht erforderlich. Wichtig ist die desinfizierende Reinigung sichtbarer Verunreinigungen mit Körperflüssigkeiten, Sekreten und Ausscheidungen sowie von Behandlungs-, Untersuchungs- und Pflegematerial. Bei Kontakt mit Körperflüssigkeiten, Sekreten und Ausscheidungen ist patientenbezogene Schutzkleidung zu tragen. Es genügt die normale Reinigung von Flächen und Gegenständen und die normale Entsorgung von Wäsche und Speiseresten.

4.7.9 Prävention

4.7.9.1 Allgemeine Infektionsprophylaxe

Es sind die allgemeinen Hygieneregeln und Infektionsschutzmaßnahmen bei der Behandlung und Pflege erkrankter Personen (siehe 2.1 bis 2.2) einzuhalten. Bei Umgang mit Blut oder Blutprodukten sind die besonderen Schutzmaßnahmen zu beachten.

Arbeitsmedizinische Maßnahmen nach BGI 504-42 (früher ZH1/600.42) mit Anmerkungen des Autors
Infektionskrankheit Nr. 11 (Hepatitis C)

Arbeitsbereiche	Gefährdende Tätigkeiten	Arbeitsmedizinische Maßnahmen G42 Impfung Beratung
Arbeitsbereich (1): *Gesundheitsdienst*	Untersuchen, Behandeln, Pflegen	obligat (A, B)
Stationäre und ambulante Einrichtungen der	Abnehmen von Körperflüssig- keiten, Ausscheidungen, Abstrichmaterial	obligat (A, B)
Humanmedizin (A), Zahnmedizin (B)	Obduktion, Sektion	obligat (A)
	weitere Tätigkeiten (Instandset- zung, Reinigung, Reparatur, Wartung, Transport, Entsorgung)	obligat (A, B)

Arbeitsbereiche	Gefährdende Tätigkeiten	Arbeitsmedizinische Maßnahmen G42 Impfung Beratung
Arbeitsbereich (1): *Sozialdienste* Stationäre und ambulante Sozialeinrichtungen für Kinder und Jugendliche (ohne Schulen*), Familien, Senioren und Behinderte **(D)**, Gemeinschaftseinrichtungen und Werkstätten für Personen in besonderen sozialen Lebenslagen (Gefährdete, Behinderte) **(E)**, Strafvollzug **(F)**	Betreuung, Pflege somatischpsychisch Hilfsbedürftiger, Umgang mit Körperflüssigkeiten und Ausscheidungen, Umgang mit verletzungsauslösenden Arbeitsmitteln, Umgang mit infektiöser Wäsche, Betreuung von Personen im Strafvollzug	fakultativ **(D, E, F)**

Anmerkung: Eine Infektionsgefährdung für Lehrer kann nicht ausgeschlossen werden.

Arbeitsbereich (1): *Wohlfahrtspflege* Stationäre und ambulante Einrichtungen, Heime bzw. Tagesstätten für Altenpflege **(G)**, ambulante Pflegedienste **(H)**	Untersuchen, Behandeln, Pflegen, Umgang mit Körperflüssigkeiten und Ausscheidungen, Umgang mit verletzungsauslösenden Arbeitsmitteln und aggressiven Personen (Hausbesuche), Umgang mit infektiöser Wäsche, häusliche Krankenpflege, Altenpflege (Hauspflege), Familienpflege, Krankenpflege-Notfalldienst	obligat **(G, H)**
Arbeitsbereich (1): *Laboratorien und sonstige Bereiche* Laboratorien der Humanmedizin **(A)**, Medizinprodukteherstellung **(J)**	Auspacken, Aufbereiten, Entsorgen von erfahrungsgemäß infektiösem Probenmaterial, Fixieren, Einbetten, Entwässern, Färben von Blutausstrich sowie Kultur- und histologischen Präparaten, Herstellen von Organ (Gefrier-)Schnittpräparaten,	obligat **(A, J)**

223

| Arbeitsbereiche | Gefährdende Tätigkeiten | Arbeitsmedizinische Maßnahmen | | |
		G42	Impfung	Beratung
	Anzüchten, Mikroskopieren, Kultivieren, Differenzieren von Erregern aus Materialproben			
Arbeitsbereich (1): *Laboratorien und sonstige Bereiche* Laboratorien der Humanmedizin (**A**), Medizinprodukte- herstellung (**J**), Desinfektions- einrichtungen (**K**)	Bedienen von Untersuchungs-, Analyseautomaten mit infektiösen Proben, Umgang mit infektiösem Material, Gegenständen, Gerät- schaften beim Bedienen von Desinfektionsapparaten oder Beschicken der sog. unreinen Seite in Desinfektionseinrichtungen, Halten, Pflege von infizierten, infektiösen Versuchstieren, weitere Tätigkeiten (Instand setzung, Reinigung, Reparatur, Wartung, Transport, Entsorgung, Fahrtätigkeiten)	obligat (**A, J**)		
Anmerkung: Eine Gefährdung in Desinfektionseinrichtungen kann ebenfalls nicht ausgeschlossen werden.				
Arbeitsbereich (2): Abwassertechnische Anlagen, Klär- schlammverwertung, berufl. Oberflächen- wasserkontakt	Tätigkeiten in o.g. Anlagen mit Verletzungsrisiko durch Kanülen, z.B. Fixerbesteck	fakulta- tiv (**C**)		
Arbeitsbereich (3): Anlagen der Abfallwirtschaft (Erfassung, Sortierung, Kompostierung), thermische Abfallverwertung, Deponierung	Manuelle Sortierung (Störstoff- auslese) und manuelle biologische Behandlungsverfahren: Rotte, Vergärung, Kompostierung (**C**)	fakulta- tiv (**C**)		

4.7.9.2 Maßnahmen zur Sicherung einer Frühtherapie

Zur Sicherung einer Frühtherapie sollten in den ersten 4 bis 6 Wochen nach vermuteter Infektion (Nadelstichverletzung an einem Indexpatienten etc.) regelmäßige, kurzfristige Transaminasenkontrollen erfolgen, um die diagnostische Lücke der Antikörperbestimmung zu schließen. Bei Transaminasenanstieg kann die Infektion mittels PCR gesichert werden.

4.8 Hepatitis D

4.8.1 Erreger und Epidemiologie

Das Hepatitis-D-Virus ist strukturell mit den Viroiden verwandt. Es besteht aus einem kleinen ringförmigen RNA-Molekül, welches ausschließlich in Kombination mit einem Hepatitis-B-Virus zur Infektion führen kann. Das heißt, der Gefahr an einer Hepatitis-D-Infektion zu erkranken, sind lediglich Virusträger des Hepatitis-B-Virus (Superinfektion) oder Personen mit gleichzeitiger Infektion mit dem Hepatitis-B-Virus (Simultan- oder Koinfektion) ausgesetzt.
Über den Durchseuchungsgrad gibt es für Westeuropa keine gesicherten Angaben. Regionen mit hoher Prävalenz sind Süd- und Osteuropa, Ägypten, der Sudan, Mittel- und der nördliche Teil Südamerikas. In Deutschland sind etwa 2 bis 5% aller AbsAg-positiven Personen auch mit dem Hepatitis-D-Virus infiziert.

4.8.2 Infektionsmodus

Die Infektionswege des Hepatitis-D-Virus entsprechen denen des Hepatitis-B-Virus.

4.8.3 Erkrankungen und Erkrankungsfolgen

Nach einer Inkubationszeit von drei Wochen, bei Koinfektionen nach Auftreten des Hepatitis-B-Antigens und bei Superinfektionen nach Infektionszeitpunkt ist das Hepatitis-D-Antigen nachweisbar. Eine Hepatitis-D-Koinfektion führt zu einer in der Regel schwereren und protrahierten Hepatitis-B-Erkrankung. Die Chronifizierungsrate beträgt hier etwa 2 %. Im Falle der Superinfektion ist die Erkrankung in der Regel symptomarm, allerdings kommt es in bis zu 90 % der Fälle zu einer Chronifizierung.

4.8.4 Diagnostik

Bei Nachweis von HBsAG sollte auch immer eine Untersuchung auf Hepatitis D erfolgen.
Bei einer gleichzeitig bestehenden Hepatitis-D-Infektion kann der Anti-HDV-Antikörper, bei frischen Infektionen auch Anti-HDV-IgM nachgewiesen werden. Außerdem ist der Nachweis von HDAg (Delta-Antigen) bzw. HDV-RNA möglich.

4.8.5 Besondere Hinweise

Meldepflicht nach **Bundesseuchengesetz:** im Rahmen der Hepatitis-B-Erkrankung **bei Erkrankung oder Tod.**
Meldepflicht nach dem **Infektionsschutzgesetz** (IfSG Entwurf Stand 17.08.1999): namentliche Meldung bei akuter Virus-Hepatitis.
Namentliche Meldung bei **direktem oder indirektem** Erregernachweis, soweit dieser auf eine akute Infektion hinweist.
Als wirksamste Prophylaxe der Hepatitis D muss die aktive Hepatitis-B-Impfung gesehen werden.

4.8.6 Arbeitsmedizinische Bedeutung

Arbeitsmedizinisch ergibt sich die isolierte Bedeutung der Hepatitis D lediglich durch eine mögliche Gefährdung Hepatitis-B-positiven Personals, wie sie im Gesundheitsdienst besonders bei Kontakt mit Hepatitis-B-Risikogruppen und gleichzeitig möglichem Blutkontakt besteht. Daraus kann im Einzelfall eine arbeitsmedizinisch begründete Tätigkeitseinschränkung resultieren.

4.8.6.1 Berufliche Exposition

siehe Hepatitis B

4.8.6.2 Betroffene Berufsgruppen

siehe Hepatitis B

4.8.7   Umwelt- und (reise-)medizinische Aspekte

Eine besondere umweltmedizinische Bedeutung hat die Hepatitis-D-Virus-Infektion für HBsAg-positive Personen in Risikogruppen (Prostituierte, Drogenabhängige etc.) sowie für HBsAg-positive Personen bei Reisen in Endemiegebiete.

4.8.8   Krankenhaushygienische Aspekte

Die Isolierung erkrankter Personen ist aus hygienischer Sicht nicht erforderlich. Erforderlich ist dagegen eine desinfizierende Reinigung sichtbarer Verunreinigungen mit Körperflüssigkeiten, Sekreten und Ausscheidungen sowie von Behandlungs-, Untersuchungs- und Pflegematerial. Bei Kontakt mit Körperflüssigkeiten, Sekreten und Ausscheidungen ist patientenbezogene Schutzkleidung zu tragen. Es genügt die normale Reinigung von Flächen und Gegenständen sowie die normale Entsorgung von Wäsche und Speiseresten.

4.8.9   Prävention

4.8.9.1   Allgemeine Infektionsprophylaxe

Grundsätzlich ist Immunschutz gegen Hepatitis B anzustreben. Ansonsten gelten die allgemeinen Hygieneregeln und Infektionsschutzmaßnahmen bei Behandlung und Pflege erkrankter Personen (siehe 2.1 bis 2.2). Bei Umgang mit Blut, Blutprodukten, anderen Körperflüssigkeiten und Geweben sind die besonderen Schutzmaßnahmen zu beachten. In besonderen Risikobereichen sollte der Einsatz HBs-AG-positiver Personen möglichst vermieden werden.

Arbeitsmedizinische Maßnahmen nach BGI 504-42 (früher ZH1/600.42)
Infektionskrankheit Nr. 12 (Hepatitis D)

Arbeitsbereiche	Gefährdende Tätigkeiten	Arbeitsmedizinische Maßnahmen	
		G42	**Impfung Beratung**
Arbeitsbereich (1):	Untersuchen, Behandeln, Pflegen,		ja **(A, B)**
Gesundheitsdienst	Abnehmen von Körperflüssig-		ja **(A, B)**
Stationäre und	keiten, Ausscheidungen,		

Arbeitsbereiche	Gefährdende Tätigkeiten	Arbeitsmedizinische Maßnahmen		
		G42	Impfung	Beratung
ambulante Einrichtungen der Humanmedizin (A), der Zahnmedizin (B)	Abstrichmaterial, Obduktion, Sektion, weitere Tätigkeiten (Instandsetzung, Reinigung, Reparatur, Wartung, Transport, Entsorgung)	obligat (A)		ja (A, B)
Arbeitsbereich (1): *Sozialdienste* Stationäre und ambulante Sozialeinrichtungen für Kinder und Jugendliche (ohne Schulen*), Familien, Senioren und Behinderte (D), Gemeinschaftseinrichtungen und Werkstätten für Personen in besonderen sozialen Lebenslagen (Gefährdete, Behinderte) (E), Strafvollzug (F)	Betreuung, Pflege somatisch-psychisch Hilfsbedürftiger, Umgang mit Körperflüssigkeiten und Ausscheidungen, Umgang mit verletzungsauslösenden Arbeitsmitteln, Umgang mit infektiöser Wäsche, Betreuung von Personen im Strafvollzug			ja (D, E, F)
Arbeitsbereich (1): *Wohlfahrtspflege* Stationäre und ambulante Einrichtungen, Heime bzw. Tagesstätten für Altenpflege (G), ambulante Pflegedienste (H)	Untersuchen, Behandeln, Pflegen, Umgang mit Körperflüssigkeiten und Ausscheidungen, Umgang mit verletzungsauslösenden Arbeitsmitteln und aggressiven Personen (Hausbesuche), Umgang mit infektiöser Wäsche, häusliche Krankenpflege, Altenpflege (Hauspflege), Familienpflege, Krankenpflege-Notfalldienst			ja (G, H)
Arbeitsbereich (1): *Laboratorien und sonstige Bereiche*	Auspacken, Aufbereiten, Entsorgen von erfahrungsgemäß infektiösem Probenmaterial,	fakultativ (A)		

Arbeitsbereiche	Gefährdende Tätigkeiten	Arbeitsmedizinische Maßnahmen G42 Impfung Beratung
Laboratorien der Humanmedizin (A)	Fixieren, Einbetten, Entwässern, Färben von Blutausstrich- sowie Kultur- und histologischen Präparaten, Herstellen von Organ-(Gefrier-)Schnittpräparaten, Anzüchten, Mikroskopieren, Kultivieren, Differenzieren von Erregern aus Materialproben	
Arbeitsbereich (1): *Laboratorien und sonstige Bereiche* Laboratorien der Humanmedizin (A)	Bedienen von Untersuchungs-, Analyseautomaten mit infektiösen Proben, Umgang mit infektiösem Material, Gegenständen, Gerätschaften beim Bedienen von Desinfektionsapparaten oder Beschicken der sog. unreinen Seite in Desinfektionseinrichtungen, Halten, Pflege von infizierten, infektiösen Versuchstieren, weitere Tätigkeiten (Instandsetzung, Reinigung, Reparatur, Wartung, Transport, Entsorgung, Fahrtätigkeiten)	fakultativ (A)
Arbeitsbereich (2): Abwassertechnische Anlagen, Klärschlammverwertung, berufl. Oberflächenwasserkontakt	Umgang mit Abwässern in Behältern oder Stauanlagen wie: Tätigkeiten mit Abwässern in Behältern, Stauanlagen, stationären und mobilen Toilettenanlagen, Instandsetzung von Abwasserleitungen und Behandlungsanlagen, Prozesssteuerung bei Abwasserbehandlungsanlagen und Klärschlammverwertung, Arbeiten mit Kontakt zu fäkalienhaltigem Oberflächenwasser (A), Tätigkeiten in o.g. Anlagen mit Verletzungsrisiko durch Kanülen, z.B. Fixerbesteck (C)	fakultativ (C)

Arbeitsbereiche	Gefährdende Tätigkeiten	Arbeitsmedizinische Maßnahmen		
		G42	Impfung	Beratung
Arbeitsbereich (3): Anlagen der Abfallwirtschaft (Erfassung, Sortierung, Kompostierung), thermische Abfallverwertung, Deponierung	Abfallsammlung und Beförderung **(A)**, mechanische Abfallaufbereitung (auch Zwischenlagerung und technisch-biologische Behandlungsverfahren), Rotte, Vergärung, Kompostierung **(B)**, manuelle Sortierung (Störstoffauslese) und manuelle biologische Behandlungsverfahren: Rotte, Vergärung, Kompostierung (**C**)	fakultativ **(C)**		ja **(A, B)**

4.8.9.2 Schutzimpfung

Der beste Schutz gegen eine Hepatitis-D-Infektion ist die aktive Immunisierung gegen Hepatitis B!

4.9 Hepatitis E

4.9.1 Erreger und Epidemiologie

Als Erreger der Hepatitis E ist ein kleines, hüllenloses RNA-Virus identifiziert worden. In Entwicklungsländern, insbesondere in solchen mit schlechtem hygienischem Standard, wird die Hepatitis E als endemisch angesehen. Epidemien traten in Zentralafrika, Indien, Lateinamerika und Südostasien auf. Die Durchseuchungsrate in Westeuropa wird mit < 0,5% eingeschätzt. Reiseinfektionen mit dem Hepatitis-E-Virus sind nach den bisherigen Erkenntnissen seltener als mit dem Hepatitis-A-Virus.

4.9.2 Infektionsmodus

Die Infektion erfolgt in den meisten Fällen fäkal-oral. Allerdings sind auch Übertragungen von Mutter auf Kind während des Geburtsvorgangs beschrieben. Da es im Laufe der HEV-Infektion zu einer Ausschwemmung des Virus in das Blut kommt, ist aber auch eine parenterale Infektion denkbar.

4.9.3   Erkrankungen und Erkrankungsfolgen

Die Infektion mit dem Hepatitis-E-Virus führt nach einer Inkubationszeit von ca. 40 Tagen zu einer akuten, selbstlimitierenden Erkrankung mit einer der Hepatitis A ähnlichen Symptomatik. Fulminante Verläufe sind äußerst selten. Ausnahme ist eine Infektion bei Schwangeren im 3. Trimenon, hier ist eine Hepatitis-E-Infektion mit einer Mortalität von bis zu 20% verbunden. Eine chronische Form der Hepatitis E ist bisher unbekannt.

4.9.4   Diagnostik

Zum Nachweis von Anti-HEV werden standardisierte Tests angeboten. In Spezi-allaboratorien ist der Nachweis von HA-Ag und HEV-RNA möglich.

4.9.5   Besondere Hinweise

Regelungen wie bei Hepatitis A:
Meldepflicht nach **Bundesseuchengesetz**: bei **Erkrankung, Tod**.
Keine Tätigkeit von Erkrankten und Erkrankungsverdächtigen in Lebens-mittelbetrieben, Schulen und Gemeinschaftseinrichtungen.
Wiederzulassung in Gemeinschaftseinrichtungen vier Wochen nach Erkran-kungsbeginn.
Meldepflicht nach dem **Infektionsschutzgesetz** (lfSG Entwurf Stand 17.08.1999): namentliche Meldung bei akuter Virus-Hepatitis.
Namentliche Meldung bei **direktem oder indirektem** Erregernachweis, soweit dieser auf eine akute Infektion hinweist.

4.9.6   Arbeitsmedizinische Bedeutung

Arbeitsmedizinisch hat die Hepatitis E sicher noch nicht die Bedeutung der Hepatitis A, bei Beschäftigten mit engem Kontakt zu Kindern, Behinderten und Jugendlichen aus Endemieländern oder bei Tätigkeiten in Endemieländern kann aber eine Gefährdung angenommen werden.

4.9.6.1 Berufliche Exposition

Eine berufliche Exposition mit dem Hepatitis-E-Virus kann bei beruflichem Kontakt mit Kindern und Jugendlichen aus Endemiegebieten oder bei Tätigkeiten in Endemieländern angenommen werden. Eine mögliche berufliche Exposition besteht auch bei der Behandlung und Pflege erkrankter Personen (Pädiatrie) sowie bei Labortätigkeiten mit Erregerkontakt oder Kontakt zu erregerhaltigem Untersuchungsgut.

4.9.6.2 Betroffene Berufsgruppen

Betroffen sind Berufsgruppen aus dem Gesundheitsdienst, dem Sozialdienst sowie Gruppen mit Auslandstätigkeiten in Endemiegebieten.

4.9.7 Umwelt- und (reise-)medizinische Aspekte

Reiseinfektionen mit dem Hepatitis-E-Virus sind nach den bisherigen Erkenntnissen seltener als mit dem Hepatitis-A-Virus.

4.9.7.1 Umweltexposition

Auslandsreisen in Endemiegebiete müssen als häufigste Ursache einer Hepatitis-E-Infektion angesehen werden. Das Risiko steigt mit zunehmender Reisedauer, engem Kontakt zur einheimischen Bevölkerung und schlechten sozialen und hygienischen Verhältnissen.

4.9.7.2 Betroffene Bevölkerungsgruppen

Betroffen sind grundsätzlich alle Reisenden in den genannten Endemiegebieten, wobei Abenteuer- und Trekkingreisende ein besonderes Risiko tragen.

4.9.8 Krankenhaushygienische Aspekte

Erkrankte Personen sind unbedingt für ca. 2 Wochen zu isolieren (eigene Toilette !). Erforderlich ist die desinfizierende Reinigung sichtbarer Verunreinigungen mit Körperflüssigkeiten, Sekreten und Ausscheidungen sowie von Behandlungs-,

Untersuchungs- und Pflegematerial. Bei Kontakt mit Körperflüssigkeiten, Sekreten und Ausscheidungen ist patientenbezogene Schutzkleidung zu tragen. Es genügt die normale Reinigung von Flächen und Gegenständen sowie die normale Entsorgung von Wäsche und Speiseresten.

4.9.9   Prävention

4.9.9.1   Allgemeine Infektionsprophylaxe

Es ist auf die Einhaltung der allgemeinen Hygieneregeln und Infektionsschutzmaßnahmen bei der Behandlung und Pflege erkrankter Personen (siehe 2.1 bis 2.2) zu achten.
Eine passive Immunisierung ist bisher nicht möglich. Allerdings befindet sich ein Aktivimpfstoff in einem wohl fortgeschrittenen Entwicklungsstadium.

Arbeitsmedizinische Maßnahmen nach BGI 504-42 (früher ZH1/600.42) Infektionskrankheit Nr. 13 (Hepatitis E)

Arbeitsbereiche	Gefährdende Tätigkeiten	Arbeitsmedizinische Maßnahmen		
		G42	**Impfung**	**Beratung**
Arbeitsbereich (1): *Gesundheitsdienst* Stationäre und ambulante Einrichtungen der Humanmedizin (A)	Untersuchen, Behandeln, Pflegen	fakultativ (A)		
	Abnehmen von Körperflüssigkeiten, Ausscheidungen, Abstrichmaterial,	fakultativ (A)		
	Obduktion, Sektion,	fakultativ (A)		
	weitere Tätigkeiten (Instandsetzung, Reinigung, Reparatur, Wartung, Transport, Entsorgung)			ja (A)
Arbeitsbereich (1): *Sozialdienste* Stationäre und ambulante Sozialeinrichtungen für Kinder und Jugendliche (ohne	Betreuung, Pflege somatisch-psychisch Hilfsbedürftiger, Umgang mit Körperflüssigkeiten und Ausscheidungen, Umgang mit verletzungsauslösenden Arbeitsmitteln, Umgang mit infektiöser Wäsche,			ja (D, E, F)

233

Arbeitsbereiche	Gefährdende Tätigkeiten	Arbeitsmedizinische Maßnahmen G42 Impfung Beratung
Schulen), Familien, Senioren und Behinderte (**D**), Gemeinschaftsein-richtungen und Werkstätten für Personen in besonderen sozialen Lebensla-gen (Gefährdete, Behinderte) (**E**), Strafvollzug (**F**)	Betreuung von Personen im Strafvollzug	
Arbeitsbereich (1): *Wohlfahrtspflege* Stationäre und ambulante Einrichtungen, Heime bzw. Tagesstätten für Altenpflege (**G**), ambulante Pflegedienste (**H**)	Untersuchen, Behandeln, Pflegen, Umgang mit Körperflüssigkeiten und Ausscheidungen, Umgang mit verletzungsauslösenden Arbeitsmitteln und aggressiven Personen (Hausbesuche), Umgang mit infektiöser Wäsche, häusliche Krankenpflege, Altenpflege (Hauspflege), Familienpflege, Krankenpflege-Notfalldienst	ja (**G, H**)
Arbeitsbereich (1): *Laboratorien und sonstige Bereiche* Laboratorien der Humanmedizin (**A**)	Auspacken, Aufbereiten, Entsorgen von erfahrungsgemäß infektiösem Probenmaterial, Fixieren, Einbetten, Entwässern, Färben von Blutausstrich- sowie Kultur- und histologischen Präparaten, Herstellen von Organ-(Gefrier-)Schnittpräparaten, Anzüchten, Mikroskopieren, Kultivieren, Differenzieren von Erregern aus Materialproben	ja (**A**)
Arbeitsbereich (1): *Laboratorien und sonstige Bereiche* Laboratorien der Humanmedizin (**A**)	Bedienen von Untersuchungs-, Analyseautomaten mit infektiösen Proben, Umgang mit infektiösem Material, Gegenständen, Gerät-schaften beim Bedienen von	ja (**A**)

Arbeitsbereiche	Gefährdende Tätigkeiten	Arbeitsmedizinische Maßnahmen G42 Impfung Beratung		
	Desinfektionsapparaten oder Beschicken der sog. unreinen Seite in Desinfektionseinrichtungen, Halten, Pflege von infizierten, infektiösen Versuchstieren, weitere Tätigkeiten (Instandsetzung, Reinigung, Reparatur, Wartung, Transport, Entsorgung, Fahrtätigkeiten)			
Arbeitsbereich (2): Abwassertechnische Anlagen, Klärschlammverwertung, berufl. Oberflächenwasserkontakt	Umgang mit Abwässern in Behältern oder Stauanlagen wie: Tätigkeiten mit Abwässern in Behältern, Stauanlagen, stationären und mobilen Toilettenanlagen, Instandsetzung von Abwasserleitungen und Behandlungsanlagen, Prozesssteuerung bei Abwasserbehandlungsanlagen und Klärschlammverwertung, Arbeiten mit Kontakt zu fäkalienhaltigem Oberflächenwasser **(A)**, Tätigkeiten in o.g. Anlagen mit regelmäßigem und intensivem Kontakt zu Fäkalien, z.B. Kanalisationsarbeiter **(B)**	fakultativ **(B)**		
Arbeitsbereich (3): Anlagen der Abfallwirtschaft (Erfassung, Sortierung, Kompostierung), thermische Abfallverwertung, Deponierung	Abfallsammlung und Beförderung **(A)**, mechanische Abfallaufbereitung (auch Zwischenlagerung und technisch-biologische Behandlungsverfahren), Rotte, Vergärung, Kompostierung **(B)**, manuelle Sortierung (Störstoffauslese) und manuelle biologische Behandlungsverfahren: Rotte, Vergärung, Kompostierung (**C**)	fakultativ **(C)**	ja **(A, B)**	

235

4.10   Hepatitis G

4.10.1   Erreger und Epidemiologie

Als Erreger der Hepatitis G wurde ein RNA-Virus aus der Familie der Flaviviren entdeckt. Im Gegensatz zum verwandten Hepatitis-C-Virus fehlt ein Kapsid oder ist nur deutlich verkürzt vorhanden. Nach den bisher bekannten Daten beträgt die Durchseuchung mit dem Hepatitis-G-Virus weltweit etwa 1 bis 2%, wobei deutlich höhere Prävalenzen bei Personengruppen mit parenteraler Exposition zu Blut gefunden wurden. Interessanterweise fanden sich bei Patienten mit chronischer Hepatitis-B-Infektion etwa 10% und bei denen mit chronischer Hepatitis-C-Infektion etwa 20% Koinfektionen mit dem Hepatitis-G-Virus. In Risikogruppen zeigen sich häufig Doppelinfektionen mit Hepatitis B und C.

4.10.2   Infektionsmodus

Die Übertragung des Hepatitis-G-Virus erfolgt ausschließlich parenteral, insbesondere durch direkten Blutkontakt.

4.10.3   Erkrankungen und Erkrankungsfolgen

Das Erkrankungsbild der Hepatitis G ist noch unklar. Vermutlich kommt es in einigen Fällen, ähnlich wie bei der Hepatitis C, zur Ausbildung einer benignen, klinisch relativ symptomarmen, grippeähnlichen Erkrankung. Nach den bisher vorliegenden Kenntnissen kommen aber chronische Verläufe gar nicht oder nur sehr selten vor.

4.10.4   Diagnostik

Als wesentliche diagnostische Methode steht in Speziallaboratorien der Virus-RNA-Nachweis mittels PCR zur Verfügung.

4.10.5   Besondere Hinweise

Meldepflicht nach **Bundesseuchengesetz**: bei **Erkrankung, Tod**.
Meldepflicht nach dem **Infektionsschutzgesetz** (lfSG Entwurf Stand 17.08.1999): namentliche Meldung bei akuter Virus-Hepatitis.

4.10.6   *Arbeitsmedizinische Bedeutung*

Die arbeitsmedizinische Bedeutung der Hepatitis G ist noch nicht geklärt. Von wesentlicher Bedeutung dürfte sein, ob die Hepatitis-G-Infektion wie diskutiert nur als Ko- oder Zweitinfektion auftreten kann.

4.10.6.1 *Berufliche Exposition*

Eine berufliche Exposition mit Hepatitis-G-Viren kann bei allen Tätigkeiten mit direktem Kontakt zu menschlichem Blut und Blutbestandteilen angenommen werden. Noch unklar, aber wahrscheinlich deutlich geringer ist die Gefährdung durch Kontakt zu anderen Körperflüssigkeiten oder Geweben einzuschätzen. Verstärkt wird das Risiko einer beruflichen Infektion durch Tätigkeiten mit erhöhter Verletzungsgefahr (Operationen) und/oder Kontakt zu Blut oder Blutprodukten von Risikogruppen (Homosexuelle, Drogenabhängige, Dialysepatienten, Hämophiliepatienten).

4.10.6.2 *Betroffene Berufsgruppen*

siehe Hepatitis B und C

4.10.7   *Umwelt- und (reise-)medizinische Aspekte*

Die reise- und umweltmedizinische Bedeutung der Hepatitis G ist noch weitgehend unklar.

4.10.7.1 *Umweltexposition*

Eine gesicherte Umweltexposition kann nur für wenige Bereiche wie homosexuellen oder heterosexuellen Geschlechtsverkehr mit „blutigen" Sexualpraktiken sowie bestimmte Verhaltensweisen von Drogenabhängigen (Nadelsharing) angenommen werden.

4.10.7.2 *Betroffene Bevölkerungsgruppen*

siehe oben

4.10.8 Krankenhaushygienische Aspekte

Die Isolierung erkrankter Personen ist aus hygienischer Sicht nicht erforderlich. Erforderlich ist dagegen die desinfizierende Reinigung sichtbarer Verunreinigungen mit Körperflüssigkeiten, Sekreten und Ausscheidungen sowie von Behandlungs-, Untersuchungs- und Pflegematerial. Bei Kontakt mit Körperflüssigkeiten, Sekreten und Ausscheidungen ist patientenbezogene Schutzkleidung zu tragen. Es genügt die normale Reinigung von Flächen und Gegenständen sowie die normale Entsorgung von Wäsche und Speiseresten.

4.10.9 Prävention

4.10.9.1 Allgemeine Infektionsprophylaxe

Es gelten die allgemeinen Hygieneregeln und Infektionsschutzmaßnahmen bei der Behandlung und Pflege Erkrankter (siehe 2.1 bis 2.2). Bei Umgang mit Blut oder Blutprodukten sind die besonderen Schutzmaßnahmen zu beachten.

Arbeitsmedizinische Maßnahmen nach BGI 504-42 (früher ZH1/600.42) Infektionskrankheit Nr. 14 (Hepatitis G)

Arbeitsbereiche	Gefährdende Tätigkeiten	Arbeitsmedizinische Maßnahmen		
		G42	Impfung	Beratung
Arbeitsbereich (1):	Untersuchen, Behandeln, Pflegen		ja	
Gesundheitsdienst			**(A, B)**	
Stationäre und	Abnehmen von Körperflüssig-		ja	
ambulante	keiten, Ausscheidungen,		**(A, B)**	
Einrichtungen der	Abstrichmaterial,			
Humanmedizin **(A)**,	Obduktion, Sektion	fakulta-		
der Zahnmedizin **(B)**		tiv (**A**)		
	weitere Tätigkeiten (Instandset-		ja	
	zung, Reinigung, Reparatur,		**(A, B)**	
	Wartung, Transport, Entsorgung)			
Arbeitsbereich (1):	Betreuung, Pflege somatisch-		ja	
Sozialdienste	psychisch Hilfsbedürftiger,		**(D, E, F)**	
Stationäre und	Umgang mit Körperflüssigkeiten			
ambulante	und Ausscheidungen,			
Sozialeinrichtungen	Umgang mit verletzungsauslösen-			

Arbeitsbereiche	Gefährdende Tätigkeiten	Arbeitsmedizinische Maßnahmen G42 Impfung Beratung		

für Kinder und Jugendliche (ohne Schulen), Familien, Senioren und Behinderte (**D**), Gemeinschaftsein-richtungen und Werkstätten für Per-sonen in besonderen sozialen Lebensla-gen (Gefährdete, Behinderte) (**E**), Strafvollzug (**F**)	den Arbeitsmitteln, Umgang mit infektiöser Wäsche, Betreuung von Personen im Strafvollzug			
Arbeitsbereich (1): *Wohlfahrtspflege* Stationäre und ambulante Einrichtungen, Heime bzw. Tagesstätten für Altenpflege (**G**), ambulante Pflegedienste (**H**)	Untersuchen, Behandeln, Pflegen, Umgang mit Körperflüssigkeiten und Ausscheidungen, Umgang mit verletzungsauslösenden Arbeitsmitteln und aggressiven Personen (Hausbesuche), Umgang mit infektiöser Wäsche, häusliche Krankenpflege, Altenpflege (Hauspflege), Familienpflege, Krankenpflege-Notfalldienst	ja (**G, H**)		
Arbeitsbereich (1): *Laboratorien und sonstige Bereiche* Laboratorien der Humanmedizin (**A**)	Auspacken, Aufbereiten, Entsorgen von erfahrungsgemäß infektiösem Probenmaterial, Fixieren, Einbetten, Entwässern, Färben von Blutausstrich- sowie Kultur- und histologischen Präparaten, Herstellen von Organ-(Gefrier-)Schnittpräparaten, Anzüchten, Mikroskopieren, Kultivieren, Differenzieren von Erregern aus Materialproben	ja (**A**)		
Arbeitsbereich (1): *Laboratorien und sonstige Bereiche*	Bedienen von Untersuchungs-, Analyseautomaten mit infektiösen Proben, Umgang mit infektiösem	ja (**A**)		

239

Arbeitsbereiche	Gefährdende Tätigkeiten	Arbeitsmedizinische Maßnahmen **G42** **Impfung** **Beratung**		
Laboratorien der Humanmedizin **(A)**	Material, Gegenständen, Gerätschaften beim Bedienen von Desinfektionsapparaten oder Beschicken der sog. unreinen Seite in Desinfektionseinrichtungen, Halten, Pflege von infizierten, infektiösen Versuchstieren, weitere Tätigkeiten (Instandsetzung, Reinigung, Reparatur, Wartung, Transport, Entsorgung, Fahrtätigkeiten)			
Arbeitsbereich (2): Abwassertechnische Anlagen, Klärschlammverwertung, berufl. Oberflächenwasserkontakt	Umgang mit Abwässern in Behältern oder Stauanlagen wie: Tätigkeiten mit Abwässern in Behältern, Stauanlagen, stationären und mobilen Toilettenanlagen, Instandsetzung von Abwasserleitungen und Behandlungsanlagen, Prozesssteuerung bei Abwasserbehandlungsanlagen und Klärschlammverwertung, Arbeiten mit Kontakt zu fäkalienhaltigem Oberflächenwasser **(A)** Tätigkeiten in o.g. Anlagen mit Verletzungsrisiko durch Kanülen, z.B. Fixerbesteck **(C)**	fakultativ **(C)**		
Arbeitsbereich (3): Anlagen der Abfallwirtschaft (Erfassung, Sortierung, Kompostierung), thermische Abfallverwertung, Deponierung	Manuelle Sortierung (Störstoffauslese) und manuelle biologische Behandlungsverfahren: Rotte, Vergärung, Kompostierung **(C)**	fakultativ **(C)**		
Arbeitsbereich (4): Anlagen der Tierproduktion,	Bereiche mit lebenden Tieren: Zucht, Pflege, Transport und Handel in der Landwirtschaft **(A),**			

Arbeitsbereiche	Gefährdende Tätigkeiten	Arbeitsmedizinische Maßnahmen G42　　Impfung　Beratung
Bereiche mit lebenden Tieren, Tierhaltung, Tierhandel	Umgang mit Tieren in Lehr- und Versuchsanstalten sowie sonstigen Bereichen der Wissenschaft (**B**), Vogel und Geflügelzucht (**C**), Umgang mit Tieren in Berufsausübung, z.B. Diensthunde, -pferde (**D**), Tierhaltung in Tierheimen, zoologischen Gärten, Tierparks, Freizeit- und Safariparks, Reiterhöfen, Zirkusunternehmen, Zoohandlungen (**E**), Tierpräparation (**F**)	

4.11　Herpes-simplex-Infektion

4.11.1　Erreger und Epidemiologie

Das Herpes-simplex-Virus ist ein umhülltes Doppelstrang-DNA-Virus und gehört zur Familie der Herpesviren. Innerhalb dieser Familie wird es den so genannten Alpha-Herpesviren zugerechnet. Es werden zwei Serotypen unterschieden: HSV-1 und HSV-2. HSV ist weltweit verbreitet; die Durchseuchung im Erwachsenenalter für beide Serotypen beträgt ca. 90%. Die Prävalenz von HSV-2 liegt bei bis zu 20%; hierbei lässt sich fast immer auch eine gleichzeitige Infektion mit HSV-1 nachweisen. Die Durchseuchung mit HSV-1 erfolgt im Allgemeinen im Kindesalter, die mit HSV-2 im Jugend- und Erwachsenenalter. Alleiniges Vorliegen von HSV-2 ohne HSV-1 ist eine Rarität. Wie alle Herpesviren persistiert HSV nach erfolgter Primärinfektion lebenslang im Wirtsorganismus; bei dem größten Teil der mit HSV vergesellschafteten Krankheitsbilder handelt es sich folglich um endogene Reaktivierungen (s.u.). Der Latenzort von HSV sind die sensorischen Ganglien, die das Eintrittsgebiet versorgen (Trigeminalganglion und Sakralganglien). Reaktivierungen gehen von diesen Latenzorten aus, sodass diese von ihrer Lokalisation her den Versorgungsgebieten der entsprechenden Nerven zugeordnet werden können. Die von einer HSV-Primärinfektion indu-

241

zierte Immunität schützt weitgehend (wenn auch nicht vollständig) vor Reinfektionen mit demselben Serotyp, nicht jedoch vor Primärinfektionen mit dem anderen Serotyp. HSV-1 und HSV-2 zeigen einen unterschiedlichen Tropismus bezüglich der Infektionslokalisation: HSV-1 befällt vorwiegend den orofazialen Bereich, wärend HSV-2 meistens im Genitalbereich anzutreffen ist.

4.11.2   Infektionsmodus

Die epidemiologisch relevante Übertragung von HSV erfolgt über virushaltige Schleimhautsekrete im Rahmen von engen Sozial- und Sexualkontakten. Virusausscheider sind Personen, die eine endogene Reaktivierung durchmachen (Herpes labialis oder Herpes genitalis). Hierbei ist allerdings zu beachten, dass Reaktivierungen meistens klinisch inapparent verlaufen (die meisten HSV-positiven Personen haben lebenslang keine klinisch fassbaren Reaktivierungen), sodass die Durchseuchung vorwiegend über klinisch inapparente Ausscheider erfolgt.

4.11.3   Erkrankungen und Erkrankungsfolgen

Auch Primärinfektionen verlaufen in den meisten Fällen klinisch inapparent. Wenn klinische Zeichen auftreten, handelt es sich meist um die Stomatitis aphthosa bei Kleinkindern. Das Auftreten von benigne verlaufenden HSV-2-Meningitiden bei Primärinfektion mit HSV-2 ist beschrieben worden. Ansonsten sind die Symptome der HSV-Primärinfektion eher unspezifisch (z.B. Pharyngitis bei HSV-1). Die bekanntesten Formen der Reaktivierung sind Herpes labialis und Herpes genitalis. Seltenere Formen sind Herpes corneae und Zoster oticus. Auch bei Reaktivierungen können unspezifische Symptome wie Pharyngitis, Urethritis und Vulvovaginitis auftreten. Schwere Komplikationen sind die meistens durch HSV-1 verursachte Herpes-Enzephalitis, die trotz der Therapierbarkeit mit Nukleosidanaloga mit einer nicht unerheblichen Mortalität und Folgemorbidität einhergeht. Meningitiden werden meist durch HSV-2 verursacht. Schwere Verläufe können auch bei Personen mit schweren dermatologischen Grunderkrankungen auftreten (z.B. allergisches Ekzem). Obwohl HSV-Primärinfekte nicht zu Fruchtschäden durch intrauterine Infektion der Feten führen, besteht bei seronegativen Schwangeren für den Fetus ein besonderes Risiko, wenn zum Geburtstermin eine genitale Primärinfektion besteht. Das Risiko einer peripartalen Übertragung mit nachfolgender schwerer Herpes-Sepsis (Herpes neonatorum) beträgt in diesen Fällen ca. 50%. Eine gegen HSV-1 bestehende Immunität der Mutter senkt das Risiko der Übertragung und mildert den klinischen Verlauf des Herpes neonatorum drastisch. Neugeborene von seronegativen

Müttern sind auch noch einige Wochen nach der Geburt durch HSV-Ausscheider in der direkten Umgebung (Familie, Pflegepersonal) gefährdet.

4.11.4   Diagnostik

Der Immunstatus wird über IgG-Bestimmungen festgestellt. Hierbei sind verschiedene Testverfahren möglich, am weitesten verbreitet ist der ELISA-Test. Über die Verwendung von typspezifischen Antigenen kann mit einer gewissen Sicherheit auch die typspezifische Immunität gegen HSV-2 festgestellt werden (ELISA, Westernblot). Aufgrund der hohen Durchseuchung und der hohen Frequenz von Reaktivierungen sind Antikörperbestimmungen zur Abklärung akuter Krankheitsbilder immer problematisch. Am sichersten gelingt die Diagnose durch den direkten Nachweis des Erregers aus Proben vom Infektionsort (z. B. Bläschenabstriche, Liquor) durch Antigennachweise und Anzucht (frische Effloreszenzen) sowie PCR (im Abklingen begriffene und untypische Effloreszenzen, Liquor).

4.11.5   Besondere Hinweise

HSV-Infekte sind durch Nukleosidanaloga therapierbar (z.B. Aciclovir). Impfstoffe befinden sich zwar in Erprobung, werden aber in nächster Zeit nicht zur Verfügung stehen.
Meldepflicht nach dem **Infektionsschutzgesetz** (IfSG Entwurf Stand 17.08.1999): keine Meldepflicht.

4.11.6   Arbeitsmedizinische Bedeutung

Für Personen mit regelmäßigem beruflichem Kontakt zu möglicherweise infizierten Körperflüssigkeiten dürfte die arbeitsmedizinische Bedeutung der Herpes-simplex-Infektion durchaus hoch sein.

4.11.6.1 Berufliche Exposition

Häufiger und regelmäßiger Kontakt zu Speichel, Tränenflüssigkeit, aber auch Genitalsekret führt zu einer erhöhten Exposition gegenüber Herpes-simplex-Viren. Eine mögliche berufliche Exposition besteht weiterhin bei Labortätigkeiten mit Erregerkontakt oder Kontakt zu erregerhaltigem Untersuchungsgut.

4.11.6.2 Betroffene Berufsgruppen

Behandlung und Pflege Erkrankter	Labortätigkeiten
Ärzte, Zahnärzte, Pflegepersonal, sonstiges med. Personal, insbesondere in: Zahnkliniken, Gynäkologie, HNO	technische Assistenten (MTA, BTA, PTA, CTA), sonstiges Personal in: med. und mikrobiologischen Laboratorien

4.11.7 Umwelt- und (reise-)medizinische Aspekte

Eine besondere umwelt- und reisemedizinische Gefährdung für bestimmte Bevölkerungsgruppen (außer Kindern und immunschwachen Personen) durch Herpes-simplex-Viren besteht nicht. Das Vorkommen ist weltweit.

4.11.8 Krankenhaushygienische Aspekte

Erkrankte Personen* sind zu isolieren.
Sichtbare Verunreinigungen mit Körperflüssigkeiten, Sekreten und Ausscheidungen sowie von Behandlungs-, Untersuchungs- und Pflegematerial sind desinfizierend zu reinigen. Bei Kontakt mit Körperflüssigkeiten, Sekreten und Ausscheidungen ist patientenbezogene Schutzkleidung zu tragen. Flächen und Gegenstände* sind zu desinfizieren. Wäsche ist in Sonderbehältern für infektiöses
Material* zu entsorgen.
*(bei ausgedehnten oder großflächigen Infektionen)

4.11.9 Prävention

4.11.9.1 Allgemeine Infektionsprophylaxe

Auf die Einhaltung der allgemeinen Hygieneregeln und Infektionsschutzmaßnahmen bei Kontakt mit Körperflüssigkeiten (Handschuhe!, siehe 2.1 bis
2.2) ist zu achten. Ansonsten sind keine speziellen Maßnahmen erforderlich.

Arbeitsmedizinische Maßnahmen nach BGI 504-42 (früher ZH1/600.42) Infektionskrankheit Nr. 15 (Herpes simplex-Infektion)

Arbeitsbereiche	Gefährdende Tätigkeiten	Arbeitsmedizinische Maßnahmen		
		G42	**Impfung**	**Beratung**
Arbeitsbereich (1): *Gesundheitsdienst* Stationäre und ambulante Einrichtungen der Humanmedizin (A), Zahnmedizin (B)	Untersuchen, Behandeln, Pflegen Abnehmen von Körperflüssigkeiten, Ausscheidungen, Abstrichmaterial, Obduktion, Sektion, weitere Tätigkeiten (Instandsetzung, Reinigung, Reparatur, Wartung, Transport, Entsorgung)	fakultativ (A, B)		Angebot (A, B)
Arbeitsbereich (1): *Sozialdienste* Stationäre und ambulante Sozialeinrichtungen für Kinder und Jugendliche (ohne Schulen), Familien, Senioren und Behinderte (D), Gemeinschaftseinrichtungen und Werkstätten für Personen in besonderen sozialen Lebenslagen (Gefährdete, Behinderte) (E), Strafvollzug (F)	Betreuung, Pflege somatischpsychisch Hilfsbedürftiger, Umgang mit Körperflüssigkeiten und Ausscheidungen, Umgang mit verletzungsauslösenden Arbeitsmitteln, Umgang mit infektiöser Wäsche, Betreuung von Personen im Strafvollzug			Angebot (D, E, F)
Arbeitsbereich (1): *Laboratorien und sonstige Bereiche* Laboratorien der Humanmedizin (A)	Auspacken, Aufbereiten, Entsorgen von erfahrungsgemäß infektiösem Probenmaterial, Fixieren, Einbetten, Entwässern, Färben von Blutausstrichsowie Kultur- und histologischen Präparaten, Anzüchten, Mikroskopieren, Kultivieren, Differenzieren von Erregern aus Materialproben			Angebot (A)

245

Arbeitsbereiche	Gefährdende Tätigkeiten	Arbeitsmedizinische Maßnahmen		
		G42	**Impfung**	**Beratung**
Arbeitsbereich (1): *Laboratorien und sonstige Bereiche* Laboratorien der Humanmedizin (A)	Bedienen von Untersuchungs-, Analyseautomaten mit infektiösen Proben, Umgang mit infektiösem Material, Gegenständen, Gerätschaften beim Bedienen von Desinfektionsapparaten oder Beschicken der sog. unreinen Seite in Desinfektionseinrichtungen, weitere Tätigkeiten (Instandsetzung, Reinigung, Reparatur, Wartung, Transport, Entsorgung, Fahrtätigkeiten)			Angebot (A)

4.12 Influenza

4.12.1 Erreger und Epidemiologie

Influenzaviren (Influenza A, B und C) gehören zu den Orthomyxoviren. Sie sind umhüllt und besitzen ein segmentiertes Einzelstrang-RNA-Genom negativer Polarität (Influenza A und B: 8 Segmente, Influenza C: 7 Segmente). Obwohl Influenza-A-Viren ein breites Wirtsspektrum aufweisen (Menschen, Vögel, Schweine etc.), sind sie bisher ausschließlich beim Menschen nachgewiesen worden. Das epidemiologisch wichtigste Influenzavirus ist Influenza A, da durch das breite Wirtsspektrum ganze Genomfragmente zwischen den human- und vogelpathogenen Stämmen ausgetauscht werden können. Nach gängiger Theorie erfolgt die Ausbildung dieser sog. Reassortanten in Hausschweinen, die für human- und vogelpathogene Stämme gleichsam permissiv sind. Aus diesem Grund wird der asiatische Raum, in dem Geflügel- und Schweinehaltung auf engstem Raum und in nächster Nähe zum menschlichen Wohnraum verbreitet ist, als „Epizentrum" für die Ausbildung neuer Reassortanten angesehen. Aufgrund des Austausches ganzer Genomfragmente unterscheiden sich Reassortanten antigenetisch potenziell erheblich von den endemischen Varianten (sog. genetic shift), sodass die gegen die endemischen Varianten bestehende Herdenimmunität keinen Schutz gegen die neue Reassortante bietet; die Folge sind weltweite Pandemien. In den gemäßigten Breitengraden treten Influenzaepidemien während der kalten Jahreszeit auf. Die bisherige Annahme, dass neue „pandemische" Reassortanten alle 10 bis 14 Jahre auftreten, kann gemäß neuerer epidemiologischer Daten nicht aufrechterhalten werden. Ort und Zeit des Auftretens einer pandemischen Reassortante können nicht vorhergesagt, sondern nur über ein weltweites Frühwarnsystem erfasst werden. Influenza-B- und -C-Viren weisen eine wesentlich geringere genetische Variabilität durch fehlenden „genetic shift" auf, sodass die bestehende Herdenimmunität einen dämpfenden und stabilisierenden Effekt auf die Epidemiologie hat.

4.12.2   Infektionsmodus

Der epidemiologisch ausschließlich relevante Übertragungsweg von Influenzaviren ist die Übertragung via Aerosol aus den Atemwegen von Ausscheidern. Von entscheidender Bedeutung für die rasante Ausbreitungsgeschwindigkeit von Influenzaepidemien ist evtl. die Tatsache, dass die infektiöse Dosis für die tiefen Atemwege wesentlich niedriger ist als für die oberen Atemwege, sodass auch Schwebeaerosole (Durchmesser <5 µm), die bis in die tiefen Atemwege gelangen, eine für diese Lokalisation ausreichende Infektionsdosis enthalten können.

4.12.3   Erkrankungen und Erkrankungsfolgen

Nach einer Inkubationszeit von ca. 1 bis 5 Tagen kommt es zu einem meist fieberhaften respiratorischen Infekt. Die Symptomatik ist in vielen Fällen uncharakteristisch, sodass allein aufgrund der Klinik eine sichere Diagnose schwer zu stellen ist. Ein erhöhtes Risiko für schwere Verläufe ist bei Kindern < 4 Jahren gegeben; sie können eine primäre virale Pneumonitis entwickeln. Erwachsene > 65 Jahre haben ebenfalls ein erhöhtes Risiko für schwere Verläufe, wobei die dabei auftretenden Pneumonien von bakteriellen Superinfektionen des oberen Respirationstraktes ausgehen (meist S. pneumoniae, S. aureus und H. influenzae). Grunderkrankungen des Respirationstrakts (z.B. COLD) oder des Herz-Kreislauf-Systems stellen ebenfalls einen Risikofaktor für schwere Verläufe dar. Das altersbedingte Risiko besteht allerdings unabhängig von evtl. weiteren, ebenfalls altersabhängigen Grunderkrankungen. Zusätzliche Komplikationen sind Myokarditis, Enzephalopathie und akute Myositis. Das bei Kindern mit Influenza früher häufige Reye-Syndrom konnte auf die Behandlung mit Aspirin zurückgeführt werden und wird heute nur noch selten beobachtet.

4.12.4   Diagnostik

Die von einer Influenza-A-Infektion induzierte Immunität verleiht keinen sicheren Schutz gegen andere, neue Varianten, sodass mit den heute routinemäßig verfügbaren serologischen Testmethoden eine Immunitätsbestimmung nicht möglich ist. Die akute Infektion kann serologisch nachgewiesen werden (verschiedene Testverfahren), am sichersten ist der Antigennachweis auf ELISA-Basis mit aus dem Respirationstrakt entnommenen Abstrichen. Anzuchtverfahren sind zu langsam und zu wenig sensitiv für eine zeitnahe klinische Diagnostik, jedoch unentbehrlich für die Entwicklung saisonadaptierter Impfstoffe, sodass sie, wo immer möglich, begleitend durchgeführt werden sollten.

4.12.5   Besondere Hinweise

Meldepflicht nach dem **Infektionsschutzgesetz** (lfSG Entwurf Stand 17.08.1999): namentliche Meldung bei **direktem** Erregernachweis, soweit dieser auf eine akute Infektion hinweist.
Über das weltweite Überwachungssystem der WHO werden jährlich Empfehlungen für die Zusammensetzung der für die jeweilige Influenzasaison optimalen Impfstoffe herausgegeben. Bei den gängigen Impfstoffen handelt es sich um Totimpfstoffe, eine jährliche Auffrischung mit den aktuellen Stämmen ist notwendig. Es sei an dieser Stelle darauf hingewiesen, dass eine Impfung mit nicht der Saison angepassten Stämmen in der Hoffnung auf Induktion einer „Kreuzimmunität" im Verdacht steht, klinische Verläufe zu verschlimmern! Attenuierte Impfstoffe, die in Form eines Nasensprays appliziert werden können, befinden sich in der Erprobung. Das Antiparkinsonmittel Amantadin kann als Chemoprophylaxe Infektionen mit Influenza A zum Teil verhindern, wenn es vor der Infektion gegeben wird, bzw. den klinischen Verlauf abschwächen, wenn es innerhalb von 48 Stunden nach Auftreten der ersten Symptome gegeben wird. Aufgrund der fraglichen Effizienz, der nachgewiesenen schnellen Ausbildung von resistenten Mutanten sowie der nicht unerheblichen Nebenwirkungsrate (siehe primäres Indikationsgebiet) wird die Amantadingabe jedoch nur in Ausnahmefällen als indiziert angesehen.

4.12.6   Arbeitsmedizinische Bedeutung

Die arbeitsmedizinische Bedeutung der Influenza ist unklar. Zahlen über berufsbedingte Infektionen liegen nicht vor. Für Berufsgruppen mit hohem Publikumsverkehr dürfte jedoch eine wesentlich erhöhte Infektionsgefährdung bestehen.

4.12.6.1 Berufliche Exposition

Für alle Berufsgruppen mit hohem Publikumsverkehr ist im Epidemie- oder Pandemiefall eine erhöhte Exposition mit Influenzaviren anzunehmen. Eine mögliche berufliche Exposition besteht außerdem bei der Behandlung und Pflege erkrankter Personen sowie bei Labortätigkeiten mit Erregerkontakt oder Kontakt zu erregerhaltigem Untersuchungsgut.

4.12.6.2. Betroffene Berufsgruppen

Arbeitsbereiche mit verstärktem Publikums-verkehr	Behandlung und Pflege Erkrankter	Labortätigkeiten
z.B. Busfahrer, Verkäufer, Personal in Ämtern mit Publikumsverkehr, sonstige Dienstleistungs-berufe	Ärzte, Zahnärzte, Pflegepersonal, sonstiges med. Personal	technische Assistenten (MTA, BTA, PTA, CTA), sonstiges Personal in: med. und mikrobiolo-gischen Laboratorien

4.12.7 Umwelt- und (reise-)medizinische Aspekte

Bei Auftreten von Epidemien hat die Influenza eine erhebliche umwelt- und reisemedizinische Bedeutung.

4.12.7.1 Umweltexposition

Eine erhöhte Exposition besteht für alle Personen in Epidemiegebieten.

4.12.7.2 Betroffene Bevölkerungsgruppen

Besonders betroffen sind in Epidemiegebieten Personen, die sich häufig in grö-ßeren Menschenansammlungen bewegen (öffentlicher Nahverkehr, Gaststätten, Theater etc.). Gefährdet sind selbstverständlich auch Reisende in Epidemie-gebiete.

4.12.8   Krankenhaushygienische Aspekte

Eine Isolierung erkrankter Personen ist nicht erforderlich.
Sichtbare Verunreinigungen mit Körperflüssigkeiten, Sekreten und Ausscheidungen sowie von Behandlungs-, Untersuchungs- und Pflegematerial sind desinfizierend zu reinigen. Bei Kontakt mit Körperflüssigkeiten, Sekreten und Ausscheidungen ist patientenbezogene Schutzkleidung zu tragen. Es genügt die normale Reinigung von Flächen und Gegenständen sowie die normale Entsorgung von Wäsche und Speiseresten.

4.12.9   Prävention

4.12.9.1 Allgemeine Infektionsprophylaxe

Der Aufenthalt in größeren Menschenansammlungen ist nach Möglichkeit zu vermeiden. Die allgemeinen Hygieneregeln und Infektionsschutzmaßnahmen bei der Behandlung und Pflege erkrankter Personen (siehe 2.1 bis 2.2) sind einzuhalten. Ansonsten sind keine speziellen Maßnahmen möglich. Ein Impfschutz ist anzustreben.

4.12.9.2 Schutzimpfung

Gegen Influenza steht ein aktiver Impfstoff aus gereinigten Antigenfraktionen von inaktivierten Viren zur Verfügung. Ab dem 6. Lebensjahr ist eine Grundimmunisierung mit einer einmaligen Injektion ausreichend. Allerdings ist eine jährliche Wiederimpfung mit dem jeweils aktuellen Impfstoff (nach WHO-Vorgabe) erforderlich. Die Impfung ist gut verträglich, Abstände zu anderen Impfungen müssen nicht eingehalten werden. Die Injektion erfolgt subkutan oder intramuskulär.

4.12.9.3 STIKO-Empfehlungen

Impfempfehlungen der Ständigen Impfkommission am Robert-Koch-Institut
(Stand Januar 2000)
[Epidemiologisches Bulletin 02/2000]

Impfung gegen	Kategorie	Indikation bzw. Reiseziel	Anwendungshinweise (Beipackzettel beachten)
Influenza	I	Personen über 60 Jahre	Jährliche Impfung, vorzugsweise im Herbst (September - November) mit einem Impfstoff mit aktueller, von der WHO empfohlener Antigenkombination
		Kinder, Jugendliche und Erwachsene mit erhöhter gesundheitlicher Gefährdung infolge eines Grundleidens wie z.B. chronische Lungen-, Herz-Kreislauf-, Leber- und Nierenkrankheiten, Diabetes und andere Stoffwechselkrankheiten, Immundefizienz, HIV-Infektion	
		Personen mit erhöhter Gefährdung, z.B. medizinisches Personal, Personen in Einrichtungen mit umfangreichem Publikumsverkehr	
	A	Wenn Epidemien auftreten oder aufgrund epidemiologischer Beobachtungen befürchtet werden	Entsprechend den Empfehlungen der Gesundheitsbehörden

Kategorien:
A- Impfung mit breiter Anwendung und erheblichem Wert für die Gesundheit der
   Bevölkerung
I - Indikationsimpfung bei erhöhter Gefährdung von Personen bzw. Angehörigen von
   Risikogruppen

4.13   Lassa-Fieber und verwandte Erkrankungen

4.13.1 Erreger und Epidemiologie

Das Lassa-Virus gehört zu den Arenaviren. Arenaviren sind umhüllt und besitzen
ein in zwei Stränge segmentiertes RNA-Genom mit einer sog. Ambisense-Struk-

251

tur (die 3'- und 5'-Anteile der Stränge kodieren in entgegengesetzter Orientierung). Charakteristisch ist auch, dass bei der Ausschleusung der Virionen aus der infizierten Zelle in größerer Menge zelluläre Ribosomen mit in die Virionen verpackt werden. Die natürlichen Wirte der Arenaviren sind mäuse- und rattenartige Nagetiere, die, wenn perinatal infiziert, eine lebenslange persistierende Infektion mit permanenter Virusausscheidung, vor allem im Urin, durchmachen. Das für eine solche persistierende Infektion erforderliche hohe Maß an Adaptation an den natürlichen Wirt hat zur Folge, dass die Verbreitung der verschiedenen Arenaviren dem Verbreitungsgebiet ihrer Wirtsspezies entspricht.

Tab. 20: Zusammenfassung der wichtigsten humanpathogenen Arenaviren

Virus	Natürlicher Wirt	Verbreitung	Erkrankung	Klinisches Bild	Letalität
Lymphozytisches Choriomeningitis-Virus	Mus domesticus, Mus musculus	Europa, Amerika, evtl. weltweit	Lymphozytäre Choriomeningitis	Meistens benigne aseptische Meningitis, bei fetaler Infektion Hydrozephalus und/oder Chorioretinitis	<1%
Lassa-Virus	Mastomys species	Westafrika	Lassafieber	s.u.	~15%
Junin-Virus	Calomys musculinus	Argentinische Pampa	Argentinisches hämorrhagisches Fieber	s.u.	~15-30%
Machupo-Virus	Calomys callosus	Beni-Region in Bolivien	Bolivianisches hämorrhagisches Fieber	s.u.	~25%
Guanarito-Virus	Zygodontomys brevicauda, Sigmodon alstoni	Venezuela	Venezuelanisches hämorrhagisches Fieber	s.u.	~25%

Die Inzidenz des **argentinischen hämorrhagischen Fiebers** ist in jährlichen Zyklen mit der Ernteaktivität vor allem auf den Maisfeldern gekoppelt; mit dem Einsatz von Erntemaschinen und dem damit verbundenen Rückgang an Erntearbeitern ist die Inzidenz des argentinischen hämorrhagischen Fiebers ebenfalls zurückgegangen, verbunden mit einem deutlich erhöhten Individualrisiko für das jetzt noch auf den Erntemaschinen beschäftigte Personal.

Das Erregerreservoir des **bolivianischen hämorrhagischen Fiebers (BHF)**, Calomys callosus, hat sich zusehends an die häusliche Umgebung des Menschen adaptiert, sodass das BHF eher endemisch vorkommt. Nach epidemischem Auftreten von BHF in städtischen Gebieten konnte durch erfolgreiche Bekämpfung von C. callosus die Epidemie gestoppt werden.

Die Gesamtzahl an Fällen von **venezuelanischem hämorrhagischem Fieber (VHF)** von wenigen hundert erlaubt noch keine sichere epidemiologische Beschreibung, aber auch hier ist das Vorkommen auf ländliche Gebiete beschränkt.

Lassa-Fieber ist in den Verbreitungsgebieten der Mastomys species Westafrikas endemisch; anders als bei den Übertragungswegen der (süd)amerikanischen Arenaviren kann es zusätzlich zu nosokomialen Epidemien kommen, die auf einer direkten Mensch-zu-Mensch-Übertragung beruhen.

4.13.2   Infektionsmodus

Der exakte Übertragungsgsweg vom Erregerreservoir auf den Menschen ist bei allen Arenaviren unklar; es wird gemeinhin davon ausgegangen, dass durch die Inhalation von exkrementehaltigem Staub, durch Hautkontakt mit diesem oder auch durch entsprechend kontaminiertes Trinkwasser die Erreger übertragen werden können. Es konnte bis jetzt nicht nachgewiesen werden, dass Vektoren bei der Übertragung auf den Menschen eine Rolle spielen. Während bei den (süd)amerikanischen Arenaviren die Mensch-zu-Mensch-Übertragung epidemiologisch nicht ins Gewicht fällt, spielt diese Art der Transmission (respiratorisches Aerosol) beim Lassa-Fieber eine erhebliche Rolle, sodass Lassa-Fieber-Patienten immer streng isoliert werden sollten.

4.13.3   Erkrankungen und Erkrankungsfolgen

Die von den südamerikanischen Arenaviren verursachten hämorrhagischen Fieber haben eine Inkubationszeit von ca. 1 bis 2 Wochen. Die in der Prodromalphase häufigsten Symptome sind hohes Fieber, Konjunktivitis, Exanthem im Gesicht, am Hals und am oberen Thorax, wenige Petechien meist im axillären Bereich, Polyadenopathie und muskuläre Schwäche im Hüftgürtel. 3

bis 5 Tage nach Beginn der Prodrome verstärkt sich in den schweren Fällen die Symptomatik mit Dehydratation, Oliguanurie und generalisierter Blutungsneigung; der Tod tritt meistens durch einen hypovolämischen Schock ein. Lassa-Infektionen bieten klinisch ein ähnliches Bild, wobei die Kombination der folgenden Symptome (in absteigender Reihenfolge) besonders spezifisch ist: purulente Pharyngitis, Konjunktivitis, Proteinurie, Thorax- oder Bauchschmerzen, Erbrechen, Gesichtsödem. In fast allen Fällen besteht laborchemisch eine Hepatitis, wobei der AST eine besondere prognostische Bedeutung zukommt. Spätkomplikationen (mit einer Häufigkeit von weniger als 5%) sind uni- oder bilaterale Taubheit (N VIII), Meningoenzephalitis und (nur bei Männern) Perikarditis.

4.13.4 Diagnostik

Die Diagnostik von Arenavirus-Infektionen erfolgt in den Endemiegebieten vorwiegend klinisch. Antikörpertests auf der Grundlage verschiedener Techniken sind ebenfalls verfügbar, wobei Techniken überwiegen, bei denen sich die Labors die entsprechenden Tests selbst herstellen können (Immunfluoreszenz, KBR). Die größte Spezifität bieten Virusanzucht und Antigen-ELISA.

4.13.5 Besondere Hinweise

Meldepflicht nach **Bundesseuchengesetz**: bei **Verdacht, Erkrankung und Tod. (Alarmplan: Gesundheitsblatt, Sonderheft 37. Jahrgang, S. 17, Mai 1994)**
Meldepflicht nach dem **Infektionsschutzgesetz** (lfSG Entwurf Stand 17.08.1999): namentliche Meldung bei Krankheitsverdacht, Erkrankung oder Tod.
Namentliche Meldung bei **direktem oder indirektem** Erregernachweis, soweit dieser auf eine akute Infektion hinweist.
Strenge Isolierung der Erkrankten bis Ende der Virusausscheidung.
Arenavirus-Infektionen können erfolgreich mit Ribavirin behandelt werde, wenn die Behandlung früh genug einsetzt. Dies ist insbesondere für das Lassa-Fieber gut dokumentiert.

4.13.6 Arbeitsmedizinische Bedeutung

Arbeitsmedizinisch von Bedeutung sind die Lassa-Virus-Infektion sowie die verwandten Junin-Virus-Infektionen und Guanarito-Virus-Infektionen nur bei Arbeitsaufenthalten in Verbreitungsgebieten, insbesondere bei epidemischem Auftreten sowie bei Kontakt zu Erkrankten oder bei direktem Erregerkontakt.

4.13.6.1 Berufliche Exposition

Eine mögliche berufliche Exposition besteht bei der Behandlung und Pflege erkrankter Personen sowie bei Labortätigkeiten mit Erregerkontakt oder Kontakt zu erregerhaltigem Untersuchungsgut. Die Gefährdung ist insbesondere bei Tätigkeiten im Gesundheitswesen in Ländern mit häufigerem Auftreten der Erkrankung anzunehmen, aber auch andere Auslandstätigkeiten in Endemiegebieten stellen eine erhöhte Infektionsgefährdung dar. Hierbei ist die Länge der Aufenthaltsdauer, die Enge des Kontaktes zur einheimischen Bevölkerung sowie ein schlechter Hygienestandard maßgeblich beteiligt.

4.13.6.2 Betroffene Berufsgruppen

Behandlung und Pflege Erkrankter	Sonstige Auslandstätigkeiten (in Endemiegebieten)	Labortätigkeiten
Ärzte, Pflegepersonal, sonstiges med. Personal, insbesondere in: medizinischen Einrichtungen in Endemiegebieten	Montagearbeiter, Entwicklungshelfer, Personal in der Touristikbranche und/oder mit anderen Reisetätigkeiten, insbesondere mit engem Kontakt zur einheimischen Bevölkerung, längeren Aufenthaltszeiten und schlechtem Hygienestandard	technische Assistenten (MTA, BTA, PTA, CTA), sonstiges Personal in: med. und mikrobiologischen Laboratorien

4.13.7 Umwelt- und (reise-)medizinische Aspekte

Eine wesentliche umwelt- und reisemedizinische Gefährdung für die Allgemeinbevölkerung durch die Lassa-Virus-Infektion sowie die verwandten Junin-Virus-Infektionen und Guanarito-Virus-Infektionen besteht nicht.

4.13.7.1 Umweltexposition

Eine besondere Umweltexposition ist bei Reisen in Endemiegebiete, insbesondere in Westafrika (Lassa-Virus), Argentinien (Junin-Virus) und Venezuela (Guanarito-Virus) anzunehmen. Das Risiko wird durch engen Kontakt mit der einheimischen Bevölkerung erhöht (Abenteuer- und Trekkingurlaub).

4.13.7.2 Betroffene Bevölkerungsgruppen

Touristen in gefährdeten Gebieten. Siehe oben.

4.13.8 Krankenhaushygienische Aspekte

Erkrankte Personen sind strengstens zu isolieren. Die Betreuung darf nur durch ausgewähltes Personal erfolgen. Wichtig ist eine desinfizierende Reinigung sichtbarer Verunreinigungen mit Körperflüssigkeiten, Sekreten und Ausscheidungen sowie von Behandlungs-, Untersuchungs- und Pflegematerial.
Wichtig ist auch eine patientenbezogene Schutzkleidung mit Kopfbedeckung und Einmalhandschuhen. Die Entsorgung jeglichen Abfalls erfolgt in Sonderbehältern für infektiösen Abfall. Flächen und Gegenstände sind desinfizierend zu reinigen, ggf. mit Abschlussdesinfektion z.B. durch Verdampfen von Formalin (nur auf Anordnung des Gesundheitsamtes). Wäsche und Speisereste (Einmalgeschirr) sind in Sonderbehältern für infektiösen Abfall zu entsorgen.

4.13.9 Prävention

4.13.9.1 Allgemeine Infektionsprophylaxe

Die allgemeinen Hygieneregeln und Infektionsschutzmaßnahmen bei der Behandlung und Pflege erkrankter Personen (siehe 2.1 bis 2.2) sind strengstens einzuhalten. Laborarbeiten sind unter Sicherheitsstufe 4 durchzuführen. Bei Aufenthalten in Endemiegebieten sollte möglichst jeder Kontakt mit Mücken, Zecken und Nagetieren vermieden werden.

4.14 Marburg-Virus-Krankheit (virusbed. hämorrhagisches Fieber)

4.14.1 Erreger und Epidemiologie

In Biologie, Klinik und Epidemiologie entspricht das Marburg-Virus weitgehend dem Ebola-Virus (s. d.). Auch das Marburg-Virus ist ein pleomorphes, umhülltes

Einzelstrang-RNA-Virus aus der Familie der Filoviren. Trotz ihrer Verwandtschaft auf genetischer Ebene unterscheiden sich Ebola- und Marburg-Virus immunologisch deutlich voneinander. Der einzige größere Ausbruch mit Marburg-Virus erfolgte 1967 in Marburg, Frankfurt am Main und Belgrad. Die Ausbrüche erfolgten in virologischen Instituten bei Laborpersonal, das zu Zwecken der Herstellung von Polioimpfstoff an der Präparation von Zellen aus Affen (Carcopithecus aethiops) beteiligt war. Infektionsquelle war an allen drei Orten des Ausbruchs eine Affencharge, die einen Monat zuvor aus derselben Quelle in Uganda bezogen worden war. Es gab damals insgesamt 30 Fälle, davon sieben mit tödlichem Ausgang; fünf Fälle waren sekundäre Mensch-zu-Mensch-Übertragungen. 1975 gab es eine weitere Kette von drei Fällen in Südafrika; seither sind nur noch vier sporadische Fälle berichtet worden. Das Erregerreservoir des Marburg-Virus ist nicht bekannt. Wenn auch die einzige große Epidemie von Affen ausging, kommen diese nicht als Reservoir, sondern eher als Zwischenüberträger infrage, da bei der betroffenen (und auch bei anderen) Affenspezies keine serologische Durchseuchung nachgewiesen werden konnte und Marburg-Virus in diesen Affen ein nach zwölf Tagen immer tödlich verlaufendes Krankheitsbild verursacht.

4.14.2 Infektionsmodus

Da das Erregerreservoir nicht bekannt ist, lässt sich auch nichts Genaues über den Übertragungsweg aus dem Reservoir auf die Indexfälle sagen. Bei dem großen Ausbruch von 1967 kann man jedoch davon ausgehen, dass der Hauptübertragungsweg der direkte und massive Laborkontakt mit Blut und/oder Organen der infizierten Tiere war. Die Infektionsrate bei dem Laborpersonal, das ausschließlich mit den kultivierten Zellen nach deren Präparation aus dem Tier befasst war, lag deutlich unter der des Personals, das die Präparation vorgenommen hatte (4/13 vs. 20/29). Unter den Tierpflegern, die mit der infizierten Affenhorde befasst waren, traten keine Fälle auf. Von den sieben Mensch-zu-Mensch-Übertragungen der o.g. Epidemien scheint nur eine über respiratorisches Aerosol erfolgt zu sein; in allen anderen Fällen spielte engerer persönlicher Kontakt mit Infizierten eine Rolle. Alle Epidemien konnten durch einfache hygienische Maßnahmen sofort unterbrochen werden. Zusammenfassend kann (analog zum Ebola-Virus) konstatiert werden, dass es sich bei der Marburg-Virus-Erkrankung um eine virale Zoonose mit vergleichsweise geringer Kontagiosität, aber hoher Letalität handelt. Eine Weiterverbreitung des Virus von Mensch zu Mensch in Form einer schweren Epidemie ist nur wahrscheinlich, wenn bei jedem Kontakt große Virusmengen über Blut, Organe, Urin und andere Körperflüssigkeiten und Exkremente übertragen werden. Die Übertragung über respiratorische Aerosole ist zwar möglich und beschrieben, reicht aber als ausschließlicher Übertragungsmechanismus zur Induktion und Perpetuierung einer dramatischen Epidemie nicht aus.

4.14.3 Erkrankungen und Erkrankungsfolgen

Die Inkubationszeit variiert stark mit der infektiösen Dosis, beträgt aber im Schnitt ca. 1 Woche. Nach einer Prodromalphase mit ansteigendem Fieber, Kopfschmerzen, Myalgien kommt es zu einer zunehmenden Gerinnungsstörung mit generalisierten Hämorrhagien und einem terminalen hämorrhagischen Schock. Die Letalität des Krankheitsbildes liegt bei ca. 50%. Inwieweit die nachweisbaren Antikörper nach Überleben der Infektion eine Immunität verleihen und wie lange diese andauert, ist (unter anderem auch aufgrund der niedrigen Inzidenz der Erkrankung) zum gegenwärtigen Zeitpunkt nicht bekannt.

4.14.4 Diagnostik

Die Diagnostik der Marburg-Virus-Infektion erfolgt ausschließlich in dafür spezialisierten Hochsicherheitslaboratorien (z.B. Bernard-Nocht-Institut in Hamburg). Die verwendeten Methoden umfassen das gesamte Spektrum virologischer Werkzeuge (Anzucht in Zellkultur, Elektronenmikroskopie, serologische Methoden und PCR). In Verdachtsfällen sind alle Arten von Untersuchungsmaterialen hilfreich.

4.14.5 Besondere Hinweise

Meldepflicht nach **Bundesseuchengesetz**: bei **Verdacht, Erkrankung und Tod**. Strenge Isolierung der Erkrankten.
Meldepflicht nach dem **Infektionsschutzgesetz** (lfSG Entwurf Stand 17.08.1999): namentliche Meldung bei Krankheitsverdacht, Erkrankung oder Tod.
Namentliche Meldung bei **direktem oder indirektem** Erregernachweis, soweit dieser auf eine akute Infektion hinweist.

4.14.6 Arbeitsmedizinische Bedeutung

Arbeitsmedizinisch von Bedeutung ist die Marburg-Virus-Infektion nur bei Arbeitsaufenthalten in Endemiegebieten sowie bei Kontakt zu Erkrankten oder bei direktem Erregerkontakt.

4.14.6.1 Berufliche Exposition

Eine mögliche berufliche Exposition besteht bei der Behandlung und Pflege erkrankter Personen sowie bei Labortätigkeiten mit Erregerkontakt oder Kontakt zu erregerhaltigem Untersuchungsgut. Die Gefährdung ist insbesondere bei Tätigkeiten im Gesundheitswesen in Ländern mit häufigerem Auftreten der Erkrankung anzunehmen, aber auch andere Auslandstätigkeiten in Endemiegebieten stellen eine erhöhte Infektionsgefährdung dar. Hierbei ist die Länge der Aufenthaltsdauer, die Enge des Kontaktes zur einheimischen Bevölkerung sowie ein schlechter Hygienestandard maßgeblich beteiligt.

4.14.6.2 Betroffene Berufsgruppen

Behandlung und Pflege Erkrankter	Sonstige Auslandstätigkeiten (in Endemiegebieten)	Labortätigkeiten	Sonstige Arbeitsbereiche
Ärzte, Pflegepersonal, sonstiges med. Personal, insbesondere in: medizinischen Einrichtungen, in Endemiegebieten	Montagearbeiter, Entwicklungshelfer, Personal in der Touristikbranche und/oder mit anderen Reisetätigkeiten, insbesondere mit engem Kontakt zur einheimischen Bevölkerung, längeren Aufenthaltszeiten und schlechtem Hygienestandard	technische Assistenten (MTA, BTA, PTA, CTA), sonstiges Personal in med. und mikrobiologischen Laboratorien	Tierpfleger bei der Betreuung von Primaten

4.14.7 Umwelt- und (reise-)medizinische Aspekte

Für die Allgemeinbevölkerung besteht keine wesentliche umwelt- und reisemedizinische Gefährdung durch Marburg-Virus-Infektionen.

4.14.7.1 Umweltexposition

Eine besondere Umweltexposition ist bei Reisen in Endemiegebiete, insbesondere Zentralafrika, anzunehmen. Das Risiko wird durch engen Kontakt zur einheimischen Bevölkerung erhöht (Abenteuer- und Trekkingurlaub).

4.14.7.2 Betroffene Bevölkerungsgruppen

Touristen in gefährdeten Gebieten. Siehe oben.

4.14.8 Krankenhaushygienische Aspekte

Erkrankte Personen sind streng zu isolieren. Die Betreuung darf nur durch ausgewähltes Personal erfolgen. Sichtbare Verunreinigungen mit Körperflüssigkeiten, Sekreten und Ausscheidungen sowie von Behandlungs-, Untersuchungs- und Pflegematerial sind desinfizierend zu reinigen. Es ist eine patientenbezogene Schutzkleidung mit Kopfbedeckung und Einmalhandschuhen zu tragen. Jeglicher Abfall wird in Sonderbehältern für infektiösen Abfall entsorgt. Flächen und Gegenstände sind desinfizierend zu reinigen, ggf. ist eine Abschlussdesinfektion z.B. durch Verdampfen von Formalin (nur auf Anordnung des Gesundheitsamtes) vorzunehmen. Wäsche und Speisereste sind in Sonderbehältern für infektiösen Abfall zu entsorgen.

4.14.9 Prävention

4.14.9.1 Allgemeine Infektionsprophylaxe

Die allgemeinen Hygieneregeln und Infektionsschutzmaßnahmen bei der Behandlung und Pflege erkrankter Personen (siehe 2.1 bis 2.2) sind strengstens einzuhalten. Laborarbeiten sind unter Sicherheitsstufe 4 durchzuführen. Bei Aufenthalten in Endemiegebieten sollte möglichst jeder Kontakt mit Mücken, Zecken und Nagetieren vermieden werden.

4.15 Masern

4.15.1 Erreger und Epidemiologie

Das Masernvirus gehört zu der Familie der Paramyxoviren und wird innerhalb dieser Familie dem Genus Morbillivirus zugerechnet. Masernviren sind pleomorph, besitzen eine Hülle und ein einzelsträngiges RNA-Genom. Das Masernvirus ist ausschließlich humanpathogen. Andere Morbilliviren bei Tieren sind z.B. das Rinderpestvirus oder das Hundestaupevirus. Es gibt Hinweise darauf, dass das Masernvirus erst mit der Haltung von Huftieren und der Entwicklung städtischer Zivilisationsformen vor wenigen tausend Jahren in die menschliche Population eingeschleppt wurde. Aufgrund seiner speziellen biologischen/pathogenetischen Eigenschaften (hohe Kontagiosität, hoher Manifestationsindex, keine lang dauernde Ausscheidung, lebenslange effiziente Immunität, s.u.) kann sich das Masernvirus nur in Populationen halten, die eine ausreichende Größe (mehrere Hunderttausend), Dichte und Geburtenrate aufweisen (ca. 10 000 Geburten/Jahr). Da die heutige menschliche Population diese Bedingungen weltweit erfüllt, wird die Durchseuchung (zumindest in Gebieten ohne stringente Impfpolitik) als komplett angesehen. Die Einführung der Masernimpfung Mitte der Sechzigerjahre hat die Maserninzidenz um mehrere Größenordungen reduziert (USA: von ca. 4 Millionen Fälle/Jahr auf wenige hundert/Jahr). Die hierdurch unterbrochene Zirkulation des Wildvirus führt dazu, dass die Immunität in den jüngeren Altersgruppen ausschließlich durch die Impfung induziert wird. Impfcompliance, Probleme mit dem Timing der Impfung und die vom Impfvirus induzierte Immunität führen dazu, dass die Herdenimmunität in diesen Altersgruppen schlechter ist als in den noch natürlich durchseuchten höheren Altersgruppen. In Verbindung mit der hohen Kontagiosität des Masernvirus ist es daher bis jetzt noch nicht gelungen, die Masern durch Impfung auszurotten.

4.15.2 Infektionsmodus

Der einzige epidemiologisch relevante Übertragungsweg ist die Tröpfcheninfektion. Die massive respiratorische Symptomatik während des katarrhalischen Stadiums vor Ausbruch des Exanthems (s.u.) sorgt hierbei für eine besonders effiziente Weiterverbreitung des Virus. Masernviren sind extrem umweltlabil, sodass andere Übertragungswege ausscheiden. Die Kontagiosität ist die höchste aller bekannten humanpathogenen Viren.

4.15.3 Erkrankungen und Erkrankungsfolgen

Im Gegensatz zu den anderen typischen „exanthematischen" Viruserkrankungen wie Röteln oder Varizellen ist das Krankheitsgefühl bei den Masern während der Prodromalphase besonders stark ausgeprägt. Diese Prodomalphase tritt nach einer Inkubationszeit von ca. 10 bis 12 Tagen auf und dauert bis zum Ausbruch des Exanthems ca. drei Tage. Sie ist gekennzeichnet durch eine meist respiratorische Symptomatik (Bronchitis, Rhinitis), die sich in komplizierten Fällen zu einer Pneumonie (1-6%) ausweiten kann. Es besteht fast immer eine Konjunktivitis, komplizierend auch Otitis (7-9%). In dieser Phase lässt sich auch ein deutlicher Mitbefall des gesamten lymphatischen Systems im Blutbild nachweisen. Gegen Ende der Prodromalphase bilden sich häufig an der Innenseite der Wangen weißliche Flecken aus (sog. Koplik'sche Flecken), die als erster sicherer klinischer Hinweis auf eine Masernerkrankung gewertet werden können. Mit Ausbruch des Exanthems werden Antikörper nachweisbar, die Virusausscheidung nimmt innerhalb weniger Tage bis zur völligen Elimination des Virus ab. Die schwerwiegendste Komplikation der Maserninfektion ist die Enzephalitis/Enzephalomyelitis (1:2000-1:5000), die häufig mit Defektheilungen einhergeht. Eine seltene (1:100000-1:500000) Spätfolge der Masern (ca. 7-11 Jahre nach Primärinfektion) ist die tödlich verlaufende sog. subakute sklerosierende Panenzephalitis (SSPE), bei der es durch Mutation des Erregers zu einer persistierenden Infektion des ZNS mit einer replikationsdefekten Form des Virus kommt. Weitere seltene Komplikationen sind Appendizitis, Hepatitis, Ileokolitis, Myokarditis.

4.15.4 Diagnostik

Eine Immunität gegen Masernvirus lässt sich über den Nachweis masernvirusspezifischer IgG-Antikörper im Serum feststellen (üblicherweise im ELISA). Die akute Erkrankung lässt sich im Labor über masernspezifische IgM-Antikörper diagnostizieren. Für komplizierte Fälle (z.B. ZNS-Komplikationen) steht die PCR zur Verfügung. Die SSPE lässt sich am besten über die intrathekale Antikörperproduktion gegen Masernvirus diagnostizieren; die im Liquor messbaren Antikörperspiegel können hierbei sogar die Serumtiter übersteigen.

4.15.5 Besondere Hinweise

Meldepflicht nach **Bundesseuchengesetz:** bei **Tod** sowie Ausbrüchen in Gemeinschaftseinrichtungen.
Wiederzulassung in Gemeinschaftseinrichtungen nach Abklingen der klini-

schen Symptome, frühestens aber fünf Tage nach Auftreten der Hauterscheinungen.

Meldepflicht nach dem **Infektionsschutzgesetz** (lfSG Entwurf Stand 17.08.1999): namentliche Meldung bei Krankheitsverdacht, Erkrankung oder Tod.

Namentliche Meldung bei **direktem oder indirektem** Erregernachweis, soweit dieser auf eine akute Infektion hinweist.

4.15.6   *Arbeitsmedizinische Bedeutung*

In Mitteleuropa ist zunehmend eine Verschiebung der Immunität in das Erwachsenenalter zu beobachten. Eine besondere arbeitsmedizinische Bedeutung hat die Maserninfektion deshalb für jüngere Erwachsene ohne Immunschutz.

4.15.6.1 *Berufliche Exposition*

Eine berufliche Exposition mit dem Masernvirus kann insbesondere bei beruflichem Kontakt mit Kindern und Jugendlichen angenommen werden. Eine mögliche berufliche Exposition besteht weiterhin bei der Behandlung und Pflege erkrankter Personen (Pädiatrie) sowie bei Labortätigkeiten mit Erregerkontakt oder bei Kontakt zu erregerhaltigem Untersuchungsgut.

4.15.6.2 *Betroffene Berufsgruppen*

Erziehung und Betreuung von Kindern und Jugendlichen	Behandlung und Pflege Erkrankter	Labortätigkeiten
Lehrer, Kindergärtner/pfleger, Sozialarbeiter, sonstiges Personal in: Kindergärten, Kindertagesstätten, Kinderheimen, Gemeinschaftseinrichtungen, Grundschulen	Ärzte, Pflegepersonal, sonstiges med. Personal, insbesondere in: Pädiatrie	technische Assistenten (MTA, BTA, PTA, CTA), sonstiges Personal in: med. und mikrobiologischen Laboratorien

4.15.7 Umwelt- und (reise-)medizinische Aspekte

Aufgrund des hohen Durchseuchungsgrades ist die umwelt- und reisemedizinische Bedeutung in erster Linie von der individuellen Immunitätslage abhängig (Immunität bei > 30 Lebensjahre 95%).

4.15.8 Krankenhaushygienische Aspekte

Erkrankte Personen sind bis mind. vier Tage nach vollständiger Ausbildung des Exanthems zu isolieren (kein Kontakt zu Personen ohne Immunität). Sichtbare Verunreinigungen mit Körperflüssigkeiten, Sekreten und Ausscheidungen sowie von Behandlungs-, Untersuchungs- und Pflegematerial sind desinfizierend zu reinigen. Es genügt die normale Reinigung von Flächen und Gegenständen und die normale Entsorgung von Wäsche und Speiseresten.

4.15.9 Prävention

4.15.9.1 Allgemeine Infektionsprophylaxe

Grundsätzlich ist Immunschutz anzustreben. Die allgemeinen Hygieneregeln und Infektionsschutzmaßnahmen bei der Behandlung und Pflege erkrankter Personen (siehe 2.1 bis 2.2) sind einzuhalten.

Arbeitsmedizinische Maßnahmen nach BGI 504-42 (früher ZH1/600.42) mit Anmerkungen des Autors
Infektionskrankheit Nr. 21 (Masern)

Arbeitsbereiche	Gefährdende Tätigkeiten	Arbeitsmedizinische Maßnahmen		
		G42	Impfung	Beratung
Arbeitsbereich (1): *Gesundheitsdienst* Stationäre und ambulante Einrichtungen der Humanmedizin (**A**), *pädiatrische Einrichtungen	Untersuchen, Behandeln, Pflegen Abnehmen von Körperflüssigkeiten, Ausscheidungen, Abstrichmaterial, Obduktion, Sektion, weitere Tätigkeiten (Instandsetzung, Reinigung, Reparatur, Wartung, Transport, Entsorgung)	fakultativ (**A**) *obligat	fakultativ (**A**) *obligat	

264

Arbeitsbereiche	Gefährdende Tätigkeiten	Arbeitsmedizinische Maßnahmen
		G42 Impfung Beratung

Anmerkung: Eine Gefährdung besteht selbstverständlich auch für MTA, die zu Blutentnahmen regelmäßig auf pädiatrischen Abteilungen tätig sind etc.

Arbeitsbereich (1): *Sozialdienste* Stationäre und ambulante Sozialeinrichtungen für Kinder und Jugendliche (ohne Schulen*), Familien, Senioren und Behinderte **(D)**	Betreuung, Pflege somatisch-psychisch Hilfsbedürftiger, Umgang mit Körperflüssigkeiten und Ausscheidungen, Umgang mit verletzungsauslösen-den Arbeitsmitteln, Umgang mit infektiöser Wäsche	Angebot **(D)**

Anmerkung: Eine Infektionsgefährdung für Lehrer (Grundschule) kann nicht ausgeschlossen werden. In Gemeinschaftseinrichtungen für Kinder und Jugendliche sollte aus arbeitsmedizinischer Sicht zumindest eine Vorsorgeuntersuchung erfolgen.

4.15.9.2 Schutzimpfung

Gegen Masern steht ein attenuierter Lebendimpfstoff zur Verfügung. Er wird üblicherweise zusammen mit Röteln und Mumps (MMR-Vakzine) kombiniert und im Rahmen der öffentlich empfohlenen Impfungen im Kleinkindesalter ab 12. Lebensmonat gegeben (s. auch STIKO-Empfehlungen). Die Impfung ist auch für Erwachsene gut verträglich. Die Injektion soll intramuskulär, ggf. auch subkutan erfolgen. Die aktive Impfung darf nicht in der Schwangerschaft erfolgen. Eine Schwangerschaft muss zum Zeitpunkt der Impfung ausgeschlossen sein und für drei Monate nach der Impfung muss eine sichere Kontrazeption erfolgen.

4.15.9.3 Postexpositionelle Prophylaxe

Die aktive Schutzimpfung in der Inkubationszeit bietet keinen zuverlässigen Erkrankungsschutz. In diesem Fall kann ein Immunglobulin bei nicht länger als eine Woche zurückliegender Exposition eine Erkrankung verhindern oder zumindest abmildern. Eine Kombination mit dem Aktivimpfstoff kann nicht empfohlen werden. Die Aktivimpfung sollte 3 bis 4 Monate nach Immunglobulingabe erfolgen.

4.15.9.4 STIKO-Empfehlungen

Impfempfehlungen der Ständigen Impfkommission am Robert-Koch-Institut
(Stand Januar 2000)
[Epidemiologisches Bulletin 02/2000]

Impfung gegen	Kategorie	Indikation bzw. Reiseziel	Anwendungshinweise (Beipackzettel beachten)
Masern	I	Alle ungeimpften Personen in Einrichtungen der Pädiatrie, in Kindertagesstätten, Kinderheimen u. Ä.	Einmalige Impfung, vorzugsweise mit MMR-Impfstoff

Kategorien:
I - Indikationsimpfung bei erhöhter Gefährdung von Personen bzw. Angehörigen von Risikogruppen

4.16   Mumps

4.16.1   Erreger und Epidemiologie

Das Mumpsvirus wird den Paramyxoviren zugerechnet. Mumpsviren sind pleomorph, haben eine Hülle und besitzen ein Einzelstrang-RNA-Genom negativer Polarität. Das Mumpsvirus ist weltweit endemisch; die Inzidenz klinisch apparenter Erkrankungen (z.B. Parotitis epidemica, s.u.) ist in Ländern mit einer eingeführten Impfung seit Ende der Sechzigerjahre um 99% auf ca. 1-5/100 000 Einwohner pro Jahr zurückgegangen. Kleinere Epidemien können in Kollektiven mit geringer Herdenimmunität auftreten. Der Häufigkeitsgipfel hat sich in Gebieten mit hohen Durchimpfungsraten in die höheren Altersgruppen verschoben.

4.16.2   Infektionsmodus

Der epidemiologisch relevante Übertragungsweg ist die Tröpfcheninfektion durch Sekrete der oberen Atemwege. Da Mumpsviren z.B. auch im Urin ausgeschieden werden, sind Schmierinfektionen über diesen Weg ebenfalls möglich, epidemiologisch aber nicht relevant. Die Kontagiosität ist im Vergleich zu Varizella-Zoster-Virus oder Masernvirus vergleichsweise gering (ca. 30 vs. 70 bis 80%).

4.16.3 Erkrankungen und Erkrankungsfolgen

Mumpsinfektionen verlaufen meistens klinisch inapparent oder führen nur zu unspezifischen Symptomen, sodass die Diagnose „Mumps" nicht gestellt wird. Die Inkubationszeit beträgt ca. 2 Wochen; die Symptomatik in klinisch apparenten Fällen ist altersabhängig: Im Kindesalter treten ein- oder beidseitige Parotisschwellungen mit Fieber auf, im Erwachsenenalter Mastitis bei Frauen und Orchitis bei Männern. Letztere kann in ca. 50% der Fälle zu einer Hodenatrophie führen, die jedoch die Fertilität nicht zu beeinträchtigen scheint. Eine meningeale Mitbeteiligung ist häufig: in ca. 50% der symptomatischen Fälle lässt sich eine Pleozytose nachweisen, die allerdings nur in ca. 10% der Fälle mit einem klinisch fassbaren meningealen Reizzustand einhergeht. Die Mumpsmeningitis war vor Einführung der Mumpsimpfung die häufigste Ursache der serösen Meningitis überhaupt. Selten kommt es zu einer Enzephalitis. Beide Formen der Mitbeteiligung des zentralen Nervensystems sind generell benigne und heilen ohne Spätfolgen aus. Ausnahme ist eine einseitige Taubheit, die oft ohne klinisch fassbare Meningitis oder Enzephalitis auftritt und deren Häufigkeit auf 5/100 000 Fälle geschätzt wird. Weitere Komplikationen sind Hepatitis, Pankreatitis, Myokarditis, die meistens ebenfalls ohne Langzeitfolgen bleiben. Ein ursächlicher Zusammenhang zwischen dem Diabetes mellitus Typ I und Mumps ist zwar durch In-vitro-Experimente und einige Fallberichte nahe gelegt worden, der sichere Nachweis dieses Zusammenhangs auf der Basis epidemiologischer Daten ist bis jetzt jedoch nicht sicher gelungen. Weitere kasuistisch berichtete Komplikationen sind Arthritis, Nephritis, Optikusneuritis und Beteiligung anderer Kompartimente des Auges. Bei Schwangeren kann eine Mumpsprimärinfektion im ersten Trimenon zu Aborten führen; die Induktion von Missbildungen ist nicht nachgewiesen.

4.16.4 Diagnostik

Eine vorhandene Immunität wird heutzutage über mumpsspezifisches IgG im ELISA nachgewiesen. Für die Diagnose akuter Infektionen steht eine breite Palette von Testverfahren zur Verfügung, wobei auch hier der IgG- und IgM-ELISA die gebräuchlichste Methode ist. Bei der Bewertung von serologischen Befunden muss berücksichtigt werden, dass eine Kreuzreaktivität mit anderen Paramyxoviren (insbesondere Parainfluenza) besteht.

4.16.5   Besondere Hinweise

Meldepflicht nach **Bundesseuchengesetz**: **bei Ausbruch in Gemeinschafts-einrichtungen** (> 2 Fälle).
Wiederzulassung in Gemeinschaftseinrichtungen nach Abklingen der klinischen Symptome (frühestens nach 10 Tagen).

4.16.6   Arbeitsmedizinische Bedeutung

In Mitteleuropa besteht ein hoher Immunitätsgrad bei der erwachsenen Bevölkerung. Eine besondere arbeitsmedizinische Bedeutung hat die Mumpsinfektion für jüngere Erwachsene ohne Immunschutz. Männer sind wegen der bei 50% auftretenden Orchitis und Schwangere wegen der durch das Mumpsvirus induzierten Aborte im ersten Schwangerschaftsdrittel im Falle einer Infektion besonders gefährdet.

4.16.6.1 Berufliche Exposition

Eine berufliche Exposition mit dem Mumpsvirus kann insbesondere bei beruflichem Kontakt mit Kindern und Jugendlichen angenommen werden. Eine mögliche berufliche Exposition besteht weiterhin bei der Behandlung und Pflege erkrankter Personen (Pädiatrie) sowie bei Labortätigkeiten mit Erregerkontakt oder bei Kontakt zu erregerhaltigem Untersuchungsgut.

4.16.6.2 Betroffene Berufsgruppen

Erziehung und Betreuung von Kindern und Jugendlichen	Behandlung und Pflege Erkrankter	Labortätigkeiten
Lehrer, Kindergärtner/pfleger, Sozialarbeiter, sonstiges Personal in: Kindergärten, Kindertagesstätten, Kinderheimen, Gemeinschaftseinrichtungen und Grundschulen	Ärzte, Pflegepersonal, sonstiges med. Personal, insbesondere in: Pädiatrie	technische Assistenten (MTA, BTA, PTA, CTA), sonstiges Personal in: med. und mikrobiologischen Laboratorien

4.16.7 Umwelt- und (reise-)medizinische Aspekte

Aufgrund des hohen Durchseuchungsgrades ist die umwelt- und reisemedizinische Bedeutung in erster Linie von der individuellen Immunitätslage abhängig (Immunität bei > 30 Lebensjahre 70%).

4.16.8 Krankenhaushygienische Aspekte

Erkrankte Personen sind bis 7 Tage nach Parotisschwellung zu isolieren. Sichtbare Verunreinigungen mit Körperflüssigkeiten, Sekreten und Ausscheidungen sowie von Behandlungs-, Untersuchungs- und Pflegematerial sind desinfizierend zu reinigen. Bei Kontakt mit Körperflüssigkeiten, Sekreten und Ausscheidungen ist patientenbezogene Schutzkleidung zu tragen. Es genügt die normale Reinigung von Flächen und Gegenständen und die normale Entsorgung von Wäsche und Speiseresten.

4.16.9 Prävention

4.16.9.1 Allgemeine Infektionsprophylaxe

Grundsätzlich ist Immunschutz anzustreben. Die allgemeinen Hygieneregeln und Infektionsschutzmaßnahmen bei der Behandlung und Pflege erkrankter Personen (siehe 2.1 bis 2.2) sind einzuhalten.

Arbeitsmedizinische Maßnahmen nach BGI 504-42 (früher ZH1/600.42) mit Anmerkungen des Autors
Infektionskrankheit Nr. 24 (Mumps)

Arbeitsbereiche	Gefährdende Tätigkeiten	Arbeitsmedizinische Maßnahmen G42	Impfung	Beratung
Arbeitsbereich (1): *Gesundheitsdienst* Stationäre und ambulante Einrichtungen der	Untersuchen, Behandeln, Pflegen Abnehmen von Körperflüssig- keiten, Ausscheidungen,		fakulta- tiv **(A)**	fakulta- tiv **(A)**

Arbeitsbereiche	Gefährdende Tätigkeiten	Arbeitsmedizinische Maßnahmen G42 Impfung Beratung
Humanmedizin (**A**), Zahnmedizin (**B**), *pädiatrische Einrichtungen	Abstrichmaterial, Obduktion, Sektion, weitere Tätigkeiten (Instandsetzung, Reinigung, Reparatur, Wartung, Transport, Entsorgung)	*obligat *obligat

Anmerkung: Eine Gefährdung besteht selbstverständlich auch für MTA, die zu Blutentnahmen regelmäßig in pädiatrischen Abteilungen tätig sind etc.

| **Arbeitsbereich (1):** *Sozialdienste* Stationäre und ambulante Sozialeinrichtungen für Kinder und Jugendliche (ohne Schulen*), Familien, Senioren und Behinderte (**D**) | Betreuung, Pflege somatisch-psychisch Hilfsbedürftiger, Umgang mit Körperflüssigkeiten und Ausscheidungen, Umgang mit verletzungsauslösenden Arbeitsmitteln, Umgang mit infektiöser Wäsche | Angebot (**D**) |

Anmerkung: Eine Infektionsgefährdung für Lehrer (Grundschule) kann nicht ausgeschlossen werden. In Gemeinschaftseinrichtungen für Kinder und Jugendliche sollte aus arbeitsmedizinischer Sicht zumindest eine Vorsorgeuntersuchung erfolgen.

4.16.9.2 Schutzimpfung

Für die aktive Immunisierung steht eine attenuierte Lebendvakzine zur Verfügung, die im Rahmen des Impfplans für Kleinkinder als Kombinationsimpfstoff zusammen mit Masern und Röteln verabreicht wird (MMR-Impfung). Zu gezielten Impfung ist dieser Impfstoff auch als Monopräparat verfügbar. Die Impfung ist auch für Erwachsene gut verträglich. Die Injektion soll intramuskulär, ggf. auch subkutan erfolgen. Die aktive Impfung darf nicht in der Schwangerschaft erfolgen. Eine Schwangerschaft muss zum Zeitpunkt der Impfung ausgeschlossen sein und für drei Monate nach der Impfung muss eine sichere Kontrazeption erfolgen.

4.16.9.3 *Postexpositionelle Prophylaxe*

Die aktive Schutzimpfung in der Inkubationszeit bietet keinen zuverlässigen Erkrankungsschutz und sollte als Inkubationsimpfung nur bis zum 3. Tag nach Exposition erfolgen. In den anderen Fällen kann ein Immunglobulin bei nicht länger als eine Woche zurückliegender Exposition eine Erkrankung verhindern oder zumindest abmildern. Eine Kombination mit dem Aktivimpfstoff kann nicht empfohlen werden. Die Aktivimpfung sollte 3 bis 4 Monate nach Immunglobulingabe erfolgen.

4.16.9.4 *STIKO-Empfehlungen*

Impfempfehlungen der Ständigen Impfkommission am Robert-Koch-Institut (Stand Januar 2000)
[Epidemiologisches Bulletin 02/2000]

Impfung gegen	Kategorie	Indikation bzw. Reiseziel	Anwendungshinweise (Beipackzettel beachten)
Mumps	I	Alle ungeimpften Personen in Einrichtungen der Pädiatrie, in Kindertagesstätten, Kinderheimen u. Ä.	Einmalige Impfung, vorzugsweise mit MMR-Impfstoff
Kategorien: I - Indikationsimpfung bei erhöhter Gefährdung von Personen bzw. Angehörigen von Risikogruppen			

4.17   Poliomyelitis

4.17.1   *Erreger und Epidemiologie*

Polioviren sind nicht umhüllte RNA-Viren und werden der Gruppe der Enteroviren zugerechnet. Man unterscheidet die Serotypen 1 bis 3. Wenn das Polio-Impfvirus mit hinzugenommen wird, kommen Polioviren weltweit vor. Durch die Impfkampagnen der letzten Jahrzehnte sind die Wildtypstämme in

271

Mitteleuropa, Australien und Amerika (Nord- und Südamerika) weitgehend zu-
rückgedrängt worden, sodass diese Gebiete als endogen wildtypfrei betrachtet
werden können. Die östliche Hemisphäre und Afrika sind weiterhin als Endemiegebiete anzusehen. In Kollektiven mit ungenügendem Impfschutz kann es durch
Einschleppung zu Kleinepidemien kommen. Die gegenwärtigen Anstrengungen
der WHO lassen es jedoch für realistisch erscheinen, die Wildpolio innerhalb der
nächsten Jahre weltweit zu eliminieren.

4.17.2 Infektionsmodus

Epidemiologisch relevant ist die fäkal-orale Schmierinfektion. Hierbei ist von
Bedeutung, dass Polioviren nach Infektion über lange Zeit (mehrere Wochen bis
Monate) ausgeschieden werden können und äußerst umweltresistent sind.

4.17.3 Erkrankungen und Erkrankungsfolgen

Polioviren vermehren sich nach oraler Aufnahme im Magen-Darm-Trakt und
können von dort aus systemisch ins zentrale Nervensystem streuen. Die Infektion
verursacht nur bei ca.1% aller Betroffenen eine klinische Symptomatik, von de-

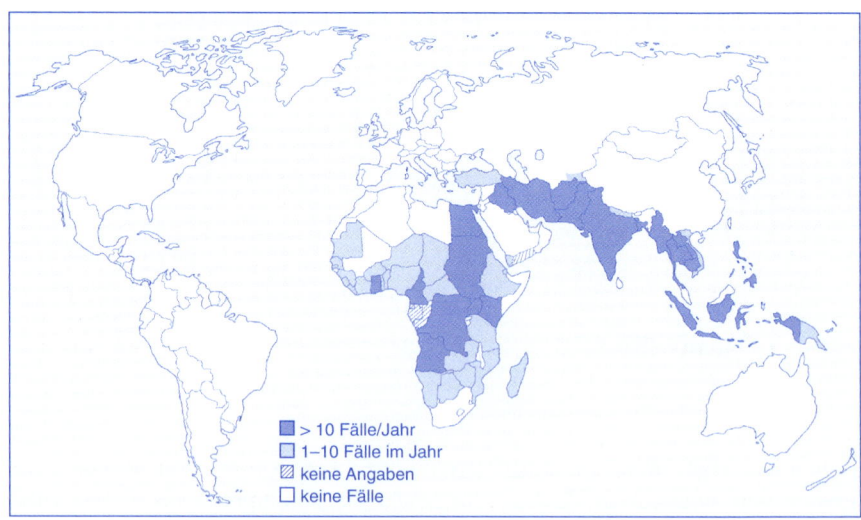

Abb. 14: Epidemiologische Karte „Poliomyelitis" (nach SB-online)

nen die meisten nur ein sehr unspezifisches Krankheitsbild mit leichtem Fieber, Übelkeit, Kopfschmerzen, Muskelschmerzen und Abgeschlagenheit entwickeln. In wenigen Fällen kommt es zu einer serösen Meningitis mit Kopfschmerzen, Fieber und evtl. Muskelschwäche, die jedoch in der Regel spontan und ohne Folgen ausheilt (sog. nicht paralytische Poliomyelitis). Die seltenste Erkrankungsform ist die klassische Poliomyelitis, bei der durch Degeneration der Alpha-Motoneuronen dauerhafte, meist asymmetrische schlaffe Lähmungen zumeist an den Extremitäten auftreten. Es können jedoch auch Hirnnerven sowie die Interkostalmuskulatur und das Zwerchfell betroffen sein, sodass Todesfälle durch Atemlähmung möglich sind. Als zusätzliche Spätfolge der Poliomyelitis ist das sog. Postpoliosyndrom (PPS) beschrieben, bei dem es Jahrzehnte nach einer paralytischen Poliomyelitis zu einem weiteren Fortschreiten der Paresen kommt. Die Pathogenese dieses Krankheitsbilds ist momentan noch unklar.

4.17.4 Diagnostik

Immunität gegen Polioviren kann zum gegenwärtigen Zeitpunkt nur über den Nachweis neutralisierender Antikörper mittels eines Neutralisationstests nachgewiesen werden. Die Diagnostik akuter Infektionen erfolgt über Anzucht in Zellkultur und PCR. Eine spezifische Diagnose akuter Polioinfektionen mittels Antikörperbestimmungen ist aufgrund der hohen Kreuzreaktivität der verfügbaren Antigene mit anderen Enteroviren zum gegenwärtigen Zeitpunkt nicht möglich.

4.17.5 Besondere Hinweise

Meldepflicht nach **Bundesseuchengesetz**: bei Erkrankung, Tod.
Bei Verdacht auf Ausscheidung Impfung der Kontaktpersonen, **Wiederzulassung** in Gemeinschaftseinrichtungen frühestens drei Wochen nach Erkrankungsbeginn.
Seit dem 21. Januar 1998 ist per Beschluss der Ständigen Impfkommission (STIKO) des Robert-Koch-Instituts (RKI) der inaktivierte Polioimpfstoff nach SALK **(IPV)** der Impfstoff der Wahl für alle Indikationen. Der bis dato empfohlene orale Lebendimpfstoff (OPV) ist nur noch für die Abriegelung etwaiger Poliodurchbrüche auf Anordnung der Gesundheitsbehörden indiziert.
Meldepflicht nach dem **Infektionsschutzgesetz** (lfSG Entwurf Stand 17.08.1999): namentliche Meldung bei Krankheitsverdacht, Erkrankung oder Tod (als Verdacht gilt jede akute schlaffe Lähmung, außer wenn traumatisch bedingt).
Namentliche Meldung bei **direktem oder indirektem** Erregernachweis, soweit dieser auf eine akute Infektion hinweist.

4.17.6 Arbeitsmedizinische Bedeutung

Aufgrund des hohen Durchimpfungsgrades der europäischen Bevölkerung hat die arbeitsmedizinische Bedeutung der Poliomyelitis deutlich abgenommen. Eine Impfindikation besteht für die gesamte Bevölkerung.

4.17.6.1 Berufliche Exposition

Eine berufliche Exposition mit dem Poliovirus kann insbesondere bei beruflichem Kontakt mit Kindern und Jugendlichen (aus Endemiegebieten in Afrika, Asien und der ehemaligen Sowjetunion) angenommen werden. Eine mögliche berufliche Exposition besteht weiterhin bei der Behandlung und Pflege erkrankter Personen (Pädiatrie) sowie bei Labortätigkeiten mit Erregerkontakt oder bei Kontakt zu erregerhaltigem Untersuchungsgut.

4.17.6.2 Betroffene Berufsgruppen

Erziehung und Betreuung von Kindern und Jugendlichen, insbesondere aus Endemiegebieten	Behandlung und Pflege Erkrankter	Labortätigkeiten
Lehrer, Kindergärtner/pfleger, Sozialarbeiter, sonstiges Personal in: Kindergärten, Kindertagesstätten, Kinderheimen, Gemeinschaftseinrichtungen, Grundschulen	Ärzte, Pflegepersonal, sonstiges med. Personal, insbesondere in: Pädiatrie	technische Assistenten (MTA, BTA, PTA, CTA), sonstiges Personal in: med. und mikrobiologischen Laboratorien

4.17.7 Umwelt- und (reise-)medizinische Aspekte

Aufgrund des hohen Immunisierungsgrades ist die umwelt- und reisemedizinische Bedeutung in erster Linie von der individuellen Immunitätslage abhängig. Grundsätzlich ist eine Immunisierung aller Personen unabhängig von besonderen Gefährdungen anzustreben.

4.17.8   Krankenhaushygienische Aspekte

Erkrankte Personen sind zu isolieren (eigene Toilette !). Sichtbare Verunreinigungen mit Körperflüssigkeiten, Sekreten und Ausscheidungen sowie von Behandlungs-, Untersuchungs- und Pflegematerial sind desinfizierend zu reinigen. Bei Kontakt mit Körperflüssigkeiten, Sekreten und Ausscheidungen ist patientenbezogene Schutzkleidung zu tragen. Flächen und Gegenstände sind zu desinfizieren. Wäsche und Speisereste sind ausschließlich in Sonderbehältern für infektiöses Material zu entsorgen.

4.17.9   Prävention

4.17.9.1 Allgemeine Infektionsprophylaxe

Grundsätzlich ist Immunschutz anzustreben. Die allgemeinen Hygieneregeln und Infektionsschutzmaßnahmen bei der Behandlung und Pflege erkrankter Personen (siehe 2.1 bis 2.2) sind einzuhalten.

Arbeitsmedizinische Maßnahmen nach BGI 504-42 (früher ZH1/600.42) Infektionskrankheit Nr. 27 (Poliomyelitis)

| Arbeitsbereiche | Gefährdende Tätigkeiten | Arbeitsmedizinische Maßnahmen | | |
		G42	Impfung	Beratung
Arbeitsbereich (1): *Gesundheitsdienst* Stationäre und ambulante Einrichtungen der Humanmedizin **(A)**	Untersuchen, Behandeln, Pflegen	fakulta- tiv **(A)**	fakulta- tiv **(A)**	
	Abnehmen von Körperflüssig- keiten, Ausscheidungen, Abstrichmaterial, Obduktion, Sektion,			Angebot **(A)**
	weitere Tätigkeiten (Instandset- zung, Reinigung, Reparatur, Wartung, Transport, Entsorgung)			Angebot **(A)**
Arbeitsbereich (1): *Sozialdienste* Stationäre und ambulante Sozialeinrichtungen	Betreuung, Pflege somatisch- psychisch Hilfsbedürftiger, Umgang mit Körperflüssigkeiten und Ausscheidungen, Umgang mit verletzungsauslösen-			Angebot **(D)**

Arbeitsbereiche	Gefährdende Tätigkeiten	Arbeitsmedizinische Maßnahmen G42 Impfung Beratung
für Kinder und Jugendliche (ohne Schulen), Familien, Senioren und Behinderte (D)	den Arbeitsmitteln, Umgang mit infektiöser Wäsche	
Arbeitsbereich (1): *Wohlfahrtspflege* ambulante Pflegedienste (H)	Untersuchen, Behandeln, Pflegen, Umgang mit Körperflüssigkeiten und Ausscheidungen, Umgang mit infektiöser Wäsche, häusliche Krankenpflege, Altenpflege (Hauspflege) Familienpflege, Krankenpflege-Notfalldienst	Angebot (H)
Arbeitsbereich (1): *Laboratorien und sonstige Bereiche* Laboratorien der Humanmedizin (A), Medizinprodukte-herstellung (J) *in Stuhllabora-torien	Auspacken, Aufbereiten, Entsorgen von erfahrungsgemäß infektiösem Probenmaterial, Fixieren, Einbetten, Entwässern, Färben von Blutausstrich-sowie Kultur- und histologischen Präparaten, Anzüchten, Mikroskopieren, Kultivieren, Differenzieren von Erregern aus Materialproben	Angebot (J) *obligat (A)
Arbeitsbereich (1): *Laboratorien und sonstige Bereiche* Laboratorien der Humanmedizin (A), Medizinprodukte-herstellung (J) *in Stuhllabora-torien	Bedienen von Untersuchungs-, Analyseautomaten mit infektiösen Proben, Umgang mit infektiösem Material, Gegenständen, Gerät-schaften beim Bedienen von Desinfektionsapparaten oder Beschicken der sog. unreinen Seite in Desinfektionseinrichtungen, Halten, Pflege von infizierten, infektiösen Versuchstieren, weitere Tätigkeiten (Instand-setzung, Reinigung, Reparatur, Wartung, Transport, Entsorgung, Fahrtätigkeiten)	Angebot (J, A) *obligat

Arbeitsbereiche	Gefährdende Tätigkeiten	Arbeitsmedizinische Maßnahmen G42	Impfung	Beratung
Arbeitsbereich (2): Abwassertechnische Anlagen, Klärschlammverwertung, berufl. Oberflächenwasserkontakt	Umgang mit Abwässern in Behältern oder Stauanlagen wie: Tätigkeiten mit Abwässern in Behältern, Stauanlagen, stationären und mobilen Toilettenanlagen, Instandsetzung von Abwasserleitungen und Behandlungsanlagen, Prozesssteuerung bei Abwasserbehandlungsanlagen und Klärschlammverwertung, Arbeiten mit Kontakt zu fäkalienhaltigem Oberflächenwasser **(A)**, Tätigkeiten in o.g. Anlagen mit regelmäßigem und intensivem Kontakt zu Fäkalien, z.B. Kanalisationsarbeiter **(B)**			Angebot **(A, B)**
Arbeitsbereich (3): Anlagen der Abfallwirtschaft (Erfassung, Sortierung, Kompostierung), thermische Abfallverwertung, Deponierung	Abfallsammlung und Beförderung **(A)**, mechanische Abfallaufbereitung (auch Zwischenlagerung und technisch-biologische Behandlungsverfahren; Rotte, Vergärung, Kompostierung **(B)**, manuelle Sortierung (Störstoffauslese) und manuelle biologische Behandlungsverfahren: Rotte, Vergärung, Kompostierung (C)	fakultativ **(C)**	fakultativ **(C)**	Angebot **(A, B)**
Arbeitsbereich (6): Landwirtschaft (ohne Tierproduktion), Gartenbau, Bodenbearbeitung (auch baulich)	Bodensanierung mit Zuschlagstoffen aus Abfällen: Zusetzen und Ausbringen von hygienisch bedenklichen Klärschlämmen, Rohkompost **(G)**			Angebot **(G)**

277

4.17.9.2 Schutzimpfung

Grundsätzlich stehen für die aktive Immunisierung gegen Poliomyelitis zwei Impfstoffe mit gleich guter Wirksamkeit zur Verfügung. Während jedoch die orale Polio-Vakzine (**OPV**) nach Sabin abgeschwächte, aber vermehrungsfähige Polioviren enthält, sind die Polioviren im zu injizierenden Impfstoff (**IPV**) nach SALK inaktiviert. Eine Impfung mit der oralen Polio-Vakzine (**OPV**) birgt damit die Gefahr einer vakzineassoziierten paralytischen Poliomyelitis (**VAPP**). Seit dem 21. Januar 1998 wird deshalb der IPV als Polioimpfstoff der Wahl von der STIKO empfohlen. Der OPV soll nur noch bei Polioausbruch im Rahmen einer Riegelungsimpfung entsprechend den Anordnungen der Gesundheitsbehörden verwendet werden. Die IPV-Impfung kann intramuskulär oder subkutan erfolgen. Eine Grundimmunisierung umfasst zwei Einzelimpfungen im Abstand von 4 bis 8 Wochen ab dem 3. Lebensmonat und eine Auffrischimpfung zwischen dem 11. und 18. Lebensjahr. Bei unvollständiger Grundimmunisierung gegen Poliomyelitis sind die fehlenden Impfungen mit IPV-Impfstoff zu ergänzen. Dabei ist der Mindestabstand von vier Wochen zwischen den einzelnen Impfungen einzuhalten. Größere Impfabstände zur letzten Impfung sind zulässig. Jede Impfung gilt. Auch eine für viele Jahre unterbrochene Grundimmunisierung muss - unabhängig von der Art des zuvor verwendeten Impfstoffs - nicht neu begonnen werden.

4.17.9.4 STIKO-Empfehlungen

Impfempfehlungen der Ständigen Impfkommission am Robert-Koch-Institut (Stand Januar 2000)
[Epidemiologisches Bulletin 02/2000]

Impfung gegen	Kategorie	Indikation bzw. Reiseziel	Anwendungshinweise (Beipackzettel beachten)
Poliomyelitis	A	Alle Personen bei fehlender oder unvollständiger Grundimmunisierung	Personen mit drei dokumentierten OPV-Impfungen gelten als vollständig immunisiert. Ungeimpfte Personen erhalten IPV entsprechend den Angaben des Herstellers. Ausstehende Impfungen der Grundimmunisierung werden mit IPV nachgeholt.

Impfung gegen	Kategorie	Indikation bzw. Reiseziel	Anwendungshinweise (Beipackzettel beachten)
	I	Bei Poliomyelitis-Risiko Überprüfung der Impfdokumentation; bei fehlendem Impfschutz ist die Impfung besonders angezeigt für • medizinisches Personal, das engen Kontakt zu Erkrankten haben kann, • Personal in Laboratorien mit Poliomyelitis-Risiko, • Personen mit engem Kontakt zu Erkrankten, • Reisende in Regionen mit Infektionsrisiko (die aktuelle epidemische Situation ist zu beachten, insbesondere die Meldungen der WHO), • Aussiedler, Flüchtlinge und Asylbewerber aus Gebieten mit Poliorisiko, die in Gemeinschaftsunterkünften leben, sowie für das Personal dieser Einrichtungen (siehe entsprechende Impfempfehlungen)	Eine routinemäßige Auffrischung zwischen dem 11. und 18. Lebensjahr gehört zur Grund-. immunisierung. Impfung mit IPV wird empfohlen, wenn die Impfungen der Grundimmunisierung nicht vollständig dokumentiert sind oder die letzte Impfung der Grundimmunisierung bzw. die letzte Auffrischimpfung länger als 10 Jahre zurückliegen.
	A	Polioausbruch	Riegelungsimpfung mit OPV entsprechend den Anordnungen der Gesundheitsbehörden

Kategorien:

A- Impfung mit breiter Anwendung und erheblichem Wert für die Gesundheit der Bevölkerung

I - Indikationsimpfung bei erhöhter Gefährdung von Personen bzw. Angehörigen von Risikogruppen

R -Reiseimpfungen (von der WHO veröffentlichte Informationen über Gebiete mit besonderem Infektionsrisiko beachten)

4.18 Pockenvirus-Infektionen

4.18.1 Erreger und Epidemiologie

Pockenviren sind umhüllte Doppelstrang-DNA-Viren und zählen mit einem Durchmesser von über 200 nm zu den größten bekannten Viren überhaupt. Zu den im Zusammenhang mit diesem Buch relevanten Vertretern der Pockenviren gehören 1.) das Variolavirus (Erreger der „Menschenpocken"), 2.) das Vacciniavirus (Impfvirus gegen Variola) und 3.) verschiedene Tierpockenerreger: Affenpocken, Kuhpocken, Katzenpocken. Das Variolavirus ist ausschließlich humanpathogen und das einzige Erregerreservoir vor seiner Ausrottung war der Mensch. Seit 1980 gilt das Variolavirus offiziell als ausgerottet. Das Vacciniavirus verfügt über ein wesentlich breiteres Wirtsspektrum, weswegen es experimentell bei der Erforschung rekombinanter Lebendimpfstoffe als Vektor für Subunit-Impfstoffe eingesetzt wird. Seit der Ausrottung des Variolavirus sind die Vaccinia-Impfaktionen weltweit eingestellt worden, sodass sich das Vorkommen von Vacciniavirus auf entsprechende Forschungslabors beschränkt. Tierpocken kommen weltweit bei den entsprechenden Tierspezies vor; aufgrund einer weniger starken Speziesrestriktion als bei Variola können auch Menschen mit Tierpockenviren infiziert werden.

4.18.2 Infektionsmodus

Der Hauptübertragungsweg des Variolavirus ist die Tröpfcheninfektion. Vaccinia wird über verletzte Haut und Schleimhaut übertragen; Tierpocken werden meistens als Schmierinfektion auf den Menschen übertragen (z.B. beim Melken).

4.18.3 Erkrankungen und Erkrankungsfolgen

Die Inkubationszeit der Variolainfektion beträgt 1 bis 2 Wochen. Das Krankheitsbild ist gekennzeichnet durch ein zuerst fleckiges, dann knotiges Exanthem auf Haut und Schleimhäuten, das im weiteren Krankheitsverlauf einkammrige Bläschen bildet und unter Verschorfung abheilt. Die Letalität der Variolainfektion betrug ca. 30%. Eines der besonderen Merkmale der Variolainfektion ist die Tatsache, dass sie häufig nur eine Teilimmunität hinterlässt, sodass sich das Virus auch durch Reinfektion bereits infizierter Individuen in einer Population halten konnte. Tierpocken führen beim Menschen meist an der Eintrittspforte zu einer lokalen ulzerativen Reaktion (z.B. Melkerknoten). Bei Immunsupprimierten können auch schwerere generalisierte Verläufe vorkommen.

4.18.4 Diagnostik

Eine spezifische Routinediagnostik für Variola steht auf breiter Basis nicht zur Verfügung; im Verdachtsfall müssen Speziallaboratorien einbezogen werden.

4.18.5 Besondere Hinweise

Meldepflicht nach **Bundesseuchengesetz**: bei **Verdacht, Erkrankung und Tod**. Gegen Variolavirus steht ein Lebendimpfstoff zur Verfügung, von dem eine gewisse Mindestanzahl an Dosen von der WHO vorrätig gehalten wird.

4.18.6 Arbeitsmedizinische Bedeutung

Laut Deklaration der WHO vom 08.05.1980 ist die Erde pockenfrei. Eine arbeitsmedizinische Bedeutung besteht für die Variola-major-Infektion nur noch im Bereich von Hochsicherheitslaboratorien (außerhalb von Deutschland). Für die Vacciniainfektion kann eine berufliche Gefährdung noch im Umgang mit gentechnisch veränderten Stämmen im Laborbereich angenommen werden. Tierpocken sind noch weltweit verbreitet und haben für Personen mit Kontakt zu Nutztieren durchaus noch eine arbeitsmedizinische Bedeutung.

4.18.6.1 Berufliche Exposition

Für Variolavirus und Vacciniavirus besteht eine berufliche Exposition nur noch im Laborbereich. Gegenüber Tierpocken besteht darüber hinaus eine Gefährdung für Personen mit beruflichem Kontakt zu Nutztieren.

4.18.6.2 Betroffene Berufsgruppen

Landwirtschaft	Sonstige Arbeitsbereiche mit Tierkontakt	Labortätigkeiten
Landwirte, Züchter, Schäfer, Melker, Desinfektoren (Ställe)	Tierärzte, Tierpfleger	technische Assistenten (MTA, BTA, PTA, CTA), sonstiges Personal in: Laboratorien

4.18.7   Umwelt- und (reise-)medizinische Aspekte

Umwelt- und reisemedizinisch haben Variola- und Vacciniavirus keine Bedeutung. Das Gleiche gilt für Tierpocken. Lediglich bei privater Nutztierhaltung oder Abenteuerreisen mit der Möglichkeit des direkten Kontaktes zu Nutztieren ist eine erhöhte Gefährdung vorstellbar.

4.18.7.1 Umweltexposition

Direkter Kontakt zu Nutztieren kann zu einer Gefährdung führen.

4.18.7.2 Betroffene Bevölkerungsgruppen

Betroffen sind private Tierhalter, Abenteuertouristen und Trekkingurlauber.

4.18.8   Krankenhaushygienische Aspekte

Variolavirus und Vacciniavirus
Erkrankte Personen sind strengstens zu isolieren. Die Betreuung darf nur durch ausgewähltes Personal erfolgen. Sichtbare Verunreinigungen mit Körperflüssigkeiten, Sekreten und Ausscheidungen sowie von Behandlungs-, Untersuchungs- und Pflegematerial sind desinfizierend zu reinigen.
Es ist eine patientenbezogene Schutzkleidung mit Kopfbedeckung und Einmalhandschuhen zu tragen. Jeglicher Abfall wird in Sonderbehältern für infektiösen Abfall entsorgt. Flächen und Gegenstände sind desinfizierend zu reinigen, ggf. ist eine Abschlussdesinfektion durchzuführen, z.B. durch Verdampfen von Formalin (nur auf Anordnung des Gesundheitsamtes). Wäsche und Speisereste (Einmalgeschirr) werden in Sonderbehältern für infektiösen Abfall entsorgt.

Tierpocken
Die Isolierung erkrankter Personen ist nicht erforderlich. Ansonsten sind die allgemeinen Hygieneregeln zu beachten. Es ist normale Schutzkleidung zu tragen. Flächen und Gegenstände sind normal zu reinigen. Wäsche und Speisereste können normal entsorgt werden.

4.18.9.   Prävention

4.18.9.1 Allgemeine Infektionsprophylaxe

In Hochsicherheitslaboratorien muss die Arbeit mit Variolaviren unter Sicherheitsstufe 4 durchgeführt werden. Bei Arbeiten mit Vacciniavirus genügt Sicherheitsstufe 2. Ansonsten sind bei Kontakt mit Nutztieren die allgemeinen Hygieneregeln und Infektionsschutzmaßnahmen einzuhalten.

**Arbeitsmedizinische Maßnahmen nach BGI 504-42 (früher ZH1/600.42)
mit Anmerkungen des Autors
Infektionskrankheit Nr. 28 (Pockenvirus-Infektionen)**

Arbeitsbereiche	Gefährdende Tätigkeiten	Arbeitsmedizinische Maßnahmen G42	Impfung	Beratung
Arbeitsbereich (1): *Gesundheitsdienst*	Untersuchen, Behandeln, Pflegen	fakultativ (C)		
Stationäre und ambulante	Abnehmen von Körperflüssigkeiten, Ausscheidungen,	fakultativ (C)		
Einrichtungen der Veterinärmedizin (C)	Abstrichmaterial, Obduktion, Sektion,	fakultativ (C)		
	weitere Tätigkeiten (Instandsetzung, Reinigung, Reparatur, Wartung, Transport, Entsorgung)			Angebot (C)
Arbeitsbereich (1): *Laboratorien und sonstige Bereiche* Laboratorien der Veterinärmedizin (C), Medizinprodukteherstellung (J)	Auspacken, Aufbereiten, Entsorgen von erfahrungsgemäß infektiösem Probenmaterial, Fixieren, Einbetten, Entwässern, Färben von Blutausstrich- sowie Kultur- und histologischen Präparaten, Herstellen von Organ-(Gefrier-)Schnittpräparaten, Anzüchten, Mikroskopieren, Kultivieren, Differenzieren von Erregern aus Materialproben			Angebot (C, J)

Arbeitsbereiche	Gefährdende Tätigkeiten	Arbeitsmedizinische Maßnahmen G42 Impfung Beratung
Arbeitsbereich (1): *Laboratorien und sonstige Bereiche* Laboratorien der Veterinärmedizin **(C)**, Medizinprodukteherstellung **(J)**	Bedienen von Untersuchungs-, Analyseautomaten mit infektiösen Proben, Umgang mit infektiösem Material, Gegenständen, Gerätschaften beim Bedienen von Desinfektionsapparaten oder Beschicken der sog. unreinen Seite in Desinfektionseinrichtungen, Halten, Pflege von infizierten, infektiösen Versuchstieren, weitere Tätigkeiten (Instandsetzung, Reinigung, Reparatur, Wartung, Transport, Entsorgung, Fahrtätigkeiten)	Angebot **(C, J)**
Arbeitsbereich (4): Anlagen der Tierproduktion, Bereiche mit lebenden Tieren, Tierhaltung, Tierhandel	Bereiche mit lebenden Tieren: Zucht, Pflege, Transport und Handel in der Landwirtschaft **(A)**, Vogel- und Geflügelzucht (**C**), Tierhaltung in Tierheimen, zoologischen Gärten, Tierparks, Freizeit- und Safariparks, Reiterhöfen, Zirkusunternehmen, Zoohandlungen **(E)**	Angebot **(A, C, E)**

Anmerkung: Der irreführende Begriff der „gemeinnützigen Einrichtungen" (Zoohandlung!) unter E wurde gestrichen.

Arbeitsbereiche	Gefährdende Tätigkeiten	Arbeitsmedizinische Maßnahmen
Arbeitsbereich (4): Bereiche mit tierischen, pflanzlichen Rohstoffen für „Non-Food-Produkte"	Verwerten, Beseitigen verendeter oder tot geborener Tiere aus gewerblichen Schlachtstätten **(H)**	Angebot **(H)**
Arbeitsbereich (4): Tierische und pflanzliche Rohprodukte in der Lebensmittelproduktion	Gewerbliches Schlachten, Zerlegen von Tieren einschließlich verarbeitende Geflügelindustrie **(K)**	Angebot **(K)**

284

4.19 Ringelröteln (Parvovirus-B-19-Infektionen)

4.19.1 *Erreger und Epidemiologie*

Parvovirus B19 ist ein nicht umhülltes Einzelstrang-DNA-Virus und der einzige bekannte humanpathogene Vertreter der Parvoviren. Parvovirus B19 ist weltweit endemisch; die per Seroprävalenz ermittelte Durchseuchung beträgt im Alter von 15 Jahren 50%, im Erwachsenenalter 90% (Ausnahmen sind isoliert lebende Eingeborenenstämme z.b. in Afrika oder Südamerika, die deutlich niedrigere Durchseuchungsraten aufweisen). Inzidenzstudien zeigen eine Häufung zu Jahresbeginn sowie zusätzliche Häufungen alle 3 bis 4 Jahre. Die Serokonversionsrate bei Frauen im gebärfähigen Alter beträgt ca. 1,5% / Jahr.

4.19.2 *Infektionsmodus*

Die Übertragung der Parvovirus-B-19-Infektion erfolgt im Rahmen enger sozialer Kontakte (Haushalt, Gemeinschaftseinrichtungen) über die respiratorische Route. Die Hauptausscheidung findet während der virämischen Phase vor Ausbruch des Exanthems statt. Auch während der virämischen Phase gewonnene Blutprodukte sind erwiesenermaßen infektiös.

4.19.3 *Erkrankungen und Erkrankungsfolgen*

PVB 19 hat in vitro ein schmales Wirtszellspektrum und wird vorwiegend von den Vorläufern der roten Reihe im Knochenmark repliziert. In selteneren Fällen kann jedoch auch das gesamte Knochenmark mit konsekutiver Panzytopenie betroffen sein. PVB-19-Infektionen verlaufen meist asymptomatisch. Die häufigste klinische Manifestation sind die Ringelröteln bei Kindern, eine selbstlimitierende exanthematische Erkrankung, bei der es nach einem nur wenige Tage dauernden unspezifischen fieberhaften Prodromalstadium (Inkubationszeit ca. 2 Wochen) zu einem gesichtsbetonten Exanthem kommt. Im Erwachsenenalter führen PVB-19-Infektionen eher zu z.T. heftigen Arthritiden; diese sind meist symmetrisch und betreffen vorwiegend die kleinen Gelenke. Symptombesserung tritt in diesen Fällen meist erst nach 1 bis 3 Wochen ein; bei einem Teil der Patienten (bis zu 20%) können die Beschwerden Monate bis zwei Jahre persistieren. Orthopädische Spätfolgen dieser protrahierten Verläufe sind allerdings nicht bekannt. Bei Patienten mit Erkrankungen des erythropoetischen Systems (Thalassämie, Sphärozytose, Pyruvatkinasemangel etc.) kann es im Rahmen einer PVB-19-Infektion zu schweren aplastischen Krisen kommen; diese stellen in manchen Fällen sogar die Erstmanifestation einer ansonsten gut kompensierten hämatologischen Erkrankung dar. Unter Immunsuppression kann es zu einem generalisierten Knochenmarkversagen kommen. Fälle von Pneumonie und Vaskulitis sind ebenfalls beschrieben worden. Das Hauptproblem des PVB 19 ist die Primärinfektion von Schwangeren im letzten Trimenon. Das Virus wird auf den Fetus übertragen (ca. ein Drittel der nachgewiesenen Fälle) und kann dort zu einem sog. nicht immunologischen Hydrops fetalis führen (ca. 10% der Fälle nach Transmission). Eine Diagnostik dieser Fälle ist insofern von Bedeutung, als diese spezielle Form des Hydrops fetalis durch eine intrauterine Austauschtransfusion behandelt werden kann.

4.19.4 Diagnostik

Eine vorhandene Immunität lässt sich über den Nachweis von erregerspezifischen IgG-Antikörpern (ELISA) feststellen. Die serologische Diagnostik von akuten Infektionen bei bereits positivem IgG gestaltet sich aufgrund der sehr unterschiedlichen Spezifität der verfügbaren IgM-Tests z.T. problematisch; der sicherste Nachweis einer Primärinfektion ist eine Serokonversion im IgG. Virämien (insbesondere bei den chronischen Verlaufsformen unter Immunsuppression) lassen sich per PCR nachweisen.

4.19.5 Besondere Hinweise

Für Therapieversuche bei entsprechender klinischer Indikation sind gepoolte Gamma-Globulinpräparate indiziert.

4.19.6 Arbeitsmedizinische Bedeutung

Die Durchseuchung mit PVB 19 liegt bei den über 30-Jährigen zwischen 30 und 40 %. Eine besondere arbeitsmedizinische Bedeutung haben die Ringelröteln für jüngere Arbeitnehmer ohne Immunschutz. Aufgrund der Schädigungen während der Schwangerschaft sowie der möglichen aplastischen Krisen bei vorbestehender hämolytischer Anämie bzw. chronischer Immunschwäche sind Schwangere und Personen mit diesen Erkrankungen im Falle einer Infektion besonders gefährdet.

4.19.6.1 Berufliche Exposition

Eine mögliche berufliche Exposition mit dem PVB 19 kann insbesondere bei beruflichem Kontakt mit Kindern und Jugendlichen angenommen werden. Eine mögliche berufliche Exposition besteht außerdem bei der Behandlung und Pflege erkrankter Personen (Pädiatrie) sowie bei Labortätigkeiten mit Erregerkontakt oder bei Kontakt zu erregerhaltigem Untersuchungsgut.

4.19.6.2 Betroffene Berufsgruppen

Erziehung und Betreuung von Kindern und Jugendlichen	Behandlung und Pflege Erkrankter	Labortätigkeiten
Lehrer, Kindergärtner/pfleger, Sozialarbeiter, sonstiges Personal in: Kindergärten, Kindertagesstätten, Kinderheimen, Gemeinschaftseinrichtungen, Grundschulen	Ärzte, Pflegepersonal, sonstiges med. Personal, insbesondere in: Pädiatrie	technische Assistenten (MTA, BTA, PTA, CTA), sonstiges Personal in: med. und mikrobiologischen Laboratorien

4.19.7 Umwelt- und (reise-)medizinische Aspekte

Es besteht keine wesentliche umwelt- und reisemedizinische Gefährdung für bestimmte Bevölkerungsgruppen durch Ringelröteln.

4.19.8 Krankenhaushygienische Aspekte

Erkrankte Personen sind bis zum Abheilen des Exanthems zu isolieren. Sichtbare Verunreinigungen mit Körperflüssigkeiten, Sekreten und Ausscheidungen sowie von Behandlungs-, Untersuchungs- und Pflegematerial sind desinfizierend zu reinigen. Bei Kontakt mit Körperflüssigkeiten, Sekreten und Ausscheidungen ist patientenbezogene Schutzkleidung zu tragen. Es genügt die normale Reinigung von Flächen und Gegenständen und die normale Entsorgung von Wäsche und Speiseresten.

4.19.9   Prävention

4.19.9.1 Allgemeine Infektionsprophylaxe

Die allgemeinen Hygieneregeln und Infektionsschutzmaßnahmen bei der Behandlung und Pflege erkrankter Personen (siehe 2.1 bis 2.2) sind einzuhalten. Bei gehäuftem Auftreten sollten Schwangere und Personen mit chronisch hämolytischen Anämien sowie chronischen Immunschwächen ohne Immunschutz aus den entsprechenden Bereichen beurlaubt werden. Ansonsten sind keine speziellen Maßnahmen erforderlich.

Arbeitsmedizinische Maßnahmen nach BGI 504-42 (früher ZH1/600.42)
mit Anmerkungen des Autors
Infektionskrankheit Nr. 26 (Ringelröteln)

Arbeitsbereiche	Gefährdende Tätigkeiten	Arbeitsmedizinische Maßnahmen G42	Impfung	Beratung
Arbeitsbereich (1): *Gesundheitsdienst* Stationäre und ambulante Einrichtungen der Humanmedizin **(A)**	Untersuchen, Behandeln, Pflegen Abnehmen von Körperflüssig-keiten, Ausscheidungen, Abstrichmaterial, Obduktion, Sektion, weitere Tätigkeiten (Instandset-zung, Reinigung, Reparatur, Wartung, Transport, Entsorgung)	fakulta-tiv **(A)** fakulta-tiv **(A)**		Angebot **(A)**
Anmerkung: Besondere Gefährdung in der Pädiatrie.				
Arbeitsbereich (1): *Sozialdienste* Stationäre und ambulante Sozialeinrichtungen für Kinder und Jugendliche (ohne Schulen), Familien, Senioren und Behinderte **(D)**	Betreuung, Pflege somatisch-psychisch Hilfsbedürftiger, Umgang mit Körperflüssigkeiten und Ausscheidungen, Umgang mit verletzungsauslösen-den Arbeitsmitteln, Umgang mit infektiöser Wäsche			Angebot **(D)**

Arbeitsbereiche	Gefährdende Tätigkeiten	Arbeitsmedizinische Maßnahmen		
		G42	Impfung	Beratung
Arbeitsbereich (1): *Laboratorien und sonstige Bereiche* Laboratorien der Humanmedizin (A)	Auspacken, Aufbereiten, Entsorgen von erfahrungsgemäß infektiösem Probenmaterial, Fixieren, Einbetten, Entwässern, Färben von Blutausstrich- sowie Kultur- und histologischen Präparaten, Anzüchten, Mikroskopieren, Kultivieren, Differenzieren von Erregern aus Materialproben			Angebot (A)
Arbeitsbereich (1): *Laboratorien und sonstige Bereiche* Laboratorien der Humanmedizin (A)	Bedienen von Untersuchungs-, Analyseautomaten mit infektiösen Proben, Umgang mit infektiösem Material, Gegenständen, Gerät- schaften beim Bedienen von Desinfektionsapparaten oder Beschicken der sog. unreinen Seite in Desinfektionseinrichtungen, Halten, Pflege von infizierten, infektiösen Versuchstieren, weitere Tätigkeiten (Instand- setzung, Reinigung, Reparatur, Wartung, Transport, Entsorgung, Fahrtätigkeiten)			Angebot (A)

4.20   Rotavirus-Infektionen

4.20.1   *Erreger und Epidemiologie*

Rotaviren sind kleine, nicht umhüllte Viren mit einem segmentierten (11 Fragmente) Doppelstrang-RNA-Genom. Von den zahlreichen bekannten Varianten
sind nur wenige humanpathogen, der überwiegende Anteil ist in verschiedenen
Säugerspezies endemisch. Die Durchseuchung in der Humanpopulation beträgt
weltweit 100% und findet während der ersten beiden Lebensjahre statt. In unseren Breitengraden tritt eine deutliche saisonale Häufung im Winter auf (Januar
bis März).

289

4.20.2   Infektionsmodus

Die Verbreitung von Rotaviren erfolgt hauptsächlich durch fäkal-orale Schmier-infektion. Rotaviren sind hochgradig umweltresistent, was diesen Ausbreitungs-modus fördert. Bei mäusepathogenen Stämmen konnte auch eine Übertragung durch respiratorische Tröpfchenaerosole nachgewiesen werden; die Bedeutung dieses Übertragungsweges für den Menschen ist noch unklar.

4.20.3   Erkrankungen und Erkrankungsfolgen

Rotavirus-Infektionen manifestieren sich im Rahmen des Primärinfektes als z. T. recht heftige wässrige Durchfälle ohne ausgeprägtes Fieber oder Leukozyten im Stuhl. Die Erkrankung verläuft in der hiesigen Population aufgrund eines meist ausreichenden Ernährungs- und Allgemeinzustandes selbstlimitierend (Dauer ca. 1 Woche) und hinterlässt keine Spätfolgen. Die im Rahmen der Primärinfektion erworbene Immunität schützt zwar vor erneuten klinisch manifesten Reinfektio-nen, nicht jedoch vor klinisch inapparenten Reinfektionen mit Erregerausschei-dung, sodass immer auch in der klinisch gesunden Durchschnittspopulation von einem gewissen Anteil an inapparenten Rotavirus-Ausscheidern ausgegangen werden kann.

In Kollektiven mit einem schlechten Ernährungszustand und schlechter medizi-nischer Versorgung sind Todesfälle bei Säuglingen und Kleinkindern im Verlauf von Rotavirus-Infektionen durch Volumen- und Elektrolytverlust so häufig, dass Rotaviren als häufigste Ursache bei der Säuglings- und Kleinkindsterblichkeit durch Durchfallerkrankungen in diesen Gebieten angesehen werden.

4.20.4   Diagnostik

Die Diagnostik von Rotavirus-Infektionen stützt sich auf den Erregernachweis im Stuhl mittels ELISA-Techniken, RNA-Elektrophorese oder dem Elektronen-mikroskop. Aufgrund der vollständigen Durchseuchung der Population während der ersten beiden Lebensjahre existiert keine anerkannte Indikation zur Überprü-fung der Immunität; Antikörperbestimmungen zur Diagnostik von Rotavirus-In-fektionen haben aufgrund der Überlegenheit der direkten Virusnachweis-methoden keine praktische Bedeutung.

4.20.5   Besondere Hinweise

Meldepflicht nach **Bundesseuchengesetz**: bei **Verdacht, Erkrankung, Tod**.
Wiederzulassung in Gemeinschaftseinrichtungen nach Abklingen des Durchfalls.
Meldepflicht nach dem **Infektionsschutzgesetz** (IfSG Entwurf Stand 17.08.1999):
namentliche Meldung bei **direktem oder indirektem** Erregernachweis, soweit
dieser auf eine akute Infektion hinweist.
Mit der Muttermilch passiv übertragene Antikörper gegen Rotaviren spielen eine
zentrale Rolle für den benignen klinischen Verlauf von Rotavirus-Primärin-
fektionen. Eine synthetische Säuglingsernährung begünstigt signifikant das
Auftreten von schweren Verläufen.

4.20.6   Arbeitsmedizinische Bedeutung

Die arbeitsmedizinische Bedeutung der Rotavirus-Infektion ist weitgehend unklar. Die Durchseuchung beträgt bereits bei Einschulung annähernd 100 %, jedoch ist sowohl ein Trägerstatus als auch eine Reinfektion trotz vorhandener Immunität möglich.

4.20.6.1 Berufliche Exposition

Eine berufliche Exposition mit dem Rotavirus kann bei beruflichem Kontakt mit
Kleinkindern angenommen werden. Eine mögliche berufliche Exposition besteht
weiterhin bei der Behandlung und Pflege erkrankter Personen (Pädiatrie) sowie
bei Labortätigkeiten mit Erregerkontakt oder bei Kontakt zu erregerhaltigem
Untersuchungsgut.

4.20.6.2 Betroffene Berufsgruppen

Erziehung und Betreuung von Kleinkindern	Behandlung und Pflege Erkrankter	Labortätigkeiten
Kindergärtner/pfleger, sonstiges Personal in: Kindergärten, Kinder- tagesstätten, Kinder- heimen, Gemeinschafts- einrichtungen	Ärzte, Pflegepersonal, sonstiges med. Personal, insbesondere in: Pädiatrie	technische Assistenten (MTA, BTA, PTA, CTA), sonstiges Personal in: med. und mikrobiologi- schen Laboratorien

291

4.20.7 Umwelt- und (reise-)medizinische Aspekte

Die umwelt- und reisemedizinischen Aspekte der Rotavirus-Infektion sind unklar. Die Folgen der Infektion sind in ihrem Schweregrad im Wesentlichen von den hygienischen und sozialen Verhältnissen abhängig. In Entwicklungsländern gehen etwa 20 % der Durchfallerkrankungen bei Kleinkindern auf Rotaviren zurück.

4.20.8 Krankenhaushygienische Aspekte

Erkrankte Personen (Kinder!) sind zu isolieren und sollten möglichst von separatem Pflegepersonal versorgt werden. Sichtbare Verunreinigungen mit Körperflüssigkeiten, Sekreten und Ausscheidungen sowie von Behandlungs-, Untersuchungs- und Pflegematerial sind desinfizierend zu reinigen. Bei Kontakt mit Körperflüssigkeiten, Sekreten und Ausscheidungen ist patientenbezogene Schutzkleidung zu tragen. Flächen und Gegenstände (Wickelplatz!) sind zu desinfizieren. Wäsche ist nur in Sonderbehältern für infektiöses Material zu entsorgen.

4.20.9 Prävention

4.20.9.1 Allgemeine Infektionsprophylaxe

Die allgemeinen Hygieneregeln und Infektionsschutzmaßnahmen bei der Behandlung und Pflege erkrankter Personen (siehe 2.1 bis 2.2) sind strikt einzuhalten. Da Rotaviren äußerst stabil sind, überleben sie lange Zeit auf der menschlichen Haut.

Arbeitsmedizinische Maßnahmen nach BGI 504-42 (früher ZH1/600.42)
Infektionskrankheit Nr. 31 (Rotavirus)

Arbeitsbereiche	Gefährdende Tätigkeiten	Arbeitsmedizinische Maßnahmen G42 Impfung Beratung
Arbeitsbereich (1): *Gesundheitsdienst*	Untersuchen, Behandeln, Pflegen	Angebot (A, C)

Arbeitsbereiche	Gefährdende Tätigkeiten	Arbeitsmedizinische Maßnahmen G42 Impfung Beratung		

Arbeitsbereiche	Gefährdende Tätigkeiten	G42	Impfung	Beratung
Stationäre und ambulante Einrichtungen der Humanmedizin (A), Veterinärmedizin (C)	Abnehmen von Körperflüssig-keiten, Ausscheidungen, Abstrichmaterial, Obduktion, Sektion, weitere Tätigkeiten (Instandset-zung, Reinigung, Reparatur, Wartung, Transport, Entsorgung)			Angebot (A, C) Angebot (A, C)
Arbeitsbereich (1): *Sozialdienste* Stationäre und ambulante Sozialeinrichtungen für Kinder und Jugendliche (ohne Schulen), Familien, Senioren und Behinderte (D)	Betreuung, Pflege somatisch-psychisch Hilfsbedürftiger, Umgang mit Körperflüssigkeiten und Ausscheidungen, Umgang mit verletzungsauslösen-den Arbeitsmitteln, Umgang mit infektiöser Wäsche			Angebot (D)
Arbeitsbereich (1): *Laboratorien und sonstige Bereiche* Laboratorien der Humanmedizin (A) *in Stuhllaborato-rien	Auspacken, Aufbereiten, Entsorgen von erfahrungsgemäß infektiösem Probenmaterial, Fixieren, Einbetten, Entwässern, Färben von Blutausstrich-sowie Kultur- und histologischen Präparaten, Herstellen von Organ-(Gefrier-) Schnittpräparaten, Anzüchten, Mikroskopieren, Kultivieren, Differenzieren von Erregern aus Materialproben			Angebot (A) *obligat
Arbeitsbereich (1): *Laboratorien und sonstige Bereiche* Laboratorien der Humanmedizin (A) *in Stuhllaborato-rien	Bedienen von Untersuchungs-, Analyseautomaten mit infektiösen Proben, Umgang mit infektiösem Material, Gegenständen, Gerät-schaften beim Bedienen von Desinfektionsapparaten oder Beschicken der sog. unreinen Seite in Desinfektionseinrichtungen, weitere Tätigkeiten (Instand-			Angebot (A) *obligat

293

Arbeitsbereiche	Gefährdende Tätigkeiten	Arbeitsmedizinische Maßnahmen G42 Impfung Beratung
	setzung, Reinigung, Reparatur, Wartung, Transport, Entsorgung, Fahrtätigkeiten)	
Arbeitsbereich (2): Abwassertechnische Anlagen, Klärschlammverwertung, berufl. Oberflächenwasserkontakt	Umgang mit Abwässern in Behältern oder Stauanlagen wie: Tätigkeiten mit Abwässern in Behältern, Stauanlagen, stationären und mobilen Toilettenanlagen, Instandsetzung von Abwasserleitungen und Behandlungsanlagen, Prozesssteuerung bei Abwasserbehandlungsanlagen und Klärschlammverwertung, Arbeiten mit Kontakt zu fäkalienhaltigem Oberflächenwasser **(A)**, Tätigkeiten in o.g. Anlagen mit regelmäßigem und intensivem Kontakt zu Fäkalien, z.B. Kanalisationsarbeiter **(B)**	Angebot **(A, B)**
Arbeitsbereich (3): Anlagen der Abfallwirtschaft (Erfassung, Sortierung, Kompostierung), thermische Abfallverwertung, Deponierung	Abfallsammlung und Beförderung **(A)**, mechanische Abfallaufbereitung (auch Zwischenlagerung und technisch-biologische Behandlungsverfahren), Rotte, Vergärung, Kompostierung **(B)**, manuelle Sortierung (Störstoffauslese) und manuelle biologische Behandlungsverfahren: Rotte, Vergärung, Kompostierung (**C**)	Angebot **(A, B, C)**
Arbeitsbereich (4): Bereiche mit tierischen, pflanzlichen Rohstoffen für „Non-Food-Produkte"	Verarbeitung tierischer Rohwaren **(G)** Verwerten, Beseitigen verendeter oder tot geborener Tiere aus gewerblichen Schlachtstätten **(H)**, Gewinnen, Transportieren, Lagern, Verarbeiten von Pflanzenfasern zu industriellen Rohstoffen **(J)**	

Arbeitsbereiche	Gefährdende Tätigkeiten	Arbeitsmedizinische Maßnahmen		
		G42	Impfung	Beratung
Arbeitsbereich (4): Tierische und pflanzliche Roh-produkte in der Lebensmittel-produktion	Gewerbliches Schlachten, Zerlegen von Tieren einschließlich verarbeitende Geflügelindustrie (**K**)		Angebot (**K**)	
Arbeitsbereich (6): Landwirtschaft (ohne Tierproduk-tion), Gartenbau, Bodenbearbeitung (auch baulich)	Bodensanierung mit Zuschlag-stoffen aus Abfällen: Zusetzen und Ausbringen von hygienisch bedenklichen Klärschlämmen, Rohkompost (**G**)		Angebot (**G**)	

4.20.9.2 Schutzimpfung

Ein attenuierter Lebendimpfstoff befindet sich zurzeit in der Zulassung.

4.21 Röteln

4.21.1 Erreger und Epidemiologie

Das Rötelnvirus ist ein umhülltes Einzelstrang-RNA-Virus, das der Familie der Togaviren zugerechnet wird. In der Zeit vor Verfügbarkeit der Rötelnimpfung zeigte die Rötelninzidenz zyklische Schwankungen im 2- bis 3-Jahres-Rhythmus mit stärkeren Epidemien alle 6 bis 9 Jahre sowie Pandemien alle 21 Jahre. Die betroffene Altersgruppe waren Kinder im Grundschulalter. Die Inzidenz der Rötelnembryopathie verlief parallel zur Rötelninzidenz. Seit der breiten Einfüh-rung der Rötelnimpfung Ende der Sechzigerjahre ist die Zahl der Rötelnfälle drastisch zurückgegangen: Während der letzten großen Rötelnpandemie in den USA 1964/65 gab es ca. 12,5 Millionen Rötelnfälle und ca. 20 000 Fälle von Rötelnembryopathie. Nach Einführung der Impfung ging die Zahl der Röteln-fälle Anfang der Siebzigerjahre auf ca. 15 000 zurück. Seit Mitte der Achtziger-jahre bewegt sich die Rötelninzidenz in den USA auf einem Niveau von 150 bis

250 Fälle pro Jahr, die Inzidenz der Rötelnembryopathie um die 2 bis 20 Fälle pro Jahr. Bemerkenswert ist, dass die nach Einführung der Rötelnimpfung beobachteten Kleinepidemien meistens in ungeimpften Bevölkerungsgruppen stattfanden. Im Erwachsenenalter liegt eine (impfbedingte) Durchseuchung von 80 bis 90% vor.

4.21.2 Infektionsmodus

Als Hauptübertragungsweg wird die Tröpfcheninfektion und allgemein enger sozialer Kontakt angesehen. Das Rötelnvirus kann auch im Urin pränatal infizierter Kinder in größeren Mengen nachgewiesen werden; inwieweit dies einen epidemiologisch relevanten Übertragungsweg darstellt, ist derzeit unklar. Die Virusausscheidung beginnt 5 bis 7 Tage vor der klinischen Symptomatik und endet 3 bis 5 Tage danach, wobei die höchsten Titer am Tage vor und am Tage des Symptombeginns ausgeschieden werden.

4.21.3 Erkrankungen und Erkrankungsfolgen

Für Personen ohne Rötelnimmunität sind Rötelnausscheider hochkontagiös; der Kontagiositäts- und auch der Manifestationsindex werden je nach Studie zwischen 50 und 100% angegeben. Nach einer Inkubationszeit von ca. 2 Wochen tritt ein blassrotes, gesichtsbetontes Exanthem mit leichten Lymphknotenschwellungen im Nacken und leichtem Fieber auf; nicht immer sind alle Symptome eindeutig vorhanden. Insgesamt sind die typischen Röteln bei Kindern ein eher leichtes Krankheitsbild, das selten länger als ein paar Tage dauert; die Patienten sind oftmals in ihrem Allgemeinbefinden nicht wesentlich beeinträchtigt. Bei Erwachsenen (vor allem Frauen) führt eine Rötelninfektion sehr häufig zu einer begleitenden Arthritis (bis zu 70% der Fälle). Komplikationen sind selten; meist handelt es sich um thrombozytopenische Purpura und Enzephalitis. Im Zentrum des Interesses steht bei Röteln die Rötelnembryopathie. Eine Primärinfektion der Mutter während der ersten zehn Gestationswochen führt zu einer klinisch nachweisbaren Embryopathie in 90% der Fälle; dieses Risiko nimmt bis zur 16. Woche auf ca. 25%, später noch weiter drastisch ab. Im letzten Trimenon sind die Feten zwar ebenfalls infiziert, zeigen aber keine nachweisbaren Schäden. Dieses beispiellos hohe fetale Schädingungspotenzial hat dazu geführt, dass der Zusammenhang zwischen Röteln und Rötelnembryopatie bereits frühzeitig allein aufgrund klinischer und epidemiologischer Beobachtungen festgestellt werden konnte. Das klinische Spektrum der Rötelnembryopathie ist breit und hängt im Einzelfall vor allem davon ab, welches Organsystem sich zum Zeitpunkt der Infektion in einer besonders vulnerablen Phase der Organogenese befand. Die häufigsten Defekte sind Fehlbildungen des Herzens und des Gefäßsystems, Augenfehlbildungen, Taubheit sowie alle denkbaren Formen von Defiziten in der Entwicklung des zentralen Nervensystems.

4.21.4 Diagnostik

Eine Immunität wird durch Antikörperbestimmung im Hämagglutinations Hemmungstest (HHT) festgestellt. Für die geforderte Titerhöhe gibt es auf internationaler Ebene unterschiedliche Anforderungen.
Während in den angloamerikanischen Ländern eine einfache Positivität des Tests ausreicht, um einen Immunschutz nachzuweisen, wird in der Bundesrepublik Deutschland auch noch eine bestimmte Titerhöhe (>= 1:16) gefordert. „Impfdurchbrüche" sind auch bei z.T. hohen HHT-Titern nachgewiesen worden; das fetale Risiko scheint bei mütterlichen Reinfektionen vor allem davon abzuhängen, ob diese bei der Mutter klinisch apparent verlaufen. Es gibt noch eine Reihe weiterer Testverfahren zur Immunitätsbestimmung (HIG, Westernblot) und zur Diagnostik akuter Infektionen (IgG- und IgM-Bestimmungen im ELISA); deren Aussagekraft und die entsprechenden Befundinterpretationen sollten mit den durchführenden Labors besprochen werden.

4.21.5 Besondere Hinweise

Meldepflicht nach **Bundesseuchengesetz**: bei **Rötelnembryopathie und durch Rötelnvirus verursachten Erkrankungen, Tod sowie bei Ausbruch in Gemeinschaftseinrichtungen** (> 2 Fälle).
Wiederzulassung in Gemeinschaftseinrichtungen nach Abklingen der klinischen Symptome (frühestens 7 Tage nach Auftreten der Hauterscheinungen).
Meldepflicht nach dem **Infektionsschutzgesetz** (lfSG Entwurf Stand 17.08.1999): bei konnatalen Infektionen **nicht namentliche** Meldung bei **direktem oder indirektem** Erregernachweis, soweit dieser auf eine akute Infektion hinweist.

Durch die öffentlich organisierte Durchimpfung im Kindesalter hat sich die Zirkulation des Wildvirus in die höheren Altersgruppen verlagert, in denen die Impfimmunität wieder etwas nachlässt (> 20 Jahre). Das Hauptproblem hierbei besteht darin, dass auch ungeimpfte Personen und Bevölkerungsgruppen mangels Wildviruszirkulation im Kindesalter ohne jeglichen Rötelnkontakt voll suszeptibel ins Erwachsenenalter gelangen und es dann (im Reproduktionsalter) zu Kleinepidemien mit erheblichen Inzidenzen an Rötelnembryopathie kommen kann. Das Risiko wird in manchen Szenarien so hoch eingeschätzt, dass von einigen Forschungsgruppen die Empfehlung ausgesprochen wurde, die Rötelnimpfung ganz auszusetzen, wenn die Durchimpfungsrate (unabhängig aus welchem Grund) nicht über einem bestimmten Minimalniveau gehalten werden kann; dies würde das Zirkulieren von Wildvirus im Kindesalter wieder ermöglichen und somit zu einer besseren Herdenimmunität im Reproduktionsalter führen als eine inkonsequente Impfpolitik. Da solcherlei Überlegungen nicht prinzipiell von der Hand zu weisen sind, sollte von allen Verantwortlichen im Gesundheitswesen auf eine vollständige Durchimpfung der gesamten Bevölkerung geachtet werden.

4.21.6 Arbeitsmedizinische Bedeutung

Eine besondere arbeitsmedizinische Bedeutung hat die Rötelninfektion für Schwangere wegen der hohen Fehlbildungsrate des ungeborenen Kindes. In Mitteleuropa besteht ein hoher Immunitätsgrad bei der erwachsenen Bevölkerung. Frauen im gebärfähigen Alter sollen derzeit zu etwa 90 % immun sein. Eigene Untersuchungen haben bei Berufsanfängerinnen im Gesundheitswesen unzureichende oder fehlende Immunität bei bis zu 20 % der untersuchten Personen ergeben.

4.21.6.1 Berufliche Exposition

Eine berufliche Exposition mit dem Rötelnvirus kann insbesondere bei betreuendem Kontakt mit Kindern und Jugendlichen angenommen werden. Eine mögliche berufliche Exposition besteht weiterhin bei der Behandlung und Pflege erkrankter Personen (Pädiatrie) sowie bei Labortätigkeiten mit Erregerkontakt oder bei Kontakt zu erregerhaltigem Untersuchungsgut.

4.21.6.2 Betroffene Berufsgruppen

Erziehung und Betreuung von Kindern und Jugendlichen	Behandlung und Pflege Erkrankter	Labortätigkeiten
Lehrer, Kindergärtner/pfleger, Sozialarbeiter, sonstiges Personal in: Kindergärten, Kindertagesstätten, Kinderheimen, Gemeinschaftseinrichtungen, Grundschulen	Ärzte, Pflegepersonal, sonstiges med. Personal, insbesondere in: Pädiatrie, Onkologie	technische Assistenten (MTΛ, BTΛ, PTΛ, CTΛ), sonstiges Personal in: med. und mikrobiologischen Laboratorien

4.21.7   Umwelt- und (reise-)medizinische Aspekte

Aufgrund des hohen Durchseuchungsgrades ist die umwelt- und reisemedizinische Bedeutung in erster Linie von der individuellen Immunitätslage abhängig.

4.21.8   Krankenhaushygienische Aspekte

Erkrankte Personen sind bis zu 5 Tage nach Auftreten des Exanthems zu isolieren. Sichtbare Verunreinigungen mit Körperflüssigkeiten, Sekreten und Ausscheidungen sowie von Behandlungs-, Untersuchungs- und Pflegematerial sind desinfizierend zu reinigen. Bei Kontakt mit Körperflüssigkeiten, Sekreten und Ausscheidungen ist patientenbezogene Schutzkleidung zu tragen. Es genügt die normale Reinigung von Flächen und Gegenständen und die normale Entsorgung von Wäsche und Speiseresten.

4.21.9   Prävention

4.21.9.1 Allgemeine Infektionsprophylaxe

Grundsätzlich ist Immunschutz anzustreben. Schwangere oder Frauen im gebärfähigen Alter ohne ausreichenden Immunschutz dürfen nicht in gefährdeten

299

Bereichen eingesetzt werden. Die allgemeinen Hygieneregeln und Infektions-schutzmaßnahmen bei der Behandlung und Pflege erkrankter Personen (siehe 2.1 bis 2.2) sind einzuhalten.

Arbeitsmedizinische Maßnahmen nach BGI 504-42 (früher ZH1/600.42) mit Anmerkungen des Autors Infektionskrankheit Nr. 30 (Röteln)

Arbeitsbereiche	Gefährdende Tätigkeiten	Arbeitsmedizinische Maßnahmen G42	Impfung	Beratung
Arbeitsbereich (1): *Gesundheitsdienst* Stationäre und ambulante Einrichtungen der Humanmedizin **(A)**, *pädiatrische Einrichtungen	Untersuchen, Behandeln, Pflegen Abnehmen von Körperflüssig-keiten, Ausscheidungen, Abstrichmaterial, Obduktion, Sektion, weitere Tätigkeiten (Instandset-zung, Reinigung, Reparatur, Wartung, Transport, Entsorgung)	fakulta-tiv **(A)** *obligat		Angebot **(A)**
Anmerkung: Es ist unverständlich, warum nicht zumindest für Personal pädiatrischer Einrichtungen ohne ausreichenden Immunschutz eine Impfung angeboten werden muss. Eine Gefährdung besteht selbstverständlich auch für MTA, die zu Blutentnah-men regelmäßig auf pädiatrischen Abteilungen tätig sind etc.				
Arbeitsbereich (1): *Sozialdienste* Stationäre und ambulante Sozialeinrichtungen für Kinder und Jugendliche (ohne Schulen*), Familien, Senioren und Behinderte **(D)**	Betreuung, Pflege somatisch-psychisch Hilfsbedürftiger, Umgang mit Körperflüssigkeiten und Ausscheidungen, Umgang mit verletzungsauslösen-den Arbeitsmitteln, Umgang mit infektiöser Wäsche			Angebot **(D)**
Anmerkung: Eine Infektionsgefährdung für Lehrer (Grundschule) kann nicht aus-geschlossen werden. In Gemeinschaftseinrichtungen für Kinder und Jugendliche sollte aus arbeitsmedizinischer Sicht zumindest eine Vorsorgeuntersuchung erfolgen.				

Arbeitsbereiche	Gefährdende Tätigkeiten	Arbeitsmedizinische Maßnahmen G42 Impfung Beratung
Arbeitsbereich (1): *Laboratorien und sonstige Bereiche* Laboratorien der Humanmedizin (**A**)	Auspacken, Aufbereiten, Entsorgen von erfahrungsgemäß infektiösem Probenmaterial, Anzüchten, Mikroskopieren, Kultivieren, Differenzieren von Erregern aus Materialproben	Angebot (**A**)
Arbeitsbereich (1): *Laboratorien und sonstige Bereiche* Laboratorien der Humanmedizin (**A**)	Bedienen von Untersuchungs-, Analyseautomaten mit infektiösen Proben, Umgang mit infektiösem Material, weitere Tätigkeiten (Instandsetzung, Reinigung, Reparatur, Wartung, Transport, Entsorgung, Fahrtätigkeiten)	Angebot (**A**)

4.21.9.2 Schutzimpfung

Gegen Röteln steht ein attenuierter Lebendimpfstoff zur Verfügung. Er wird üblicherweise zusammen mit Masern und Mumps (MMR-Vakzine) kombiniert und im Rahmen der öffentlich empfohlenen Impfungen im Kleinkindesalter ab 12. Lebensmonat gegeben (s. auch STIKO-Empfehlungen). Die Impfung ist auch für Erwachsene gut verträglich. Die Injektion sollte intramuskulär, ggf. auch subkutan erfolgen. Die aktive Impfung darf nicht in der Schwangerschaft erfolgen. Eine Schwangerschaft muss zum Zeitpunkt der Impfung ausgeschlossen sein und für 3 Monate nach der Impfung muss eine sichere Kontrazeption erfolgen.

4.21.9.3 Postexpositionelle Prophylaxe

Zur postexpositionellen Prophylaxe steht ein Immunglobulin zur Verfügung. Insbesondere bei Exposition von Schwangeren ohne Immunschutz sollte damit eine postexpositionelle Prophylaxe umgehend (2 bis max. 5 Tage nach Exposition) eingeleitet werden. Von Herstellern wird bei 5 bis 7 Tage zurückliegender Exposition eine zusätzliche intravenöse Gabe von Immunglobulinen empfohlen (siehe Beipackzettel).

4.21.9.4 STIKO-Empfehlungen

Impfempfehlungen der Ständigen Impfkommission am Robert-Koch-Institut
(Stand Januar 2000)
[Epidemiologisches Bulletin 02/2000]

Impfung gegen	Kategorie	Indikation bzw. Reiseziel	Anwendungshinweise (Beipackzettel beachten)
Röteln	I	• Alle ungeimpften Personen in Einrichtungen der Geburtshilfe sowie der Kinder- und Säuglingspflege	Einmalige Impfung, vorzugsweise mit MMR- Impfstoff
		• Seronegative Frauen mit Kinderwunsch	Einmalige Impfung mit Rötelnimpfstoff mit nachfolgender Kontrolle des Impferfolgs
Kategorien: I - Indikationsimpfung bei erhöhter Gefährdung von Personen bzw. Angehörigen von Risikogruppen			

4.22 Tollwut (Rabies)

4.22.1 Erreger und Epidemiologie

Der Erreger der Tollwut ist das Rabiesvirus, ein umhülltes RNA-Virus, das der
Familie der sog. Lyssaviren zugerechnet wird. Das Tollwutvirus kommt in der
menschlichen Population natürlicherweise nicht vor; das Tierreservoir besteht
aus Fleisch fressenden Säugetieren, insbesondere den sog. Hundeartigen (Haushunde, Füchse, Schakale). In der Neuen Welt sind auch Fledermäuse oder Waschbären Teil des Tierreservoirs. Andere Säugetiere sind zwar auch mit dem Virus
infizierbar, kommen aber aufgrund der hohen Letalität der Infektion als natürliches Reservoir nicht infrage; dies gilt insbesondere für Kleinnager. Tollwut ist
weltweit verbreitet, mit z.T. jedoch erheblichen regionalen Unterschieden. So
gelten z.B. die Britischen Inseln und Neuseeland als tollwutfrei, wohingegen
von einer erheblichen Tollwutprävalenz in der Hundepopulation im indonesischen Raum (Thailand) ausgegangen werden kann.

4.22.2   Infektionsmodus

Die Übertragung der Tollwut auf den Menschen erfolgt über den Speichel erkrankter Tiere, überwiegend durch Bissverletzungen; wesentlich geringer ist das Risiko, durch Kratzen oder Belecken bestehender Hautverletzungen oder Schleimhautkontakt infiziert zu werden. In der wissenschaftlichen Literatur sind menschliche Tollwutfälle nach zuletzt genannten Kontakten zwar beschrieben, aber eine Rarität. Generell gilt, dass die Erkrankungswahrscheinlichkeit mit der Schwere der z.B. durch den Biss zugefügten Läsion und mit der Nähe der Inokulationsstelle zum Zentralnervensystem zunimmt.

4.22.3   Erkrankungen und Erkrankungsfolgen

Da Mensch und Tollwutvirus nicht aneinander adaptiert sind, liegt die Letalität der manifesten Tollwut beim Menschen bei 100%. Die Inkubationszeit ist sehr variabel und kann bis zu drei Monate betragen. Die klinische Symptomatik beginnt meist lokal an der Inokulationsstelle mit Parästhesien und Schmerzen, danach zunehmende Exzitation mit Hydrophobie, Photophobie und Schlundkrämpfen. Später kommt es zu einer fortschreitenden Paralyse und ca. 4 bis 10

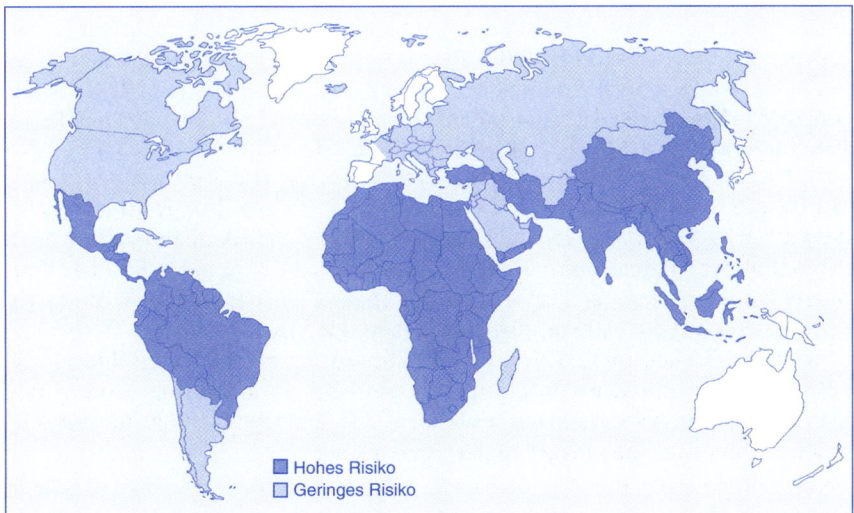

Abb. 15:   Epidemiologische Karte „Tollwut" (nach SB-online)

303

Tage nach Beginn der klinischen Symptomatik tritt der Tod durch Lähmung des Atemzentrums oder Herzversagen ein.

4.22.4 Diagnostik

Eine bestehende bzw. fehlende Immunität und somit auch eine evtl. Impfindikation lässt sich bei Mensch und Tier durch Antikörperbestimmungen feststellen. Im Falle eines verdächtigen Kontakts ist ein direkter Nachweis des Virus im Tier möglich. Die Diagnose einer Tollwutinfektion beim Menschen nach Kontakt innerhalb der therapeutisch verfügbaren Zeitspanne ist nicht möglich (s.u).

4.22.5. Besondere Hinweise

Meldepflicht nach **Bundesseuchengesetz**: bei **Verdacht, Erkrankung, Tod**.
Meldepflicht nach dem **Infektionsschutzgesetz** (IfSG Entwurf Stand 17.08.1999): namentliche Meldung bei Krankheitsverdacht, Erkrankung oder Tod.
Namentliche Meldung bei **direktem oder indirektem** Erregernachweis, soweit dieser auf eine akute Infektion hinweist, sowie bei Verletzung eines Menschen durch ein tollwutkrankes oder -verdächtiges Tier sowie bei Berührung eines solchen Tieres oder Tierkörpers.
Im Falle eines tollwutverdächtigen Tierkontakts sollten auf keinen Fall Laborergebnisse als Entscheidungshilfen abgewartet werden. Alle Entscheidungen bezüglich aktiver/passiver Impfmaßnahmen etc. müssen ad hoc je nach Risikoabschätzung unter Berücksichtigung der entsprechenden Empfehlungen und Richtlinien (STIKO, WHO, CDC) getroffen werden.

4.22.6 Arbeitsmedizinische Bedeutung

Für Personen mit häufigem Kontakt zu Wildtieren bzw. verwilderten Tieren hat die Tollwutinfektion weiterhin eine erhebliche Bedeutung.

4.22.6.1 Berufliche Exposition

Potenziell sind alle Berufsgruppen, die häufig mit Wildtieren bzw. verwilderten Tieren Kontakt haben bzw. bei ihrer Tätigkeit auf diese stoßen, auch in Deutschland durch Tollwut gefährdet. Eine Gefährdung besteht außerdem bei

Tätigkeiten in Ländern mit schlechtem Sozial- und Hygienestandard (wo größere Gruppen verwilderter Haustiere, z.B. streunende Hunde, das Erkrankungsreservoir stellen). Eine berufliche Exposition kann weiterhin bei Labortätigkeiten mit Erregerkontakt oder Kontakt zu erregerhaltigem Untersuchungsgut sowie theoretisch auch bei der Behandlung und Pflege erkrankter Personen erfolgen. Eine' Besonderheit stellt noch der Umgang mit so genannten Impfködern (mit Lebendimpfstoff versehene Hühnerköpfe etc. zur Impfung der Fuchspopulationen) dar.

4.22.6.2 Betroffene Berufsgruppen

Land- und Forstwirtschaft	Sonstige Arbeitsbereiche mit Kontakten zu Wildtieren	Labortätigkeiten	Auslandstätigkeiten in Regionen mit hoher Tollwutgefährdung	Behandlung und und Pflege Erkrankter
Förster, Waldarbeiter, Jäger, in Tollwutbezirken auch Landwirte, Schäfer (Ställe)	Tierärzte, Tierhändler, Tierpfleger	technische Assistenten (MTA, BTA, PTA, CTA), sonstiges Personal mit Erregerkontakt	Montagearbeiter, Entwicklungshelfer, Personal in der Touristikbranche und/oder mit anderen Reisetätigkeiten, insbesondere mit engem Kontakt zur einheimischen Bevölkerung, längeren Aufenthaltszeiten und schlechtem Hygienestandard	Ärzte, Pflegepersonal, sonstiges med. Personal

4.22.7   Umwelt- und (reise-)medizinische Aspekte

Die Tollwut hat weltweit eine umwelt- und reisemedizinische Bedeutung für alle intensiven Naturnutzer.

305

4.22.7.1 Umweltexposition

Eine mögliche Umweltexposition besteht bei regelmäßigem Kontakt zu Wildtieren oder häufigem Aufenthalt in deren Lebensräumen. In Ländern mit schlechtem Sozial- und Hygienestandard können Kontakte mit verwilderten Haustieren,
insbesondere streunenden Hunden, eine erhebliche Tollwutgefährdung darstellen.

4.22.7.2 Betroffene Bevölkerungsgruppen

Besonders gefährdet sind Jäger, Pilz- und Holzsammler etc., aber auch Abenteu-
er- und Trekkingtouristen.

4.22.8 Krankenhaushygienische Aspekte

Erkrankte Personen sind zu isolieren. Sichtbare Verunreinigungen mit Körperflüssigkeiten, Sekreten und Ausscheidungen sowie von Behandlungs-, Unter-
suchungs- und Pflegematerial sind desinfizierend zu reinigen. Bei Kontakt mit
Körperflussigkeiten, Sekreten und Ausscheidungen ist patientenbezogene Schutzkleidung zu tragen. Flächen und Gegenstände sind zu desinfizieren. Wäsche und
Speisereste sind nur in Sonderbehältern für infektiöses Material zu entsorgen.

4.22.9 Prävention

4.22.9.1 Allgemeine Infektionsprophylaxe

Die allgemeinen Hygieneregeln und Infektionsschutzmaßnahmen bei der Behandlung und Pflege erkrankter Personen (siehe 2.1 bis 2.2) sind einzuhalten.
Ansonsten sind keine speziellen Maßnahmen erforderlich.

Arbeitsmedizinische Maßnahmen nach BGI 504-42 (früher ZH1/600.42) mit Anmerkungen des Autors
Infektionskrankheit Nr. 36 (Tollwut)

Arbeitsbereiche	Gefährdende Tätigkeiten	Arbeitsmedizinische Maßnahmen G42	Impfung	Beratung
Arbeitsbereich (1): *Gesundheitsdienst* Stationäre und ambulante Einrichtungen der Veterinärmedizin (C)	Untersuchen, Behandeln, Pflegen Abnehmen von Körperflüssig-keiten, Ausscheidungen, Abstrichmaterial, Obduktion, Sektion, weitere Tätigkeiten (Instandset-zung, Reinigung, Reparatur, Wartung, Transport, Entsorgung)	obligat (C) obligat (C) fakulta-tiv (C)	obligat (C) obligat (C) fakulta-tiv (C)	
Arbeitsbereich (1): *Laboratorien und sonstige Bereiche* Laboratorien der Humanmedizin (A), Veterinärmedizin (C)	Auspacken, Aufbereiten, Entsorgen von erfahrungsgemäß infektiösem Probenmaterial, Fixieren, Einbetten, Entwässern, Färben von Blutausstrich-sowie Kultur- und histologischen Präparaten, Herstellen von Organ-(Gefrier-)Schnittpräparaten, Anzüchten, Mikroskopieren, Kultivieren, Differenzieren von Erregern aus Materialproben	fakulta-tiv (A, C)		
Arbeitsbereich (1): *Laboratorien und sonstige Bereiche* Laboratorien der Veterinärmedizin (C)	Bedienen von Untersuchungs-, Analyseautomaten mit infektiösen Proben, Umgang mit infektiösem Material, Gegenständen, Gerät-schaften beim Bedienen von Desin-fektionsapparaten oder Beschicken der sog. unreinen Seite in Desin-fektionseinrichtungen, Halten, Pflege von infizierten, infektiösen Versuchstieren, weitere Tätigkeiten (Instand-setzung, Reinigung, Reparatur, Wartung, Transport, Entsorgung, Fahrtätigkeiten)	fakulta-tiv (C)	fakulta-tiv (C)	

Arbeitsbereiche	Gefährdende Tätigkeiten	Arbeitsmedizinische Maßnahmen G42 Impfung Beratung

Anmerkung: Bei Umgang mit infektiösem Material besteht auch in humanmedizinischen Laboratorien eine Gefährdung.

| **Arbeitsbereich (4):** Anlagen der Tierproduktion, Bereiche mit lebenden Tieren, Tierhaltung, Tierhandel | Bereiche mit lebenden Tieren: Zucht, Pflege, Transport und Handel in der Landwirtschaft (**A**), Umgang mit Tieren in Berufsausübung, z.B. Diensthunde, -pferde (**D**), Tierhaltung in Tierheimen, zoologischen Gärten, Tierparks, Freizeit- und Safariparks, Reiterhöfen, Zirkusunternehmen, Zoohandlungen (**E**), Tierpräparation (**F**) | Angebot
(**A, D, E, F**) |

Anmerkung: Der irreführende Begriff der „gemeinnützigen Einrichtungen" (Zoohandlung!) unter E wurde gestrichen.

| **Arbeitsbereich (4):** Bereiche mit tierischen, pflanzlichen Rohstoffen für „Non-Food-Produkte" | Verwerten, Beseitigen verendeter oder tot geborener Tiere aus gewerblichen Schlachtstätten (**H**) | Angebot
(**H**) |

| **Arbeitsbereich (6):** Forstwirtschaft, Holzwirtschaft, Jagd | Forst-, Holzwirtschaft, Jagd: Umgang mit möglicherweise infizierten Tieren (**C**); Holzernte, Waldarbeiten, Transportarbeiten (**D**) | fakultativ (**C**)   fakultativ (**C**)   Angebot (**D**) |

Anmerkung: In Tollwutgebieten sollten alle beruflich mit der Jagdausübung beschäftigten Personen geimpft werden.

4.22.9.2 Schutzimpfung

Zur aktiven Immunisierung stehen mehrere Gewebekulturimpfstoffe zur Verfügung. Zur Grundimmunisierung sind in der Regel vier Einzelimpfungen notwendig, eine Auffrischung ist alle 2 bis 5 Jahre empfehlenswert (s. Herstellerangaben). Die Impfstoffe sind gut verträglich. Die Injektion erfolgt intramuskulär.

4.22.9.3 *Postexpositionelle Prophylaxe*

Zur postexpositionellen Prophylaxe steht ein Tollwut-Immunglobulin zur Verfügung. Die Verwendung erfolgt simultan mit einer aktiven Impfung bei Personen ohne Immunschutz. Zu Indikationen und Anwendungsweise siehe STIKO-Empfehlungen (4.22.9.4).

4.22.9.4 *STIKO-Empfehlungen*

Präexpositionelle Tollwut-Immunprophylaxe
Impfempfehlungen der Ständigen Impfkommission am Robert-Koch-Institut
(Stand Januar 2000)
[Epidemiologisches Bulletin 02/2000]

Impfung gegen	Kategorie	Indikation bzw. Reiseziel	Anwendungshinweise (Beipackzettel beachten)
Tollwut	I	Tierärzte, Jäger, Forstpersonal, Personen bei Umgang mit Wildtieren und ähnliche Risikogruppen	Dosierungsschema nach Angaben des Herstellers Personen mit weiter bestehendem Expositionsrisiko sollten regelmäßig eine Auffrischimpfung entsprechend den Angaben des Herstellers erhalten.
		Personal in Laboratorien mit Tollwutrisiko	Mit Tollwutvirus arbeitendes Laborpersonal sollte halbjährlich auf neutralisierende Antikörper untersucht werden. Eine Auffrischimpfung ist bei < 0,5 IE / ml Serum indiziert.
	R	Reisende in Regionen mit hoher Tollwutgefährdung (z. B. durch streunende Hunde)	

Kategorien:
I - Indikationsimpfung bei erhöhter Gefährdung von Personen bzw. Angehörigen von Risikogruppen
R- Reiseimpfungen (von der WHO veröffentlichte Informationen über Gebiete mit besonderem Infektionsrisiko beachten)

Postexpositionelle Tollwut-Immunprophylaxe
Impfempfehlungen der Ständigen Impfkommission am Robert-Koch-Institut
(Stand Januar 2000)
[Epidemiologisches Bulletin 02/2000]

Grad der Exposition	Art der Exposition		Immunprophylaxe* (Beipackzettel beachten)
	Durch tollwutverdächtiges oder tollwütiges Wild- oder Haustier	Durch einen Tollwut-Impfstoffköder	
I	Berühren / Füttern von Tieren, Belecken der intakten Haut	Berühren von Impfstoff-ködern bei intakter Haut	keine Impfung
II	Knabbern an der unbe-deckten Haut, oberfläch-liche, nicht blutende Kratzer durch ein Tier, Belecken der nicht intakten Haut	Kontakt mit der Impfflüs-sigkeit eines beschädigten Impfstoffköders mit nicht intakter Haut	Impfung
III	jegliche Bissverletzung oder Kratzwunden, Kontamina-tion von Schleimhäuten mit Speichel (z. B. durch Lecken, Spritzer)	Kontamination von Schleimhäuten und frischen Hautverletzungen mit der Impfflüssigkeit eines be-schädigten Impfstoff-köders	Impfung und einmalig simultan mit der ersten Impfung passive Immu-nisierung mit Tollwut-Immunglobulin (20 IE / kg Körpergewicht)

* Die einzelnen Impfungen und die Gabe von Tollwut-Immunglobulin sind sorgfältig zu
dokumentieren.

Anmerkungen:
1. Möglicherweise kontaminierte Körperstellen und alle Wunden sind unverzüglich und
großzügig mit Seife oder Detergenzien zu reinigen, mit Wasser gründlich zu spülen und
mit 70%igem Alkohol oder einem Jodpräparat zu behandeln; dies gilt auch bei einer
Kontamination mit Impfflüssigkeit eines Impfstoffköders.
2. Bei Expositionsgrad III wird das Tollwut-Immunglobulin etwa zur Hälfte so weit möglich
in und um die Wunde instilliert und die verbleibende Menge intramuskulär verabreicht.
Wunden sollten möglichst nicht primär genäht werden.
3. Bei erneuter Exposition einer Person, die bereits vorher mit Tollwut-Zellkulturimpfstoffen
geimpft wurde, sind die Angaben des Herstellers zu beachten.
4. Bei Impfanamnese mit unvollständiger Impfung oder Impfung mit in der EU nicht
zugelassenen Impfstoffen wird entsprechend vorstehender Tabelle eine vollständige
Immunprophylaxe durchgeführt.
5. Bei gegebener Indikation ist die Immunprophylaxe unverzüglich durchzuführen; kein
Abwarten bis zur Klärung des Infektionsverdachts beim Tier. Wird der Tollwutverdacht
beim Tier durch tierärztliche Untersuchung entkräftet, kann die Immunprophylaxe
abgebrochen oder als präexpositionelle Impfung weitergeführt werden.
Zu beachten ist die Überprüfung der Tetanus-Impfdokumentation, bei Notwendigkeit
gleichzeitige Tetanus-Immunprophylaxe (siehe STIKO-Empfehlung „Tetanus").

4.23   Windpocken (Herpes zoster)

4.23.1   *Erreger und Epidemiologie*

Das Varicella-Zoster-Virus ist ein umhülltes DNA-Doppelstrangvirus und gehört zur Familie der Herpesviren. Innerhalb dieser Familie wird es den sog. Alpha-Herpesviren zugerechnet. Die Durchseuchung der Bevölkerung mit VZV ist hoch (ca. 90%), wobei die höchste Inzidenz von Primärinfektionen im Kleinkind- und Kindergartenalter zu verzeichnen ist. VZV ist hochgradig kontagiös; die Durchseuchung erfolgt meist in Form von Kleinepidemien innerhalb der Geschwisterkinder einer Familie. Primärinfektionen im Erwachsenenalter sind jedoch nicht selten und gehen mit einer erhöhten Komplikationsrate einher (s.u.).

4.23.2   *Infektionsmodus*

Der Hauptübertragungsweg ist die Tröpfcheninfektion, die von Varizellenpatienten in der Inkubationsphase ausgeht; in dieser Phase besteht eine hohe Kontagiosität. Auch der Bläscheninhalt von Varizelleneffloreszenzen enthält hohe Konzentrationen an infektiösen Viruspartikeln und kann via Kontakt- und/oder Schmierinfektion zu einer Übertragung führen. Der Bläscheninhalt von Zostereffloreszenzen enthält zwar ebenfalls infektiöses Virus, meist jedoch in geringerer Menge als die Varizellen. Da der Herpes zoster eine (meist) lokal begrenzte endogene Reaktivierung darstellt, sind Zosterpatienten weitaus weniger kontagiös als Varizellenpatienten. Eine Übertragung des Virus auf nicht immune Personen ist jedoch auch bei Zosterpatienten durch Bläscheninhalt möglich und führt bei diesen dann zu Varizellen.

4.23.3   *Erkrankungen und Erkrankungsfolgen*

Die häufigste von VZV verursachte Erkrankung sind die im Rahmen der Primärinfektion auftretenden Windpocken (Varizellen). Nach einer Inkubationszeit von ca. zwei Wochen kommt es nach einem kurzen, uncharakteristischen Prodromalstadium zur Ausbildung eines juckenden Exanthems mit Bläschenbildung.

Typisch sind die im weiteren Verlauf sich ausbildenden kraterartigen zentralen Einziehungen der Bläschen, eine zufällig erfolgende Verteilung des Exanthems über den gesamten Körper sowie ein polymorphes Erscheinungsbild des Exanthems, bei dem sich stets Bläschen und Papeln in unterschiedlichen Stadien zur selben Zeit beobachten lassen. Das Exanthem klingt ca. eine Woche nach Auftreten der ersten Effloreszenzen unter Verschorfung ab, in diesem Stadium sinkt die Infektiosität der Patienten drastisch.

Komplikationen der Windpocken sind Hepatitis (meist subklinisch), Meningitis (oft auch als „Begleitmeningitis" bezeichnet), Pneumonie (häufigste Komplikation der Varizellen im Erwachsenenalter), seltener Enzephalitis, Reye-Syndrom (3,2/100.000 Kinder), Guillain-Barré-Syndrom, Myokarditis, Glomerulonephritis. VZV persistiert nach erfolgter Primärinfektion lebenslang in den sensorischen Ganglien des zentralen Nervensystems (meistens im thorakalen Rückenmark) und kann nach Jahrzehnten im Alter oder unter Immunsuppression zu endogenen Reaktivierungen führen. Hierbei treten im Versorgungsbereich des betreffenden Ganglions vesikuläre Effloreszenzen auf, die besonders im Prodromalstadium sehr schmerzhaft sind. Die bekannteste und häufigste Manifestation ist der Herpes zoster (Gürtel- und Gesichtsrose), gefolgt von den selteneren Formen Zoster oticus und Zoster ophtalmicus. Zu den durch endogene Reaktivierung bedingten Erkrankungen gehören auch zentralnervöse Komplikationen wie Meningitis, Enzephalitis sowie Neuritiden (z.B. Fazialisparese).

4.23.4 Diagnostik

Die Diagnostik der Varizellen ist aufgrund des charakteristischen Exanthems meistens klinisch möglich, das Gleiche gilt für die verschiedenen Formen des Herpes zoster. Aufgrund der hohen Durchseuchung der Bevölkerung können serologische Untersuchungen zur Abklärung von fraglichen, uncharakteristischen Krankheitsbildern problematisch sein; in diesen Fällen sollte eine Abklärung per PCR aus Proben vom Infektionsort (Abstriche bei unklaren Effloreszenzen, Liquor bei Meningitis/Enzephalitis) angestrebt werden. Ist dies nicht möglich (z.B. bei Fazialisparese), können spezielle serologische Zusatzuntersuchungen (IgA) Hinweise liefern. Die Feststellung einer Immunität gegenüber VZV erfolgt am sichersten über die Bestimmung der VZV-spezifischen IgG-Antikörper im ELISA; Schnelltests auf Agglutinationsbasis sind ebenfalls verfügbar.

4.23.5 Besondere Hinweise

Meldepflicht nach **Bundesseuchengesetz**: bei **Varizellenenzephalitis**.
Wiederzulassung in Gemeinschaftseinrichtungen 5 Tage nach vollständiger Eintrocknung der Effloreszenzen.
In allen Fällen können Varizellen bei Schwangeren je nach Gestationsalter zum Abort, zu Embryopathien oder zu einer generalisierten VZV-Infektion des Neu-

geborenen mit erheblichen Spätschäden führen. Frauen mit beruflicher Exposition sollten daher auf ihre Immunität untersucht und ggf. geimpft werden.

4.23.6 Arbeitsmedizinische Bedeutung

In Mitteleuropa besteht ein hoher Immunitätsgrad bei der erwachsenen Bevölkerung. Frauen im gebärfähigen Alter sollen derzeit zu etwa 95 % immun sein. Eine besondere arbeitsmedizinische Bedeutung hat die Windpockeninfektion für nicht immune Schwangere wegen der Gefahr von Fehlgeburten, in seltenen Fällen auch wegen Fehlbildungen im ersten Schwangerschaftsdrittel sowie schwer verlaufenden Erkrankungen des Neugeborenen bei mütterlichen Infektionen vier Tage vor bis zwei Tage nach der Entbindung.

4.23.6.1 Berufliche Exposition

Eine berufliche Exposition mit dem Varicella-Zoster-Virus kann insbesondere bei beruflichem Kontakt mit Kindern und Jugendlichen angenommen werden. Eine mögliche berufliche Exposition besteht weiterhin bei der Behandlung und Pflege erkrankter Personen (Pädiatrie) sowie bei Labortätigkeiten mit Erregerkontakt oder Kontakt zu erregerhaltigem Untersuchungsgut.

4.23.6.2 Betroffene Berufsgruppen

Erziehung und Betreuung von Kindern und Jugendlichen	Behandlung und Pflege Erkrankter	Labortätigkeiten
Lehrer, Kindergärtner/pfleger, Sozialarbeiter, sonstiges Personal in: Kindergärten, Kindertagesstätten, Kinderheimen, Gemeinschaftseinrichtungen, Grundschulen	Ärzte, Pflegepersonal, sonstiges med. Personal, insbesondere in: Pädiatrie, Onkologie	technische Assistenten (MTA, BTA, PTA, CTA), sonstiges Personal in: med. und mikrobiologischen Laboratorien

4.23.7 Umwelt- und (reise-)medizinische Aspekte

Aufgrund des hohen Durchseuchungsgrades ist die umwelt- und reisemedizinische Bedeutung in erster Linie von der individuellen Immunitätslage abhängig.

4.23.8 Krankenhaushygienische Aspekte

Erkrankte Personen sind bis zur vollständigen Abtrocknung der Effloreszenzen (Abfallen des Schorfs) zu isolieren.
Sichtbare Verunreinigungen mit Körperflüssigkeiten, Sekreten und Ausscheidungen sowie von Behandlungs-, Untersuchungs- und Pflegematerial sind desinfizierend zu reinigen. Bei Kontakt mit Körperflüssigkeiten, Sekreten und Ausscheidungen ist patientenbezogene Schutzkleidung zu tragen. Flächen und Gegenstände sind zu desinfizieren. Wäsche darf nur in Sonderbehältern für infektiöses Material entsorgt werden.

4.23.9 Prävention

4.23.9.1 Allgemeine Infektionsprophylaxe

Grundsätzlich ist Immunschutz anzustreben. Schwangere oder Frauen im gebärfähigen Alter ohne ausreichenden Immunschutz dürfen nicht in gefährdeten Bereichen eingesetzt werden. Die allgemeinen Hygieneregeln und Infektionsschutzmaßnahmen bei der Behandlung und Pflege erkrankter Personen (siehe 2.1 bis 2.2) sind einzuhalten.

**Arbeitsmedizinische Maßnahmen nach BGI 504-42 (früher ZH1/600.42)
mit Anmerkungen des Autors
Infektionskrankheit Nr. 42 (Windpocken)**

Arbeitsbereiche	Gefährdende Tätigkeiten	Arbeitsmedizinische Maßnahmen G42 Impfung Beratung
Arbeitsbereich (1): *Gesundheitsdienst* Stationäre und ambulante	Untersuchen, Behandeln, Pflegen Abnehmen von Körperflüssigkeiten, Ausscheidungen,	fakulta- tiv (A) *obligat

Arbeitsbereiche	Gefährdende Tätigkeiten	Arbeitsmedizinische Maßnahmen G42 Impfung Beratung
Einrichtungen der Humanmedizin (A), *pädiatrische Einrichtungen	Abstrichmaterial, Obduktion, Sektion, weitere Tätigkeiten (Instandsetzung, Reinigung, Reparatur, Wartung, Transport, Entsorgung)	

Anmerkung: Es ist unverständlich, warum zumindest für das Personal pädiatrischer Einrichtungen ohne ausreichenden Immunschutz eine Impfung nicht angeboten werden muss. Eine Gefährdung besteht selbstverständlich auch für MTA, die zu Blutentnahmen regelmäßig auf pädiatrischen Abteilungen tätig sind etc.

Arbeitsbereiche	Gefährdende Tätigkeiten	Arbeitsmedizinische Maßnahmen
Arbeitsbereich (1): *Sozialdienste* Stationäre und ambulante Sozialeinrichtungen für Kinder und Jugendliche (ohne Schulen*), Familien, Senioren und Behinderte (D)	Betreuung, Pflege somatisch-psychisch Hilfsbedürftiger, Umgang mit Körperflüssigkeiten und Ausscheidungen, Umgang mit verletzungsauslösenden Arbeitsmitteln, Umgang mit infektiöser Wäsche	Angebot (D)

Anmerkung: Eine Infektionsgefährdung für Lehrer (Grundschule) kann nicht ausgeschlossen werden. In Gemeinschaftseinrichtungen für Kinder und Jugendliche sollte aus arbeitsmedizinischer Sicht zumindest eine Vorsorgeuntersuchung erfolgen.

4.23.9.2 Schutzimpfung

Zur aktiven Immunisierung steht ein attenuierter Lebendimpfstoff zur Verfügung. Die Verträglichkeit ist gut. Eine Impfung von Schwangeren ist kontraindiziert. Nach der Impfung ist für mindestens drei Monate eine sichere Kontrazeption durchzuführen. Die Injektion erfolgt subkutan.

4.23.9.3 Postexpositionelle Prophylaxe

Zur postexpositionellen Prophylaxe steht ein Varizellen-Immunglobulin zur Verfügung. Die Anwendung insbesondere bei exponierten Schwangeren ohne Immunschutz sollte möglichst rasch, innerhalb von drei Tagen nach Exposition erfolgen. Bei längerem Abstand regen Hersteller eine Dosiserhöhung an (siehe Beipackzettel).

4.23.9.4 STIKO-Empfehlungen

Impfempfehlungen der Ständigen Impfkommission am Robert-Koch-Institut
(Stand Januar 2000)
[Epidemiologisches Bulletin 02/2000]

Impfung gegen	Kategorie	Indikation bzw. Reiseziel	Anwendungshinweise (Beipackzettel beachten)
Varizellen	I	Seronegative	Nach Angaben des Herstellers
		• Kinder mit Leukämie* • Kinder mit soliden malignen Tumoren	1 Dosis bei Kindern vor dem vollendeten 13. Lebensjahr
		• Kinder mit schwerer Neurodermitis	2 Dosen im Abstand von mindestens 6 Wochen bei Kindern ab 13 Jahren, Jugendlichen und Erwachsenen
		• Kinder vor geplanter Immunsuppression, z. B. wegen schwerer Autoimmunerkrankung, vor Organtransplantation, bei schwerer Niereninsuffizienz • Geschwister und Eltern der vorstehend Genannten • *medizinische Mitarbeiter, insbesondere der Bereiche Pädiatrie, pädiatrische Onkologie, Schwangerenfürsorge, der Betreuung von Immundefizienten* • *Frauen mit Kinderwunsch*	Bei Exposition passive Immunprophylaxe mit Varicella-Zoster-Immunglobulin (0,5 ml / kg KG); Neugeborene, deren Mütter bis zu 7 Tage vor bzw. 2 Tage nach der Geburt an Varizellen erkrankt sind, erhalten unverzüglich Varicella-Zoster-Immunglobulin in gleicher Dosierung.
		*Unter folgenden Voraussetzungen: klinische Remission mind. 12 Monate, vollständige hämatologische Remission (Gesamtlymphozytenzahl >=1200 / mm^3 Blut)	

Kategorien:
I - Indikationsimpfung bei erhöhter Gefährdung von Personen bzw. Angehörigen von
   Risikogruppen

4.24   Zytomegalie-Infektion

4.24.1   Erreger und Epidemiologie

Das Zytomegalie-Virus (CMV) ist ein umhülltes Doppelstrang-DNA-Virus und gehört zur Familie der Herpesviren. Innerhalb dieser Familie wird es den Beta-Herpesviren zugerechnet. Wie alle anderen Herpesviren persistiert CMV nach Primärinfektion lebenslang und kann spontan und unter Bedingungen, die mit einer Immunsuppression einhergehen, endogen reaktiviert werden. CMV kommt weltweit vor: Die Durchseuchung liegt bei ca. 50 bis 60% im Erwachsenenalter und unterliegt je nach Populationsdichte und sozioökonomischem Status erheblichen Schwankungen. Ein erster Schub erfolgt im Säuglings- und Kleinkindalter und ein zweiter Schub mit Beginn sexueller Aktivität.

4.24.2   Infektionsmodus

Die Übertragung von CMV erfolgt über intensiven Schleimhautkontakt mit virushaltigen Körperflüssigkeiten (Muttermilch, Speichel, Sperma, Urin, Blut). Aufgrund des erforderlichen intensiven Kontakts erfolgt die Durchseuchung der Bevölkerung nicht epidemisch. Im medizinischen Bereich ist die Virusübertragung durch Blut und andere Organe ein relevanter Faktor. Ein weiterer wichtiger Übertragungsweg ist die intrauterine Infektion des Fetus im Rahmen einer CMV-Primärinfektion der Mutter.

4.24.3   Erkrankungen und Erkrankungsfolgen

Bei immunkompetenten Personen verlaufen CMV-Primärinfektionen meistens inapparent. Die häufigste klinische Manifestation ist ein mononukleoseähnliches Krankheitsbild mit Fieber und Lymphadenopathie, wobei nicht selten zusätzlich eine Hepatitis vorliegen kann. Ansonsten sind die Manifestationen der Zytomegalie so uncharakteristisch, dass eine klinische Diagnose nicht möglich ist; die beschriebenen Manifestationen umfassen alle möglichen Veränderungen des Blutbildes, Hepatitis, Meningitis, Enzephalitis, Pneumonie, ulzerierende Veränderungen im gesamten Verdauungstrakt, Retinitis. Die drei letztgenannten Manifestationen treten vor allem im immunsupprimierten Kollektiv auf (Organtransplantation, AIDS). Perinatal infizierte Kinder zeigen oft einen Ikterus neonatorum. Ein spezielles Problem stellen intrauterine Infektionen im Rahmen von Primärinfekten der Mutter dar; in ca 5% der Fälle treten nachweisbare Fetopathien auf. Unbedingt davon abzugrenzen sind die endogenen CMV-Reaktivierungen bei immunen Schwangeren, die bei ca. einem Viertel aller CMV-IgG-positiven Schwangeren im letzten Trimenon nachgewiesen werden können. Sie stellen kein Risiko mit Handlungsbedarf dar.

4.24.4 Diagnostik

Das Vorliegen einer Immunität wird über den Nachweis von CMV-spezifischen IgG-Antikörpern überprüft (ELISA, IFT). Aufgrund der hohen Durchseuchung, der lebenslangen Persistenz und der Tendenz zur klinisch inapparenten endogenen Reaktivierung ist die Diagnostik akuter Krankheitsbilder mittels IgM-Tests problematisch; dies gilt umso mehr als 1.) Kreuzreaktivität/Kreuzreaktivierbarkeit vor allem mit EBV, HHV-6 und HHV-7 besteht und 2.) CMV-IgM-Antikörper zu längerer Persistenz neigen. Insbesondere bei Schwangeren im letzten Trimenon mit positiven CMV-IgG- **und** -IgM-Befunden sollte daher durch zusätzliche Testverfahren wie IgG-Aviditätsbestimmung und Neutralisationstest geklärt werden, ob ein Primärinfekt oder eine endogene Reaktivierung vorliegt. Als letzte diagnostische Stufen erfolgen bei nachgewiesenem Primärinfekt der Nachweis von CMV im Fruchtwasser (PCR, Anzuchtverfahren) und der Nachweis von CMV-IgM im Nabelschnurblut. Bei Neugeborenen lässt sich eine konnatale oder perinatale CMV-Infektion am besten über den kulturellen Nachweis von CMV im Urin diagnostizieren, da von diesen Patienten aufgrund der immunologischen Unreife des Organismus CMV in hohen Titern über lange Zeit (Monate bis Jahre) ausgeschieden wird. Im immunsupprimierten Kollektiv (Transplantation, AIDS) ist bei IgG-positiven Patienten jegliche Art von serologischer Diagnostik obsolet, da sich keine Zusammenhänge zwischen serologischer Befundkonstellation und Klinik nachweisen lassen. In diesen Fällen kann der quantitative Nachweis von CMV-DNA im Blut (PCR, Direkthybridisierung, NASBA) als der aktuelle *state of the art* angesehen werden.

4.24.5 Besondere Hinweise

Meldepflicht nach **Bundesseuchengesetz**: bei **Erkrankung** an Zytomegalie-**Hepatitis**.
Meldepflicht nach dem **Infektionsschutzgesetz** (IfSG Entwurf Stand 17.08.1999): namentliche Meldung bei akuter Virus-Hepatitis.
Ein attenuierter Impfstoff befindet sich in Erprobung. Aufgrund der oben beschriebenen diagnostischen Probleme sollte der CMV-Serostatus (falls noch nicht bekannt oder bekannt negativ) bei allen Schwangeren im ersten Trimenon bestimmt werden.

4.24.6   Arbeitsmedizinische Bedeutung

Eine besondere arbeitsmedizinische Bedeutung hat die Zytomegalie-Infektion für Schwangere wegen der möglichen fetalen Infektionen und der daraus in etwa 10 % der Fälle entstehenden fetalen Schädigung.
In Mitteleuropa besteht ein hoher Immunitätsgrad bei der erwachsenen Bevölkerung (> 30 Jahre, 50-60 %).

4.24.6.1 Berufliche Exposition

Die berufliche Exposition mit dem Zytomegalie-Virus erfolgt insbesondere über Kontakt zu Blut, Blutprodukten, Sekreten, Urin oder Muttermilch. Sie kann vor allem bei beruflichem Umgang mit Kindern und Jugendlichen, aber auch mit Senioren oder Behinderten angenommen werden. Eine mögliche berufliche Exposition besteht weiterhin bei der Behandlung und Pflege erkrankter Personen (Pädiatrie) sowie bei Labortätigkeiten mit Erregerkontakt oder bei Kontakt zu erregerhaltigem Untersuchungsgut.

4.24.6.2 Betroffene Berufsgruppen

Erziehung und Betreuung von Kindern und Jugendlichen	Betreuung von Senioren und Behinderten	Behandlung und Pflege Erkrankter	Labortätigkeiten
Lehrer, Kindergärtner/pfleger, Sozialarbeiter, sonstiges Personal in: Kindergärten, Kindertagesstätten, Kinderheimen, Gemeinschafts-einrichtungen, Grundschulen	Personal von Einrichtungen der Alten- oder Behindertenpflege, Personal von sonstigen Gemeinschafts-einrichtungen für Senioren, Behinderte (und Familien)	Ärzte, Pflegepersonal, sonstiges med. Personal, insbesondere in: Pädiatrie, Onkologie	technische Assistenten (MTA, BTA, PTA, CTA), sonstiges Personal in: med. und mikrobiologischen Laboratorien

4.24.7 Umwelt- und (reise-)medizinische Aspekte

Aufgrund des hohen Durchseuchungsgrades ist die umwelt- und reise-medizinische Bedeutung in erster Linie von der individuellen Immunitätslage abhängig. Hauptübertragungswege im privaten Bereich dürften die Schmier-infektion, direkter Schleimhautkontakt und insbesondere Sexualkontakte sein.

4.24.8 Krankenhaushygienische Aspekte

Die Isolierung erkrankter Personen ist nicht erforderlich. Sichtbare Verunreini-gungen mit Körperflüssigkeiten, Sekreten und Ausscheidungen sowie von Behandlungs-, Untersuchungs- und Pflegematerial sind desinfizierend zu reini-gen. Bei Kontakt mit Körperflüssigkeiten, Sekreten und Ausscheidungen ist patientenbezogene Schutzkleidung zu tragen. Es genügt die normale Reinigung von Flächen und Gegenständen und die normale Entsorgung von Wäsche und Speiseresten.

4.24.9 Prävention

4.24.9.1 Allgemeine Infektionsprophylaxe

Die allgemeinen Hygieneregeln und Infektionsschutzmaßnahmen im Gesund-heitsdienst (siehe 2.1 bis 2.2) sind streng einzuhalten. Schwangere ohne Im-munschutz dürfen in besonders gefährdeten Bereichen wie bei der Behandlung und Pflege erkrankter Personen, im Bereich der Dialyse oder bei der Pflege im-munsupprimierter Patienten (z.B. in Transplantationseinheiten) sowie bei La-bortätigkeiten mit dem Erreger bzw. erregerhaltigem Untersuchungsgut nicht ein-gesetzt werden. Bei Schwangeren im Gesundheitsdienst wird eine Bestimmung des Antikörperstatus im ersten Schwangerschaftsdrittel sowie eine Kontrolle im zweiten Schwangerschaftsdrittel empfohlen.

Arbeitsmedizinische Maßnahmen nach BGI 504-42 (früher ZH1/600.42)
mit Anmerkungen des Autors
Infektionskrankheit Nr. 43 (Zytomegalie)

Arbeitsbereiche	Gefährdende Tätigkeiten	Arbeitsmedizinische Maßnahmen G42 Impfung Beratung
Arbeitsbereich (1): *Gesundheitsdienst* Stationäre und ambulante Einrichtungen der Humanmedizin (A), Zahnmedizin (B) *in Transplantations- und Dialyseeinheiten	Untersuchen, Behandeln, Pflegen Abnehmen von Körperflüssigkeiten, Ausscheidungen, Abstrichmaterial, Obduktion, Sektion, weitere Tätigkeiten (Instandsetzung, Reinigung, Reparatur, Wartung, Transport, Entsorgung)	fakultativ **(A, B)** *obligat fakultativ **(A, B)** *obligat
Anmerkung: Erhöhte Gefährdung auch in der Pädiatrie und Onkologie		
Arbeitsbereich (1): *Sozialdienste* Stationäre und ambulante Sozialeinrichtungen für Kinder und Jugendliche (ohne Schulen*), Familien, Senioren und Behinderte **(D)**	Betreuung, Pflege somatisch-psychisch Hilfsbedürftiger, Umgang mit Körperflüssigkeiten und Ausscheidungen, Umgang mit verletzungsauslösenden Arbeitsmitteln, Umgang mit infektiöser Wäsche	Angebot **(D)**
Anmerkung: Eine Infektionsgefährdung für Lehrer kann nicht ausgeschlossen werden.		
Arbeitsbereich (1): *Laboratorien und sonstige Bereiche* Laboratorien der Humanmedizin (A)	Auspacken, Aufbereiten, Entsorgen von erfahrungsgemäß infektiösem Probenmaterial, Fixieren, Einbetten, Entwässern, Färben von Blutausstrich- sowie Kultur- und histologischen Präparaten, Herstellen von Organ-(Gefrier-)Schnittpräparaten, Anzüchten, Mikroskopieren, Kultivieren, Differenzieren von Erregern aus Materialproben	fakultativ **(A)**

Arbeitsbereiche	Gefährdende Tätigkeiten	Arbeitsmedizinische Maßnahmen G42 Impfung Beratung
Arbeitsbereich (1): ***Laboratorien und*** ***sonstige Bereiche*** Laboratorien der Humanmedizin (A)	Bedienen von Untersuchungs-, Analyseautomaten mit infektiösen Proben, Umgang mit infektiösem Material, Gegenständen, Gerätschaften beim Bedienen von Desinfektionsapparaten oder Beschicken der sog. unreinen Seite in Desinfek- tionseinrichtungen, Halten, Pflege von infizierten, infektiösen Versuchstieren, weitere Tätigkeiten (Instand- setzung, Reinigung, Reparatur, Wartung, Transport, Entsorgung, Fahrtätigkeiten)	fakultativ (A)

4.25   Hantavirus-Infektion

4.25.1   *Erreger und Epidemiologie*

Hantaviren sind ein Genus innerhalb der Familie der Bunyaviren. Es handelt sich hierbei um umhüllte Viren mit einem einzelsträngigen RNA-Genom negativer Polarität, das in drei Fragmente segmentiert ist. Das natürliche Reservoir von Hantaviren sind verschiedene maus- und rattenartige Nagetiere, bei denen Hantaviren keine oder nur eine benigne Symptomatik verursachen, diese Viren aber über längere Zeit nach Infektion vor allem im Urin ausgeschieden werden. Die Epidemiologie der Hantavirus-Infektionen beim Menschen ist daher eng ver-knüpft mit der Kontaktwahrscheinlichkeit mit den entsprechenden Reservoir-spezies (z.B. bei Erntearbeitern). Die drei wichtigsten Vertreter der Hantaviren sind:

1. Hantaanvirus (der namengebende Prototyp).
   Hauptreservoir: *Apodemus aragrius*, Vorkommen in Asien, Erreger des sog. koreanischen hämorrhagischen Fiebers und des schweren hämorrhagischen Fiebers mit renalem Syndrom (HFRS).

2. Seoulvirus.
   Hauptreservoir: *Rattus norvegicus*, auch *Rattus rattus*. Vorkommen weltweit, aufgrund der Assoziation des Reservoirs (Hausratte) mit dem Menschen vorwiegend in städtischen Gebieten. Erreger der benignen Verlaufsform des hämorrhagischen Fiebers mit renalem Syndrom.
3. Puumalavirus.
   Hauptreservoir: *Clethrionomys glareolus*, Vorkommen vorwiegend in Europa. Erreger der sog. Nephropathia epidemica.

4.25.2 Infektionsmodus

Der Übertragungsweg ist im Detail noch ungeklärt, es kann jedoch davon ausgegangen werden, dass die Infektion durch Ingestion oder Inhalation von Staub und Aerosolen, die mit Exkrementen der Reservoirspezies kontaminiert sind, erfolgt. Die Beteiligung von Vektoren (Zwischenüberträgern) ist ebenso wie eine Mensch-zu-Mensch-Übertragung bisher nicht nachgewiesen worden.

4.25.3 Erkrankungen und Erkrankungsfolgen

Gemein haben die oben erwähnten Erkrankungen einen klinisch gut in mehrere Phasen abgrenzbaren Verlauf, bei dem es nach einer fieberhaften Prodromalphase zu einem hypotensiv bedingten oligurischen Nierenversagen und nachfolgender Erholung der Nierenfunktion (polyurische Phase) kommt. Im Gegensatz zu anderen hämorrhagischen Fiebern (wie z.B. schwere Gelbfieberverläufe) sind Hantavirus-Infektionen durch eine Überbrückung der passageren Niereninsuffizienz therapeutisch gut beeinflussbar (Volumen- und Elektrolytbilanzierung, Dialyse), sodass die Letalität der schweren Verlaufsformen des HFRS von 15 bis 20% in den Fünfzigerjahren auf jetzt unter 5% reduziert werden konnte.
Neuere Studien haben gezeigt, dass Infektionen mit Puumalavirus zu einer pulmonalen Mitbeteiligung führen. Ein dem Puumalavirus verwandtes Virus (Sin-Nombre-Virus, Vorkommen im Südwesten der USA) verursacht sogar vorwiegend eine respiratorische Symptomatik, was den Begriff des sog. Hantavirus-Pulmonalsyndroms geprägt hat.
Hantavirus-Infektionen hinterlassen eine Immunität, über deren Dauer und Effizienz zum jetzigen Zeitpunkt noch keine sicheren Daten vorliegen.

4.25.4   Diagnostik und Therapie

Hantavirus-Infektionen werden routinemäßig durch Antikörpernachweise diagnostiziert, wobei aufgrund der hohen Kreuzreaktivität zwischen den einzelnen Spezies meistens Tests gegen alle drei eingangs erwähnten Spezies parallel durchgeführt werden. In spezialisierten Labors spielt die PCR bei der Diagnose eine bedeutende Rolle. Die geringe Sensitivität der Virusanzucht bedingt eine nur untergeordnete Rolle dieses Verfahrens in der klinischen Diagnostik.

4.25.5   Besondere Hinweise

Meldepflicht nach **Bundesseuchengesetz**: bei **Verdacht, Erkrankung und Tod.**
Meldepflicht nach dem **Infektionsschutzgesetz** (lfSG Entwurf Stand 17.08.1999): namentliche Meldung bei Krankheitsverdacht, Erkrankung oder Tod.
Namentliche Meldung bei **direktem oder indirektem** Erregernachweis, soweit dieser auf eine akute Infektion hinweist.
Impfstoffe gegen Hantaviren befinden sich in Entwicklung.

4.25.6   Arbeitsmedizinische Bedeutung

Eine wesentliche arbeitsmedizinische Bedeutung des Hantafiebers besteht nur für Berufsgruppen, die direkt oder indirekt mit Ausscheidungen von Nagetieren in Berührung kommen, Kontakt zu erkrankten Personen haben oder direkt mit dem Erreger umgehen.

4.25.6.1 Berufliche Exposition

Eine berufliche Exposition kann bei häufigem, meist indirektem Kontakt mit Ausscheidungen von Nagetieren angenommen werden. Hier ist insbesondere der Umgang mit nagetierbesiedelten Rohstoffen (in Lagerhäusern, Spinnereien etc.), die Tätigkeit in von Nagetieren dicht besiedelten Bereichen (in der Land- und Forstwirtschaft) oder die direkte Tätigkeit mit Nagetieren (Tierpfleger) zu nennen. Weiterhin ist eine Infektion durch direkten Erregerkontakt im Bereich medizinischer oder mikrobiologischer Laboratorien möglich.

4.25.6.2 Betroffene Berufsgruppen

Potenziell gefährdet sind in erster Linie Berufsgruppen aus der Land- und Forstwirtschaft (Landwirte, Waldarbeiter, Förster), des Weiteren Personen, die in Lagerbereichen von organischen Materialien (Baumwolle, Getreide etc.) tätig sind (Lagerarbeiter, Schauerleute etc.). Eine Expositionsmöglichkeit besteht auch beim Umgang mit den Erregern im Labor, wobei diese Tätigkeiten jedoch nur unter Bedingungen der Sicherheitsstufe 4 zugelassen sind. Auslandstätigkeiten können insbesondere bei unzureichenden hygienischen Verhältnissen (Montage, Entwicklungsdienst, Katastrophenhilfe etc.) mit entsprechend verstärkter Exposition zu Nagetierausscheidungen zu einer potenziell höheren Gefährdung führen.

4.25.7 Umwelt- und (reise)-medizinische Aspekte

Die umwelt- und reisemedizinische Bedeutung der Hantavirus-Infektion ist unklar.

4.25.7.1 Umweltexposition

Eine höhere Gefährdung muss in Bereichen mit niedrigem Hygiene- und Sozialstandard und damit verstärkter Nagetierbesiedlung angenommen werden.

4.25.7.2 Betroffene Bevölkerungsgruppen

Eine erhöhte Gefährdung kann für Campingurlauber (in Ländern mit niedrigem Hygienestandard) sowie für Trekking- und Abenteuertouristen angenommen werden.

4.25.8 Krankenhaushygienische Aspekte

Die Notwendigkeit einer Isolierung erkrankter Personen besteht wahrscheinlich nicht (Mensch-zu-Mensch-Übertragung bisher nicht nachgewiesen). Die allgemeinen Hygieneregeln sind zu beachten und es ist normale Schutzkleidung zu tragen. Sichtbare Verunreinigungen mit Körperflüssigkeiten, Sekreten und Ausscheidungen sowie von Behandlungs-, Untersuchungs- und Pflegematerial sind desinfizierend zu reinigen.
Es genügt die normale Reinigung von Flächen und Gegenständen sowie die normale Entsorgung von Wäsche und Speiseresten.

4.25.9 Prävention

4.25.9.1 Allgemeine Infektionsprophylaxe

Eine wichtige Präventivmaßnahme ist die Bekämpfung von Nagetieren (Mäuse, Ratten) in den o.g. Arbeitsbereichen. Das Tragen von Schutzkleidung (Atemschutz!) ist nur bei Umgang mit eindeutig hochkontaminierten Materialien zuzumuten.
Impfstoffe gegen Hantaviren befinden sich in Entwicklung.

4.26 Gelbfieber

4.26.1 Erreger und Epidemiologie

Das Gelbfiebervirus gilt als der Prototyp der sog. Flaviviren; es handelt sich hierbei um umhüllte Viren mit einem einzelsträngigen RNA-Genom, in dem die komplette genetische Proteininformation in einem einzigen Leseraster realisiert ist. Das Gelbfiebervirus kommt im tropischen Westafrika sowie in den tropischen Regionen Südamerikas vor; es ist dort an das Vorkommen bestimmter Moskitoarten gebunden, in denen es sich repliziert und von denen es übertragen werden kann. Man unterscheidet epidemiologisch zwei Varianten des Gelbfiebers: eine eher endemische, in Urwaldgebieten vorkommende Form; hier ist der Mensch eher Nebenwirt und das Gelbfiebervirus zirkuliert normalerweise zwischen verschiedenen Moskito- und Primatenspezies. Die sog. städtische Form des Gelbfiebers zeigt ein eher epidemisches Auftreten; das Gelbfiebervirus zirkuliert hierbei ausschließlich zwischen Mensch und dem Moskito *Aedes aegypti*, sodass der Mensch selbst zum Erregerreservoir wird.

4.26.2 Infektionsmodus

Der epidemiologisch einzig relevante Übertragungsweg ist der Stich durch infizierte Moskitos. Hierbei werden die in der Speicheldrüse des Moskitos replizierten Viren während des Sondierungsvorgangs mit dem Speichel in den Wirt injiziert.

4.26.3 Erkrankungen und Erkrankungsfolgen

Das klinische Bild der Gelbfieber-Virusinfektion besteht vorwiegend in einem hämorrhagischen Fieber mit zweigipfligem Verlauf. Nach einer Inkubationszeit von ca. 3 bis 6 Tagen kommt es zu einem abrupten Krankheitsbeginn mit unspezifischen Symptomen wie Fieber, Kopfschmerzen, Lumboischialgien, generalisierten Myalgien, Übelkeit und Erbrechen. Trotz steigenden oder persistent hohen Fiebers kann die Pulsfrequenz abfallen. Diese erste akute Phase dauert etwa drei Tage und ist koinzident mit der virämischen Phase der Erkrankung. Nach einer kurzen, ca. einen Tag dauernden klinischen Remission setzt die klinische Symptomatik erneut mit verstärkter gastrointestinaler Symptomatik (Übelkeit, Erbrechen) und der Entwicklung eines deutlichen Ikterus ein. Im weiteren Verlauf treten zunehmend Hämorrhagien mit petechialen Blutungen, Kaffeesatzerbrechen und diffusen Schleimhautblutungen sowie eine Niereninsuffizienz auf. Die Erkrankung verläuft in ca. 20% der schweren Fälle tödlich, überlebende Patienten brauchen oft lange für die klinische Rekonvaleszenz.

4.26.4   Diagnostik und Therapie

Die Diagnose der Gelbfieber-Virusinfektion kann bei ungeimpften Personen aus Nichtendemiegebieten ca. eine Woche nach Erkrankungsbeginn serologisch gestellt werden. Die Virusanzucht ist in der Frühphase ebenfalls möglich, aufgrund des Zeitbedarfs für die Akutdiagnostik jedoch von wenig aktuellem Nutzen. In spezialisierten Instituten wird zunehmend die PCR eingesetzt.

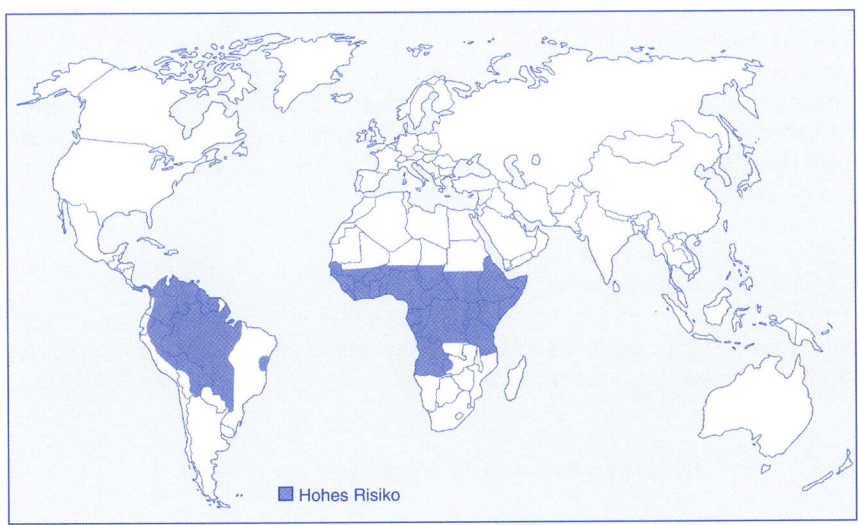

■ Hohes Risiko

Abb. 16: Epidemiologische Karte „Gelbfieber" (nach SB-online)

4.26.5 Besondere Hinweise

Meldepflicht nach **Bundesseuchengesetz**: bei **Erkrankung und Tod**.
Meldepflicht nach dem **Infektionsschutzgesetz** (IfSG Entwurf Stand 17.08.1999): namentliche Meldung bei Krankheitsverdacht, Erkrankung oder Tod.
Namentliche Meldung bei **direktem oder indirektem** Erregernachweis, soweit dieser auf eine akute Infektion hinweist.
Bei Reisen sind ggf. Einreisebeschränkungen für Nichtgeimpfte in verschiedenen Ländern zu beachten.
Die schweren Gelbfieberverläufe sind auch durch moderne supportive intensivmedizinische Maßnahmen nur unwesentlich positiv beeinflussbar. Ribavirin ist zwar in vitro wirksam, die notwendigen Spiegel sind aber in vivo nicht erreichbar. Gegen das Gelbfiebervirus existiert schon seit mehreren Jahrzehnten eine aktive Lebendimpfung (Stamm 17 D), die allerdings nur von WHO-autorisierten Impfstellen verabreicht werden darf.

4.26.6 Arbeitsmedizinische Bedeutung

Die arbeitsmedizinische Bedeutung der Gelbfieber-Infektion bestimmt sich durch die Notwendigkeit von Auslandstätigkeiten in potenziellen Endemiegebieten.

4.26.6.1 Berufliche Exposition

Eine mögliche berufliche Exposition besteht grundsätzlich bei allen Tätigkeiten in Endemiegebieten. Hierbei ist die Aufenthaltsdauer, aber insbesondere auch das Risiko von Moskitostichen (bei Tätigkeiten im Freien mit körperlicher Anstrengung) maßgeblich für die Infektionsgefährdung.

4.26.6.2 Betroffene Berufsgruppen

Alle Berufsgruppen in gefährdeten Gebieten, insbesondere Entwicklungshelfer, Montagearbeiter etc.

4.26.7 Umwelt- und (reise)-medizinische Aspekte

Die umwelt- und reisemedizinische Bedeutung hat sich durch vermehrte Reisen in die Endemiegebiete verstärkt.

4.26.7.1 Umweltexposition

Eine mögliche Umweltexposition besteht in allen Endemiegebieten und wird durch die Möglichkeit von Moskitostichen (z.B. bei Abenteuerreisen) verstärkt.

4.26.7.2 Betroffene Bevölkerungsgruppen

Betroffen sind Touristen in gefährdeten Gebieten. Siehe oben.

4.26.8 Krankenhaushygienische Aspekte

Eine Isolierung erkrankter Personen ist nicht erforderlich.
Erforderlich ist dagegen eine desinfizierende Reinigung sichtbarer Verunreinigungen mit Körperflüssigkeiten, Sekreten und Ausscheidungen sowie von Behandlungs-, Untersuchungs- und Pflegematerial. Bei Kontakt mit Körperflüssigkeiten, Sekreten und Ausscheidungen ist Schutzkleidung zu tragen. Es genügt die normale Reinigung von Flächen und Gegenständen sowie die normale Entsorgung von Wäsche und Speiseresten.

4.26.9 Prävention

4.26.9.1 Allgemeine Infektionsprophylaxe

Wichtigste Präventionsmaßnahme ist der Schutz vor Mückenstichen in Endemiegebieten. Der Aufenthalt in Wald- oder Buschgebieten ist möglichst zu vermeiden.

4.26.9.2 Schutzimpfung

Eine aktive Immunisierung gegen Gelbfieber ist mit einem lebenden, abgeschwächten Erregerstamm (17 D) möglich. Die Impfung gilt ab dem 2. Lebensjahr als gut verträglich. Ein Impfschutz wird bei 99 % der geimpften Personen erreicht und beginnt ca. zehn Tage nach Impfung. Eine Schutzdauer von zehn Jahren kann angenommen werden. Die Gelbfieberimpfung kann in Deutschland nur bei autorisierten Gelbfieber-Impfstellen durchgeführt werden. Eine Impfung ist bei allen Aufenthalten in Gelbfieber-Endemiegebieten (jährlich von der WHO festgelegt) sowie bei längerfristigen beruflichen Aufenthalten in benachbarten Regionen zu empfehlen.

4.26.9.3 STIKO-Empfehlungen

Impfempfehlungen der Ständigen Impfkommission am Robert-Koch-Institut
(Stand Januar 2000)
[Epidemiologisches Bulletin 02/2000]

Impfung gegen	Kate- gorie	Indikation bzw. Reiseziel	Anwendungshinweise (Beipackzettel beachten)
Gelbfieber	R	Entsprechend den Impfanforderungen der Ziel- oder Transitländer (tropisches Afrika u. Südamerika mit endemischem Gelbfieber), ferner sind die Hinweise der WHO zu Gelbfieber-Infektionsgebieten zu beachten	Einmalige Impfung in den von den Gesundheitsbehörden zugelassenen Gelbfieber-Impfstellen; Auffrischimpfung in 10-jährigen Intervallen

Kategorien:
R - Reiseimpfungen (von der WHO veröffentlichte Informationen über Gebiete mit
   besonderem Infektionsrisiko beachten)

5. Erkrankungen durch Pilze

5.1 Mykosen

Pilzinfektionen (Mykosen) sind als Ursache berufsbedingter Infektionserkrankungen sehr selten, was vor allem damit zusammenhängt, dass die in unseren Breitengraden vorkommenden Pilze für den Immunkompetenten weitgehend apathogen sind. Hiervon abzugrenzen sind Erkrankungen, die durch allergische Reaktionen auf Pilzbestandteile (meist Sporen, sog. Mykoallergosen) oder als Vergiftungen durch Mykotoxine auftreten (Mykotoxikosen).

Die mit Abstand häufigsten pilzbedingten Berufserkrankungen sind die Mykoallergosen, die vor allem beim Umgang mit großen Mengen feucht gelagerter organischer Materialien auftreten (Malz- und Papierarbeiterlunge, Sägearbeiterlunge, Käsewäscherlunge u.v.a.). Diese Erkrankungen sind keine Infektionskrankheiten im engeren Sinne und gehen daher über den Rahmen dieses Buches hinaus.

Die meisten der in unseren Breitengraden vorkommenden Pilze spielen nur unter Immunsuppression eine größere Rolle (*Aspergillus spp.*, *Candida spp.*, *Cryptococcus neoformans*, *Rhizopus spp.*, *Geotrichum candidum*, *Pneumocystis carinii* u.v.a.). Eine größere pathogenetische Bedeutung haben die Hautmykosen verursachenden Pilze (*Trichophyton spp.*, *Microsporon spp.*, *Epidermophyton spp.*)

Pilze mit größerem pathogenetischen Potenzial für immunkompetente Personen kommen auf dem amerikanischen Kontinent vor und haben vor allem eine Bedeutung in der Reisemedizin. Es handelt sich hierbei um

- *Histoplasma capsulatum* (Erreger der Histoplasmose). Vorkommen in Nord- und Zentralamerika.
- *Coccidioides immitis* (Erreger der Kokzidioidomykose). Vorkommen an der Westküste der USA und in Zentralamerika.
- *Blastomyces dermatitidis* (Erreger der Blastomykose bzw. nordamerikanischen Blastomykose). Vorkommen mittlere USA und Südkanada.
- *Paracoccidioides brasiliensis* (Erreger der Parakokzidioidomykose bzw. der südamerikanischen/brasilianischen Blastomykose). Vorkommen in Südamerika (Brasilien).

Infektionen mit der letztgenannten Gruppe von Pilzen sind sehr selten und der Leser sei an dieser Stelle auf die einschlägige Literatur verwiesen. Dennoch sollten nach beruflichen Aufenthalten in den entsprechenden Endemiegebieten vor allem bei pulmonaler Symptomatik die o.g. Erreger mit in die Differenzialdiagnose eingeschlossen werden.

Von arbeitsmedizinischer Bedeutung sind noch die häufigen Hautmykosen, die durch das Tragen von Nässeschutzkleidung, Gummistiefeln oder feuchtigkeitsundurchlässigen Handschuhen ausgelöst und unterhalten werden. Neben der antimykotischen Therapie sind hier verstärkte Hygienemaßnahmen (Innendesinfektion) sowie das Tragen von feuchtigkeitsresorbierender Unterkleidung (Baumwollstrümpfe und -unterwäsche, Baumwollunterziehhandschuhe) wichtige Maßnahmen zur Prophylaxe und Therapieunterstützung. Zu nennen ist noch die mykotische Superinfektion sonstiger berufsbedingter Hauterkrankungen, auf die der Arbeitsmediziner insbesondere bei chronischen Störungen der Hautfunktion verstärkt achten sollte.

6.　Erkrankungen durch Parasiten

6.1　Echinokokkose

6.1.1　Erreger und Epidemiologie

Die beiden Erreger der Echinokkose sind die im alltäglichen Sprachgebrauch als Hunde- und Fuchsbandwurm bezeichneten Parasiten *Echinococcus granulosus* und *Echinococcus multilocularis*. Sie gehören zum Stamm der Plathelminthen (Plattwürmer) und der Klasse der Zestoden (Bandwürmer). Beide Arten haben ein unterschiedliches Verbreitungsgebiet (*Echinococcus granulosus*: Norddeutschland und Jugoslawien, *Echinococcus multilocularis*: Süddeutschland, Südeuropa, Russland) und einen zweiwirtigen Vermehrungszyklus: Die geschlechtsreife Form von *E. granulosus* lebt im Darm von Hunden (oder anderen Caniden), die geschlechtsreife Form von *E. multilocularis* in Füchsen oder Katzen. Die Finnenform der Echinokokken entwickelt sich nach oraler Aufnahme der von den geschlechtsreifen Formen ausgeschiedenen Eier in Zwischenwirten (*E. granulosus*: vorwiegend Schaf, *E. multilocularis*: vorwiegend Feld- und Wühlmäuse). Sie wird über die natürliche Nahrungskette erneut vom Hauptwirt oral aufgenommen, wo sie sich zur geschlechtsreifen Form weiterentwi-ckelt. Der Mensch stellt in diesem Zyklus einen akzidentellen Zwischenwirt dar, bei dem nach oraler Aufnahme der Eier vorwiegend in der Leber, aber auch in anderen Organen das Finnenstadium heranwächst.

6.1.2　Infektionsmodus

Die Infektion mit *Echinococcus* erfolgt in epidemiologisch relevantem Ausmaß ausschließlich durch die orale Aufnahme von Eiern. Kritisch unter diesem Aspekt ist demnach der Verzehr von rohen Beeren, Salaten oder ähnlichen Nahrungsmitteln, die mit Kot der Endwirtspezies kontaminiert sein können; als weiterer Risikofaktor gilt eine evtl. berufliche Exposition (s.u.). Die Gefahr einer Übertragung von Mensch zu Mensch existiert nicht.

6.1.3   Erkrankungen und Erkrankungsfolgen

Nach oraler Aufnahme der Eier entwickeln sich aus diesen nach lymphogener und auch hämatogener Aussaat die Finnenformen des Wurms in parenchymatösen Organen. Die Inkubationszeit hierfür ist sehr variabel und kann zwischen einem halben und mehreren Jahren betragen. Die Larven von *E. granulosus* bilden hierbei große, grob gekammerte Zysten aus (daher auch die Bezeichnung *E. cysticus*), *E. multilocularis* wächst tumorartig infiltrierend (daher auch oft als *Echinococcus alveolaris* bezeichnet). Hauptmanifestationsorte sind die Leber (ca. 60 bis 75%), die Lunge (ca. 15 bis 30%) und das Gehirn. Die von Echinokokken verursachten Zysten können zu immenser Größe anwachsen. Die Letalität der Infektion mit *E. granulosus* beträgt ca. 7% (da operabel), die der Infektion mit *E. multilocularis* 50 bis 90%.

6.1.4   Diagnostik

Die modernen bildgebenden Verfahren (Ultraschall, CT, NMR) liefern meist (bei entsprechender Klinik) die ersten und deutlichen Verdachtsmomente. Da keine natürliche Durchseuchung des Menschen mit Echinokokken besteht, ist die Methode der Wahl für die Diagnosestellung die Antikörperserologie; hierfür steht ein Spektrum verschiedener Techniken zur Verfügung. Der Versuch eines direkten Nachweises per Mikroskop oder ein Antigennachweis aus Zystenflüssigkeit ist sehr unzuverlässig und als alleinige diagnostische Maßnahme auf keinen Fall ausreichend.

6.1.5   Besondere Hinweise

Eine Impfung existiert nicht, ebensowenig eine effiziente natürliche Immunität. Eine Therapie der Echinokokkose beim Menschen mit Antihelminthika kann die Erkrankung nur verzögern, nicht jedoch heilen, weil die gängigen Substanzen gegen die Larvenformen von Echinokokken nicht ausreichend wirksam sind. Die Infektion mit *E. granulosus* kann erfolgreich chirurgisch angegangen werden, E.-multilocularis-Infektionen aufgrund des infiltrativen Wachstums meistens nicht (siehe die hohe Letalität).
Meldepflicht nach dem **Infektionsschutzgesetz** (lfSG Entwurf Stand 17.08.1999): **nicht namentliche** Meldung bei **direktem oder indirektem** Erregernachweis, soweit dieser auf eine akute Infektion hinweist.

6.1.6   *Arbeitsmedizinische Bedeutung*

Für die exponierten Personengruppen dürfte die Echinokokkose eine Erkrankung mit wesentlicher arbeitsmedizinischer Bedeutung sein.

6.1.6.1   *Berufliche Exposition*

Eine besondere berufliche Exposition besteht bei Tätigkeiten – insbesondere in Endemiegebieten (Süddeutschland, Bayern, Rheinland-Pfalz, Westharz, Niedersachsen, Thüringen, Nordrhein-Westfalen) – mit Kontakt zu möglicherweise infizierten Tieren oder aber bei Tätigkeiten in kontaminiertem Gelände.

6.1.6.2   *Betroffene Berufsgruppen*

Mit möglicherweise infizierten Tieren kommen Veterinäre, Gerber und Präparatoren, aber auch Berufsjäger und haupt- oder nebenberufliche Jagdaufseher in Kontakt.
Als weitere durch Tätigkeiten in möglicherweise kontaminiertem Gelände gefährdete Berufsgruppen sind in erster Linie Waldarbeiter und Förster zu nennen. Nicht vergessen werden sollten aber auch Landwirte mit Wald- und Forstwirtschaft oder andere Berufsgruppen, welche in kontaminierten Waldgebieten tätig sind.

6.1.7   *Umwelt- und (reise-)medizinische Aspekte*

Die Echinokokkose hat durchaus eine umweltmedizinische Bedeutung für alle intensiven Naturnutzer in Endemiegebieten.

6.1.7.1   *Umweltexposition*

Für alle intensiven Naturnutzer mit längeren Aufenthalten in Waldgebieten besteht eine erhöhte Echinokokkose-Gefährdung. Dies gilt in Deutschland insbesondere für die o.g. Endemiegebiete.

6.1.7.2 Betroffene Bevölkerungsgruppen

Als besonders betroffene Bevölkerungsgruppen mit erhöhter Echinokokkose-Gefährdung sind Jäger, Pilz-, Beeren- und Holzsammler, aber auch Angler, Camper, Wanderer etc. zu nennen.

6.1.8 Krankenhaushygienische Aspekte

Die Notwendigkeit einer Isolierung erkrankter Personen besteht nicht (keine Mensch-zu-Mensch-Übertragung). Es sind die allgemeinen Hygieneregeln zu beachten.
Es reicht die normale Reinigung von Flächen und Gegenständen sowie die normale Entsorgung von Wäsche und Speiseresten.

6.1.9 Prävention

6.1.9.1 Allgemeine Infektionsprophylaxe

In Endemiegebieten verbietet sich eine direkte ungekochte Verwendung von Beeren etc. Allgemeine Hygienemaßnahmen wie Händewaschen vor der Nahrungsaufnahme sind unbedingt erforderlich. Bei Kontakt mit potenziell infektiösen Tieren oder Tierkadavern sind Schutzhandschuhe und Schutzkleidung zu tragen. Postexpositionell ist eine serologische Testung (3, 6, 12 Monate) zur Früherkennung möglich.

Arbeitsmedizinische Maßnahmen nach BGI 504-42 (früher ZH1/600.42)
Infektionskrankheit Nr. 4 (Echinokokkose)

Arbeitsbereiche	Gefährdende Tätigkeiten	Arbeitsmedizinische Maßnahmen G42	Impfung Beratung
Arbeitsbereich (1): *Gesundheitsdienst* Stationäre und ambulante Einrichtungen der Veterinärmedizin (C)	Untersuchen, Behandeln, Pflegen Abnehmen von Körperflüssigkeiten, Ausscheidungen, Abstrichmaterial,	fakultativ (C)	Angebot (C)

Arbeitsbereiche	Gefährdende Tätigkeiten	Arbeitsmedizinische Maßnahmen G42 Impfung Beratung
	Obduktion, Sektion	Angebot (C)
	weitere Tätigkeiten (Instand-setzung, Reinigung, Reparatur, Wartung, Transport, Entsorgung)	Angebot (C)
Arbeitsbereich (1): *Laboratorien und sonstige Bereiche* Laboratorien der Veterinärmedizin (C)	Auspacken, Aufbereiten, Ent-sorgen von erfahrungsgemäß infektiösem Probenmaterial, Fixieren, Einbetten, Entwäs-sern, Färben von Blutausstrich-sowie Kultur- und histologi-schen Präparaten, Herstellen von Organ-(Gefrier-)Schnitt-präparaten, Anzüchten, Mikroskopieren, Kultivieren, Differenzieren von Erregern aus Materialproben	Angebot (C)
Arbeitsbereich (1): *Laboratorien und sonstige Bereiche* Laboratorien der Veterinärmedizin (C)	Bedienen von Untersuchungs-, Analyseautomaten mit infekti-ösen Proben, Umgang mit infektiösem Material, Gegen-ständen, Gerätschaften beim Bedienen von Desinfektions-apparaten oder Beschicken der sog. unreinen Seite in Desinfektionseinrichtungen, Halten, Pflege von infizierten, infektiösen) Versuchstieren, weitere Tätigkeiten (Instand-setzung, Reinigung, Reparatur, Wartung, Transport, Entsorgung, Fahrtätigkeiten)	Angebot (C)
Arbeitsbereich (4): Anlagen der Tierproduktion, Bereiche mit lebenden Tieren, Tierhaltung, Tierhandel	Bereiche mit lebenden Tieren: Zucht, Pflege, Transport und Handel in der Landwirtschaft (**A**), Umgang mit Tieren in Lehr-und Versuchsanstalten sowie	Angebot (**A, B, E, F**) *obligat

Arbeitsbereiche	Gefährdende Tätigkeiten	Arbeitsmedizinische Maßnahmen G42 Impfung Beratung
	sonstigen Bereichen der Wissenschaft (**B**), Tierhaltung in Tierheimen, zoologischen Gärten, Tierparks, Freizeit- und Safariparks, Reiterhöfen, Zirkusunternehmen, Zoohandlungen (**E**), Tierpräparation (**F**) ***in Endemiegebieten**	
Arbeitsbereich (4): Bereiche mit tierischen, pflanzlichen Rohstoffen für „Non-Food-Produkte"	Verarbeitung tierischer Rohwaren (**G**), Verwerten, Beseitigen verendeter oder tot geborener Tiere aus gewerblichen Schlachtstätten (**H**) ***in Endemicgcbieten**	Angebot (**G, H**) ***obligat** (**H**)
Arbeitsbereich (6): Landwirtschaft (ohne Tierproduktion), Gartenbau, Forstwirtschaft, Holzwirtschaft, Jagd, Bodenbearbeitung (auch baulich)	Forst-, Holzwirtschaft, Jagd: Umgang mit möglicherweise infizierten Tieren (**C**); Holzernte, Waldarbeiten, Transportarbeiten (**D**)	Angebot (**C, D**)

6.2   Malaria

6.2.1   *Erreger und Epidemiologie*

Schon im Altertum wusste man um die Gefährlichkeit dieser Erkrankung, die Menschen bei oder nach Aufenthalt in feuchtwarmen Regionen befiel. So leitet sich der Name dieser Infektion aus dem italienischen Begriff „malaria" = „schlechte Luft" ab, einer Atmosphäre, die in den Sumpfgebieten vorherrschte und die als krank machendes Agens vermutet wurde. Im Jahre 1880 entdeckte Charles Louis Laveran die Plasmodien im Blut und 1895 wurde erstmalig der

Tab. 21: Malariaerreger und Erkrankung

Plasmodien-Art	Inkubations-zeit	Abstand der Fieberschübe	Malariatyp
Plasmodium falciparum	7 – 20 Tage	unregelmäßig	Malaria tropica
Plasmodium vivax	10 – 21 Tage	48 h	Malaria tertiana
Plasmodium ovale	10 – 21 Tage	48 h	Malaria tertiana
Plasmodium malariae	21 – 42 Tage	72 h	Malaria quartana

Übertragungsweg von Ronald Ross beschrieben. Aus Europa wurde die Malaria nach dem Zweiten Weltkrieg verdrängt, weltweit ist es aber trotz intensiver Bemühungen nicht gelungen, diese neben der Tuberkulose häufigste Infektionskrankheit einzudämmen. Nach groben Schätzungen zählt man jährlich über 200 Millionen Neuerkrankungen und 1 bis 2 Millionen Todesfälle. Auch für die nahe Zukunft ist die Prognose eher ungünstig, da die Resistenz der Anophelesmücke (Vektor) gegenüber Insektiziden ebenso wie die der Malariaerreger gegenüber Chemotherapeutika weiter zunimmt. Die Entwicklung eines suffizienten Impfstoffes ist noch nicht abzusehen. Die Malariaerreger (= Plasmodien) zählen zu den Protozoen, die in den verschiedenen Entwicklungsstadien ein- oder vielkernig sowie rundlich oder länglich in Erscheinung treten.

Vier verschiedene Arten von Plasmodien kommen als Auslöser einer Malaria in Betracht, wobei das klinische Erscheinungsbild je nach Erregertyp stark variiert (siehe Tab. 21). Am weitaus häufigsten und auch gefährlichsten ist die Infektion mit *Plasmodium falciparum*.

6.2.2 Infektionsmodus

Nahezu ausschließlich wird die Malaria vektoriell durch weibliche Mücken der Gattung Anopheles übertragen. Eine Infektion durch Transfusion, Transplantation, kontaminierte Nadeln oder pränatal ist prinzipiell möglich, jedoch sehr selten. Plasmodien weisen wie viele andere Protozoen einen komplexen Entwicklungszyklus auf. Gleichzeitig mit dem Blutsaugen injiziert die Mücke beim Stich ihren Speichel, der *Sporozoiten* enthält. Die Sporozoiten befallen die menschlichen Leberparenchymzellen und vermehren sich darin durch ungeschlechtliche Vielteilung. Durch diesen als Schizogonie bezeichneten Prozess entsteht das Stadium der **Schizonten** (= **präerythrozytäre Schizogonie** / Gewebeschizogonie). Durch Teilung der Schizonten entstehen **Merozoiten**, die nach frühestens einer Woche aus der Leber freigesetzt werden und in Erythrozyten eindringen. Die in den roten Blutkörperchen stattfindende ebenfalls ungeschlechtliche Vermehrung durch Zweiteilung heißt *erythrozytäre Schizogonie* oder Blutschizogonie. Die Zeit bis zum Erscheinen der Parasiten im Blut wird als **Präpatenz** bezeichnet, während die Inkubationszeit den Zeitraum bis zum Auftreten der ersten Symptome umfasst. Nach Zerfall der Erythrozyten werden die vorhandenen Merozoiten freigesetzt, die weitere Erythrozyten befallen. Einige der Merozoiten differenzieren sich in den Blutkörperchen jedoch auch zu Geschlechtsstadien (= *Gamogonie*), den männlichen *Mikrogametozyten* und den weiblichen *Makrogametozyten*. Diese Gametozyten werden bei erneutem Stich der Mücke von ihr mit der Blutmahlzeit aufgenommen und verschmelzen im Mückenmagen zu einer Zygote (*Ookinet*). Nach Durchwanderung der Magenwand entsteht aus dem Ookineten eine *Oozyste*, in der sich Sporozoiten bilden, die schließlich in die Speicheldrüsen der Mücke vordringen, womit der Kreislauf von neuem beginnt. Eine Sonderform stellen die *Hypnozoiten* dar. Hierbei handelt es sich um Schizonten von *Plasmodium vivax* und *Plasmodium ovale*, die in der Leber persistieren, ohne sich sogleich zu Merozoiten weiterzuentwickeln. Daher kann es bei der Malaria tertiana auch nach vielen Jahren noch zu Spätmanifestationen oder Rezidiven kommen.

6.2.3 Erkrankungen und Erkrankungsfolgen

Die Malaria beginnt häufig mit uncharakteristischen Symptomen wie körperlicher Abgeschlagenheit, Kopf- und Gliederschmerzen, Appetitlosigkeit, Durchfällen und Erbrechen. Schüttelfrost und hohes Fieber sowie Fieberabfall mit Schweißausbrüchen sind die klassischen Zeichen des Malariaanfalls, der sich bei der Malaria tertiana alle 48 Stunden und bei der Malaria quartana alle 72 Stunden wiederholt. Dieses Phänomen ist durch den relativ konstanten Entwicklungszyklus der Plasmodien und den dadurch regelmäßig bedingten Zerfall der Erythrozyten hervorgerufen. Diese Zeitintervalle können zur Differenzialdiagnose der Malaria herangezogen werden, da sie bei der gefährlichen Malaria tropica (*Plasmodium falciparum*) fehlen bzw. die Fieberschübe hierbei unregelmäßig oder als Kontinua auftreten (**Wechselfieber**).

Malaria tropica
Vor allem bei der Malaria tropica tritt häufig durch die massive Zerstörung der roten Blutkörperchen eine ausgeprägte **Anämie** auf, die durch Autoantikörper, Myelosuppression, Zerfallsprodukte der Erythrozyten und Substanzen des Parasitenstoffwechsels (Malariapigment) noch getriggert wird. Eine **Splenomegalie** ist Ausdruck der Überlastung des retikuloendothelialen Systems und zieht oft eine **Neutropenie** und **Thrombopenie** nach sich. Veränderungen

der Oberflächenstruktur führen zur Agglomeration befallener Erythrozyten untereinander sowie zur Bindung an Rezeptoren der Endothelzellen. Daraus resultiert eine Verstopfung der Kapillargefäße mit nachfolgenden **Mikrozirkulationsstörungen**, **Gewebeischämie**, **petechialen Blutungen** und **Nekrosen** in betroffenen Organsystemen wie Gehirn, Nieren, Leber und Lunge.

Ein klinisch progredienter Verlauf kann daher durch zusätzliche Komplikationen gekennzeichnet sein:

Ikterus und **Hepatomegalie** als Zeichen einer Leberbeteiligung, Bewusstseinsstörungen, Eintrübung und **Koma** bei ZNS-Befall (**zerebrale Malaria**), **Nierenversagen**, **Lungenödem**, **Hypoglykämie**, **Milzruptur**, **Schock** und letztendlich **Multiorganversagen**. Unbehandelt oder nicht rechtzeitig diagnostiziert führen die beschriebenen pathologischen Vorgänge rasch zum Tod.

Als **Schwarzwasserfieber** wird eine schwere Verlaufsform der Malaria bezeichnet, bei der es zu einer intravasalen Autoimmunhämolyse mit Hämoglobinämie und Hämoglobinurie kommt.

Ein vermehrtes Auftreten des EBV-assoziierten Burkitt-Lymphoms in Malariazonen wird mit einer durch die Malaria hervorgerufenen unspezifischen Suppression der humoralen und zellulären Immunität in Zusammenhang gebracht. Bis zu zwei Jahre nach einer Infektion kann es noch zu Rückfällen kommen, da einige Parasiten auch in Erythrozyten persistieren können.

Malaria tertiana und quartana

Die durch *Plasmodium vivax, ovale* und *malariae* hervorgerufenen Infektionen sind wie bei der Malaria tropica durch Fieber, Splenomegalie und Anämie gekennzeichnet.

Insgesamt verlaufen Malaria tertiana und quartana jedoch weniger akut, Komplikationen sind wesentlich seltener und die Prognose ist in der Regel gut. Diagnostisch ist die Beobachtung eines konstanten Zeitintervalls zwischen den Fieberschüben (Fieberrhythmus) hilfreich (s. Tab. 21). Eine Glomerulonephritis mit nephrotischem Syndrom wird bei einigen an Malaria quartana erkrankten Kindern registriert. Die Ursache hierfür liegt in einer Ansammlung und Ablagerung von Immunkomplexen in der Niere. Rezidive können bei *Plasmodium vivax* und *Plasmodium ovale* aus den in der Leber ruhenden Parasitenformen (**Hypnozoiten**) auch noch viele Jahre post infectionem auftreten. Bei *Plasmodium malariae* sind es persistierende Parasiten in Erythrozyten, die lebenslang zu einem Wiederaufflackern der Infektion führen können (**Rekrudeszenz**).

Doppelinfektionen mit zwei unterschiedlichen Malariaerregern sind möglich! Menschen in endemischen Malariagebieten können durch wiederholte Infektionen innerhalb einiger Jahre zumindest eine partielle Immunität erwerben. Bleiben jedoch ständige Reinfektionen über einen längeren Zeitraum (etwa 2 Jahre) aus, beispielsweise durch einen Aufenthalt in Ländern ohne Malariarisiko, so geht diese Teilimmunität wieder weitgehend verloren. Deshalb ist eine Malaria-prophylaxe beispielsweise auch für Afrikaner, die nach mehrjährigem Aufenthalt in Deutschland ihre Familie in der Heimat besuchen, dringend zu empfehlen.

6.2.4 Diagnostik

Der anamnestische Hinweis auf einen Aufenthalt in Endemiegebieten und das klinische Bild erlauben die Verdachtsdiagnose. Auch bei unklarer Symptomatik oder bei Fieber unklarer Genese muss eine Malaria unbedingt ausgeschlossen werden. Der Beweis für das Vorliegen einer Plasmodien-Infektion erfolgt in einem nach Giemsa gefärbten Blutausstrich sowie im „dicken Tropfen". Hierzu ist die Einsendung eines EDTA-Blutröhrchens an die mikrobiologische Untersuchungsstelle notwendig. Das Blut wird möglichst während einer Fieberphase gewonnen. Ebenso ist es günstig, Blutausstriche aus Kapillarblut (z.B. Fingerbeere) anzufärben, da dort eine besonders hohe Parasitendichte zu erwarten ist. Der „dicke Tropfen" ermöglicht die Anreicherung der Plasmodien und stellt somit eine schnelle Suchmethode dar. Die Speziesdifferenzierung erfolgt hingegen im Blutausstrich und erfordert sehr große Erfahrung, zumal therapeutische Maßnahmen und prognostische Aussagen weitgehend von einer exakten Diagnose bestimmt werden. Auch die Erkennung von Doppelinfektionen ist nur durch die mikroskopische Untersuchung frühzeitig möglich. Des Weiteren können Aussagen zum Ausmaß der Parasitämie (Auszählung der befallenen Erythrozyten) getroffen werden, die neben weiteren Therapieentscheidungen auch eine Verlaufskontrolle bzw. die Wirksamkeit der Therapie belegen.

Bei einmalig negativem Untersuchungsbefund sind Kontrollen unbedingt angezeigt. Hierfür werden Blutproben unabhängig vom Fieberverlauf in 12- bis 24-stündigen Abständen abgenommen. Serologische Methoden sind für die Diagnose der akuten Malaria gänzlich ungeeignet. Sie dienen lediglich speziellen und/oder epidemiologischen Fragestellungen. Der Nachweis verschiedener Plasmodien ist heute auch mit molekularbiologischen Verfahren (PCR) möglich, bietet aber gegenüber der wesentlich kostengünstigeren mikroskopischen Untersuchung keine wesentlichen Vorteile.

6.2.5 Besondere Hinweise

Meldepflicht nach **Bundesseuchengesetz**: bei **Erkrankung, Tod**.
Meldepflicht nach dem **Infektionsschutzgesetz** (IfSG Entwurf Stand 17.08.1999): nicht namentliche Meldung bei direktem oder indirektem Erregernachweis, soweit dieser auf eine akute Infektion hinweist.

6.2.6 Arbeitsmedizinische Bedeutung

Die Malaria gilt zwar als klassische Reiseinfektion, die arbeitsmedizinische Bedeutung muss jedoch durch die im Rahmen der Globalisierung zunehmende Tätigkeiten in Endemiegebieten als erheblich angesehen werden.

6.2.6.1 Berufliche Exposition

Eine berufliche Exposition muss für alle Tätigkeiten in Endemiegebieten, insbesondere bei Tätigkeiten in ländlichen Regionen, im Freien und unter körperlicher Anstrengung, angenommen werden (z.B. Montagetätigkeiten).

6.2.6.2 Betroffene Berufsgruppen

Die Auflistung bestimmter Berufsgruppen ist an dieser Stelle nicht sinnvoll. Die Malariagefährdung bestimmt sich durch den Aufenthalt in Endemiegebieten und nimmt mit der Möglichkeit von Mückenstichen durch Arbeiten im Freien und unter körperlicher Belastung (Tätigkeiten in der Landwirtschaft, Montagetätigkeiten, Entwicklungshilfe, Militäreinsätze etc.) deutlich zu. Generell ist die Infektionsgefahr in ländlichen Gebieten größer, während sie in städtischen Regionen und z.B. bei Arbeiten in geschlossenen Gebäuden (Klimatisierung) als relativ gering angesehen werden kann.

6.2.7 Umwelt- und (reise-)medizinische Aspekte

Auch die umwelt- und reisemedizinische Bedeutung der Malaria hat sich mit der Zunahme von Fern- und Abenteuerreisen verstärkt. Von Bedeutung ist sicher auch, dass zunehmend „tropenunerfahrene" Bevölkerungsgruppen Fernreisen in Endemiegebiete unternehmen und solche Regionen auch zunehmend touristisch erschlossen werden. Leider werden gerade von diesen Touristen notwendige Präventivmaßnahmen häufig ignoriert.

6.2.7.1 Umweltexposition

Eine Umweltexposition besteht bei allen Reisen in Endemiegebiete, insbesondere in ländlichen Regionen.

6.2.7.2 Betroffene Bevölkerungsgruppen

Betroffen sind alle Reisenden in Endemiegebieten. Einer besonderen Gefährdung unterliegen Reisende in ländlichen Regionen (Abenteuer- und Trekkingreisen), während ein Aufenthalt in städtischen Bereichen mit einem geringeren Risiko behaftet ist.

6.2.8 Krankenhaushygienische Aspekte

Ein Malariainfektionsrisiko für Krankenhauspersonal bei der Pflege Erkrankter besteht nicht. Die Isolierung erkrankter Personen ist aus hygienischer Sicht nicht erforderlich.
Eine desinfizierende Reinigung sichtbarer Verunreinigungen mit Körperflüssigkeiten, Sekreten und Ausscheidungen sowie von Behandlungs,- Untersuchungs- und Pflegematerial ist dagegen erforderlich.
Bei direktem Kontakt mit Körperflüssigkeiten, Sekreten und Ausscheidungen ist Schutzkleidung zu tragen.
Es genügt die normale Reinigung von Flächen und Gegenständen sowie die normale Entsorgung von Wäsche und Speiseresten.

6.2.9 Prävention

Die grundlegenden Maßnahmen zur Verhütung einer Malariainfektion in Endemiegebieten bestehen aus einer Expositionsprophylaxe (möglichst effektiver Schutz vor Moskitostichen) und einer wirksamen Chemoprophylaxe. Beide Maßnahmen sollten sich ergänzen. Durch einen effektiven Expositionsschutz kann die Infektionswahrscheinlichkeit bereits um das 10- bis 20fache abgesenkt werden. Angesichts der zunehmenden Resistenzentwicklung gegenüber Chemotherapeutika empfiehlt es sich, die notwendigen Maßnahmen trotz gewisser Unbequemlichkeiten konsequent durchzuführen. Allerdings ersetzt kein auch noch so sorgfältiger Expositionsschutz die zusätzliche Chemoprophylaxe.

6.2.9.1 Allgemeine Infektionsprophylaxe/Expositionsprophylaxe

Folgende Expositionsschutzmaßnahmen sollten in Endemiegebieten möglichst strikt beachtet werden:

1. Verwendung von Moskitonetzen in nicht vollständig moskitosicheren Schlaf-

räumen. Eine Überprüfung des Moskitonetzes auf schadhafte Stellen sollte allabendlich erfolgen, das Netz muss das Bett vollständig abdecken. Zusätzliche Sicherheit kann eine Imprägnierung des Netzes mit einem Insektizid bieten.

2. Wohnräume, aber auch Büros etc. sollten möglichst moskitosicher gestaltet sein. Wichtige Maßnahmen sind hier Mückengitter, möglichst Klimatisierung, ggf. auch der Einsatz von Insektiziden.
3. Mückenschutzstoffe (Repellents) sollten bei Aufenthalt im Freien regelmäßig auf die bloße Haut aufgetragen werden.
4. Ein Aufenthalt im Freien sollte vor allem während der Dämmerung und nachts vermieden werden. Insbesondere sollte man sich nachts nicht auf beleuchteten Flächen (Veranda, Balkon) aufhalten.
5. Wo möglich, sollte eine den Körper vollständig bedeckende Kleidung (lange Ärmel und Hosen mit Strümpfen und geschlossenen Schuhen) getragen werden. Die Kleidung sollte nicht eng anliegen und möglichst hell sein.

6.2.9.2 *Chemoprophylaxe/Stand-by-Therapie*

Die rasche Resistenzentwicklung der Plasmodien bereitet zunehmend Probleme bei der Auswahl der Pharmaka zur Therapie und vor allem zur Prophylaxe der Malaria und bedarf daher einer ständigen Anpassung an die gegenwärtige Situation in den Endemiegebieten. Von der WHO herausgegebene Karten (siehe Abb. 17 und 18) und jährlich aktualisierte Empfehlungen („Vaccination Certificate Requirements and Health Advice for International Travel", WHO) sind ebenso wie aktuelle Meldungen über die Veränderungen der Verbreitungsgebiete und das Auftreten neuer Resistenzen zu berücksichtigen (z.B. „Weekly Epidemiological Record", WHO).

Eine antiparasitäre Therapie erfasst Plasmodien nur in der erythrozytären Phase. *Plasmodium vivax, ovale* und *malariae* sind der Regel derzeit noch mit Chloroquin zu behandeln. Als Alternative kann Mefloquin angewendet werden. Die Behandlung der Malaria tropica hingegen erfordert den Einsatz von Chinin, Mefloquin, Halofantrin und/oder Doxycyclin, ggf. in Kombination mit Steroiden bei zerebraler Malaria. In problematischen Fällen wird eine intensivmedizinische Betreuung notwendig (Austauschtransfusionen, Dialyse, Behandlung einer Hypoglykämie, Verhinderung eines Lungenödems etc.). Neuere Chemotherapeutika zur Behandlung einer Malaria sind die Derivate des Artemisinins, die sich derzeit in klinischen Studien befinden, sowie die Kombination aus Atovaquon und Proguanil, das in Deutschland bereits zur Therapie, nicht jedoch wie in anderen europäischen Ländern zur Prophylaxe zugelassen ist.

Tab. 22: Nach der Einteilung der Malariaendemiegebiete in die Zonen A, B und C gelten nach den WHO-Empfehlungen folgende Medikationen für die Prophylaxe als geeignet

Zone	Medikamente	Notfallmedikation (Stand-by-Therapie)
A	Chloroquin	keine
Gebiete ohne Chloroquinresistenz *oder* Gebiete ohne Plasmodium falciparum	keine	Chloroquin
B	Chloroquin + Proguanil	Mefloquin
Gebiete mit Chloroquinresistenz	keine	*oder* Atovaquon/Proguanil
C	Mefloquin (Doxycyclin)	Atovaquon/Proguanil
Gebiete mit hochgradiger Chloroquinresistenz *oder* Multiresistenzen	Chloroqin + Proguanil	Mefloquin
	keine	*oder* Atovaquon/Proguanil

Die Einnahme beginnt jeweils eine Woche vor Reiseantritt in die gefährdeten Regionen und wird noch vier Wochen nach Verlassen der Malariagebiete weiter fortgesetzt.

Selbstverständlich müssen bei der Verschreibung der entsprechenden Medikamente die jeweiligen Kontraindikationen berücksichtigt und die Reisenden über die möglichen Nebenwirkungen aufgeklärt werden. Grundsätzlich stehen für die meisten Malariaprophylaxemittel Angaben zur Dosierung bei Kindern zur Verfügung. Die Beratung zur Malariaprophylaxe bei schwangeren Frauen gestaltet sich besonders problematisch und bedarf einer intensiven Nutzen-Risiko-Abwägung. Vom Grundsatz her sollten Schwangere von Reisen in tropische Malariaendemiegebiete absehen.

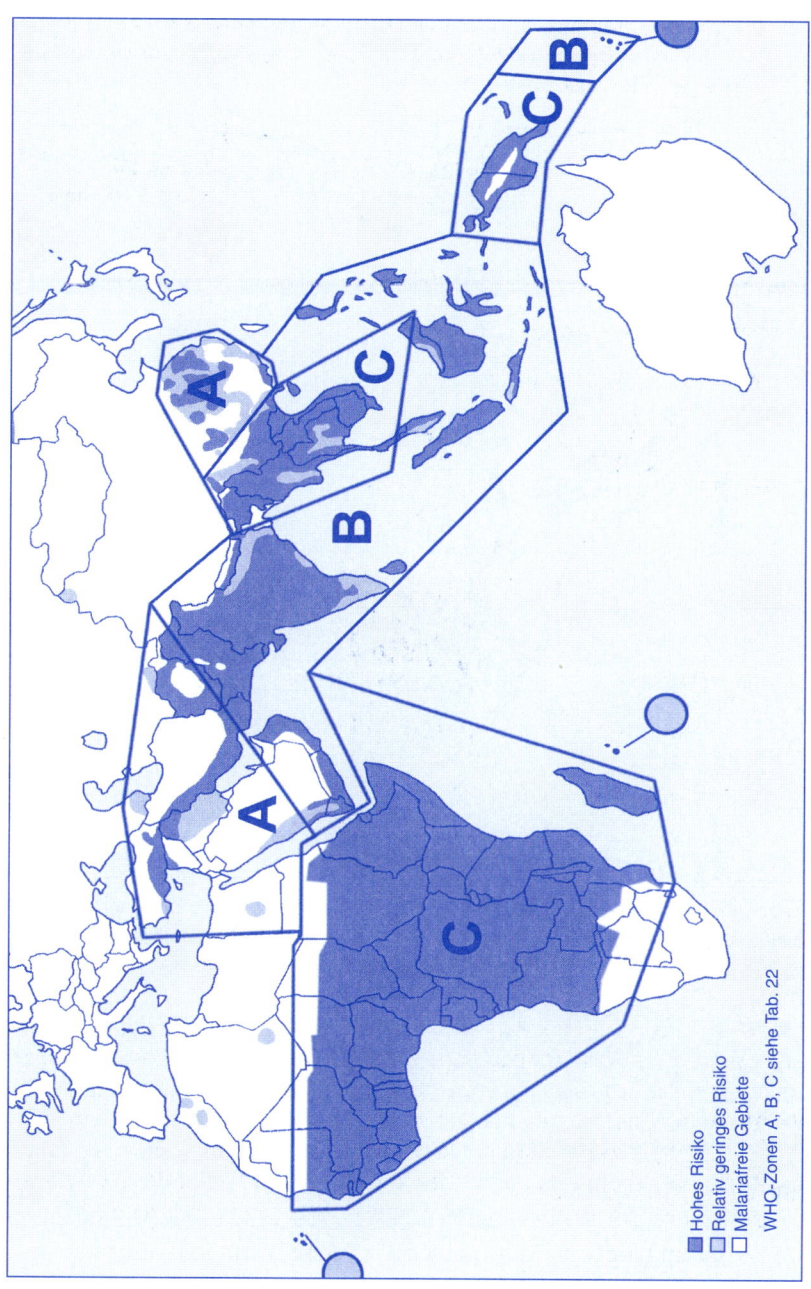

Abb. 17: Epidemiologische Karte „Malaria" (nach SB-Online): Europa, Afrika, Asien, Australien

Abb. 18: Epidemiologische Karte „Malaria" (nach SB-Online): Amerika

7. Erkrankungen durch Prionen

7.1 (Transmissible) spongioforme Enzephalopathie

7.1.1 Erreger und Epidemiologie

Bei den spongioformen Enzephalopathien kommt es nach gängiger Theorie zu einer Fehlfaltung eines körpereigenen Proteins (Prion-Protein, PrP), das von Natur aus vor allem in der Membran von Nervenzellen vorkommt. Diese fehlgefaltete Form ist 1.) im intrazellulären Milieu unlöslich, 2.) proteaseresistent und 3.) sie katalysiert die Fehlfaltung weiterer Moleküle der gleichen Art. Ist der Fehlfaltungsprozess erst einmal in Gang gesetzt, kommt es zu einer immer schneller verlaufenden intrazellulären Akkumulation der fehlgefalteten Form des PrP (sog. PrP^{Sc}), die zu einer nicht entzündlichen, schwammartigen Degeneration des ZNS-Gewebes führt. Dieser Prozess tritt mit einer bestimmten (niedrigen) Häufigkeit sporadisch auf (Creutzfeldt-Jakob-Erkrankung (CJD), je nach Studie und Region zwischen 0,09 und 2/Million Einwohner und Jahr). Bestimmte Mutationen im Gen des PrP können die Fehlfaltungswahrscheinlichkeit erhöhen. Hieraus resultieren die familiär gehäuft auftretenden Formen der spongioformen Enzephalopatien (familiäre CJD, Gerstmann-Sträussler-Scheinker-Syndrom (GSS)) sowie eine Häufung von CJD in bestimmten ethnischen Gruppen (31/ Million Einwohner und Jahr). Der Altersgipfel der Erkrankung liegt aufgrund der langen Inkubationszeiten (mehrere Jahrzehnte) >50 Jahre. Aus den „katalytischen" Eigenschaften des PrP^{Sc} ergibt sich, dass durch die Übertragung von PrP^{Sc} auf einen intakten Organismus der oben beschriebene Prozess exogen ausgelöst werden kann, weshalb das PrP^{Sc} als „infektiöses Protein" bezeichnet wird. Eine hochendemische Form (verantwortlich für bis zu 50% der gesamten Populationsmortalität), die nachweislich durch Transmission in der humanen Population perpetuiert wurde, war die sog. Kuru-Erkrankung bei Eingeborenenstämmen im Hochland Neuguineas; die Transmission erfolgte hierbei über kannibalistische Rituale. Seit diese nicht mehr praktiziert werden, sind keine neuen Kuru-Fälle mehr aufgetreten (abgesehen von Fällen mit extrem langen Inkubationszeiten). Das PrP-Gen ist bei allen Säugetieren vorhanden und die Homologien sind so groß, dass der oben beschriebene degenerative Prozess auch speziesübergreifend induziert werden kann. Ein großes Problem für die epidemiologische Forschung ist hierbei, dass bei einem Speziessprung die induzierenden Moleküle mit den verfügbaren Methoden nicht identifiziert werden können und man ausschließlich auf statistische Methoden angewiesen ist.

7.1.2   Infektionsmodus

Es ist noch unklar, inwieweit die sporadischen CJD-Fälle spontan und zufällig auftreten oder Folge einer Transmission sind. Bekanntester Übertragungsweg bei den übertragenen Formen ist die orale Ingestion von PrP^{Sc}. Es ist dabei noch nicht eindeutig gesichert, ob die Aufnahme über die physiologische Resorption im Magen-Darm-Trakt oder durch Mikroläsionen in der Mukosa des Magen-Darm-Traktes erfolgt. Die Epidemie der spongiformen Enzephalopathie bei Rindern (BSE) mit tausenden von Fällen wurde durch die Verfütterung von unzureichend inaktivierten, prionhaltigen Schlachthofabfällen speziesübergreifend ausgelöst (Schaf=>Rind); eine neue Variante der CJD, die sich durch eine klinische Manifestation im frühen Erwachsenenalter auszeichnet, wird mit einer nicht geringen Wahrscheinlichkeit mit der BSE-Epidemie in Zusammenhang gebracht; die Kuru-Endemic wurde ebenfalls über die orale Route unterhalten. Ein weiterer, eindeutig gesicherter Übertragungsweg ist die direkte iatrogene Inokulation von PrP^{Sc} über neurochirurgisches Instrumentarium, Hornhauttransplantate, Duratransplantate und aus Menschen gewonnenen Hormonpräparationen (Wachstumshormon, Gonadotropin).

7.1.3   Erkrankungen und Erkrankungsfolgen

Ein besonderes Kennzeichen der transmissiblen spongiformen Enzephalopathien ist ihre lange Inkubationszeit (Jahre bis Jahrzehnte). Die Erkrankung beginnt oft mit unspezifischen Symptomen wie Kopfschmerzen sowie dem Patienten noch bewussten leichteren sensomotorischen Störungen und psychischen Veränderungen, die den Alltag nicht maßgeblich beeinträchtigen. Im weiteren Verlauf kommt es zu deutlichen sensomotorischen Störungen, oft mit Ataxien, Myoklonien und Beeinträchtigung der kognitiven Funktionen. Im Endstadium liegt eine terminale Demenz vor und der Tod tritt durch Komplikationen ein, wie sie auch bei Patienten mit schwerem apoplektischem Insult zu beobachten sind: Aspirationspneumonie, thromboembolische Ereignisse, Harnwegsinfekte etc. Nach den ersten Symptomen führt die Erkrankung meist innerhalb eines Jahres zum Tod. Bestimmte Mutationen bei den familiären CJD-Formen wiesen eine längere Überlebenszeit auf.

7.1.4   Diagnostik

Eine sichere Diagnostik beim Menschen gelingt nur histopathologisch aus Hirngewebe. Eine Immunität gegen PrP^{Sc} ist nicht bekannt.

7.1.5   Besondere Hinweise

Meldepflicht nach **Bundesseuchengesetz: bei Erkrankung, Tod.**
Meldepflicht nach dem **Infektionsschutzgesetz** (IfSG Entwurf Stand 17.08.1999): namentliche Meldung bei Krankheitsverdacht, Erkrankung oder Tod.
Prionen sind gegen alle üblichen Desinfektionsverfahren resistent (Autoklavieren bei 120°C, Desinfektionsmittel auf alkoholischer Basis, Aldehydbasis und quaternäre Ammoniumverbindungen). Zur sicheren thermischen Inaktivierung sind Temperaturen >180°C notwendig, chemisch wirksam sind Natronlauge und Natriumhypochlorit.

7.1.6   Arbeitsmedizinische Bedeutung

Die arbeitsmedizinische Bedeutung der (transmissiblen) spongioformen Enzephalopathie ist noch unklar.

7.1.6.1   Berufliche Exposition

Eine berufliche Exposition wird bei medizinischem Personal (Neurochirurgie, Pathologie), bei veterinärmedizinischem Personal (Fleischbeschau) und Arbeitnehmern in der Fleischverarbeitung (insbesondere Schlachthofpersonal) diskutiert.

7.1.6.2   Betroffene Berufsgruppen

s.o.

7.1.7   Umwelt- und (reise-)medizinische Aspekte

Der wichtigste umweltmedizinische Gesichtspunkt, d.h. die Möglichkeit der Übertragung durch Nahrungsmittel, ist nicht geklärt.

7.1.7.1 Umweltexposition

Die Umweltexposition (Nahrungsmittel) ist unklar.

7.1.8 Krankenhaushygienische Aspekte

Die Notwendigkeit einer Isolierung erkrankter Personen besteht nicht (keine Mensch-zu-Mensch-Übertragung). Es sind die allgemeinen Hygieneregeln zu beachten.
Es genügt die normale Reinigung von Flächen und Gegenständen sowie die normale Entsorgung von Wäsche und Speiseresten.

7.1.9 Prävention

7.1.9.1 Allgemeine Infektionsprophylaxe

Bei Umgang mit ZNS-Gewebe vom Menschen (Pathologie, Neurochirurgie, Labor etc.) oder Tier (Schlachthof, veterinärmedizinische Untersuchung etc.) sind die allgemeinen Schutzmaßnahmen (siehe Kap. 2.1 bis 2.2) zu beachten. Wichtig ist das Tragen von Schutzhandschuhen und Schutzkleidung, ggf. auch mit Mundschutz.

Arbeitsmedizinische Maßnahmen nach BGI 504-42 (früher ZH1/600.42) mit Anmerkungen des Autors
Infektionskrankheit Nr. 33 ((Transmissible) spongioforme Enzephalopathie (TSE)

Arbeitsbereiche	Gefährdende Tätigkeiten	Arbeitsmedizinische Maßnahmen G42 Impfung Beratung
Arbeitsbereich (1): *Gesundheitsdienst* Stationäre und ambulante Einrichtungen der Humanmedizin **(A)**, Zahnmedizin **(B)**,	Untersuchen, Behandeln, Pflegen	Angebot (A, B, C)
	Abnehmen von Körperflüssig-keiten, Ausscheidungen, Abstrichmaterial	Angebot (A, B, C)

Arbeitsbereiche	Gefährdende Tätigkeiten	Arbeitsmedizinische Maßnahmen G42 Impfung Beratung
Veterinärmedizin (**C**)	Obduktion, Sektion	Angebot (**A**)
	weitere Tätigkeiten (Instandsetzung, Reinigung, Reparatur, Wartung, Transport, Entsorgung)	Angebot (**A, B, C**)

Anmerkung: Es ist unklar, warum im Bereich der Veterinärmedizin für Personen, die Obduktionen durchführen (Veterinäruntersuchungsämter etc.), kein Beratungsangebot gefordert ist.

| **Arbeitsbereich (1):** *Laboratorien und sonstige Bereiche* Laboratorien der Humanmedizin (**A**), Veterinärmedizin (**C**), Medizinprodukteherstellung (**J**), Desinfektionseinrichtungen (**K**) | Auspacken, Aufbereiten, Entsorgen von erfahrungsgemäß infektiösem Probenmaterial, Fixieren, Einbetten, Entwässern, Färben von Blutausstrich- sowie Kultur- und histologischen Präparaten, Herstellen von Organ-(Gefrier-)Schnittpräparaten, Anzüchten, Mikroskopieren, Kultivieren, Differenzieren von Erregern aus Materialproben | Angebot (**A, C, J, K**) |
| **Arbeitsbereich (1):** *Laboratorien und sonstige Bereiche* Laboratorien der Humanmedizin (**A**), Veterinärmedizin (**C**), Medizinprodukteherstellung (**J**), Desinfektionseinrichtungen (**K**) | Bedienen von Untersuchungs-, Analyseautomaten mit infektiösen Proben, Umgang mit infektiösem Material, Gegenständen, Gerätschaften beim Bedienen von Desinfektionsapparaten oder Beschicken der sog. unreinen Seite in Desinfektionseinrichtungen, Halten, Pflege von infizierten, infektiösen Versuchstieren, weitere Tätigkeiten (Instandsetzung, Reinigung, Reparatur, Wartung, Transport, Entsorgung, Fahrtätigkeiten) | Angebot (**A, C, J, K**) |

Arbeitsbereiche	Gefährdende Tätigkeiten	Arbeitsmedizinische Maßnahmen G42 Impfung Beratung
Arbeitsbereich (4): Anlagen der Tierproduktion, Bereiche mit lebenden Tieren, Tierhaltung, Tierhandel	Tierpräparation (**F**)	

Anmerkung: Eine Beratung für Präparatoren ist nicht gefordert, obwohl durchaus Kontakt zu zentralnervösem Gewebe von Boviden bestehen kann.

Arbeitsbereich (4): Bereiche mit tierischen, pflanzlichen Rohstoffen für „Non-Food-Produkte"	Verwerten, Beseitigen verendeter oder tot geborener Tiere aus gewerblichen Schlachtstätten (**H**)	

Anmerkung: Eine Beratung z.B. für Mitarbeiter von Tierkörperbeseitigungsanlagen ist nicht gefordert, obwohl durchaus Kontakt zu zentralnervösem Gewebe von Boviden bestehen kann.

Arbeitsbereich (4): Tierische und pflanzliche Rohprodukte in der Lebensmittelproduktion	Gewerbliches Schlachten, Zerlegen von Tieren einschließlich verarbeitende Geflügelindustrie (**K**)	Angebot (**K**)

354

8. Rechtliche Grundlagen arbeitsmedizinischer Infektionsprophylaxe

Die Rechtsvorschriften zur Regelung des Arbeitsschutzes erscheinen vielen Verantwortlichen und Betroffenen undurchsichtig. In den folgenden Kapiteln soll ein kurzer Überblick über die für die arbeitsmedizinische Infektionsprophylaxe maßgeblichen Vorschriften und Empfehlungen gegeben werden. Grundsätzlich hervorzuheben ist dabei die Verantwortung des Unternehmers für alle notwendigen Arbeitsschutzmaßnahmen. Dabei gilt der Rechtsgrundsatz, dass alle vorbeugenden Maßnahmen zur Verhütung von Arbeitsunfällen und Berufskrankheiten zulasten des Unternehmers gehen. Schutzimpfungen bei beruflicher Infektionsgefährdung wie z.B. gegen die Hepatitis B, aber bei entsprechender Gefährdung auch gegen die Hepatitis A oder andere Infektionserkrankungen sind hierbei eingeschlossen.

Auflistung der relevanten Rechtsvorschriften oder Empfehlungen zur Frage einer Hepatitis-A- oder -B-Gefährdung

- Sozialgesetzbuch VII (SGB, insb. §§ 1, 14, 15, 21)
- Arbeitssicherheitsgesetz (ASiG)
- Biostoffverordnung (BioStoffV)
- Bundesseuchengesetz (BSG)
- Berufsgenossenschaftliche Vorschrift „Allgemeine Vorschriften" (BGV A 1, früher VBG 1)
- Berufsgenossenschaftliche Vorschrift „Arbeitsmedizinische Vorsorge" (BGV A 4, früher VBG 100)
- Berufsgenossenschaftliche Vorschrift „Gesundheitsdienst" (BGV C 8, früher VBG 103)
- Berufsgenossenschaftlicher Grundsatz für arbeitsmedizinische Vorsorgeuntersuchungen „Infektionserkrankungen" (G42)
- Merkblatt der Berufsgenossenschaft für Gesundheitsdienst und Wohlfahrtspflege „Aktive Immunisierung gegen Hepatitis B" (Merkblatt M 613)
- Arbeitsschutzgesetz (ASG)
- Impfempfehlungen der Ständigen Impfkommission (STIKO) am Robert-Koch-Institut

8.1 Allgemeine rechtliche Grundlagen

8.1.1 Das Sozialgesetzbuch VII (früher: Reichsversicherungsordnung)

Im Sozialgesetzbuch VII wird die Verantwortung des Unternehmers für den Arbeitsschutz festgelegt, gleichzeitig werden die Aufgaben der gesetzlichen Unfallversicherung beschrieben. Das Sozialgesetzbuch VII hat damit die Reichsversicherungsordnung oder kurz RVO abgelöst.

In § 1 des SGB VII werden die Aufgaben der gesetzlichen Unfallversicherung festgelegt und gegenüber den früheren Regelungen konkretisiert und ausgeweitet. Wurde beispielsweise bisher in § 537 RVO Abs. 1 lediglich das Verhüten von Arbeitsunfällen genannt, heißt es jetzt, dass „**mit allen geeigneten Mitteln** Arbeitsunfälle **und Berufskrankheiten sowie arbeitsbedingte Gesundheitsgefahren**" zu verhüten sind. Dieser Präventionsauftrag wird in §§ 14 und 15 (früher § 708 RVO) näher beschrieben. Die Berufsgenossenschaften erhalten hier die Kompetenz, Unfallverhütungsvorschriften zu erlassen, die die konkreten Maßnahmen, Anordnungen und Einrichtungen betreffen, die ein Unternehmer zur Verhütung von Arbeitsunfällen zu treffen hat. Gegenstand dieser Unfallverhütungsvorschriften sind außerdem das Verhalten der Versicherten, die ärztliche Untersuchung von Versicherten und die Maßnahmen des Unternehmers zur Erfüllung des Arbeitssicherheitsgesetzes. Von besonderer Bedeutung ist § 21. Hier wird klar die Verantwortung des Unternehmers „für die Durchführung der Maßnahmen zur Verhütung von Arbeitsunfällen und Berufskrankheiten sowie für die Verhütung von arbeitsbedingten Gesundheitsgefahren" festgelegt. Aber auch die Mitwirkungspflicht der Arbeitnehmer wird hier erstmalig klar dargestellt. Diese Regelungen gelten bei entsprechender Gefährdung selbstverständlich auch für Maßnahmen zur Verhütung einer berufsbedingten Infektion.

Auszüge aus den §§ 1, 14, 15 und 21 des SGB VII

---

§ 1 Prävention, Rehabilitation, Entschädigung

Aufgabe der Unfallversicherung ist es, nach Maßgabe der Vorschriften dieses Buches
1. mit allen geeigneten Mitteln Arbeitsunfälle und Berufskrankheiten sowie arbeitsbedingte Gesundheitsgefahren zu verhüten,
2. nach Eintritt von Arbeitsunfällen oder Berufskrankheiten die Gesundheit und die Leistungsfähigkeit der Versicherten mit allen geeigneten Mitteln

---

wiederherzustellen und sie oder ihre Hinterbliebenen durch Geldleistungen zu entschädigen.

§ 14 Grundsatz

(1) [1]Die Unfallversicherungsträger haben mit allen geeigneten Mitteln für die Verhütung von Arbeitsunfällen, Berufskrankheiten und arbeitsbedingten Gesundheitsgefahren und für eine wirksame erste Hilfe zu sorgen. [2]Sie sollen dabei auch den Ursachen von arbeitsbedingten Gefahren für Leben und Gesundheit nachgehen.

(2) Bei der Verhütung arbeitsbedingter Gesundheitsgefahren arbeiten die Unfallversicherungsträger mit den Krankenkassen zusammen.

§ 15 Unfallverhütungsvorschriften

(1) [1]Die Unfallversicherungsträger erlassen als autonomes Recht Unfallverhütungsvorschriften über

1. Einrichtungen, Anordnungen und Maßnahmen, welche die Unternehmer zur Verhütung von Arbeitsunfällen, Berufskrankheiten und arbeitsbedingten Gesundheitsgefahren zu treffen haben, sowie die Form der Übertragung dieser Aufgaben auf andere Personen,

2. das Verhalten der Versicherten zur Verhütung von Arbeitsunfällen, Berufskrankheiten und arbeitsbedingten Gesundheitsgefahren,

3. vom Unternehmer zu veranlassende arbeitsmedizinische Untersuchungen und sonstige arbeitsmedizinische Maßnahmen vor, während und nach der Verrichtung von Arbeiten, die für Versicherte oder für Dritte mit arbeitsbedingten Gefahren für Leben und Gesundheit verbunden sind,

4. Voraussetzungen, die der Arzt, der mit Untersuchungen oder Maßnahmen nach Nr. 3 beauftragt ist, zu erfüllen hat, sofern die ärztliche Untersuchung nicht durch eine staatliche Rechtsvorschrift vorgesehen ist,

5. die Sicherstellung einer wirksamen ersten Hilfe durch den Unternehmer,

6. die Maßnahmen, die der Unternehmer zur Erfüllung der sich aus dem Gesetz über Betriebsärzte, Sicherheitsingenieure und andere Fachkräfte für Arbeitssicherheit ergebenden Pflichten zu treffen hat,

7. die Zahl der Sicherheitsbeauftragten, die nach § 22 unter Berücksichtigung der in den Unternehmen für Leben und Gesundheit der Versicherten bestehenden arbeitsbedingten Gefahren und der Zahl der Beschäftigten zu bestellen sind.

§ 21 Verantwortung des Unternehmers, Mitwirkung der Versicherten

(1) Der Unternehmer ist für die Durchführung der Maßnahmen zur Verhütung von Arbeitsunfällen und Berufskrankheiten, für die Verhütung von arbeitsbedingten Gesundheitsgefahren sowie für eine wirksame erste Hilfe verantwortlich.

(3) Die Versicherten haben nach ihren Möglichkeiten alle Maßnahmen zur Verhütung von Arbeitsunfällen, Berufskrankheiten und arbeitsbedingten Gesundheitsgefahren sowie für eine wirksame erste Hilfe zu unterstützen und die entsprechenden Anweisungen des Unternehmers zu befolgen.

8.1.2 Das Arbeitsschutzgesetz

Mit dem Gesetz über die Durchführung von Maßnahmen des Arbeitsschutzes zur Verbesserung der Sicherheit und des Gesundheitsschutzes der Beschäftigten bei der Arbeit - kurz Arbeitsschutzrahmengesetz - hat die Bundesregierung im August 1996 den Versuch unternommen, verschiedene EG-Rahmenrichtlinien zum Arbeitsschutz und Gesundheitsschutz von Arbeitnehmern in nationales Recht zu überführen. Die Regelungen der EG-Richtlinie 93/88 über den Schutz von Arbeitnehmern durch biologische Arbeitsstoffe wurden nicht direkt eingearbeitet, sondern im Rahmen der Biostoffverordnung berücksichtigt.

Trotzdem sind insbesondere die Regelungen über die Grundpflichten des Arbeitgebers (§ 3), die allgemeinen Regeln des Arbeitsschutzes (§ 4) und die Beurteilung der Arbeitsbedingungen (§ 5) auch für die Verhütung einer beruflichen Infektion von Bedeutung. Durch § 5 wird der Arbeitgeber beispielsweise verpflichtet, durch eine Beurteilung der für die Beschäftigten mit ihrer Arbeit verbundenen Gefährdung zu ermitteln, welche Maßnahmen des Arbeitsschutzes erforderlich sind. Die Gefährdung auch durch biologische Einwirkungen (z.B. Infektionsgefahren) wird in Absatz 3 besonders betont.

Auszüge: Arbeitsschutzgesetz

§ 3 Grundpflichten des Arbeitgebers

(1) Der Arbeitgeber ist verpflichtet, die erforderlichen Maßnahmen des Arbeitsschutzes unter Berücksichtigung der Umstände zu treffen, die Sicherheit und Gesundheit der Beschäftigten bei der Arbeit beeinflussen. Er hat die Maßnahmen auf ihre Wirksamkeit zu überprüfen und erforder-

lichenfalls sich ändernden Gegebenheiten anzupassen. Dabei hat er eine Verbesserung von Sicherheit und Gesundheitsschutz der Beschäftigten anzustreben.

§ 4 Allgemeine Grundsätze

Der Arbeitgeber hat bei Maßnahmen des Arbeitsschutzes von folgenden allgemeinen Grundsätzen auszugehen:

1. Die Arbeit ist so zu gestalten, dass eine Gefährdung für Leben und Gesundheit möglichst vermieden und die verbleibende Gefährdung möglichst gering gehalten wird;
2. Gefahren sind an ihrer Quelle zu bekämpfen;
3. bei den Maßnahmen sind der Stand von Technik, Arbeitsmedizin und Hygiene sowie sonstige gesicherte arbeitswissenschaftliche Erkenntnisse zu berücksichtigen;
4. Maßnahmen sind mit dem Ziel zu planen, Technik, Arbeitsorganisation, sonstige Arbeitsbedingungen, soziale Beziehungen und Einfluss der Umwelt auf den Arbeitsplatz sachgerecht zu verknüpfen;
5. individuelle Schutzmaßnahmen sind nachrangig zu anderen Maßnahmen;
6. spezielle Gefahren für besonders schutzbedürftige Beschäftigtengruppen sind zu berücksichtigen;
7. den Beschäftigten sind geeignete Anweisungen zu erteilen;
8. mittelbar oder unmittelbar geschlechtsspezifisch wirkende Regelungen sind nur zulässig, wenn dies aus biologischen Gründen zwingend geboten ist.

§ 5 Beurteilung der Arbeitsbedingungen

(1) Der Arbeitgeber hat durch eine Beurteilung der für die Beschäftigten mit ihrer Arbeit verbundenen Gefährdung zu ermitteln, welche Maßnahmen des Arbeitsschutzes erforderlich sind.

(2) Der Arbeitgeber hat die Beurteilung je nach Art der Tätigkeiten vorzunehmen. Bei gleichartigen Arbeitsbedingungen ist die Beurteilung eines Arbeitsplatzes oder einer Tätigkeit ausreichend.

(3) Eine Gefährdung kann sich insbesondere ergeben durch
1. die Gestaltung und die Einrichtung der Arbeitsstätte und des Arbeitsplatzes,
2. physikalische, chemische und **biologische Einwirkungen**,

3. die Gestaltung, die Auswahl und den Einsatz von Arbeitsmitteln, insbesondere von Arbeitsstoffen, Maschinen, Geräten und Anlagen sowie den Umgang damit,
4. die Gestaltung von Arbeits- und Fertigungsverfahren, Arbeitsabläufen und Arbeitszeit und deren Zusammenwirken,
5. unzureichende Qualifikation und Unterweisung der Beschäftigten.

8.1.3 Das Arbeitssicherheitsgesetz

Das Arbeitssicherheitsgesetz oder Gesetz über Betriebsärzte, Sicherheitsingenieure und andere Fachkräfte für Arbeitssicherheit vom 12.12.1973 regelt die Pflicht des Arbeitgebers zur Bestellung von Betriebsärzten und Fachkräften für Arbeitssicherheit, deren Aufgabe es ist, den Arbeitgeber bei Arbeitsschutz und Unfallverhütung zu unterstützen. Dabei wird als wesentliche Aufgabe für Betriebsärzte die Unterstützung des Arbeitgebers beim Arbeitsschutz und bei der Unfallverhütung in allen Fragen des Gesundheitsschutzes genannt. Für die Frage nach der Notwendigkeit einer Immunisierung ist der § 3 Abs. 3c von wesentlicher Bedeutung. Hier wird als eine Aufgabe der Betriebsärzte genannt, die Ursachen von arbeitsbedingten Erkrankungen zu untersuchen, die Untersuchungsergebnisse zu erfassen und auszuwerten und dem Arbeitgeber Maßnahmen zur Verhütung dieser Erkrankungen vorzuschlagen.

Für den Problemkreis des arbeitsmedizinischen Infektionsschutzes kann dieses selbstverständlich die Untersuchung und Darstellung von entsprechenden Infektionsrisiken für Arbeitnehmer sein. Bei Vorliegen solcher beruflicher Infektionsrisiken wäre es Aufgabe des Betriebsarztes, wo möglich eine Immunisierung zur Verhütung einer Infektion vorzuschlagen.

Auszug aus dem Arbeitssicherheitsgesetz

§ 3 Aufgaben der Betriebsärzte

(1) Die Betriebsärzte haben die Aufgabe, den Arbeitgeber beim Arbeitsschutz und bei der Unfallverhütung in allen Fragen des Gesundheitsschutzes zu unterstützen. Sie haben insbesondere
1. den Arbeitgeber und die sonst für den Arbeitsschutz und die Unfallverhütung verantwortlichen Personen zu beraten, insbesondere bei
    a) der Planung, Ausführung und Unterhaltung von Betriebsanlagen und von sozialen und sanitären Einrichtungen,

b) der Beschaffung von technischen Arbeitsmitteln und der Einführung von Arbeitsverfahren und Arbeitsstoffen,

c) der Auswahl und Erprobung von Körperschutzmitteln,

d) arbeitsphysiologischen, arbeitspsychologischen und sonstigen ergonomischen sowie arbeitshygienischen Fragen, insbesondere des Arbeitsrhythmus, der Arbeitszeit und der Pausenregelung, der Gestaltung der Arbeitsplätze, des Arbeitsablaufs und der Arbeitsumgebung,

e) der Organisation der „ersten Hilfe" im Betrieb,

f) Fragen des Arbeitsplatzwechsels sowie der Eingliederung und Wiedereingliederung Behinderter in den Arbeitsprozess,

2. die Arbeitnehmer zu untersuchen, arbeitsmedizinisch zu beurteilen und zu beraten sowie die Untersuchungsergebnisse zu erfassen und auszuwerten,

3. die Durchführung des Arbeitsschutzes und der Unfallverhütung zu beobachten und im Zusammenhang damit

a) die Arbeitsstätten in regelmäßigen Abständen zu begehen und festgestellte Mängel dem Arbeitgeber oder der sonst für den Arbeitsschutz und die Unfallverhütung verantwortlichen Person mitzuteilen, Maßnahmen zur Beseitigung dieser Mängel vorzuschlagen und auf deren Durchführung hinzuwirken,

b) auf die Benutzung der Körperschutzmittel zu achten,

c) Ursachen von arbeitsbedingten Erkrankungen zu untersuchen, die Untersuchungsergebnisse zu erfassen und auszuwerten und dem Arbeitgeber Maßnahmen zur Verhütung dieser Erkrankungen vorzuschlagen,

4. darauf hinzuwirken, dass sich alle im Betrieb Beschäftigten den Anforderungen des Arbeitsschutzes und der Unfallverhütung entsprechend verhalten, insbesondere sie über die Unfall- und Gesundheitsgefahren, denen sie bei der Arbeit ausgesetzt sind, sowie über die Einrichtungen und Maßnahmen zur Abwendung dieser Gefahren zu belehren und bei der Einsatzplanung und Schulung der Helfer in „erster Hilfe" und des medizinischen Hilfspersonals mitzuwirken.

(2) Die Betriebsärzte haben auf Wunsch des Arbeitnehmers diesem das Ergebnis arbeitsmedizinischer Untersuchungen mitzuteilen; § 8 Abs. 1 Satz 2 bleibt unberührt.

(3) Zu den Aufgaben der Betriebsärzte gehört es nicht, Krankmeldungen der Arbeitnehmer auf ihre Berechtigung zu überprüfen.

§ 4 Anforderungen an Betriebsärzte

Der Arbeitgeber darf als Betriebsärzte nur Personen bestellen, die berechtigt sind, den ärztlichen Beruf auszuüben, und die über die zur Erfüllung der ihnen übertragenen Aufgaben erforderliche arbeitsmedizinische Fachkunde verfügen.

8.2 Berufsgenossenschaftliche Vorschriften, Grundsätze und Merkblätter

Aufgrund des § 15 des Sozialgesetzbuchs VII (früher § 701 der RVO) haben die Berufsgenossenschaften für ihre Mitgliedsunternehmen Vorschriften erlassen, die Maßnahmen des Unternehmers zum Schutze der Arbeitnehmer gegen Gefahren für Leben und Gesundheit aus der beruflichen Tätigkeit regeln. Zumeist sind diese Unfallverhütungsvorschriften (Berufsgenossenschaftliche Vorschriften – BGV, früher VBG) mit Durchführungsanweisungen versehen, die angeben, wie die normierten Schutzziele erreicht werden können. Diese Durchführungsanweisungen enthalten darüber hinaus weitere Erläuterungen zu den Unfallverhütungsvorschriften. Grundsätzlich schließen sie aber andere als die genannten Lösungen nicht aus, wenn diese ebenso sicher für die Erreichung des Schutzzieles sind.

Es muss darauf hingewiesen werden, dass grundsätzlich jede Berufsgenossenschaft eigene Unfallverhütungsvorschriften für ihre Mitglieder erlässt. Die zentralen Unfallverhütungsvorschriften sind bei den verschiedenen Trägern der gesetzlichen Unfallversicherung zwar gleich lautend, es können jedoch auch Unterschiede vorliegen. In Zweifelsfällen ist es deshalb ratsam, das Informationsangebot des zuständigen technischen Aufsichtsdienstes der Berufsgenossenschaften anzunehmen und sich dort über die in dem speziellen Fall zutreffenden Unfallverhütungsvorschriften zu informieren. Selbstverständlich sollte auch die Beratung durch Betriebsärzte und Sicherheitsingenieure genutzt werden.

8.2.1 *Berufsgenossenschaftliche Vorschrift „Allgemeine Vorschriften" BGV A1 (früher VBG 1)*

In der BGV A1 (früher VBG 1) („Allgemeine Vorschriften") werden grundsätzliche Forderungen und Maßnahmen zum Arbeits- und Gesundheitsschutz festgelegt.

Die BGV A1 ist bei nahezu allen Berufsgenossenschaften gleich lautend. In der BGV A1 wird dem Unternehmer die Pflicht auferlegt, zur Verhütung von Arbeitsunfällen Einrichtungen, Anordnungen und Maßnahmen zu treffen, die den Bestimmungen der Unfallverhütungsvorschrift und den für ihn sonst geltenden Unfallsverhütungsvorschriften und auch den allgemein anerkannten sicherheitstechnischen und arbeitsmedizinischen Regeln entsprechen. Dieses schließt in Zusammenhang mit anderen Vorschriften der Berufsgenossenschaften z.B. die Pflicht ein, bei Kontakt mit infektiösem Material Schutzhandschuhe zur Verfügung zu stellen und auch eine Schutzimpfung kostenfrei anzubieten.

Auszug aus der Berufsgenossenschaftlichen Vorschrift „Allgemeine Vorschriften" BGV A1 (früher VBG 1) mit Durchführungsanweisungen (10.1991, aktualisierte Fassung 1998)

Allgemeine Anforderungen

§ 2
(1) Der Unternehmer hat zur Verhütung von Arbeitsunfällen Einrichtungen, Anordnungen und Maßnahmen zu treffen, die den Bestimmungen dieser Unfallverhütungsvorschrift und den für ihn sonst geltenden Unfallverhütungsvorschriften und im Übrigen den allgemein anerkannten sicherheitstechnischen und arbeitsmedizinischen Regeln entsprechen. Soweit in anderen Rechtsvorschriften, insbesondere in Arbeitsschutzvorschriften, Anforderungen gestellt werden, bleiben diese Vorschriften unberührt.
(2) Technische Erzeugnisse, die nicht den Unfallverhütungsvorschriften entsprechen, dürfen verwendet werden, soweit sie in ihrer Beschaffenheit die gleiche Sicherheit auf andere Weise gewährleisten.
(3) Tritt bei einer Einrichtung ein Mangel auf, durch den für die Versicherten sonst nicht abzuwendende Gefahren entstehen, ist die Einrichtung stillzulegen.

Zu § 2 Abs. 1:

Durchführungsanweisung:
Diese Forderung schließt die Verpflichtung des Unternehmers ein, Einrichtungen in der für den gefahrlosen Arbeitsablauf erforderlichen Ausführung und Anzahl zur Verfügung zu stellen.
Diese Forderung schließt ferner ein, dass der Unternehmer auch die Durchführung aller in Satz 1 enthaltenen Forderungen zu überwachen hat.
Zu den Arbeitsunfällen rechnen auch die Berufskrankheiten; siehe § 551 Reichsversicherungsordnung (RVO).

8.2.2 Berufsgenossenschaftliche Vorschrift „Arbeitsmedizinische Vorsorge" BGV A4 (früher VBG 100)

In der **BGV A 4 (früher VBG 100)** wird die spezielle arbeitsmedizinische Vorsorge beim Umgang mit Gefahrstoffen und gefährdenden Tätigkeiten geregelt. Kurz zusammengefasst wird hier festgelegt, dass der Unternehmer Beschäftigte, die einer besonderen, in dieser oder anderen Vorschriften näher definierten Gefährdung ausgesetzt sind, an diesem Arbeitsplatz oder mit dieser Tätigkeit nur beschäftigen darf, wenn sie fristgerecht Vorsorgeuntersuchungen durch einen ermächtigten Arzt unterzogen worden sind.

Zur Ergänzung der **BGV A 4** haben die Berufsgenossenschaften die Auswahlkriterien für spezielle arbeitsmedizinische Vorsorgeuntersuchungen nach den Grundsätzen für arbeitsmedizinische Vorsorgeuntersuchungen (BGI 504, früher ZH1-600) erlassen, in denen Anhaltspunkte für die Auswahl der im Rahmen dieser Vorsorgeuntersuchungen zur untersuchenden Person aufgelistet sind. Daneben geben die Grundsätze für arbeitsmedizinische Vorsorgeuntersuchungen, zu deren Durchführung der (Betriebs-)Arzt ermächtigt ist, Anhaltspunkte für Art und Durchführung der jeweiligen Untersuchung bei verschiedenen Gefährdungen. Die berufliche Infektionsgefährdung wird dabei im berufsgenossenschaftlichen Grundsatz „Tätigkeiten mit Infektionsgefährdung G 42" behandelt. Auf diesen Grundsatz soll jedoch gesondert eingegangen werden.

Auszug aus der Berufsgenossenschaftlichen Vorschrift „Arbeitsmedizinische Vorsorge" BGV A4 (früher VBG 100)

I. Geltungsbereich

§ 1 Geltungsbereich

Diese Unfallverhütungsvorschrift gilt für die spezielle arbeitsmedizinische Vorsorge.

Zu § 1:
Durchführungsanweisung:
Spezielle arbeitsmedizinische Vorsorgeuntersuchungen sind in Rechtsvorschriften angeordnete gezielte Untersuchungen wegen besonderer Gefährdungen am Arbeitsplatz.

II. Gemeinsame Bestimmungen

§ 2 Begriffsbestimmungen

(1) Vorsorgeuntersuchungen im Sinne dieser Unfallverhütungsvorschrift sind
1. arbeitsmedizinische Erstuntersuchungen vor Aufnahme der Tätigkeit,
2. arbeitsmedizinische Nachuntersuchungen während dieser Tätigkeit,
3. arbeitsmedizinische nachgehende Untersuchungen nach Beendigung einer Tätigkeit.

(2) Als Vorsorgeuntersuchungen im Sinne dieser Unfallverhütungsvorschrift gelten auch arbeitsmedizinische Vorsorgeuntersuchungen auf Verlangen des Versicherten (§ 7).

§ 3 Allgemeine Regelungen

(1) Der Unternehmer darf Versicherte,
– an deren Arbeitsplatz die Auslöseschwelle für die in Anlage 1 aufgeführten Gefahrstoffe überschritten wird
  oder
– an deren Arbeitsplatz die Auslöseschwelle bei Umgang mit solchen Gefahrstoffen überschritten wird, von denen aufgrund neuer gesicherter wissenschaftlicher Erkenntnisse die Senatskommission zur Prüfung gesundheitsschädlicher Arbeitsstoffe der Deutschen Forschungsgemeinschaft festgestellt hat, dass sie Krebs erzeugend sind, oder die der Hersteller oder Einführer als solche gekennzeichnet hat,
  oder
– bei denen die Auswahlkriterien für die in Anlage 1 aufgeführten gefährdenden Tätigkeiten erfüllt sind,
  oder
– für die eine Vorsorgeuntersuchung von der Berufsgenossenschaft im Einzelfall angeordnet worden ist,
an diesem Arbeitsplatz oder mit dieser Tätigkeit nur beschäftigen, wenn sie fristgerecht Vorsorgeuntersuchungen durch einen ermächtigten Arzt unterzogen worden sind.

(2) Der Unternehmer hat die Vorsorgeuntersuchungen zu veranlassen und die Kosten zu tragen, soweit dies nicht von der Berufsgenossenschaft übernommen wird.

(3) Das Benutzen von persönlichen Schutzausrüstungen befreit nicht von der Verpflichtung nach Absatz 1.

(4) Der Unternehmer hat dem ermächtigten Arzt auf Verlangen die zur Durchführung der Vorsorgeuntersuchungen erforderlichen Auskünfte über die Arbeitsplatzverhältnisse zu erteilen und eine Besichtigung des Arbeitsplatzes zu ermöglichen.

(5) Der Unternehmer hat der Berufsgenossenschaft jährlich auf Verlangen die Anzahl der für Vorsorgeuntersuchungen erfassten Versicherten mitzuteilen. Er hat der Berufsgenossenschaft auf Verlangen darzulegen, dass die Gefährdung weder durch Ersatz der Gefahrstoffe noch durch technische Maßnahmen gänzlich vermieden oder verringert werden kann.

(6) Solange der Unternehmer nicht selber dafür sorgt, dass die erforderlichen Untersuchungen von einem ermächtigten Arzt durchgeführt werden, kann die Berufsgenossenschaft diese Untersuchungen veranlassen. Der Unternehmer hat der Berufsgenossenschaft die hierfür erforderlichen Angaben zu übermitteln. Absatz 2 bleibt unberührt.

§ 4 Erstuntersuchung

Der Unternehmer hat dafür zu sorgen, dass die Erstuntersuchung vor Beginn der Tätigkeit durchgeführt wird. Die Erstuntersuchung darf nicht länger als 12 Wochen zurückliegen.

Zu § 4:
Durchführungsanweisung:
Eine Erstuntersuchung kann auch bei veränderten Arbeitsplatzbedingungen an demselben Arbeitsplatz oder bei Wechsel des Arbeitsplatzes innerhalb des Betriebes erforderlich sein.
Die Zwölfwochenfrist dient dem Zweck, einen möglichst aktuellen Untersuchungsbefund für die Beurteilung zu gewährleisten.

§ 5 Nachuntersuchungen

(1) Der Unternehmer hat dafür zu sorgen, dass Nachuntersuchungen innerhalb von 6 Wochen vor Ablauf der Nachuntersuchungsfrist durchgeführt werden. Die Frist für die Nachuntersuchung beginnt mit dem Zeitpunkt der letzten Vorsorgeuntersuchung.

(2) Ist für die Nachuntersuchung keine bestimmte Frist, sondern eine Zeitspanne festgelegt, so ist die Nachuntersuchung spätestens zu dem Zeitpunkt durchzuführen, den der ermächtigte Arzt je nach Arbeitsbedingungen und Gesundheitszustand des Versicherten bestimmt hat.

und Sehfähigkeit feststellen, oder Unternehmen, die Körperpflege betreiben. Eine genauere Übersicht über den Geltungsbereich der BGV C8 gibt nachfolgendes Schema.

Geltungsbereich BGV C8

---

§ 1.

(1) Diese Unfallverhütungsvorschrift gilt für Unternehmen und Teile von Unternehmen, in denen bestimmungsgemäß

1. Menschen stationär medizinisch untersucht, behandelt oder gepflegt werden,
2. Menschen ambulant medizinisch untersucht oder behandelt werden,
3. Körpergewebe, -flüssigkeiten und -ausscheidungen von Menschen oder Tieren untersucht oder Arbeiten mit Krankheitserregern ausgeführt werden,
4. infektiöse oder infektionsverdächtige Gegenstände und Stoffe desinfiziert werden,
5. Tiere veterinärmedizinisch untersucht oder behandelt werden.

(2) Diese Unfallverhütungsvorschrift gilt auch für Unternehmen oder Teile von Unternehmen, die bestimmungsgemäß

1. Rettungs- und Krankentransporte ausführen,
2. Hauskrankenpflege durchführen.

(3) Diese Unfallverhütungsvorschrift gilt nicht für

1. Ersthelfer, soweit sie nicht in Unternehmen und Teilen von Unternehmen nach § 1 Abs. 2 Nr. 1 eingesetzt werden,
2. Personen, die nur die Hör- und Sehfähigkeiten feststellen, soweit sie nicht in Unternehmen oder Teilen von Unternehmen nach § 1 Abs. 1 Nr. 1 beschäftigt werden,
3. Unternehmen, die Körperpflege betreiben.

Neben zahlreichen Vorschriften über Desinfektionsmaßnahmen, Schutzkleidung, Hygiene, Reinigung und Desinfektion von Arbeitsbereichen, Verhalten bei übertragbaren Erkrankungen und vielem mehr geht die BGV C8 im § 4 auf die Immunisierung (Schutzimpfung) ein. Es wird klar dargestellt, dass der Unternehmer die Beschäftigten nicht nur in für sie verständlicher Form über die infrage kommenden Schutzimpfungen bei Aufnahme der Tätigkeit zu informieren hat, sondern auch die im Einzelfall gebotenen Maßnahmen zur Immunisierung im Einvernehmen mit dem Arzt festzulegen hat. Ebenfalls ist festgelegt, dass die Schutzimpfung für die Beschäftigten kostenlos durchzuführen ist.

Auszug aus BGV C8 § 4

Immunisierung

§ 4.
Der Unternehmer hat sicherzustellen, dass die Beschäftigten über die für sie infrage kommenden Maßnahmen zur Immunisierung bei Aufnahme der Tätigkeit und bei gegebener Veranlassung unterrichtet werden. Die im Einzelfall gebotenen Maßnahmen zur Immunisierung sind im Einvernehmen mit dem Arzt, der die arbeitsmedizinischen Vorsorgeuntersuchungen durchführt, festzulegen. Die Immunisierung ist für die Beschäftigten kostenlos zu ermöglichen.

8.2.5   *Merkblatt M 613*
         (Aktive Immunisierung gegen Hepatitis B)

Die wichtigsten Fragen zur Schutzimpfung gegen Hepatitis B aufgrund beruflicher Gefährdungen im Gesundheitsdienst werden zusammengefasst in dem Merkblatt der Berufsgenossenschaft für Gesundheitsdienst und Wohlfahrtspflege M 613, das gemeinsam mit dem Bundesverband der Versicherungsträger der öffentlichen Hand (BAGUV) herausgegeben wurde. Neben Angaben über die Hepatitis B als Berufskrankheit, Infektionsquellen und Infektionswege sowie Hinweisen auf gefährdete Personengruppen werden auch interessante Informationen über die aktive Schutzimpfung, Impfkosten und nicht zuletzt auch über den Versicherungsschutz des Beschäftigten im Rahmen einer Hepatitis-B-Impfung gegeben.

Auszug aus Merkblatt M 613
(Aktive Immunisierung gegen Hepatitis B)

Die Unfallverhütungsvorschrift „Gesundheitsdienst" (VGB 103/GUV 8.1) verpflichtet daher den Unternehmer

- sicherzustellen, dass die Beschäftigten über die für sie infrage kommenden Immunisierungsmaßnahmen in verständlicher Form unterrichtet werden
- im Einvernehmen mit dem Arzt, der die arbeitsmedizinischen Vorsorgeuntersuchungen durchführt, festzulegen, welche Impfungen im Einzelfall geboten sind und

370

- bei gegebener Indikation (Personenkreis, Expositionssituation) die Impfungen kostenlos anzubieten.

Es gilt der Rechtsgrundsatz, dass Immunprophylaxen, wie alle vorbeugenden Maßnahmen zur Verhütung von Arbeitsunfällen und Berufskrankheiten, zulasten des Unternehmers gehen.
Für die passive Immunisierung kommt eine Kostenübernahme nur in Betracht, sofern die vom Träger der gesetzlichen Unfallversicherung festgelegten Kriterien erfüllt sind. Dies gilt auch für eine Simultanimpfung.
Falls durch eine Impfung, die aufgrund der Unfallverhütungsvorschrift durchgeführt wurde, ein Impfschaden entsteht, gewährt der Träger der gesetzlichen Unfallversicherung dafür Leistungen wie bei einem Arbeitsunfall.

8.2.6 Weitere berufsgenossenschaftliche Merkblätter

Empfehlungen über durchzuführende Schutzimpfungen gegen Hepatitis B bei Vorliegen von beruflichen Gefährdungen geben auch andere Merkblätter der Berufsgenossenschaft für Gesundheitsdienst und Wohlfahrtspflege wie z.B. die Merkblätter M 618, arbeitsmedizinische Vorsorgeuntersuchungen im Gesundheitsdienst - Hauskrankenpflege - und M 619, arbeitsmedizinische Vorsorgeuntersuchungen im Gesundheitsdienst - Altenpflegeheime.

8.2.7 Das Berufskrankheitenrecht

Im Sozialrecht ist eine Berufskrankheit eine in einer Anlage zum Sozialgesetzbuch VII bezeichnete Erkrankung, die ein Versicherter bei einer versicherten Tätigkeit erleidet. Es handelt sich also um einen versicherungsrechtlichen Begriff, der häufig nicht mit der Wortbedeutung, wie sie im allgemeinen Verständnis vorliegt, übereinstimmt. Zwar erlaubt die so genannte Öffnungsklausel eine Entschädigung auch von anderen Erkrankungen als denen in der Berufskrankheitenliste aufgeführten, jedoch müssen neue wissenschaftliche Erkenntnisse, die bei der Festlegung der gültigen Liste noch nicht berücksichtigt werden konnten, dieses begründen.
Die Hepatitis B wird beispielsweise als Berufskrankheit nach Punkt 3101 entschädigt, wenn der Versicherte im Gesundheitsamt, in der Wohlfahrtspflege oder in einem Laboratorium tätig oder durch eine andere Tätigkeit der Infektionsgefahr in ähnlichem Maße besonders ausgesetzt war. Für den Bereich des Gesund-

heitsdienstes bedeutet dies in der Praxis, dass eine Hepatitis-B-Gefährdung zumindest bei allen Tätigkeiten mit erhöhtem Infektionsrisiko angenommen wird und somit kein Nachweis über die konkrete Infektionssituation mehr geführt werden muss. Die Anerkennung der Hepatitis B als Berufserkrankung außerhalb des Gesundheitsdienstes gestaltet sich in der Regel problematischer. Hier ist es meist notwendig, einen konkreten Nachweis über ein erhöhtes Infektionsrisiko oder eine konkrete Infektionssituation zu erbringen.

8.2.8   EU-Richtlinien

Für die Schutzimpfung gegen eine Hepatitis-B-Infektion bei beruflicher Gefährdung gibt die Richtlinie des Rates der Europäischen Gemeinschaft vom 26.11.1990 über den Schutz der Arbeitnehmer gegen Gefährdung durch biologische Arbeitsstoffe bei der Arbeit (90-679-EWG) mit ihrer Änderung vom 12.10.1993 (93-88 EWG) wesentliche Vorgaben.

Ziel der Richtlinie des Rates ist es, die Verbesserung der Arbeitsumwelt zu fördern, damit ein höheres Niveau an Sicherheit und Gesundheitsschutz für die Arbeitnehmer gewährleistet wird. Der Gesundheitsschutz ist nicht auf Arbeitnehmer bestimmter Berufsgruppen beschränkt, sondern umfasst alle Arbeitnehmer, die einer realen Gefährdung unterliegen.

Die Hepatitis B ist beispielsweise in der Liste der pathogenen Erreger in die Gruppe 3 eingestuft worden. Hierbei handelt es sich um biologische Arbeitsstoffe, die eine schwere Krankheit beim Menschen hervorrufen und eine ernste Gefahr für Arbeitnehmer darstellen können; die Gefahr einer Verbreitung in der Bevölkerung kann bestehen, doch ist normalerweise eine wirksame Vorbeugung oder Behandlung möglich. Die Einstufung ist mit den Hinweisen versehen, dass ein wirksamer Impfschutz verfügbar ist und die Verzeichnisse der gegenüber biologischen Arbeitsstoffen exponierten Arbeitnehmer länger als zehn Jahre nach dem Ende der letzten bekannten Exposition aufzubewahren sind.

Ergänzend ist zu bemerken, dass bei der Einstufung in die Gruppe 3 zwar die Tatsache richtig ist, dass eine wirksame Vorbeugung insbesondere durch die Schutzimpfung gegen eine Hepatitis B besteht, jedoch nach heutigen wissenschaftlichen Erkenntnissen keine sichere kurative Behandlung möglich ist.

In den Artikeln 3 und 14 sowie im Anhang VII wird sowohl die Verpflichtung zur Ermittlung und Abschätzung der Risiken als auch die Verpflichtung zur Durchführung der Schutzimpfung bei den betroffenen Arbeitnehmern festgelegt.

EU-Richtlinie Artikel 2a+b, 3 sowie 14 und Anhang VII

Artikel 2
Definitionen

Im Sinne dieser Richtlinie

a) sind biologische Arbeitsstoffe Mikroorganismen einschließlich genetisch veränderter Mikroorganismen, Zellkulturen und Humanendoparasiten, die Infektionen, Allergien oder toxische Wirkungen hervorrufen könnten;

b) sind Mikroorganismen alle zellulären oder nicht zellulären mikrobiologischen Einheiten, die zur Vermehrung oder zur Weitergabe von genetischem Material fähig sind.

Artikel 3
Anwendungsbereich – Ermittlung und Abschätzung der Risiken

(1) Diese Richtlinie gilt für Tätigkeiten, bei denen Arbeitnehmer im Rahmen der Ausübung ihres Berufes biologischen Arbeitsstoffen ausgesetzt sind bzw. ausgesetzt sein können.

(2) a) Für jede Tätigkeit, bei der eine Exposition gegenüber biologischen Arbeitsstoffen auftreten kann, müssen die Art, das Ausmaß und die Dauer der Exposition der Arbeitnehmer ermittelt werden, damit alle Risiken für die Sicherheit oder die Gesundheit der Arbeitnehmer abgeschätzt und entsprechende Maßnahmen festgelegt werden können.

b) Bei Tätigkeiten, die mit einer Exposition gegenüber mehreren Gruppen biologischer Arbeitsstoffe verbunden sind, werden die Risiken ausgehend von der Gefahr abgeschätzt, die von allen gefährlichen Arbeitsstoffen ausgeht, gegenüber denen eine Exposition stattfindet.

Artikel 14
Gesundheitsüberwachung

(3) Bei der Abschätzung nach Artikel 3 sollte festgestellt werden, für welche Arbeitnehmer besondere Schutzmaßnahmen erforderlich sein können. Erforderlichenfalls sollten denjenigen Arbeitnehmern, die gegen den biologischen Arbeitsstoff, dem sie ausgesetzt sind bzw. möglicherweise ausgesetzt werden, noch nicht immun sind, wirksame Impfstoffe zur Verfügung gestellt werden.

373

Bei der Bereitstellung von Impfstoffen sollten die Arbeitgeber die empfohlenen Verhaltensregeln in Anhang VII berücksichtigen.

Stellt sich heraus, dass sich ein Arbeitnehmer eine Infektion und/oder Krankheit zugezogen hat, die auf eine Exposition zurückzuführen sein könnte, so bietet der Arzt oder die Behörde, der bzw. die für die Gesundheitsüberwachung zuständig ist, anderen in derselben Art exponierten Arbeitnehmern eine derartige Gesundheitsüberwachung an.

In diesem Fall ist eine Neubewertung des Expositionsrisikos gemäß Artikel 3 vorzunehmen.

Anhang VII
Empfohlene Verhaltensregeln bei Impfung
(Artikel 14 Absatz 3)

1. Stellt sich bei der Abschätzung gemäß Artikel 3 Absatz 2 heraus, dass ein Risiko für die Sicherheit oder Gesundheit der Arbeitnehmer aufgrund der Exposition gegenüber biologischen Arbeitsstoffen besteht, gegen die es wirksame Impfstoffe gibt, so bieten die Arbeitgeber den betreffenden Arbeitnehmern die Impfung an.
2. Die Impfung wird gemäß den einzelstaatlichen Rechtsvorschriften und/ oder Gepflogenheiten durchgeführt.
   Die Arbeitnehmer werden über die Vor- und Nachteile der Impfung bzw. der Nichtimpfung unterrichtet.
3. Die Impfung darf den Arbeitnehmern keine Kosten verursachen.
4. Es kann ein Impfschein ausgestellt werden, der dem betreffenden Arbeitnehmer sowie auf Antrag den zuständigen Behörden ausgehändigt wird.

8.2.9   *Die Biostoffverordnung (BioStoffV)*

Mit der Biostoffverordnung vom 27.01.1999 hat der deutsche Gesetzgeber wesentliche Teile der o.g. EU-Verordnungen in nationales Recht überführt. Die Biostoffverordnung enthält Vorschriften zur Einteilung biologischer Arbeitsstoffe in Risikogruppen, zur Gefährdungsbeurteilung, zu Schutz- und Hygienemaßnahmen und zur arbeitsmedizinischen Vorsorge. Von besonderer Bedeutung ist, dass nach §15 (4) Beschäftigten, die biologischen Arbeitsstoffen ausgesetzt sein können, eine Impfung anzubieten ist, wenn ein wirksamer Impfstoff zur Verfügung steht.

Auszug aus der Biostoffverordnung

§ 10 Schutzmaßnahmen

(1) Der Arbeitgeber hat die erforderlichen Schutzmaßnahmen zur Sicherheit und zum Gesundheitsschutz der Beschäftigten entsprechend dem Ergebnis der Gefährdungsbeurteilung und nach den sonstigen Vorschriften dieser Verordnung einschließlich der Anhänge zu treffen. Dabei sind die vom Ausschuss für biologische Arbeitsstoffe ermittelten und vom Bundesministerium für Arbeit und Sozialordnung im Bundesarbeitsblatt bekannt gegebenen Regeln und Erkenntnisse zu berücksichtigen. Sie müssen nicht berücksichtigt werden, wenn gleichwertige Schutzmaßnahmen getroffen werden; dies ist auf Verlangen der zuständigen Behörde im Einzelfall nachzuweisen.

(2) Biologische Arbeitsstoffe, die eine Gesundheitsgefahr für Beschäftigte darstellen, sind, soweit dies zumutbar und nach dem Stand der Technik möglich ist, durch biologische Arbeitsstoffe zu ersetzen, die für die Beschäftigten weniger gefährlich sind.

(3) Zur Heimarbeit dürfen nur biologische Arbeitsstoffe der Risikogruppe 1 ohne sensibilisierende oder toxische Wirkungen überlassen oder verwendet werden. Satz 1 gilt entsprechend für nicht gezielte Tätigkeiten mit vergleichbarer Gefährdung.

(4) Bei allen Tätigkeiten mit biologischen Arbeitsstoffen müssen die allgemeinen Hygienemaßnahmen der Schutzstufe 1 nach Anhang II oder III eingehalten werden.

(5) Beschäftigten dürfen gezielte Tätigkeiten mit biologischen Arbeitsstoffen der Risikogruppe 3 oder 4 nur übertragen werden, wenn sie ausreichend fachkundig und eingewiesen sind. Dies gilt entsprechend für nicht gezielte Tätigkeiten mit vergleichbarer Gefährdung. Der Arbeitgeber hat sich vor Übertragung der Tätigkeiten über die erforderlichen Schutzmaßnahmen fachkundig beraten zu lassen, soweit er nicht selbst über entsprechende Kenntnisse verfügt.

(6) Das Arbeitsverfahren und die technischen Schutzmaßnahmen sind grundsätzlich so zu gestalten, dass biologische Arbeitsstoffe am Arbeitsplatz nicht frei werden. Kann dies nicht vermieden werden oder werden biologische Arbeitsstoffe bestimmungsgemäß freigesetzt, sind insbesondere folgende technische und organisatorische Schutzmaßnahmen zu treffen, um die Exposition der Beschäftigten so gering wie möglich zu halten:

1. Auswahl und Gestaltung geeigneter und sicherer Arbeitsverfahren für Tätigkeiten mit biologischen Arbeitsstoffen einschließlich deren Entsorgung.
2. Begrenzung der Anzahl der exponierten Beschäftigten entsprechend dem Ergebnis der Gefährdungsbeurteilung.

Darüber hinaus sind folgende weitere Schutzmaßnahmen zu treffen:

1. Kennzeichnung der Arbeitsplätze und Gefahrenbereiche mit dem Symbol der Biogefährdung nach Anhang I entsprechend dem Ergebnis der Gefährdungsbeurteilung,
2. Vorkehrungen gegen Unfälle und Betriebsstörungen vor Aufnahme der Tätigkeiten mit biologischen Arbeitsstoffen,
3. Erstellung eines Plans zur Abwendung der Gefahren, die beim Versagen einer Einschließungsmaßnahme durch die Freisetzung biologischer Arbeitsstoffe auftreten können, bei gezielten Tätigkeiten mit biologischen Arbeitsstoffen der Risikogruppe 3 oder 4 sowie bei nicht gezielten Tätigkeiten mit vergleichbarer Gefährdung.

(7) Ist aufgrund außergewöhnlicher Umstände oder bei nicht bestimmungsgemäßem Betrieb einer Anlage mit einer ernsten Gefährdung der Beschäftigten durch biologische Arbeitsstoffe zu rechnen und ist es kurzfristig nicht möglich, Art, Ausmaß und Dauer der Exposition zu beurteilen, sind unverzüglich Sicherheitsmaßnahmen nach Anhang II oder III zu ermitteln und zu treffen, die mindestens der Schutzstufe 3 genügen müssen.

(8) Werden Verfahren eingesetzt, bei denen Tätigkeiten mit biologischen Arbeitsstoffen in technischen Anlagen oder unter Verwendung von technischen Arbeitsmitteln durchgeführt werden, hat der Arbeitgeber die zum Schutz der Beschäftigten erforderlichen Maßnahmen und Vorkehrungen nach dem Stand der Technik zu treffen.

(9) Ist die Sicherheitstechnik eines Arbeitsverfahrens fortentwickelt worden, hat sich diese bewährt und erhöht sich die Arbeitssicherheit hierdurch erheblich, ist das Arbeitsverfahren innerhalb einer angemessenen Frist dieser Fortentwicklung anzupassen.

(10) Biologische Arbeitsstoffe sind sicher zu lagern. Es sind nur solche Behälter zur Lagerung, zum Transport oder zur Beseitigung von biologischen Arbeitsstoffen zu verwenden, die hinsichtlich ihrer Beschaffenheit geeignet sind, den Inhalt sicher zu umschließen. Die Behälter sind für die Beschäftigten im Hinblick auf die davon ausgehenden Gefahren in geeigneter Weise deutlich erkennbar zu kennzeichnen. Biologische Arbeitsstoffe dürfen nicht in solchen Behältern gelagert werden, durch deren Form oder Bezeichnung der Inhalt mit Lebensmitteln verwechselt werden kann.

§ 11 Hygienemaßnahmen, Schutzausrüstungen

(1) Auf der Grundlage der Gefährdungsbeurteilung sind die erforderlichen Hygienemaßnahmen zur Desinfektion und Dekontamination zu treffen und persönliche Schutzausrüstungen einschließlich geeigneter Schutzkleidung zur Verfügung zu stellen. Es sind geeignete Vorkehrungen zu treffen, insbesondere die erforderlichen Einrichtungen zu schaffen, damit persönliche Schutzausrüstungen beim Verlassen des Arbeitsplatzes abgelegt und getrennt von anderen Kleidungsstücken gelagert und auf ihren Zustand überprüft werden können. Entsprechend dem Ergebnis der Überprüfung müssen die persönlichen Schutzausrüstungen desinfiziert und gereinigt werden. Falls sie schadhaft sind, müssen sie ausgebessert oder ausgetauscht, erforderlichenfalls vernichtet werden.

(2) Um die Kontamination des Arbeitsplatzes und die Exposition der Beschäftigten so gering wie möglich zu halten, sind die Funktion und die Wirksamkeit von technischen Schutzmaßnahmen regelmäßig zu überprüfen. Kann das Freiwerden von biologischen Arbeitsstoffen nicht sicher verhütet werden, ist zu ermitteln, ob der Arbeitsplatz kontaminiert ist. Dabei ist die mikrobielle Belastung in der Luft am Arbeitsplatz zu berücksichtigen.

(3) Beschäftigte dürfen an Arbeitsplätzen, an denen die Gefahr einer Kontamination durch biologische Arbeitsstoffe besteht, keine Nahrungs- und Genussmittel zu sich nehmen. Hierfür sind vor Aufnahme der Tätigkeiten geeignete Bereiche einzurichten.

§ 15 Arbeitsmedizinische Vorsorge

(1) Der Arbeitgeber hat Beschäftigte vor Aufnahme von Tätigkeiten mit biologischen Arbeitsstoffen nach Anhang IV arbeitsmedizinisch untersuchen und beraten zu lassen. Diese arbeitsmedizinischen Vorsorgeuntersuchungen sind in regelmäßigen Abständen zu wiederholen sowie am Ende der Beschäftigung anzubieten. Der untersuchende Arzt kann bei gesundheitlichen Bedenken arbeitsmedizinische Vorsorgeuntersuchungen in kürzeren Zeitabständen anordnen.

(2) Beschäftigten sind bei sonstigen gezielten Tätigkeiten mit biologischen Arbeitsstoffen der Risikogruppe 3 und sonstigen nicht gezielten Tätigkeiten mit vergleichbarer Gefährdung vor Aufnahme der Tätigkeiten und danach in regelmäßigen Abständen arbeitsmedizinische Vorsorgeuntersuchungen anzubieten. Satz 1 gilt entsprechend für die Risikogruppe 2, es

sei denn, aufgrund der Gefährdungsbeurteilung und der getroffenen Schutzmaßnahmen ist nicht mit einem Gesundheitsschaden zu rechnen.

(3) Beschäftigten, die sich eine Infektion oder eine Erkrankung zugezogen haben, die auf Tätigkeiten mit biologischen Arbeitsstoffen zurückzuführen sein kann, sind unverzüglich arbeitsmedizinische Vorsorgeuntersuchungen anzubieten. Dies gilt für alle Beschäftigten des gleichen Tätigkeitsbereichs, es sei denn, die Infektion oder Erkrankung ist auf eine personenbezogene Schädigung zurückzuführen und eine Übertragung auf andere Beschäftigte ist auszuschließen.

(4) Beschäftigten, die biologischen Arbeitsstoffen ausgesetzt sein können, ist eine Impfung anzubieten, wenn ein wirksamer Impfstoff zur Verfügung steht. Der Arzt hat die Beschäftigten über die zu verhütende Krankheit, über den Nutzen der Impfung und über mögliche Nebenwirkungen und Komplikationen aufzuklären.

(5) Arbeitsmedizinische Vorsorgeuntersuchungen sind durch Ärzte, die die erforderlichen Fachkenntnisse besitzen und von der zuständigen Behörde ermächtigt worden sind, durchzuführen. Dem Arzt sind auf Verlangen die zur Durchführung der Vorsorgeuntersuchungen erforderlichen Auskünfte über die Arbeitsplatzverhältnisse zu erteilen und eine Besichtigung des Arbeitsplatzes zu ermöglichen.

(6) Der Arzt hat den Untersuchungsbefund schriftlich festzuhalten. Er hat die untersuchte Person arbeitsmedizinisch zu beraten und ihr eine Bescheinigung darüber auszustellen, ob und inwieweit gegen die Ausübung der Tätigkeit gesundheitliche Bedenken bestehen (Bescheinigung über das Untersuchungsergebnis). Nur bei Vorsorgeuntersuchungen nach Absatz 1 übermittelt der Arzt dem Arbeitgeber eine Kopie der Bescheinigung über das Untersuchungsergebnis. Halten die untersuchte Person oder der Arbeitgeber das Untersuchungsergebnis für unzutreffend, entscheidet auf Antrag die zuständige Behörde. Bei gesundheitlichen Bedenken hat der Arzt dem Arbeitgeber zu empfehlen, den Arbeitsplatz zu überprüfen, wenn die Gesundheit des untersuchten Beschäftigten infolge der Arbeitsbedingungen gefährdet erscheint. Hat der Arbeitgeber eine Empfehlung nach Satz 5 erhalten, hat er dies dem Betriebs- oder Personalrat mitzuteilen und die zuständige Behörde zu unterrichten.

(7) Ärztliche Aufzeichnungen über Vorsorgeuntersuchungen nach Absatz 1 sind nach Beendigung der Tätigkeit des Arztes seinem Nachfolger im Amt oder der nach Landesrecht für den medizinischen Arbeitsschutz zuständigen Stelle zu übergeben.

Anhang IV:

Verpflichtende arbeitsmedizinische Vorsorge nach § 15 Abs. 1 Satz 1

1. Gezielte Tätigkeiten mit biologischen Arbeitsstoffen der Risikogruppe 4 oder hinsichtlich der Gefährdung vergleichbare nicht gezielte Tätigkeiten.
2. Tätigkeiten (Spalte 1), bei denen biologische Arbeitsstoffe (Spalte 2) entsprechend der nachstehenden Tabelle eingesetzt werden oder vorkommen können:

Tätigkeiten	Biologischer Arbeitsstoff
a) in der Human-, Zahnmedizin, Wohlfahrtspflege sowie in Notfall- und Rettungsdiensten	Hepatitis-B-Virus (HBV) Hepatitis-C-Virus (HCV)
in Kinderabteilungen zusätzlich	Bordetella pertussis Corynebacterium diphtheriae Hepatitis-A-Virus (HAV) Masernvirus Mumpsvirus Rubivirus Varicella-Zoster-Virus (VZV)
in Infektionsstationen und Stuhllaboratorien zusätzlich	Hepatitis-A-Virus (HAV)
in Tuberkuloseabteilungen und anderen pulmologischen Einrichtungen zusätzlich	Mycobacterium tuberculosis Mycobacterium bovis
in der Pathologie (Obduktion, Sektion) zusätzlich	Hepatitis-D-Virus (HDV) Mycobacterium tuberculosis Mycobacterium bovis

Tätigkeiten	Biologischer Arbeitsstoff
b) in der Medizinprodukteher- stellung	
bei allen nicht gezielten Tätigkeiten mit Blut- produkten	Hepatitis-B-Virus (HBV) Hepatitis-C-Virus (HCV)
bei gezielten Tätigkeiten mit einem der unter Spalte 2 genannten biologischen Arbeitsstoffe	Hepatitis-B-Virus (HBV) Hepatitis-C-Virus (HCV) Bordetella pertussis Corynebacterium diphtheriae Frühsommer-Meningoenzephalitis-(FSME)-Virus Hepatitis-A-Virus (HAV) Hepatitis-D-Virus (HDV) Masernvirus Mumpsvirus Mycobacterium tuberculosis Mycobacterium bovis Rubivirus Tollwutvirus Varicella-Zoster-Virus (VZV)
c) in der Veterinärmedizin bei Tätigkeiten mit tollwut- verdächtigen Tieren	Tollwutvirus
d) bei Tätigkeiten in Endemie- gebieten in der Land-, Forst- und Holzwirtschaft, im Gartenbau, Tierhandel, auf der Jagd und in Bereichen mit tierischen und pflanzli- chen Rohstoffen für Nicht- lebensmittelzwecke ein- schließlich Lehr- und Versuchsanstalten sowie sonstigen Bereichen der Wissenschaft	Frühsommer-Meningoenzephalitis-(FSME)-Virus

380

8.2.10 Das Bundesseuchengesetz

Zahlreiche Infektionserkrankungen gehören zur Gruppe der übertragbaren Erkrankungen, die nach Bundesseuchengesetz meldepflichtig sind. Zur Meldung verpflichtet sind der oder die behandelnden Ärzte, ggf. aber auch eine Hebamme, andere mit der Behandlung und Pflege beauftragte Personen oder auch Leiter von Pflegeanstalten, Justizvollzugsanstalten, Heimen, Lagern, Sammelunterkünften und ähnlichen Einrichtungen. Die Meldung muss bei nachgewiesener Erkrankung binnen 24 Stunden nach Kenntnis an das für den Wohnort der erkrankten Person zuständige Gesundheitsamt erfolgen. Angaben zur Meldepflicht finden sich in den einzelnen Unterkapiteln dieses Buches unter besonderen Hinweisen und zusammengefasst in Tabellenform unter Kap. 9.

8.2.11 Das Infektionsschutzgesetz

Zurzeit steht das Gesetz zur Neuordnung seuchenrechtlicher Vorschriften (Seuchenrechtsneuordnungsgesetz) in der Verabschiedung, dessen Artikel 1, das Gesetz zur Verhütung und Bekämpfung von Infektionskrankheiten beim Menschen, kurz Infektionsschutzgesetz (IfSG), das Bundesseuchengesetz ersetzen soll. In 16 Abschnitten sollen hier verschiedene Rechtsvorschriften zum Infektionsschutz erneuert und gebündelt werden. Im dritten Abschnitt des Gesetzes wird das Meldewesen neu geordnet. Dabei wird erstmalig nicht nur die Meldung einzelner Infektionskrankheiten meldepflichtig (§ 6), sondern auch der Nachweis bestimmter Krankheitserreger. Auszüge aus dem Entwurf (Stand 17.08.1999) zur Meldepflicht von Krankheiten und Krankheitserregern sind unter Kap. 9 in tabellarischer Form dargestellt. In den Unterkapiteln zu den einzelnen Krankheitserregern finden sich unter den besonderen Hinweisen auch Angaben zur erwarteten Meldepflicht nach dem Infektionsschutzgesetz.

9. Meldepflichtige Infektions-erkrankungen

Meldepflichten nach dem Bundesseuchengesetz

§ 3 Bundesseuchengesetz

(1) Zu melden ist der Krankheitsverdacht, die Erkrankung sowie der Tod an

1. Botulismus
2. Cholera
3. Enteritis infectiosa
   a) Salmonellose
   b) übrige Formen einschließlich mikrobiell bedingter Lebensmittelvergiftung
4. Fleckfieber
5. Lepra
6. Milzbrand
7. Ornithose
8. Paratyphus A, B und C
9. Pest
10. Pocken
11. Poliomyelitis
12. Rückfallfieber
13. Shigellenruhr
14. Tollwut
15. Tularämie
16. Typhus abdominalis
17. virusbedingtem hämorrhagischem Fieber

(2) Zu melden ist die Erkrankung sowie der Tod an
1. angeborener
   a) Zytomegalie
   b) Listeriose
   c) Lues

    d) Toxoplasmose
    e) Rötelnembryopathie
2. Brucellose
3. Diphtherie
4. Gelbfieber
5. Leptospirose
    a) Weil-Krankheit,
    b) übrige Formen
6. Malaria
7. Meningitis / Enzephalitis
    a) Meningokokken-Meningitis
    b) andere bakterielle Meningitiden
    c) Virus-Meningoenzephalitis
    d) übrige Formen
8. Q-Fieber
9. Rotz
10. Trachom
11. Trichinose
12. Tuberkulose (aktive Form)
    a) der Atmungsorgane
    b) der übrigen Organe
13. Virushepatitis
    a) Hepatitis A
    b) Hepatitis B
    c) nicht bestimmbare und übrige Formen
14. anaerober Wundinfektion
    a) Gasbrand / Gasödem
    b) Tetanus

(3) Zu melden ist der Tod an
1. Influenza (Virusgrippe)
2. Keuchhusten
3. Masern
4. Puerperalsepsis
5. Scharlach

(4) Zu melden ist jeder Ausscheider von
1. Choleravibrionen
2. Salmonellen
    a) Salmonella typhi

b) Salmonella paratyphi A, B und C,
c) übrige
3. Shigellen
(5) Zu melden ist die Verletzung eines Menschen durch ein tollwut-
kranke oder -verdächtiges Tier sowie die Berührung eines solchen
Tieres oder Tierkörpers.

Meldepflichten nach dem Infektionsschutzgesetz (Entwurfsstand 17.08.99)

§ 6 Meldepflichtige Krankheiten

(1) Namentlich ist zu melden:
1. der Krankheitsverdacht, die Erkrankung sowie der Tod an
   a) Botulismus
   b) Cholera
   c) Diphtherie
   d) humaner spongioformer Enzephalopathie,
      außer familiär-hereditäre Formen
   e) akuter Virushepatitis
   f) enteropathischem hämolytisch-urämischem Syndrom (HUS)
   g) virusbedingtem hämorrhagischem Fieber
   h) Masern
   i) Meningokokken-Meningitis oder -Sepsis
   j) Milzbrand
   k) Poliomyelitis (als Verdacht gilt jede akute schlaffe Lähmung,
      außer wenn traumatisch bedingt)
   l) Pest
   m) Tollwut
   n) Typhus/Paratyphus
   sowie die Erkrankung und der Tod an einer behandlungsbedürftigen Tuberkulose, auch wenn ein bakteriologischer Nachweis
   nicht vorliegt,
2. der Verdacht auf und die Erkrankung an einer mikrobiell bedingten
   Lebensmittelvergiftung oder an einer akuten infektiösen Gastroenteritis, wenn
   a) eine Person betroffen ist, die eine Tätigkeit im Sinne des § 42
      Abs. 1 ausübt,
   b) zwei oder mehr gleichartige Erkrankungen auftreten, bei denen

     ein epidemischer Zusammenhang wahrscheinlich ist oder vermutet wird,

3. der Verdacht einer über das übliche Ausmaß einer Impfreaktion hinausgehenden gesundheitlichen Schädigung,

4. die Verletzung eines Menschen durch ein tollwutkrankes oder - verdächtiges Tier sowie die Berührung eines solchen Tieres oder Tierkörpers,

5. soweit nicht nach den Nummern 1 bis 4 meldepflichtig, das Auftreten
   a) einer bedrohlichen Krankheit oder
   b) von zwei oder mehr gleichartigen Erkrankungen, bei denen ein epidemischer Zusammenhang wahrscheinlich ist oder vermutet wird,

   wenn dies auf eine schwerwiegende Gefahr für die Allgemeinheit hinweist und Krankheitserreger als Ursache in Betracht kommen, die nicht in § 7 genannt sind.

   Die Meldung nach Satz 1 hat gemäß § 8 Abs. 1 Nr. 1, 3 bis 8, § 9 Abs. 1, 2, 3 Satz 1 oder 3 oder Abs. 4 zu erfolgen.

(2) Dem Gesundheitsamt ist über die Meldung nach Absatz 1 Nr. 1 hinaus mitzuteilen, wenn Personen, die an einer behandlungsbedürftigen Lungentuberkulose leiden, eine Behandlung verweigern oder abbrechen. Die Meldung nach Satz 1 hat gemäß § 8 Abs. 1 Nr. 1, § 9 Abs. 1 und 3 Satz 1 oder 3 zu erfolgen.

(3) Dem Gesundheitsamt ist unverzüglich das gehäufte Auftreten nosokomialer Infektionen, bei denen ein epidemischer Zusammenhang wahrscheinlich ist oder vermutet wird, als Ausbruch nicht namentlich zu melden. Die Meldung nach Satz 1 hat gemäß § 8 Abs. 1 Nr. 1, 3 und 5, § 10 Abs. 1 Satz 3, Abs. 3 und 4 Satz 3 zu erfolgen.

§ 7 Meldepflichtige Nachweise von Krankheitserregern

(1) Namentlich ist bei folgenden Krankheitserregern, soweit nicht anders bestimmt, der direkte oder indirekte Nachweis zu melden, soweit die Nachweise auf eine akute Infektion hinweisen:

1. Adenoviren; Meldepflicht nur für den direkten Nachweis im Konjunktivabstrich

2. Bacillus anthracis
3. Borrelia recurrentis
4. Brucella sp.
5. Campylobacter jejuni
6. Chlamydia psittaci
7. Clostridium botulinum oder Toxinnachweis
8. Corynebacterium diphtheriae, toxinbildend
9. Coxiella burneti
10. Cryptosporidium parvum
11. Ebola-Virus
12a. Escherichia coli, enterohämorrhagische Stämme (EHEC)
12b. Escherichia coli, sonstige darmpathogene Stämme
13. Francisella tularensis
14. FSME-Virus
15. Gelbfiebervirus
16. Giardia lamblia
17. Haemophilus influenzae; Meldepflicht nur für den direkten Nachweis aus Liquor oder Blut
18. Hantaviren
19. Hepatitis-A-Virus
20. Hepatitis-B-Virus
21. Hepatitis-C-Virus; Meldepflicht für alle Nachweise, soweit nicht bekannt ist, dass eine chronische Infektion vorliegt
22. Hepatitis-D-Virus
23. Hepatitis-E-Virus
24. Influenzaviren; Meldepflicht nur für den direkten Nachweis
25. Lassa-Virus
26. Legionella sp.
27. Leptospira interrogans
28. Listeria monocytogenes; Meldepflicht nur für den direkten Nachweis aus Blut, Liquor oder anderen normalerweise sterilen Substraten sowie aus Abstrichen von Neugeborenen
29. Marburg-Virus
30. Masernvirus
31. Mycobacterium leprae
32. Mycobacterium tuberculosis/africanum, Mycobacterium bovis; Meldepflicht für den direkten Erregernachweis sowie nachfolgend für das Ergebnis der Resistenzbestimmung; vorab auch für den Nachweis säurefester Stäbchen im Sputum

33. Neisseria meningitidis; Meldepflicht nur für den direkten Nachweis aus Liquor, Blut, hämorrhagischen Hautinfiltraten oder anderen normalerweise sterilen Substraten
34. Norwalk-ähnliches Virus; Meldepflicht nur für den direkten Nachweis aus Stuhl
35. Poliovirus
36. Rabiesvirus
37. Rickettsia prowazeki
38. Rotavirus
39. Salmonella paratyphi; Meldepflicht für alle direkten Nachweise
40. Salmonella typhi; Meldepflicht für alle direkten Nachweise
41. Salmonella, sonstige
42. Shigella sp.
43. Trichinelia spiralis
44. Vibrio cholerae O 1 und O 139
45. Yersinia enterocolitica, darmpathogen
46. Yersinia pestis
47. andere Erreger hämorrhagischer Fieber.

Die Meldung nach Satz 1 hat gemäß § 8 Abs. 1 Nr. 2, 3, 4 und Abs. 4, § 9 Abs. 1, 2, 3 Satz 1 oder 3 zu erfolgen.

(2) Namentlich sind in dieser Vorschrift nicht genannte Krankheitserreger zu melden, soweit deren örtliche und zeitliche Häufung auf eine schwerwiegende Gefahr für die Allgemeinheit hinweist. Die Meldung nach Satz 1 hat gemäß § 8 Abs. 1 Nr. 2, 3 und Abs. 4, § 9 Abs. 2,3 Satz 1 oder 3 zu erfolgen.

(3) Nicht namentlich ist bei folgenden Krankheitserregern der direkte oder indirekte Nachweis zu melden:

1. Treponema pallidum
2. HIV
3. Echinococcus sp.
4. Plasmodium sp.
5. Rubellavirus; Meldepflicht nur bei konnatalen Infektionen
6. Toxoplasma gondil; Meldepflicht nur bei konnatalen Infektionen.

Die Meldung nach Satz 1 hat gemäß § 8 Abs. 1 Nr. 2, 3 und Abs. 4, § 10 Abs. 1 Satz 1, Abs. 3, 4 Satz 1 zu erfolgen.

§ 8 Zur Meldung verpflichtete Personen

(1) Zur Meldung oder Mitteilung sind verpflichtet:

1. Im Falle des § 6 der feststellende Arzt; in Krankenhäusern oder anderen Einrichtungen der stationären Pflege ist für die Einhaltung der Meldepflicht neben dem feststellenden Arzt auch der leitende Arzt, in Krankenhäusern mit mehreren selbstständigen Abteilungen der leitende Abteilungsarzt, in Einrichtungen ohne leitenden Arzt der behandelnde Arzt verantwortlich,

2. im Falle des § 7 die Leiter von Medizinaluntersuchungsämtern und sonstigen privaten oder öffentlichen Untersuchungsstellen einschließlich der Krankenhauslaboratorien,

3. im Falle der §§ 6 und 7 die Leiter von Einrichtungen der pathologisch-anatomischen Diagnostik, wenn ein Befund erhoben wird, der sicher oder mit hoher Wahrscheinlichkeit auf das Vorliegen einer meldepflichtigen Erkrankung oder Infektion durch einen meldepflichtigen Krankheitserreger schließen lässt,

4. im Falle des § 6 Abs. 1 Nr. 4 und im Falle des § 7 Abs. 1 Nr. 36 bei Tieren, mit denen Menschen Kontakt gehabt haben, auch der Tierarzt,

5. im Falle des § 6 Abs. 1 Nr. 1, 2 und 5 und Absatz 3 Angehörige eines anderen Heil- oder Pflegeberufs, der für die Berufsausübung oder die Führung der Berufsbezeichnung eine staatlich geregelte Ausbildung oder Anerkennung erfordert,

6. im Falle des § 6 Abs. 1 Nr. 1, 2 und 5 der verantwortliche Luftfahrzeugführer oder der Kapitän eines Seeschiffes,

7. im Falle des § 6 Abs. 1 Nr. 1, 2 und 5 die Leiter von Pflegeeinrichtungen, Justizvollzugsanstalten, Heimen, Lagern oder ähnlichen Einrichtungen,

8. im Falle des § 6 Abs. 1 der Heilpraktiker.

(2) Die Meldepflicht besteht nicht für Personen des Not- und Rettungsdienstes, wenn der Patient unverzüglich in eine ärztlich geleitete Einrichtung gebracht wurde. Die Meldepflicht besteht für die in Absatz 1 Nr. 5 bis 7 bezeichneten Personen nur, wenn ein Arzt nicht hinzugezogen wurde.

(3) Die Meldepflicht besteht nicht, wenn dem Meldepflichtigen ein Nachweis vorliegt, dass die Meldung bereits erfolgte und andere als die bereits gemeldeten Angaben nicht erhoben wurden. Satz 1 gilt auch für Erkrankungen, bei denen der Verdacht bereits gemeldet wurde.

(4) Absatz 1 Nr. 2 gilt entsprechend für Personen, die die Untersuchung zum Nachweis von Krankheitserregern außerhalb des Geltungsbereichs dieses Gesetzes durchführen lassen.

(5) Der Meldepflichtige hat dem Gesundheitsamt unverzüglich mitzuteilen, wenn sich eine Verdachtsmeldung nicht bestätigt hat.

§ 9 Namentliche Meldung

(1) Die namentliche Meldung durch eine der in § 8 Abs. 1 Nrn. 1, 4 bis 8 genannten Personen muss folgende Angaben enthalten:

1.   Name, Vorname des Patienten
2.   Geschlecht
3.   Tag, Monat und Jahr der Geburt
4.   Anschrift der Hauptwohnung und, falls abweichend, Anschrift des derzeitigen Aufenthaltsortes
5.   Tätigkeit in Einrichtungen im Sinne des § 36 Abs. 1 oder 2; Tätigkeit im Sinne des § 42 Abs. 1 bei akuter Gastroenteritis, akuter Virushepatitis, Typhus/Paratyphus und Cholera
6.   Betreuung in einer Gemeinschaftseinrichtung gemäß § 33
7.   Diagnose beziehungsweise Verdachtsdiagnose
8.   Tag der Erkrankung oder Tag der Diagnose, gegebenenfalls Tag des Todes
9.   wahrscheinliche Infektionsquelle
10. Land, in dem die Infektion wahrscheinlich erworben wurde; bei Tuberkulose Geburtsland und Staatsangehörigkeit
11. Name, Anschrift und Telefonnummer der mit der Erregerdiagnostik beauftragten Untersuchungsstelle
12. Überweisung in ein Krankenhaus beziehungsweise Aufnahme in einem Krankenhaus oder einer anderen Einrichtung der stationären Pflege und Entlassung aus der Einrichtung, soweit dem Meldepflichtigen bekannt
13. Blut-, Organ- oder Gewebespende in den letzten 6 Monaten
14. Name, Anschrift und Telefonnummer des Meldenden
15. bei einer Meldung nach § 6 Abs. 1 Nr. 3 die Angaben nach § 22 Abs. 2

Bei den in § 8 Abs. 1 Nrn. 4 bis 8 genannten Personen beschränkt sich die Meldepflicht auf die ihnen vorliegenden Angaben.

10. Liste impfpräventabler Infektionskrankheiten mit arbeitsmedizinischer Bedeutung

(Impfstoffpräparate sind nur beispielhaft genannt, die Aufzählung erhebt keinen Anspruch auf Vollzähligkeit!)

Infektions-erkrankung	Bemerkung	Impfstoff (Präparatenamen beispielhaft)
Diphtherie	Ab 6. Lj. nur noch TD-Impfstoff verwenden!	Diphtherie (-toxoid-) adsorbatimpfstoff *(Td-Rix®, Td-Vaccinol®, Td-pur®)*
Keuchhusten (Pertussis)	Ganzkeimimpfstoff schlechter verträglich	Azellulärer Impfstoff *(z.B. Acel-P Lederle®)* Ganzkeimimpfstoff
Meningokokken-Infektion		Polysaccharid-Impfstoff *(z.B. Mencevax®, Meningokokken-Impfstoff A+C Mérieux®)*
Typhus		Polysaccharid-Impfstoff *(z.B. Typherix®, Typhim Vi®)* Oraler Lebendimpfstoff *(z.B. Typhoral L®, Vivotif®)*
Wundstarrkrampf (Tetanus)	Impfung sollte i.d.R. mit TD-Impfstoff erfolgen	Tetanus (-toxoid-) adsorbatimpfstoff *(z.B. Tetasorbat®, Tetanol®, weiter in Td-Rix®, Td-Vaccinol®, Td-pur®)* Tetanusfluidimpfstoff (nur zur Auffrischung!) *(z.B. Tetamun®)*

Infektions-erkrankung	Bemerkung	Impfstoff (Präparatenamen beispielhaft)
Tuberkulose	Impfung mit dem derzeit verfügbaren BCG-Impf-stoff wird <u>nicht</u> empfohlen	
Frühsommer-Meningoenze-phalitis (FSME)		Totimpfstoff *(z.B. Encepur®, FSME-Immun®)*
Hepatitis A	Kombinationsimpfstoff mit Hepatitis B *(Twinrix®)* vorhanden	Totimpfstoff *(z.B. Havrix®, Epaxal®, Vaqta®)*
Hepatitis B	Kombinationsimpfstoff mit Hepatitis A *(Twinrix®)* vorhanden	Gentechnologisch hergest. HB-Oberflächenantigen *(z.B. Engerix B®, Gen H-B-Vax®)*
Hepatitis D	Impfschutz durch aktive Immunisierung gegen Hepatitis B!	siehe Hepatitis B
Grippe (Influenza)	Jährliche Wiederimpfung mit dem von der WHO empfohlenen Impfstoff notwendig	Impfstoff aus Antigen-fraktionen inaktivierter Viren *(z.B. Influsplit SSW®, Begrivac®, Inflexal®)*
Masern	Impfung vorzugsweise mit MMR-Impfstoff	Attenuierter Lebendimpfstoff *(z.B. Priorix®, M-M-RVax®, MMR Triplovax®)*
Mumps	Impfung vorzugsweise mit MMR-Impfstoff	Attenuierter Lebendimpfstoff *(z.B. Priorix®, M-M-RVax®, MMR Triplovax®)*
Kinderlähmung (Poliomyelitis)	Impfung nur noch mit IPV (außer „Riegelungs-impfung" bei Polio-ausbruch	IPV Totimpfstoff (inakti-vierte Polioviren nach SALK) *(z.B. IPV-Virelon®, IPV Mérieux® etc.)*

Infektions-erkrankung	Bemerkung	Impfstoff (Präparatenamen beispielhaft)
Röteln	Impfung vorzugsweise mit MMR-Impfstoff	Attenuierter Lebendimpstoff *(z.B. Priorix®, M-M-RVax®, MMR Triplovax®)*
Tollwut		Gewebekulturtotimpfstoff *(z.B. Rabipur®, Rabivac®)*
Windpocken		Attenuierter Lebendimpfstoff *(z.B. Varilix®)*
Gelbfieber	Impfung nur durch zugelassene Gelbfieber-impfstellen	Abgeschwächter Erreger-stamm (17D)

11. Weiterführende bzw. ergänzende Literatur

1   BENZ R, DÖBELEIN D, EULER B et al. Handbuch der Infektionskrankheiten für den stationären Alltag. 2. Aufl. Verlag Dr. Ralf Kollmann: Osnabrück 1994.

2   BRANDIS H, EGGERS J, KÖHLER W, PULVERER G (Hrsg.). Lehrbuch der Medizinischen Mikrobiologie. 7. Aufl. Gustav Fischer: Stuttgart, Jena, New York 1994.

3   BURKHARDT F (Hrsg.). Mikrobiologische Diagnostik. Thieme: Stuttgart, New York 1992.

4   CZESCHINSKI P. Die Virushepatitiden. Deutscher Universitätsverlag: Wiesbaden 1998.

5   DEUTSCHE GESELLSCHAFT FÜR HYGIENE UND MIKROBIOLOGIE (DGHM). MIQ, Qualitätsstandards in der mikrobiologisch-infektiologischen Diagnostik, 1-11. Gustav Fischer: Stuttgart, Jena, Lübeck, Ulm 2000.

6   EPIDEMIOLOGISCHES BULLETIN, Robert-Koch-Institut unter www.rki.de

7   EVANS AS, KASLOW RA (eds). Viral Infections of Humans. 4th edition. Plenum Publishing Corporation: New York 1997.

8   FIELDS BN, KNIPE DM, HOWLEY PM (eds). Virology 3rd edition. Lipincott-Raven Publishers: Philadelphia, New York 1996.

9   HAHN H, FALKE D, KAUFMANN SHE, ULLMANN U (Hrsg.). Medizinische Mikrobiologie und Infektiologie. 3. Aufl. Springer: Berlin, Heidelberg, New York 1999.

10 HASSELHORN HM, TOOMINGAS A, LAGERSTRÖM M (Hrsg.). Occupational Health for Health Care Workers. Elsevier: Amsterdam 1999.

11 HOFMANN F. AIDS. 3. Aufl. ecomed: Landsberg 1997.

12 HOFMANN F, JILG W (Hrsg.). Nosokomiale Übertragung von HBV, HCV und HIV, ecomed: Landsberg 1998.

13 HOFMANN F (Hrsg.). Infektionsschutz in der Arbeitswelt. ecomed: Landsberg 1995.

14 HOFMANN F, JÄCKEL. Merkblätter Biologische Arbeitsstoffe. ecomed: Landsberg 2000.

15 HOFMANN F (Hrsg.). Hepatitis A in der Arbeitswelt. ecomed: Landsberg 1992.

16 JÄGER H (Hrgs.). AIDS und HIV-Infektionen. ecomed: Landsberg 2000 (letzte Ergänzung).

17 KAYSER FH, BIENZ KA, ECKERT J, ZINKERNAGEL RM. Medizinische Mikrobiologie. 9. Aufl. Thieme: Stuttgart, New York 1998.

18 KOMMISSION FÜR KRANKENHAUSHYGIENE UND INFEKTIONSPRÄVENTION AM RKI. Empfehlung zur Prävention und Kontrolle von Methicillin resistenten Staphylococcus aureus-Stämmen (MRSA) in Krankenhäusern und anderen medizinischen Einrichtungen. Bundesgesundheitsblatt 1999, 42:054-958. Springer Verlag 1999.

19 LANG W, LÖSCHER T (Hrsg.). Tropenmedizin in Klinik und Praxis. Thieme: Stuttgart, New York 2000.

20 MAAS G, STÜCK B (Hrsg.). Virushepatitis A bis E - Diagnose, Therapie, Prophylaxe. Kilian: Marburg 1994.

21 MAIER KP, Hepatitis - Hepatitisfolgen. Thieme: Stuttgart, New York 1995.

22 MARRE R, MERTENS T, RAUTMANN M, VANEK E. Klinische Infektiologie. Urban & Fischer: München, Jena 2000.

23 MARRE R, MERTENS T, TRAUTMANN M, VANEK E (Hrsg.). Klinische Infektiologie. Urban & Fischer: München, Jena 2000.

24 MASSACHUSETTS MEDICAL SOCIETY. Morbidity and Mortality Weekly Report. 1440 Main Street, Waltham, MA 02451.

25 MURRAY PR et al. Medical Microbiology. 3rd edition. Mosby: St. Louis 1998.

26 PETER HH, PICHLER WJ (Hrsg.). Klinische Immunulogie. 2. Aufl. Urban & Schwarzenberg: München, Wien, Baltimore 1996.

27 QUAST U, LEY S. Schutzimpfungen im Dialog. Kilian: Marburg 1999.

28 ROITT IM, BROSTOFF J, MALE DK. Kurzes Lehrbuch der Immunologie. 3. Aufl. Thieme: Stuttgart 1995.

29 SIMON C, STILLE W. Antibiotika-Therapie in Klinik und Praxis. 10. Aufl. Schattauer: Stuttgart, New York 2000.

30 WERNER H. Medizinische Mikrobiologie. de Gruyter: Berlin, New York 2000.

31 WORLD HEALTH ORGANIZATION. Weekly epidemiological record. Genf. http://www.who.int/wer. Editor: vallanjonm@who.int

12. Stichwortverzeichnis